Para Eli y Paúl
este recuerdo que
esperamos aporte eu
el compartir de una
vida maravillosa que
permita la realización
personal y familiar
de Uds.
Con todo nuestro amor.

Beatriz Rodas.
TU PADRE

Wayne W. Dyer

La felicidad
de nuestros hijos

Traducción de
Alejo Torres

⊔ DeBOLS!LLO

Título original:
WHAT DO YOU REALLY WANT FOR YOUR CHILDREN?
Traducido de la edición original de
William Morrow and Company Inc., Nueva York, 1985
Diseño de la portada: Departamento de diseño de Random House Mondadori
Ilustración de la portada: © Britt Erlanson, Archivo Image Bank
© 1985, Wayne W. Dyer
© 1986 de la edición en castellano para España y América:
    Grupo Editorial Random House Mondadori, S. L.
    Travessera de Gràcia, 47-49. 08021 Barcelona
© 1986, Alejo Torres, por la traducción
Primera edición en este formato: octubre, 2003
Todos los derechos reservados
ISBN: 84-9759-959-4
Depósito legal: B. 41.901 - 2003
Impreso en Novoprint, S. A., Energía, 53. Sant Andreu de la Barca (Barcelona)

P 899594

ÍNDICE

A mis hijos e hijastros, Tracy, Stephanie, Skye, Sommer y Serena, *amores muy especiales de mi vida.*

A mi madre, Hazel Irene Dyer, *quien pese a las penurias que soportó, siempre celebró todos los días de su vida y me enseñó a hacer lo mismo... Te amo.*

A las madres de mis hijos: Judith Arlene Matsura, *ejemplo vivo de entereza, y* Marcelene Louise Dyer, *madre y esposa, una madre sin límites en acción... Te quiero.*

Todos los lectores me han proporcionado ejemplos de la vida real para escribir sobre esta tarea gloriosa de educar a los hijos, y me han ayudado a determinar en las páginas de este libro lo que más quiero para mis hijos.

Los niños corrientes hacen bien las cosas...
Los niños Sin Límites son infalibles.

EYKIS

INTRODUCCIÓN

Hay muchos textos polémicos sobre la crianza de los niños, pero ninguno me ha impresionado con más fuerza que las palabras de John Wilmot, el conde de Rochester, en el siglo diecisiete: «Antes de casarme yo tenía seis teorías sobre cómo educar a los hijos; ahora tengo seis hijos y ninguna teoría». En esta afirmación hay una verdad poderosa. No hay nada que nos vuelva menos «sabihondos» que tener la responsabilidad cotidiana de criar niños. Pensando en estas palabras he escrito el libro que pongo en tus manos. No tengo teorías que explicarte. Te ofrezco mis propias recomendaciones de sentido común, que son el resultado de mis experiencias con niños, de mi contacto con miles de padres experimentados, de haber pasado toda la vida entre niños, y del gran amor que siento por ellos.

Hace muchos años, cuando daba clases en la Universidad de St. John de Nueva York y mi hija tenía sólo tres años, sus amigas llamaban a la puerta y le preguntaban a mi esposa: «Por favor, ¿Wayne puede salir a jugar?». Y allí estaba yo, jugando al «caballito» y al escondite con las pequeñas por toda la manzana de casas. En las fiestas, cuando todos los adultos se congregaban en salas llenas de humo a beber cócteles, a menudo yo estaba fuera, jugando con los niños. He recibido la bienaventuranza de tener yo mismo hijos e hijastros maravillosos. Puedo decir con sinceridad que con frecuencia he preferido la compañía de los chicos a la de los adultos, y que me encanta forcejear con ellos, fastidiarles, jugar, estar entre niños de todas las edades.

Una vez, viajando por Europa, jugué al fútbol con un grupo

de chicos que no hablaban inglés, en un pueblo de montaña, en Suiza. Me pasé varias horas agotadoras en compañía de veinte jovencitos, y aunque no podíamos comunicarnos con palabras, hubo participación y afecto mutuos, una correspondencia y una forma perfecta de disfrutar que trascendían la necesidad de un lenguaje verbal. La risa, el empeño, la candorosa excitación por vivir que compartían esos niños sanos son cualidades universales.

En las apiñadas estaciones de tren en el Japón y en Hong Kong me he divertido con niños orientales, y hemos chillado y reído jugando a echar un pulso o a «quién puede hacer la mueca más divertida». En Alemania enseñé a todo un vecindario de niñitos traviesos, que gritaban de alegría, cómo sujetar y arrojar un disco. Cuando te gustan los niños, poco importa el idioma que hablen. Al escribir este libro he sido capaz de identificarme mucho con las palabras del psicólogo Carl Jung, que ha contribuido de manera brillante al campo del conocimiento humano cuando dijo:

> Desde el principio tuve una sensación de destino, como si mi vida me hubiera sido asignada por la suerte y tuviera que cumplirse o realizarse. Esto me daba una seguridad interior, y, aunque nunca pude probármela a mí mismo, esa seguridad daba por sí sola sus pruebas. Yo no tenía esa certeza; ella me tenía a mí.

Mi gran amor y afición por la gente menuda me ha poseído toda la vida; fue sólo una cuestión de tiempo que me decidiera a escribir sobre este amor maravilloso que siento por los niños de todo el mundo.

Todos mis libros han formado parte de este destino participativo al que aludo en el párrafo anterior. *Tus zonas erróneas* fue mi afán por enseñarles a todos el sentido común de manejar las propias emociones, y *Evite ser utilizado* fue una continuación natural sobre cómo tratar con más eficacia con personas que podrían intentar convertirnos en víctimas. En *El cielo es el límite* ofrecí una extensión de esos principios, dando ideas para ir más allá del simple manejo de las propias emociones y sobre el trato más eficaz con los demás, en el campo de la vida. Sin Límites; es decir, para llevar una existencia en el nivel más alto posible para un ser humano que procure construir su propia grandeza. En *Los regalos de Eykis* escribí mi parábola acerca de nuestro tiempo: la historia de una mujer de otro mundo que nos brinda la sabiduría de la «realidad única» y verdades sencillas para aplicar a nuestra vida personal, y remediar los males de nuestro planeta. Resultaba inevitable que escribiese la obra que el lector tiene en sus manos. Es mi manera natural de continuar mi trabajo. Este libro ofrece la misma aproximación básica y sensata a la tarea más importante que nos espera: criar a los niños de manera tal que podamos dejar nuestro mundo en manos de personas que no sólo puedan manejarlo y manejarse ellas mismas con efectividad, sino que puedan finalmente hacer de este mundo un lugar de paz y amor para siempre.

Me movió a escribir este libro el propósito de ser útil y práctico en lugar de teórico. Quisiera que fueses capaz de aplicar hoy lo que lees en estas páginas. Como consejero profesional, siempre supe con precisión qué fórmula hacía falta para que la gente cambiase. Primero, lograba que la persona descubriera que podía ser contraproducente en su actuación, a fin de modificar su comportamiento. Segundo, procuraba que se diera cuenta de los resultados o de los «dividendos neuróticos» de ese comportamiento autodestructivo. Finalmente, intentábamos alcanzar un nuevo comportamiento inteligente, práctico y viable que le ayudase a cambiar. Esa es la esencia del asesoramiento (*counseling*) eficaz, y la he empleado al escribir este libro. Primero identifico qué puedes estar haciendo en un sector dado de la crianza de los niños. Después examino los resultados que obtendrías si siguieras tratando de ese modo a los niños. Al final, determino cómo emplear nuevas técnicas que sólo puedan dar como resultado lo que uno desea.

No he escrito un libro corriente sobre la crianza de los niños. Todos los conceptos, ideas, estrategias, técnicas o cualquier cosa que decidas probar se aplican a todas las edades y a todas las situaciones que tengan que ver con los niños. Son universales, y sirven para ayudar a la gente joven a volverse independiente. Sin Límites.

A lo largo de estas páginas presentaré las situaciones específicas en que puede aplicarse el principio de vivir Sin Límites. Tales situaciones pertenecen casi exclusivamente a los ámbitos del «cómo te sientes». Pondré énfasis en todo lo que pueda llevarte a ti y a tus hijos a cualquier situación problemática. Si no consigues ajustar el carburador, al menos puedes averiguar cómo se hace o llevárselo a un experto en carburadores. Pero si te encuentras inmovilizado por una cólera descontrolada, o si tu hijo está desesperadamente nervioso, no existe ningún manual de instrucciones sobre el control del enfado, ni tampoco se dispone de un «taller de reparaciones del sistema nervioso». Las respuestas han de surgir desde dentro de ti y de dentro de tu hijo. La clave para ser una persona Sin Límites tiene poco que ver con dominar un conjunto de conocimientos. En cambio, guarda estrecha relación con saber mantener el control de tus propias emociones. Tú y tus hijos seréis para vuestra propia vida lo que un gran pintor es para su obra de arte, que plasma, sombrea y organiza según su elección.

He escrito este libro para ayudarte *ahora*. No encontrarás aquí pulcras indicaciones sobre qué hacer en cada etapa del crecimiento, porque tu hijo es único *ahora*, y por lo tanto se resiste a la catalogación. Quiero ayudarte ahora a que des el primer paso para cambiar la tendencia de «muchos límites» a «Sin Límites». Ya seas padre, abuelo, vecino, una persona que cuida niños, padrastro, amigo, clérigo, consultor, asistente social o cualquier otro tipo de persona que desee ayudar a la gente joven, me gustaría que pudieses usar este libro ahora. Lo escribí pensando en que recurriréis a él hoy, sin que importe que estéis esperando vuestro primer hijo, que seáis padres de seis adolescentes, o que vuestros niños tengan edades intermedias. Nunca me propuse escribir un libro sobre cómo comenzar desde el principio, porque hoy es el único día que tienes, y tus hijos cuentan una determinada edad, y has de enfrentarte a esa realidad concreta. No creo debas empezar con ellos de una manera precisa, ni que sea demasiado tarde una vez que hayan pasado por una etapa específica del crecimiento. Sé que es posible cambiar en cualquier momento dado, sin hacer caso de la propia historia previa. Estoy convencido de que puedes empezar ahora mismo un proceder de padre Sin Límites, y cambiar la vida de tus hijos desde ahora mismo. Yo he cambiado pautas de comportamiento contraproducentes en mí mismo tomando una decisión, y ejercitando la fuerza de voluntad y el libre albedrío para afirmar esa decisión. Por lo tanto, tú también puedes aplicar cualquiera de los principios de este libro y hacerlos funcionar si tienes la voluntad de trabajar con los niños bajo una nueva luz.

Ha habido libros sobre temas como el padre o la madre solos, los hijos y el divorcio, los preadolescentes, la culpa y la paternidad, la infancia, tú y tu adolescente, la menopausia y la maternidad/paternidad, y todas las subcategorías imaginables. Yo he tenido presente un solo objetivo al escribir este libro: ¿cómo ayudarte *ahora*, sin que importe tu situación habitual, a influir en tus hijos de manera positiva, Sin Límites, para criarlos de modo que se conviertan en todo lo que deseas para ellos? He tenido presente sobre todo la necesidad de ser preciso, de usar ejemplos concretos, y de mostrarme más bien práctico en lugar de teórico. En las páginas de este libro encontrarás algunas repeticiones. Muchas veces algo que explico en un capítulo sobre la creatividad se aplicará igualmente en el campo de la disciplina o en la gestación de una imagen positiva de sí mismo. En lugar de intentar encubrirlo, he repetido deliberadamente el principio cuando lo he creído oportuno.

Con el fin de obtener resultados positivos con los niños —o con cualquiera, para el caso— has de repetir, repetir y volver a repetir. Debes reiterar algo constantemente hasta que se convierta en un hábito positivo. Cuando piensas en eso, así es precisamente como has *aprendido* hábitos contraproducentes, repitiéndolos una y otra vez. De modo que cuando veas que un ejemplo o un principio se repite más adelante en el libro, trata de no pensar que es un fallo del autor, sino una señal recordatoria, en el párrafo que estés leyendo, de que el mismo principio se aplicaba ya en una sección anterior. He procedido así deliberadamente para resaltar la importancia de dicho principio. No he suprimido, pues, todas las repeticiones, porque creo en ellas y sé que son necesarias para ayudarte a asimilar las técnicas que explica. Así como los niños jamás se adaptan a categorías mínimas y precisas, como querrían hacerte creer muchos que han escrito sobre el niño de dos años, el preadolescente o el adolescente, tampoco los principios que indican cómo se ha de ser padre o madre se atienen a fórmulas fijas. Hay muchas superposiciones en los diversos «quiero» que he usado para titular los diez capítulos de este libro, y no voy a pretender que algo dicho en un capítulo no vaya a repetirse nunca en otro. Como en la realidad no sucede así, tampoco me salió de esa manera al escribir sobre esa realidad.

El libro que tienes en las manos fue evolucionando de manera muy parecida a un niño que va convirtiéndose en adulto. En los primeros capítulos puse mucho cuidado en guiarte a lo largo de las páginas, paso a paso, empleando ejemplos clínicos. Di por supuesto que no se te podía dejar solo y que necesitabas supervisión constante. A medida que fui escribiendo, me torné más personal, compartí historias particulares, usé ejemplos personales y me desvié de los casos clínicos hacia situaciones más cotidianas de la vida. Fui dejando que tú, lector, te familiarizaras con mis creencias y estrategias. He seguido siendo preciso, pero de ninguna manera he mantenido un tono pedagógico, sino que simplemente te he ofrecido mis firmes convicciones y mi manera de aplicarlas en este magnífico tema de criar hijos Sin Límites. En etapas posteriores, te pido que te esfuerces más, de la misma manera que tú podrías pedirle más esfuerzo a tu hijo adolescente. He tratado entonces los temas de la bondad, la creatividad, las necesidades más elevadas y la prosecución de un propósito como si ahora estuvieses en un nivel avanzado de tu desarrollo como padre o madre.

He ido más allá de pedirte simplemente que ayudes a tu propio hijo, hasta rogarte que ayudes a todos los niños en general. Esta apertura a metas más universales se va transparentando a lo largo del libro, pero me he abstenido de reprimirla. Primera infancia, niñez, pubertad, adolescencia y, finalmente, edad adulta: tal es la evolución que tu hijo debe atravesar, le guste o no, y es comparable a las diversas etapas que yo recorrí al escribir este libro sobre un tema tan vital. Te darás cuenta de esa progresión a medida que avances en la lectura.

En estos últimos años he recibido miles de cartas de personas que se preocupaban realmente por los niños. Quiero compartir unos fragmentos de tres de esas cartas, en las que se me pedía que tuviera presentes algunas verdades importantes al escribir este libro. Primero, Bonnie Kippen, de Carney's Point, Nueva Jersey, me escribió en los siguientes términos:

Estimado doctor Dyer:

Al leer *Tus zonas erróneas* me di cuenta exactamente de qué quiero hacer. Deseo ver a mis tres hijos menores, de ocho, siete y seis años educados sin las abrumadoras exigencias y aprobaciones que yo misma y varias escuelas hemos empleado para poco menos que destruir a mi hijo de catorce años. Mi hija mediana, de ocho, ya está encaminada en la misma dirección. Yo los he visto a todos empezar con gran ilusión, de manera realmente brillante, disfrutar del parvulario o curso preescolar como de una experiencia satisfactoria, sólo para ser presionados dentro de la sumisión. Está tan adoctrinada, que su maestra la describe como una niña «dulce» y una «buena influencia para la clase». ¡Qué horror! Mi hijo de siete años se resistió en primer grado y ahora, pese a su indudable talento, secretamente frustrado, ha sido catalogado como problemático y una verdadera piel de Judas. La menor, de casi seis años, fue duramente criticada por indisciplinada, porque trataba de hacer cosas que «no formaban parte de la lección del día» o «que no tenían relación con lo que debemos hacer en preescolar». Era la más rebelde y obstinada en sus opiniones, pero su maestra no fue capaz de aceptar mi observación de que la niña podía tener sus opiniones. La maestra me dijo que los niños de preescolar son demasiado pequeños para haberse formado opinión alguna, y que incluso si la tuvieran no importaría porque el sistema escolar sabía la mejor manera de estructurar su educación. ¿Conoce usted algún sitio donde puedan educarlos sin todas esas tonterías? ¿Existe tal vez alguna escuela experimental que aplique el tipo de técnicas liberadoras y estimulantes del amor propio por las que usted aboga, en combinación con sanos objetivos académicos para desarrollar estudiantes no sólo bien educados, sino también bien adaptados?

Muchas gracias.

BONNIE KIPPEN

Las preocupaciones de Bonnie como madre y su determinación de impedir que sus hijos resulten adoctrinados en la igualdad y la monotonía por «las abrumadoras exigencias y aprobaciones» fue una verdadera fuente de inspiración para mis escritos.

Varios meses más tarde hablé ante un grupo de maestras en Long Island, en la inauguración de un cursillo. Una maestra, Marilyn Chiaramonte, de Rockville Centre, Nueva York, me escribió poco después. Entre otras cosas, en su carta me decía:

Por favor, repita hasta el hartazgo en su libro para los padres la importancia de querer al niño por él mismo y no por lo que esperamos de él. He visto en mis clases, todos los años, tantas personalidades dañadas, heridas, llenas de cicatrices, reprimidas, que me paso la mayor parte del tiempo simplemente amando y aceptando a esos chiquillos, de los que la mayoría son seres humanos hermosos de verdad, y que no se lo creen porque nadie se lo ha dicho nunca. Se puede derribar un *ego* hinchado con un par de palabras oportunas, pero lleva toda una vida levantar un *ego* dañado por unos padres bienintencionados que no quieren «malcriar» a su hijo.

Me gustaría que su presentación influyera en muchas de las maestras de Lawrence, que parece que hubieran perdido interés en la enseñanza, en los niños, y quizá incluso en la vida. No se me ocurre mejor manera de empezar el ciclo lectivo. Espero la publicación de su libro sobre los padres y probablemente lo usaré en mis charlas con ellos.

He tenido en cuenta tus palabras, Marilyn, al escribir este libro, y yo también siento muchas de las fundadas preocupaciones que me transmites en tu carta.

Luego, cuando ya estaba dando los toques finales a esta obra, recibí una carta de una mujer de Seattle. Se llama Chloe Robinson. Ya me había escrito con anterioridad, después de haberme oído hablar varios meses antes. Esta vez me envió la siguiente carta, que había escrito para sus hijos y sus nietos. La he transcrito entera porque creo que constituye un eficaz mensaje para todos los que nos ocupamos de los niños, y ayuda a responder la pregunta que en su versión original daba título a este libro: «¿Qué es lo que más quieres para tu hijos?».

A mis hijos y nietos:

Ahora que termina este año quiero deciros a cada uno y a todos, lo mucho que os quiero y lo importantes que sois para mí.

En esta vida he aprendido dos cosas: que cada uno de nosotros es especial y único en el universo, y que el amor es el recurso más poderoso con que contamos. Nuestra contribución en este planeta ha de consistir en desplegar todas nuestras potencialidades personales, y conceder a los demás el mismo privilegio. Si actuamos así movidos por el amor y la dedicación, sin erigirnos en jueces, cuando nos vayamos, cosa que nos tocará a todos, habremos vivido con plenitud.

Nuestra misión en la vida consistirá en ser tan felices y tan positivos como buenamente podamos. Éste es nuestro derecho divino, y a menos que estemos realmente contentos con nosotros mismos y nos queramos como los individuos únicos y especiales que somos, nunca podremos darnos totalmente a los demás para hacer de este planeta el lugar maravilloso, apacible y pacífico que a todos nos gustaría que fuese.

Amor propio no significa egoísmo. Es la manera más perfecta y positiva de agradecerle tu vida a Dios. Si te amas a ti mismo y sabes que eres perfecto a los ojos de Dios, serás capaz de irradiar este mensaje a los demás y fortalecer en ellos la idea de que también son perfectos. Ésa es la única manera en que podemos alcanzar ese algo fugaz que llamamos felicidad.

La felicidad, en sí, no existe. Es una ilusión. Sólo estando contentos con nosotros mismos podemos hallarla. Si la buscamos por todo el mundo hasta la muerte, nunca la encontraremos. Tampoco nos la procurarán las cosas materiales, la agitación ni las otras personas, aun deseándola, comprándola o arbitrando cualquier otro medio. Es algo totalmente personal que sale de dentro.

Lo maravilloso es que está allí para todos, y que con independencia de quién seas o cuáles sean tus circunstancias, debes comprender que es tu don. La mereces incondicionalmente. Nunca debes depender de que otra persona te «dé» la felicidad; eso significaría una pesada carga para los dos. Si eres realmente feliz en tu interior y le otorgas a la otra persona ese mismo derecho, automáticamente os brindaréis felicidad uno a otro sin intentarlo siquiera, y eso es una ventaja porque no la esperas ni la anticipas...; simplemente es.

Nuestra responsabilidad para con nuestro planeta, para con nosotros y hacia los demás consiste en mostrarnos tan positivos como podamos. Esto no quiere decir ser irreales; sólo significa que sin que importen las circunstancias ni cómo nos afecten, mantengamos nuestra calma interior, nuestra firme convicción de que somos únicos y de que nada puede debilitar nuestra fe en nosotros mismos si no lo permitimos.

En la vida debemos aceptar cada situación con dignidad y amor y darle a la otra persona el mismo derecho.

La vida no es un juego donde tenga que haber un ganador y un perdedor. Todos somos ganadores. Solamente cuando nos sentimos o sentimos a los demás como perdedores estamos poniendo un rótulo a algo que en realidad no existe. Permítete ser un ganador en la vida y deja que las demás personas también lo sean. Así, todos ganamos.

Cada uno de nosotros es único desde el día en que nace. Los niños pequeños necesitan la protección de sus padres hasta que tienen la edad suficiente para cuidarse en el aspecto físico, pero desde el día en que nace, debemos reconocer que cada bebé es un ser humano, exactamente como nosotros, con un cuerpo diminuto. No son «aprendices de persona».

La vida es hermosa, maravillosa; Dios quiso que así fuera. Sólo a través de nuestras actitudes para con nosotros mismos y los demás dejamos que pierda su perfección.

Nuestro cuerpo está hecho de miles de millones de células, y para que conservemos una salud perfecta, cada una de esas células ha de tener un funcionamiento óptimo. Si algunas están enfermas o débiles, les sanas tendrán que trabajar más para contrarrestar esta situación negativa, de manera que todo el cuerpo pueda estar sano.

Nuestro planeta es como un cuerpo, y cada uno de nosotros representa una célula. Nuestra responsabilidad hacia ese cuerpo que llamamos nuestro planeta consiste en ser, cada uno, una célula sana y feliz que irradie nada más que bondad y actitudes positivas. Sólo de esta manera lograremos contrarrestar las células enfermas o débiles y hacer que nuestro mundo sea perfecto y maravilloso en todos los sentidos. No hay cabida para los pensamientos negativos y el egoísmo. Esto sólo se puede lograr si nos esforzamos en ser mejores y dejamos que los demás gocen del mismo derecho.

Debemos tratar de convertirnos en personas afectuosas y cálidas, sin prejuicios, y reconocerle a cada uno, sin que importen las diferencias de aspecto, comportamiento o creencias, el derecho a convertirse también en una persona así. Sólo así sobrevivirá nuestro planeta.

Espero vivir una vida larga y plena y seguir creciendo y aprendiendo, pero si mañana tuviera que irme, éste es el mensaje que me gustaría dejaros a todos vosotros.

Os amo a cada uno de vosotros y os acepto tal como sois. Lo único que deseo y espero es que ejercitéis vuestro derecho a ser felices y plenos en tanto sois personas únicas. Yo, a cambio, trataré de ser la mejor persona que pueda, de manera que nunca tengáis que considerarme como una carga o sentir por mí ninguna otra responsabilidad que no sea la de compartir conmigo vuestro amor y vuestro ser como personas, si así lo decidís.

Nunca haréis nada que me defraude ni que consiga que os quiera menos. Contáis con mi amor incondicional y con la certidumbre firme de que eso no cambiará nunca. Vamos cada uno por nuestro propio sendero, aunque nuestras vidas estén entrelazadas.

Todo lo que deseo y espero de vosotros es que ejercitéis vuestro derecho divino de ser felices y llegar a ser lo mejor que podáis, y que concedáis el mismo derecho a los demás sin reservas ni condiciones.

Au aloha oe nui loa [Os quiero mucho]
Aloha [Amor]
Makuahine a Tutu Koloe [Mamá y abuela Chloe]

Confío en que este libro te será útil desde las primeras páginas hasta la carta que constituye el apéndice. Hace algún tiempo mi madre, a quien, junto con otros allegados, dedico este libro, me escribió el siguiente poema, del que estoy muy orgulloso, y que también resume bellamente el sentimiento que quiero transmitirte, lector.

WAYNE

Una madre no puede más que guiar...
    para luego hacerse a un lado. Yo sabía
que no podía decir: «De esta manera
    has de caminar».

Pues no podía sospechar
    qué senderos podían llevarte
hacia alturas inconcebibles
    que tal vez yo jamás conocería.

Sin embargo, siempre supe
    en mi corazón
que tocarías una estrella...
    ¡Y no me sorprende!

Hazel Dyer

Puedes ayudar a tus hijos a tocar sus propias estrellas si sigues este importante consejo: guía, y luego hazte a un lado. Éste es el mensaje de mi libro, y éste es tu propio destino como persona a quien le importan esas «estrellitas» y las ama de verdad.

1

¿QUÉ DESEAS POR ENCIMA DE TODO PARA TUS HIJOS?

No hay otra riqueza que la vida.

JOHN RUSKIN

Sólo por probar, realiza una encuesta entre todos los padres que conozcas, formulándoles la pregunta que he empleado para titular este primer capítulo: «¿Qué deseas por encima de todo para tus hijos?». Mientras tanto, hazte idéntica pregunta a ti mismo y a tu pareja (si la tienes) y fíjate qué vas descubriendo a medida que empiezas a leer este libro. Dado que tal vez recibas una amplia variedad de respuestas, te sugiero que las clasifiques: descubrirás que las más significativas gravitan en torno a un tema central.

Según mi experiencia, cuando he hecho esta pregunta crucial a los padres y les he dado tiempo para considerar la importancia de una interrogación de tal profundidad, las respuestas tienden a ser por el estilo de las siguientes:

— Quiero que mis hijos sean felices y estén libres de manías.

— Quiero que sepan cómo disfrutar de la vida y apreciar cada día como un milagro.

— Quiero que se sientan satisfechos e importantes como personas, hagan lo que hagan.

— Quiero que tengan sentimientos positivos sobre sí mismos y sobre la vida.

— Quiero que crezcan sabiendo cómo evitar que los problemas inevitables los derroten.

— Quiero que no se sientan deprimidos e insignificantes.

— Quiero que no se conviertan en neuróticos.

— Quiero que tengan un arraigado sentido de la paz interior, que los sustentará en épocas difíciles.

— Quiero que le den valor al ahora: que disfruten de este viaje por la vida sin preguntarse demasiado a dónde los conduce.

— Quiero que sepan que son artífices de su vida, que tienen el poder de elegir y cambiar su existencia.

— Quiero que sean sensibles y responsables y respetuosos con la naturaleza y la humanidad.

— Quiero que descubran y ejerciten sus capacidades, se sientan satisfechos y tengan el estímulo de un propósito en la vida.

— Quiero que se sientan queridos y sean afectuosos.

— Quiero que encuentren las oportunidades que encierran las inevitables experiencias dolorosas de la vida.

— Quiero que gocen de buena salud, tanto física como mental.

Éstas son, condensadas, las respuestas típicas que he recibido para esta pregunta. Los padres no parecen obsesionados por tener hijos ricos y famosos, ni por el deseo de que vivan una vida libre de problemas. No están firmemente resueltos a que sus hijos tengan que desempeñar un trabajo ideal, posean un hogar maravilloso o puedan exhibir un álbum de fotografías familiares dignas del cine y la televisión. Los padres parecen realistas en sus expectativas; saben que las cosas no darán la felicidad a sus hijos, y no quieren enseñarles a acumularlas. En estos últimos años parece que hubiéramos llegado a entender que las adquisiciones, la posición, las riquezas y algunos de los barómetros más tradicionales de una vida provechosa ya no son indicadores apropiados. Todos hemos oído demasiadas historias de «triunfadores» que se atiborran de tranquilizantes, que tienen que visitar a su psiquiatra con regularidad, que ven la depresión como «algo normal», que consideran el suicidio como una solución a sus problemas, o que están tan ocupados ganando «más», que no tienen tiempo para disfrutar.

La gente se ha vuelto cautelosa con esos aspectos indeseables del éxito, y quiere que sus hijos encuentren, en cambio, cierta serenidad y felicidad que les sirva para afrontar las épocas más duras. Tengo mucha confianza en que tú quieres que tus hijos crezcan satisfechos de sí mismos, que se conviertan en seres con sus capacidades desarrolladas, en adultos Sin Límites, capaces de afrontar las dificultades de la vida sin dejar que éstas los abrumen hasta frustrarlos en algún sentido, y que no se vean empujados a confiar en medidas externas como los fármacos, la terapia o incluso la cirugía para hacer frente a la vida.

En resumen, quieres que tus hijos crezcan para ser personas Sin Límites en cada aspecto de su vida, y que disfruten de ésta sin dar cabida a una actitud amarga o una postura derrotista.

Quieres que sean positivos con respecto a su vida, y que no sean pesimista ni estén descontentos. Prefieres más bien que se sientan afortunados y no que se propongan factores externos como determinantes de su nivel de prosperidad.

LA CAPACIDAD DE DISFRUTAR DE LA VIDA

Piensa por un momento en la mayor prioridad de la vida. Imagínate que tú y tus hijos habéis heredado la capacidad de disfrutar sin que importen las circunstancias que os rodean. Si alguien te abandonase, de todos modos tú sabrías cómo disfrutar de la vida. Si tuvieras que afrontar una enfermedad grave o estuvieras a punto de pasar por una difícil inspección de impuestos, aún serías capaz de disfrutar de la vida. Las desilusiones aparecerían y desaparecerían, ya que gracias a tu don heredado siempre sabrías cómo disfrutar. Dada esta capacidad imaginaria, sería imposible que significaras jamás una carga para nadie; por lo tanto, serías tan desinteresado como humanamente se puede ser. Si pudieras disfrutar siempre de la vida, no esperarías demasiado de otras personas para que te proporcionaran diversión, y no te importaría qué decidieran en cualquier momento dado. ¡Qué don maravilloso sería esa capacidad de disfrutar de la vida!

¡Tú posees esa capacidad! No es necesario que exista sólo en tu imaginación. Puedes hacer que sea muy real y cultivar esa cualidad maravillosa en tus hijos. Después de revisar tus expectativas sobre ellos y considerar todo lo que podrías proporcionarles, casi siempre llegarás a esta conclusión: «Me gustaría que mis hijos tuvieran la capacidad de disfrutar de la vida». Si el enunciado de este deseo expresa lo que de veras te gustaría proporcionarles a tus hijos, puedes establecer esa prioridad a partir de hoy mismo. Si les ofreces ese don maravilloso a tus hijos y lo otorgas también a ti mismo, tu recompensa serán niños que crezcan y maduren en el nivel más elevado de los seres humanos. La gente auténticamente distinta en este mundo es la que no se preocupa por su propia felicidad personal, sino que la da por supuesta como parte integrante de su condición humana. La gente que se siente afortunada, y que de hecho alcanza los más altos niveles, es la que se siente capaz de ignorar la necesidad de tener a alguien que le administre inyecciones de felicidad. La definición más veraz que conozco de una persona Sin Límites es ésta: simplemente, *una persona que sabe cómo disfrutar de la vida, en especial cuando quienes la rodean pierden el juicio.*

Suponiendo que la mayoría de los padres quieran cultivar en sus hijos este tipo de actitud general de disfrutar de la vida, ¿qué no funciona bien, entonces, entre lo que con certeza deseamos inculcar en nuestros hijos y la realidad que afrontamos todos los días? ¿Por qué hay tantos adultos maduros y jóvenes que consumen tranquilizantes para poder soportar la jornada? (Solamente en los Estados Unidos se extienden aproximadamente cien millones de recetas de Valium y Librium por año.) ¿Por qué necesitamos tomar píldoras para dormir, mantenernos despiertos, aliviar la tensión, infundirnos energía, eludir la tristeza, tranquilizarnos, acelerar nuestro ritmo vital, etcétera? ¿Por qué hay tanta gente con estrés? ¿Por qué los índices de suicidio siguen creciendo, especialmente entre los jóvenes, y por qué las visitas al psiquiatra son un modo de vida? ¿Por qué se halla tan extendido el uso de drogas y alcohol? ¿Por qué hay tanta hostilidad en el mundo? ¿Por qué la gente recurre a medidas desesperadas para que se la escuche? Si queremos que los niños sean capaces de disfrutar de la vida, ¿de dónde han salido todas esas personas tan desesperadamente desdichadas? ¿Por qué el odio se ha generalizado más que el amor? ¿Por qué hay tanta gente que vive atemorizada en la supuesta seguridad de su hogar? ¿Por qué tantos adolescentes se vuelven drogadictos o criminales, se afilian a sectas raras o, en el mejor de los casos, se muestran impertinentes y desconsiderados con los extraños?

El hecho es que la mayoría de nosotros no sabemos qué hacer para enseñar a los niños a disfrutar de la vida, porque nosotros mismos no conocemos ese simple secreto. No podemos enseñar algo que no sabemos. Seguimos dando vueltas en el mismo círculo vicioso que nos han legado, y nuestros propios hijos se convierten en víctimas de nuestra ignorancia como padres. Con frecuencia creemos saber cuáles son las características de una persona de éxito y nos pasamos el tiempo intimidando a nuestros jóvenes para que se conviertan de manera sumisa en lo que creemos que *deben* convertirse. Consideramos nuestros propios errores y juramos evitar que se repitan en nuestros hijos. Suponemos que haber vivido más nos da una sabiduría que las personas más jóvenes deben agradecer. Y nada podría estar más lejos de la verdad. Aprender a disfrutar de la vida es una actitud, un sistema central de creencias que aprendemos o no. Muchas veces lo olvidamos, o no tenemos esta convicción interna, y en consecuencia no podemos transmitírsela a nuestros jóvenes. Una premisa central de este libro, y de todo lo que he escrito siempre, es que has de mostrarte capaz de ser el ejemplo de lo que estás intentando enseñar.

Ser un ejemplo

Imagínate que vas al dentista y te echa un sermón sobre la importancia de una buena higiene bucal, y que cuando te sonríe tiene los dientes en pésimo estado. O imagínate que estás hablando con tu médico, y él te habla del pernicioso efecto de la nicotina mientras te echa en la cara el humo del cigarrillo. Tu reacción normal sería pensar: «Este tipo es un cínico». La misma lógica se aplica en la enseñanza de actitudes sobre la vida. Si tu objetivo es ayudar a los niños a que aprendan a apreciar la vida y sean capaces *siempre* de disfrutar de ella, tendrás que empezar esa tarea trabajando primero contigo mismo y modelando este tipo de actitud en todos tus actos.

Si estás reprimiéndote constantemente, si vives día a día con poca dignidad, y si les demuestras a los niños que no crees demasiado en ti mismo, entonces difícilmente estarás en condiciones de ayudar a ningún niño a desarrollar su amor propio. ¡Debes ser un ejemplo viviente! Es esencial mostrarles a los niños el retrato de una persona que se respete a sí misma, si es eso lo que quieres inculcarles. Importa que seas coherente con tu propia vida si piensas ser un auténtico ejemplo para los niños.

No hay mejor respuesta para la actitud negativa de un niño, que un ejemplo positivo. Podrás buscar las respuestas en todos los libros sobre bebés que se han escrito, pero para un niño sin motivación no hay mejor respuesta que una persona motivada. La mejor respuesta para un niño enfadado es una persona calmada. Al niño con prejuicios le responderá mejor una persona tolerante y afectuosa. Alguien entusiasta es ideal para animar a un niño indiferente. Así como no todas tus características van a inculcarse necesariamente en tus hijos, la mejor manera de empezar este asunto de criar niños para que se realicen consiste en hacer lo mismo por ti, exhibiendo con orgullo tu ejemplo siempre que sea posible.

Incluso si no eres una persona que haya conquistado sus propias zonas erróneas, y te ves en la situación de tener mucho trabajo por hacer, puedes empezar cuidando comentarios delante de los niños. Por ejemplo, puedes tratar de erradicar todas y cada una de las expresiones que reflejen tu propia incapacidad de disfrutar de la vida. Evita rezongos como los siguientes:

«Es tan deprimente…; nunca saldremos adelante.»
«Parece que a nosotros las cosas nunca nos fueran bien.»
«¿Cómo voy a poder disfrutar con todos los problemas que me dais?»
«¡Algunas personas tienen una suerte!»
«La vida es una celda de castigo.»

Cuando te empeñas todos los días en eliminar los comentarios que reflejan una incapacidad para disfrutar de la vida, estás dando un ejemplo, eres un modelo personal, vivo y real, por lo menos de una persona a quien la vida nunca derrotará. Hay otras frases que puedes practicar todos los días, especialmente cuando las cosas no parecen marchar como a ti te gustaría, e incluso aunque no las creas:

«Es sólo una pequeña contrariedad. La solucionaremos en seguida.»
«Podemos encontrar algo positivo en todo esto.»
«Tus problemas son tuyos, y no pienso deprimirme a causa de ellos.»
«La gente se busca su propia suerte.»
«La vida es un festín.»

En cada una de las cinco últimas frases puedes ver la diferencia entre un padre que da constantemente un ejemplo pesimista, y uno que, en las mismas situaciones, busca el lado bueno de las cosas. Si quieres que en tus hijos crezca la capacidad de disfrutar de la vida en todo momento, y adviertes que en su personalidad hay muchas actitudes negativas, comienza la tarea de invertir esas actitudes haciendo primero un examen de ti mismo. No serás capaz de eliminar todos los comportamientos y actitudes contraproducentes de tus hijos por el solo hecho de cambiar tú mismo y no hacer nada más, pero producirás una abolladura enorme en esa armadura negativa si das a tus hijos el ejemplo coherente de una persona que se niega a ser víctima de la vida.

Cuando pienses en ser el ejemplo viviente de una persona que sabe cómo disfrutar de la vida, no sólo en provecho de tus hijos, sino también en el tuyo propio, piensa también qué es lo que realmente importa en la vida. Con demasiada frecuencia damos un valor exagerado al aprendizaje de reglas y a la obtención de conocimientos, logros, adquisiciones y recompensas externas, tales como una carrera o la capacidad de ganar dinero. Con demasiada frecuencia hemos pensado que éstos eran los valores más importantes para una persona a expensas de la cualidad infinitamente superior de mostrarse capaz de ser feliz.

LO QUE SABES FRENTE A CÓMO TE SIENTES

En cualquier momento de tu vida, ¿qué es más importante: lo que *sabes* o cómo te *sientes*? No cabe separar por completo estas dos cosas, pero, en términos generales, ¿qué tiene prioridad, tu conocimiento o tus sentimientos?

Todos sabemos que cuando nos sentimos mal nos volvemos menos eficientes y tenemos dificultades para cumplir nuestros «deberes» con eficacia mientras no corrijamos de alguna manera los malos sentimientos que nos abruman. Los sentimientos o las emociones son la parte más importante de nuestra vida, y sin embargo los ignoramos casi por completo, mientras que damos un énfasis desmesurado a la adquisición de conocimientos, tanto en casa como en la escuela. Los educadores han afrontado este dilema durante siglos. El aspecto «afectivo» (sentimientos) frente al aspecto «cognoscitivo» (conocimiento) es el rótulo técnico de la controversia tal como se aplica a la educación. Las escuelas gastan más del 95 por 100 de sus fondos y su energía en el aspecto cognoscitivo. Los padres emplean casi el mismo porcentaje de energía y tiempo en acrecentar los ámbitos cognoscitivos, y todos sabemos que en nuestro corazón las emociones tienen virtualmente prioridad en todas las situaciones importantes de la vida.

Las habilidades principales de las personas Sin Límites consisten en aprender a manejar las propias emociones, tener confianza en uno mismo y amor propio, y evitar la depresión, el miedo, el sentirse abrumado, la ansiedad, las preocupaciones, el sentimiento culpable, los celos, la timidez y otras actitudes negativas. Tales habilidades en el terreno afectivo son absolutamente esenciales para una vida plena y feliz; el tipo de vida que siempre podrás apreciar y disfrutar. Sin embargo ignoramos nuestras posibilidades afectivas; las descartamos como trivialidades o cosas obvias. Somos pocos los que realmente podemos manejar nuestras emociones, y todavía menos los que nos consideramos capaces de enseñar a nuestros hijos a evitar las trampas de una educación ineficaz en el terreno afectivo.

Las personas que padecen crisis nerviosas no suelen ser ignorantes. Con frecuencia son muy capaces de crear o resolver las complejidades de la poesía de significado más oscuro. Hay quienes toman píldoras para sobrellevar la vida, pero resuelven fácilmente ecuaciones cuadráticas. La gente tímida a menudo alcanza los rendimientos más elevados en tareas de lectura y escritura. Individuos desprovistos de afecto y confianza son muy capaces de ganar un concurso de ortografía. Los agresivos y hostiles pueden generalmente cumplir con las exigencias de su trabajo e incluso resolver complejos circuitos electrónicos. Los seres temerosos muchas veces se muestran capaces de sumar y restar, y suelen obtener las mejores calificaciones en la escuela. Empiezas a darte cuenta de que las habilidades realmente importantes se ignoran a expensas de la adquisición de conocimientos. Yo creo firmemente en la importancia del aprendizaje cognoscitivo: cuanto más capaz en todos los campos, mejores posibilidades tendrás de ser una persona Sin Límites toda tu vida.

El principal objetivo de ser padre o madre consiste en enseñar a los niños a que se conviertan en sus propios padres. Tú quieres que tus hijos se rijan por sus propias señales interiores; que sean capaces de pensar por sí mismos y de evitar costosos conflictos emocionales; y que sepan que tienen la capacidad y las posibilidades de emplear esa capacidad, para llevar una vida plena y feliz sin necesidad de consultarte siempre a ti. Tú serás su guía durante algún tiempo, y luego disfrutarás viéndolos despegar por su propia cuenta. Para lograr esto querrás estar bien versado en los aspectos y detalles de la vida Sin Límites, y ser útil dejando que los niños elijan y adquieran tantas habilidades cognoscitivas como deseen, sin perder por eso la capacidad de dominar también el terreno afectivo.

Este terreno afectivo, donde el «cómo me siento» es de importancia suprema, también presenta múltiples detalles. Quizá no se puedan clasificar tan claramente como la suma o la diagramación de frases, pero no son menos notables. Y lo mejor de todo es que cuando tú y tus hijos obtengáis estas calidades de vida Sin Límites, no las olvidaréis nunca. De hecho, las llevaréis con vosotros a cualquier lugar donde vayáis y en cada tarea que emprendáis en la vida, ya sea limpiar el armario, arreglar el jardín, cambiar unos pañales, remendar un vestido, acudir a pagar una multa de tráfico o hacer el amor. Éstas son herramientas que llevas contigo a todos los trabajos y en todas las experiencias de la vida. Y no tienes por qué seguir ignorándolas.

El terreno afectivo

Una premisa principal de este libro es que tu quieres que tus hijos tengan una vida feliz, libre de neurosis. Deseas ayudarlos a interiorizar habilidades específicas y actividades que les servirán a lo largo de la vida, de tal manera que sabrán cómo vivir con maestría. Tú también comienzas sabiendo bien que los niños no aprenderán esas habilidades y esas actitudes en clase. Las escuelas no tienen un plan de estudios para formar a gente Sin Límites; de hecho, con frecuencia trabajan en oposición a esos objetivos. Los niños tendrán que adquirir sus creencias Sin Límites fuera de ellas, en el mundo real. Herman Melville, el conocido autor de *Moby Dick*, decía en este sentido: «Un buque ballenero fue mi Yale y mi Harvard». Es una manera inteligente de admitir que uno aprende haciendo, y no escuchando disertaciones en universidades prestigiosas. Si han de aprender a ser los artífices de su propio destino emocional, tus hijos necesitarán su propio buque ballenero.

Vivir por entero en el ámbito del «cómo me siento» es algo sumamente gratificante. En este terreno afectivo no hay reglas que memorizar, no hay que rendir exámenes, no hay calificaciones en ningún boletín. La recompensa es una vida plena y feliz, sin que importe qué tareas tengas que emprender. Las reglas son flexibles y variadas, y los exámenes constituyen la forma en que manejas las situaciones cotidianas de la vida real. No se trata de una educación escolar para un ambiente artificial ni de un método para amontonar dinero. En esta parte de tu vida, cada marco referencial, cada persona con quien te encuentres, cada momento es una oportunidad para demostrar tus habilidades y tus capacidades. En estos ámbitos de tu ser empleas todo el tiempo tus conocimientos y habilidades; no es necesario que esperes estar trabajando en el mercado para entender por qué estudiaste determinado tema. Todos y cada uno de tus días verás las razones deliciosamente gratificantes por las que practicaste con tanto esfuerzo esas habilidades y actitudes.

Nuestros objetivos, entonces, son muy sencillos. Hemos de llevar hasta su máxima expresión nuestras capacidades para enseñar a nuestros hijos a ser tan poderosos y sanos como puedan, dentro del ámbito de su vida que llamamos la dimensión del «cómo te sientes». Queremos que nuestros hijos aprendan lo característico de la vida Sin Límites, y podemos ayudarlos a alcanzar esos niveles, gracias a la destreza adquirida con nuestros esfuerzos como padres. A modo de maravilloso logro adicional quizá nos volvamos igualmente poderosos y sanos en esta parte de nuestra propia manera de ser como personas, el rincón afectivo de nuestro mundo.

¿Cuáles son los componentes de una vida Sin Límites? A lo largo de todo el libro, cada capítulo se centrará en las cualidades específicas que constituyen la manera de desenvolverse más provechosa que pueda alcanzar la gente de nuestra cultura, y mostrará cómo ayudar a nuestros hijos a interiorizar esa característica particular. A las personas que muestran coherentemente todos esos rasgos yo las llamo «gente Sin Límites», porque no se trazan fronteras internas, y se niegan a dejar que los demás se las impongan. Anteriores estudios del comportamiento humano han recurrido a términos como «autorrealizado», «dirigido internamente», «de pleno funcionamiento», «consciente» y «despierto». No importa cómo nos refiramos a la gente Sin Límites, mientras sepamos de qué estamos hablando. Una persona Sin Límites es alguien que tiene hacia sí misma un gran respeto y confianza, independientemente de la situación en que se encuentre. Esa persona experimenta entusiasmo por sí misma, y se siente parte integrante del mundo. Buscará lo desconocido y curioseará en lo misterioso; considerará la vida más como un milagro que como una carga.

En casi todos los casos, la persona Sin Límites obra según sus indicadores internos, confía en sí misma y está dispuesta a correr riesgos. A veces se enfada, pero nunca queda inmovilizada por ese sentimiento, y en ningún caso pierde el control. No se queja, sino más bien se muestra activa, y nunca se lamenta ante los demás por su mala suerte. Nuestra persona Sin Límites no se pasa el tiempo preocupándose por lo que pasará; en vez de eso centra su atención en qué puede hacer para evitarse problemas. De la misma manera, tampoco la distraen la culpa ni la ansiedad por el pasado. Sabe cómo aprender de ese pasado sin sentirse trastornada ni deprimida por cosas ya muertas y enterradas. Es una persona que siente firmemente la existencia de un propósito y una misión en la vida, y que nadie puede quitarle esa fortaleza interior. Persevera, y los obstáculos sólo sirven para intensificar su determinación.

Nuestra persona Sin Límites está motivada por cualidades elevadas tales como la apreciación estética, el amor, el respeto, la justicia, la paz mundial. Es mucho más probable que se sienta interesada por temas globales que por definirse mezquinamente en el seno de un vecindario, un país, una familia o un grupo étnico. Se interesa por todo el género humano y no se concentra en sus propios motivos personales y egoístas. Es una persona a quien le interesan más las ideas que las adquisiciones, contribuir a que el mundo sea un lugar mejor en vez de hacer carrera en un prestigioso bufete de abogados. Sabe que su propia felicidad le viene de dentro, y por lo tanto no se pasa la vida comprando cosas que siempre ha poseído, tales como la felicidad, el amor, el éxito y la plenitud. Aporta esas cualidades *a* su vida en vez de esperarlas *de* ella. No compite con los demás, y raras veces se compara con los demás para medir sus propios progresos. Se dirige internamente y se ve a sí misma como única en el universo; en consecuencia, comprende el desatino de las comparaciones. Busca la verdad en vez de ocuparse en ganar la aprobación ajena o tratar de tener razón. Es capaz de vivir en el momento presente, y por lo tanto no está obsesionada con el futuro o con volver al pasado. Sabe que no puede ganar la aprobación de todo el mundo, y debido a sus sólidas convicciones internas no le interesa tratar de impresionar a los demás, ni acumular adquisiciones para estar en la cresta de la ola. La gente Sin Límites no emite juicios y reconoce el derecho de cada uno de elegir su propio camino, en la medida en que con ello no lesione el derecho de los demás a hacer lo mismo.

Vivir la vida como una experiencia cumbre, con un alto sentido «del agradecimiento» es el distintivo de la persona Sin Límites. La gente así no intenta estimularse ingiriendo fármacos; ya se siente estimulada con todo cuanto la existencia le ofrece. No conoce el aburrimiento ni la falta de interés. Sabe apreciar la vida y es difícil encontrar cosas que no la fascinen. Se trata de personas modestas, capaces de encontrar alegría prácticamente en cualquier cosa: desde el atletismo hasta la ópera, desde las caminatas hasta la lectura de poesía, todo les gusta. Cumplen lo que san Pablo decía en su famoso aforismo: «No hay nada humano que me sea ajeno».

La gente Sin Límites lleva un estilo de vida sano, se conserva en forma, y no siente la tentación de ser enfermiza ni achacosa, no por superioridad sobre los demás, sino porque una luz interior le avisa de lo mal que se siente uno si está gordo, si no se halla en forma, si se droga o consume alimentos perjudiciales. Mantiene una mente sana en un cuerpo sano, y no para seguir la moda. Rechaza las adicciones a sustancias nocivas de la misma manera que un animal despreciaría un vaso de whisky escocés, porque sería antinatural y estúpido que su mente dejara envenenar su propio cuerpo.

Son personas que han desarrollado un vigoroso sentido del humor, cuya compañía resulta divertida, que no gastan el tiempo en culpar a los demás por sus defectos o negligencias, y que están altamente motivados desde su propio interior. La ausencia de reproches se manifiesta en su renuncia a encontrar que los demás sean culpables de las cosas que les incomodan. Sus directrices internas los ayudan a asumir la responsabilidad de su vida, a descubrir sus íntimas respuestas y a actuar como personas independientes porque persiguen sus propios objetivos. No se clasifican a sí mismas por sus éxitos o sus fracasos; en cambio, aceptan el fracaso como parte del aprendizaje, y están dispuestas a probar casi cualquier cosa que les interese. No son conformistas, y evitarán con facilidad las reglas y las costumbres insignificantes que parecen molestar tanto a los demás. Tienen su propia imaginación creadora, y la utilizan para determinar cómo ha de intentarse una tarea. No están obsesionadas con ganar, ya sea obteniendo la aprobación de los demás o derrotándolos; sin embargo, quienes proceden así siempre catalogan como ganadoras a las personas Sin Límites.

La gente Sin Límites está libre de depresión y desdicha debido a sus singulares actitudes ante la vida. Mira el lado positivo de las cosas donde otros ven el negativo. Piensa de manera positiva en sus propias capacidades para llevar a cabo un trabajo, en vez de considerar que es imposible. Su entusiasmo los mantiene a salvo de caídas emocionales y su capacidad de tener en cuenta sus cualidades y ventajas en vez de sus penas es un rasgo distintivo de los seres humanos Sin Límites. Para resumir, hablamos de personas que se hacen cargo de su vida, y que conservan casi siempre esa característica maravillosa de ser capaces de disfrutar de la vida cuando otros optarían por perder el juicio.

Ofrezco este breve retrato en el primer capítulo para que comprendas mi insistencia en que puedes criar niños para que se conviertan en personas Sin Límites. Los pequeños que no han sido malcriados tienen de forma innata todas esas cualidades, pero con demasiada frecuencia las pierden al esforzarse en pos de la felicidad y el éxito. Es necesario, pues, que aprendan a aplicar sus propias facultades internas. Ser feliz, sensato y afortunado, estar sano, tener unidad interna, etcétera, son simplemente cosas naturales, cualidades humanas normales que suelen quedar relegadas ante la consecución de señas externas del éxito.

Yo parto de la premisa de que todos llevamos una persona Sin Límites en nuestro interior, y que la hemos confundido en nuestro intento de ajustarnos a nuestras pautas culturales en la vida. La gran ironía de la vida es que no hay un camino para la felicidad; la felicidad es el camino. No hay senderos para el éxito; el éxito es una actitud interna que aportamos a nuestras empresas. Si persigues al amor, siempre te eludirá; has de dejar que el amor te persiga a ti. Si exige seguridad, siempre te sentirás inseguro. Si te afanas por el dinero, nunca tendrás suficiente. Debes dejar que el dinero te sirva a ti.

Las personas neuróticas difícilmente son capaces de interiorizar esas contraposiciones. La mayoría de la gente se pasa la vida buscando la felicidad, la seguridad, el amor, y nunca se detiene a pensar que podría tener todas esas cosas si dejara de perseguirlas y las aportara como actitudes a su trabajo y a su vida cotidiana. Los niños parecen saberlo: en efecto, tienen esas cualidades maravillosas en cantidades enormes. Debemos concederles lo que es su derecho como niños Sin Límites: crecer hasta llegar a ser adultos Sin Límites. Sí; precisan nuestra guía y sin duda nos necesitan para que los ayudemos a no convertirse en seres autodestructivos en su entusiasmo juvenil por la vida, pero siempre hemos de tener presente que tenemos tanto que aprender de nuestros hijos como lo que podemos ofrecerles. No queremos echar a perder nuestros esfuerzos como padre o madre sosteniendo que nuestro rol consiste en modelar a esta gente joven según lo que creamos bueno para ella. Esos muchachos son virtualmente perfectos en términos de destreza y actitudes Sin Límites. Sí debemos ser cuidadosos en extremo, para estar seguros, con no quitarles esas cualidades en nuestro afán de que se conviertan en personas «de éxito», según nuestros parámetros externos.

A medida que examinamos qué estamos haciendo como padres, tengamos presentes nuestros objetivos. Tratamos de refinar y estimular a nuestros hijos en la dirección de sus sueños y sus empeños, de manera que lleguen a actualizar sus potencialidades, mientras reconocen simultáneamente que ya son creaciones perfectas. Debemos comprender que no siempre estarán de acuerdo con nosotros; que querrán marchar a su propio ritmo con frecuencia mucho mayor de lo que nos gustaría; que a menudo adoptarán una opinión contraria a la nuestra respecto de lo que está bien para ellos; que tienen su propia luz interior que no llegamos a percibir; que su visión, su vocación y sus creencias pueden diferir mucho de las nuestras.

Esta cualidad maravillosa de la felicidad Sin Límites que queremos activar en nuestros hijos no surgirá sin esfuerzo. Éste, sin embargo, no tiene razón de ser en los padres dispuestos a disfrutar de todos los sacrificios de sus hijos para llegar a ser lo que les conviene, según su propio juicio. ¡Nosotros no! ¡Ellos! No hay cosa más estimulante en el mundo que ser padre. Debemos dejar el timón a nuestros jóvenes, tras haber obtenido satisfacción como timoneles provisionales. Nuestra realidad dictamina que ellos se harán cargo de sí mismos, y otro tanto les pasará algún día a sus hijos. Es su destino. Si podemos determinar la importancia de criarlos para que se conviertan en personas Sin Límites, autosuficientes y eficaces, quizá nos sorprenda descubrir que los problemas que no hemos sido capaces de erradicar —como la pobreza, el hambre, las guerras, el crimen, la contaminación ambiental, etcétera—, reciben un tratamiento más adecuado por parte de una generación de personas que se desenvuelven en un nivel personal perfecto. Quizá, y sólo quizá, si no están obsesionadas con sus propios problemas mezquinos, y si tienen un sentido de finalidad y pertenencia a la especie humana, estén mejor equipadas para enfrentar los grandes problemas. Hay un antiguo proverbio chino que dice:

Si piensas con un año de anticipación, siembra una semilla.
Si piensas con diez años de anticipación, planta un árbol.
Si piensas con cien años de anticipación, educa al pueblo.

Imagínate un mundo lleno de padres instruidos que crían a sus chiquillos para que lleguen a ser personas Sin Límites, de pleno funcionamiento; una generación de seres emocionales estables, con elevados propósitos, ya no piensa en los términos de destrucción que han dominado nuestro mundo hasta hoy. John Ruskin escribió: «El país más rico es el que nutre al mayor número de seres humanos nobles y felices». Ésta es ciertamente una posibilidad: educar a la gente y crear naciones enteras donde la mayoría de la población esté compuesta por seres humanos nobles y felices. No puedo pensar en un legado mejor.

2

QUIERO QUE MIS HIJOS SE AUTOVALOREN

La persona Sin Límites es autosuficiente; tiene un gran entu-
siasmo por sí misma, sin remordimientos ni reservas. No tiene
tiempo ni necesidad de ser vanidosa. Reconoce que el amor y el
respeto acuden a la persona que los cultiva; recibe el amor y
el respeto de todos los que pueden retribuirle su franqueza ori-
ginal hacia ellos; no le preocupa que los demás la rechacen.

Lo peor que puede ocurrirle al hombre es llegar a pensar mal
de sí mismo.

GOETHE

Entre todos nuestros juicios y creencias, ninguno es más importante que los que tenemos sobre nosotros mismos. Como padres, el interés primario ha de centrarse en lo que nuestros hijos
piensan de sí mismos, en lugar de tratar de determinar sus actitudes hacia otras personas, cosas y acontecimientos.

Las creencias sobre nosotros mismos son los factores más de-
cisivos en la determinación de nuestro éxito y nuestra felicidad
en la vida. Mientras que muchos pueden creer que el talento, las
oportunidades, el dinero, el cociente intelectual, las familias afectuosas o una actitud positiva son los verdaderos barómetros para
determinar el éxito potencial de uno, parece que todo eso depende de que se tenga una imagen de sí mismo sana y constructiva.
La imagen de tu hijo sobre sí mismo es el resultado directo
del tipo de estímulos que recibe de ti cotidianamente. Si quieres

tener un indicador que te pronostique con bastante exactitud qué tipo de adultos llegarán a ser tus hijos, hazte esta pregunta: «¿Qué piensan de sí mismos?». Recuerda que no debes preguntarte: «¿Qué pienso yo de ellos?». Ni tampoco: «¿Qué piensan de ellos sus amigos, maestros, abuelos o vecinos?». ¿Tienen la confianza de que pueden llevar a cabo cualquier tarea antes de haberla empezado? ¿Se encuentran bien con el aspecto que tienen? ¿Se sienten inteligentes? ¿Se tienen por seres apreciables? Éstas son las preguntas que tendrás que hacerte, y si sientes que tus hijos no se valoran, se sienten feos, estúpidos, incapaces, o no están contentos consigo mismos, puedes dar algunos pasos muy positivos para cambiar la imagen que tienen de sí mismos por otra más positiva y valiosa.

Al pensar en el amor propio de tus hijos, ten presente que las barreras que levantamos a nuestro propio crecimiento y felicidad casi siempre son internas. La falta de amor en la vida de una persona deriva del temor interno de no merecer ser amada. La ausencia de logros es en la mayoría de los casos, resultado del genuino convencimiento de que uno nunca podría acceder a un nivel elevado. La ausencia de felicidad tiene su origen en la afirmación interna de que «la felicidad no es mi destino». En consecuencia, la tarea de motivar a tus hijos para que tengan mayores aspiraciones en la vida, consiste, en esencia, en trabajar con la imagen que tienen de sí mismos en todos los aspectos de su joven vida. En cualquier parte en que encuentres actitudes negativas, pesimismo o indiferencia con respecto a sus propios sueños o capacidades, tienes que seguir espeñándote en mejorar la imagen de sí mismo de tu hijo o hija. Una vez que vea que el «autorretrato» de una criatura empieza a mejorar, advertirás progresos importantes, pero —más importante aún—, descubrirás a un crío que empieza a disfrutar más de la vida. Hallarás caras más felices, más alegría y expectativas más elevadas. El único obstáculo verdadero para la propia grandeza de un niño es su temor a esa grandeza. La eliminación de los temores es la senda que hay que tomar para trabajar con la imagen que de sí mismos tienen tus hijos.

No se puede dejar de insistir demasiado en la importancia de una imagen positiva de uno mismo. No es casualidad que el tema de la propia imagen aparezca en las primeras páginas de este libro. Constituye el atributo más importante de una persona Sin Límites. Cuando un niño se acostumbra a quererse, a confiar y a tener un elevado concepto de sí mismo y a respetarse, no hay literalmente obstáculos para su total realización como ser humano. Una vez que afiance una vigorosa imagen propia, las opiniones de los demás no podrán inmovilizar jamás a tu hijo. El joven que encara confiado determinada tarea no se sentirá perdido si fracasa, sino que aprenderá de ese fracaso. El niño que se respete a sí mismo respetará a los demás, ya que uno da a los otros lo que tiene dentro de sí para dar, y en contrapartida no se puede dar lo que no se tiene. De la misma manera, el joven que ha aprendido a amarse a sí mismo tendrá mucho amor, en vez de odio, para dispensarlo a los demás.

LA IMAGEN DE UNO MISMO

La imagen de uno mismo no es un atributo del mundo real. De hecho, tenemos muchas imágenes de nosotros que conciernen virtualmente a cada cosa que pensamos o hacemos en la vida. Sustentamos nuestras opiniones sobre nosotros en lo que respecta a la capacidad para la música, las proezas atléticas, la sexualidad, la cocina, el talento para las matemáticas, y todo lo que hacemos como seres humanos. Los niños también tienen muchas imágenes de sí mismos, y éstas varían constantemente entre las muy positivas y las terriblemente negativas. Estas imágenes no son facetas estériles ni mensurables de nuestra personalidad. Un día podemos sentirnos muy hábiles jugando al tenis y, al día siguiente, sentirnos como un novato. Por la mañana tu hijo tal vez se sienta muy viril con las chicas, y después de comer quizá vuelva a mostrarse tímido e introvertido.

A continuación estudiaremos los aspectos más importantes de la imagen global de un niño. A medida que intentas llevar a cabo algunas de las sugerencias para mantener altas esas imágenes ante los ojos de tu hijo, ten presente que no se trata de atributos estables, específicos y mensurables, que se presten a cálculos precisos. Cada humano es único. A los individuos no se les puede clasificar en categorías ni reducir a datos de ordenador. Además de únicos, los niños son seres que cambian continuamente. Cuando crees que has entendido su manera de actuar, el niño o niña te sorprenderá con algo que será lo opuesto de lo que tú habías pensado. Y así debe ser. Estamos hablando de seres humanos, no de programas de ordenadores. Los niños son dinámicos, continuamente cambiantes, únicos. Nunca debemos olvidar esto en nuestro intento de ayudarles a tener expectativas personales positivas, y una sana imagen de sí mismos que les ayudará a llegar a ser lo que desean durante su breve visita a este mundo que gira como una peonza. Sin perder de vista el carácter único del niño, he aquí los componentes más importantes de su «autorretrato».

Autovaloración. Este término designa la propia visión general que posee tu hijo de sí mismo como ser humano. Deriva dicha visión de la que tienen de él las personas importantes de su vida. Si ves y tratas a tu hijo como alguien digno de atención, importante y atractivo, por lo general él terminará creyendo las mismas cosas de sí mismo; así quedarán plantadas las primeras semillas de su autovaloración. Ésta llegará a interiorizarse a medida que él vaya probándose en el mundo, y adopte actitudes de valía o de falta de mérito en su tránsito por el proceso de maduración, con parte de su atención enfocada en tus reacciones.

Pese a que esto tal vez suene demasiado sencillo para quienes os hayáis acostumbrado a las complicadas explicaciones psicológicas, el hecho es que *mereces que se te aprecie porque tú así lo decides.* Enséñales a los niños a mirar en su interior, y anímalos a que se vean a sí mismos como personas valiosas, incluso cuando las cosas les salen mal. Si están siempre dispuestos a considerarse como seres valiosos e importantes, independientemente del resultado de cualquier actuación en particular se valorarán.

Aquí, el concepto «sí mismo» es de crucial importancia. A medida que se forma en los bebés y los chiquillos como resultado de la manera en que los tratan las personas que son importantes para ellos, se incorpora como imagen propia a una edad muy, muy temprana. El niño aprende a verse a sí mismo como lo ven quienes lo rodean, y luego, cuando madura, toma en sus propias manos el control de su autovaloración. Podemos ayudar a nuestros hijos a tener imágenes positivas de sí mismos como seres humanos valiosos. Es responsabilidad nuestra hacer *siempre* todo lo que podamos para evitar que los chicos se consideren seres insignificantes. Un niño que llegue a considerarse como alguien sin valor, vivirá de acuerdo con esas expectativas virtualmente en cualquier cosa que emprenda.

Los estudios sobre seres humanos que han llevado una vida de criminales, fracasados crónicos, delincuentes, drogadictos o, simples inadaptados, han insistido sin excepciones en que todos parecen reflejar esta actitudes interna: «En realidad yo no valgo nada; nadie pensó nunca en mí como alguien importante, y yo tampoco creo serlo». Todos sabemos que la autovaloración es fundamental; sin embargo, incluso siendo unos padres solícitos y cuidadosos, con frecuencia obramos con nuestros hijos de manera que les llevamos a crearse una pobre imagen de sí mismos. En la próxima sección de este capítulo estudiaré con detalle muchas de las pautas parentales que dan lugar a subvaloraciones de sí mismos en nuestros hijos.

Confianza en sí mismo. Mientras que la autovaloración es, en general, una proposición positiva o negativa, que depende de qué cualidades decide atribuirse como ser humano íntegro, la confianza en sí mismo presenta muchos aspectos dignos de consideración. Uno puede confiar en sí mismo en un momento y vacilar en el momento siguiente. Su hijo puede sentirse muy seguro en casa, pero volverse un manojo de nervios al prepararse para recitar la lección en la escuela. Un niño puede estar muy tranquilo con su madre, y ponerse a temblar al ver a su padre. *La confianza en uno mismo se mide en términos de comportamiento, mientras que la autovaloración se evalúa refiriéndola a las actitudes*. Enseñarle a tu hijo nuevos comportamientos es la base para construir y sustentar la confianza en sí mismo.

Entre los componentes de esta cualidad tenemos: la voluntad de estar dispuesto a correr riesgos, la capacidad de ponerse a prueba, la aptitud para el coraje y para hacerse valer. Todos estos temas giran alrededor de una palabra clave: *acción*. La confianza se forma haciendo; no preocupándose, pensando en ella, hablando de ella, sino haciendo. No hace falta que busques una fórmula complicada para determinar si a tu hijo le falta confianza en sí mismo. Para decirlo de la manera más sencilla posible, si tu hijo está inmovilizado, o bien es incapaz de comportarse de la manera que él preferiría, en ese caso tienes que hacer en el terreno de la confianza en sí mismo.

No estamos refiriéndonos a un concepto que describa al ser humano en su totalidad. Un niño *no* está seguro de sí ni todo lo contrario. Todos nos tenemos más confianza en unos campos que en otros, y no cabe duda de que nuestros hijos no son la excepción. Lo que no debemos olvidar al ayudar a los chicos a ganar confianza en sí mismos en todos los terrenos de su vida es la importancia de que lleguen a ser personas capaces de ponerse a prueba, que deseen correr riesgos, y a quienes no inmovilice el temor al fracaso. Con demasiada frecuencia, debido a nuestro miedo al fracaso o a nuestra renuncia a arriesgarnos, estimulamos a los niños a que sean más bien como son que como podrían ser. Éste es un concepto muy importante para afianzar la confianza. Si tratas a tus hijos tal como son, seguirán siendo de ese modo y, en consecuencia, tendrán muy escasa confianza en sí mismos. Si los tratas como si *ya fueran lo que son capaces de llegar a ser*, entonces estarás haciéndoles un gran favor en la empresa en que estás empeñado. Una vez escuché que una madre le decía a su hijito en la piscina: «No te acerques al agua hasta que no hayas aprendido a nadar». Una y otra vez reprendía a su hijo por acercarse demasiado al agua, diciéndole: «¡Te ahogarás si no tienes cuidado! ¿Cuántas veces te he dicho que tú no sabes nadar?». Estas admoniciones debilitan la confianza en uno mismo, y se pueden reemplazar fácilmente por comentarios positivos.

Al niño se le puede decir: «Si quieres nadar tendrás que tirarte al agua», o «Nadar es divertidísimo. Por supuesto que puedes nadar; haz la prueba. Sumerge la cabeza y fíjate qué pasa; ¿por qué no lo intentas?«. Un padre cuidadoso no quiere que en su hijo crezca el temor al fracaso o la aprensión de que es incapaz de hacer algo. Está clarísimo que tendrás que vigilar con mucha atención a un niño pequeño en la piscina, pero descubrirás que puede aprender a nadar antes si se le anima a meterse en el agua para intentarlo, que si se le reprende por su deseo innato de arriesgarse. Recuerda: la confianza en sí mismo se aprende *actuando*. Cuanta más experiencia tenga tu hijo en el mayor número de cosas posible, tanto más seguro de sí mismo llegará a sentirse.

Tratar a tu hijo como si ya fuera lo que puede llegar a ser es la manera más eficaz de impulsar su confianza en sí mismo. En vez de recordarle lo poco que ha progresado, míralo y háblale como si fuera un gran campeón: «¡Eres un jugador de baloncesto sensacional!», en vez de: «No encestas nunca porque no practicas lo suficiente». «Eres un verdadero genio de las matemáticas en potencia», en vez de: «Nunca serás bueno en matemáticas; tu padre tampoco lo fue». Lo importante para que sus hijos se sientan seguros de sí mismos, es hablarles como si ya hubieran alcanzado su potencial, y darles a entender que crees en ellos, en vez de ser un padre que señala sus defectos y les recuerda constantemente que disponen de una capacidad limitada.

Ahora vamos a hacer una evaluación de cómo se ven los chicos y de cómo ayudarlos a tener un retrato positivo de sí mismos. Su imagen de autovaloración es en gran medida una actitud con respecto a sí mismos. Su valor como seres humanos debe ser un punto de partida, no algo que ellos tengan que demostrar. Tú eres valioso porque existes, y cualquier ser viviente es una creación valiosa. Te ofreceré algunos detalles sobre este tema un poco más adelante en este capítulo. Además, queremos centrarnos en su imagen de la confianza en sí mismos, que se basa en su voluntad de convertirse en personas que actúan, no en críticos. La gente que se inclina por la acción se arriesga y ensaya cosas nuevas aunque fracase. Entiende que nadie aprendió nunca a ir en bicicleta mirando cómo lo hacían los demás, ni llegó a ser bailarina mirando películas de baile. Uno gana confianza como persona en la medida en que hace cosas, y voy a ofrecerte muchas sugerencias para que ayudes a tu hijo a que se confíe en sí mismo. Tu rol como padre o madre es de una importancia crucial.

Antes de que nosotros, como padres, podamos adoptar nuevas técnicas para ayudar a nuestros hijos a que se formen un elevado concepto de sí mismos, debemos considerar de qué maneras inhibimos sus autorretratos positivos. Si estamos contribuyendo involuntariamente a que tengan una autovaloración pobre y no confíen en sí mismos, primero hemos de empeñarnos en erradicar esas influencias negativas. Queremos influir en ellos de manera positiva, y sin embargo con frecuencia no somos capaces de discernir la influencia negativa de nuestras prácticas, porque se han vuelto tan naturales que casi resultan habituales.

CÓMO SIN DARNOS CUENTA REBAJAMOS LA CONFIANZA
EN SÍ MISMOS Y LA AUTOVALORACIÓN DE NUESTROS HIJOS

He aquí algunas de las prácticas más comunes que contribuyen a reducir los sentimientos de autovaloración y agotan la confianza de nuestros hijos en sí mismos:

— *Decirles que son niñas o niños* malos. Los que creen que son malos sólo cuando se han *comportado* mal, empiezan a convencerse de que su valor como personas se basa en esos juicios. Un niño que derrame la leche en la mesa, y a quien le digan: «Eres un niño malo; esta semana es la cuarta vez que cometes una torpeza», en seguida interiorizará esta afirmación: «Cuando soy torpe, soy una mala persona». El sentimiento de autovaloración del niño queda lesionado, y los repetidos mensajes que reflejen su maldad como persona por errores o mal comportamiento harán que acabe pensando que él no vale nada.

— *Decirles que son niñas o niños* buenos. Aquí tampoco se distingue la diferencia entre *comportarse* bien y *ser* una buena persona. Creer que un niño es bueno sólo porque se porta bien es tan perjudicial para el sentido de autovaloración del niño como creer que es malo porque a veces se porta mal. Con el refuerzo constante de afirmaciones como: «Eres muy buenecito; mami te quiere mucho cuando guardas toda la ropa», el niño interioriza pronto: «Sólo soy bueno como persona cuando complazco a papá y a mamá». El niño que escucha siempre que es bueno cuando se comporta de manera apropiada, verá menguar su sentido del valor en sí mismo cada vez que no consiga comportarse de la manera que le han indicado sus padres. Todos los niños del mundo se pasan gran parte de la infancia haciendo cosas que sus padres no consideran buenas.

— *Sorprender constantemente a los niños haciendo algo mal.* Esta forma de asumir el rol de padre se basa en buscar las cosas que los niños hacen mal y recordarles todo el tiempo ese comportamiento. Los niños a quienes se les habla o se nota su presencia sólo cuando están haciendo algo mal, pronto empiezan a dudar de sí mismos y a creer que no los quieren. En las escuelas, los celadores que siempre sorprenden a los niños haciendo cosas malas, no tardan en crear una atmósfera de desconfianza, y el clima de «nosotros contra ellos» se apodera de la escuela. En las escuelas de este tipo, los jovencitos en seguida llegan a sentir que los maestros y los celadores son sus enemigos.

— *Dar a los chiquillos apodos que contribuyan a deteriorar su sentido de la dignidad.* Llamar a un niño *Enano, Orejudo, Pavo, Pecoso, Bizcocho, Tarta, Gordito,* o nombrarlo de cualquier otro modo que no tienda a promover una imagen positiva de sí mismo, es una manera de disminuir la propia estimación. Estos apodos llegan a ser recordatorios cotidianos de lo chapucero, incompetente o feo que es el niño o la niña, y mientras a ti quizá te parezcan cariñosos, en realidad son reforzadores repetitivos de sus defectos aparentes. Las connotaciones negativas de los apodos o de la manera en que te diriges a tus hijos llegan a incorporarse a su autorretrato. Podemos recordar vívidamente cómo nos molestaba que nos recordaran cualquier defecto cuando éramos niños, y cómo esas palabras se nos quedaron clavadas a medida que fuimos formándonos nuestra propia imagen. Las palabras son como los pichones en el nido. Una vez que las dejas salir, ya no se pueden recuperar. Las palabras, las frases y los apodos negativos son recuerdos duraderos que difícilmente borramos de nuestra imagen de nosotros mismos.

— *Considerar a los niños como «aprendices de persona» que en realidad no llegan a seres humanos completos.* Esta actitud se caracteriza por tratar a los niños como si siempre estuvieran *preparándose* para la vida; diciéndoles que algún día sabrán por qué esperas de ellos lo que les estás pidiendo. «Cuando crezcas, comprenderás por qué siempre estoy reprochándote.» «Algún día apreciarás lo que te estoy diciendo.» «Eres demasiado pequeño para saber por qué; simplemente, hazlo porque te lo digo yo.» Este tipo de mensaje hace que el niño piense que le falta algo, que está incompleto, y por lo tanto, sólo parcialmente se verá a sí mismo como una persona.

— *Tratar a los niños como parte de una unidad mayor, y no como individuos.* Comparar constantemente a un niño con sus hermanos y hermanas, o contigo cuando eras chico, o con otros niños del barrio, le da la sensación de no ser especial ni único. Si a un niño se le trata como si fuese una pieza de un rompecabezas, en lugar de una persona íntegra, única y especial, pronto empezará a valorarse de esa manera. El amor propio decrece cuando uno cree que no es especial ni único, y este tipo de autoevaluación surge cuando se oyen cosas como: «¿Quién te crees que eres, alguien especial?». «Tú no eres distinto de todos los que andan por aquí.» «¿Por qué no puedes ser como tu hermana?» «Cuando yo era chico, siempre hacíamos lo que nos mandaban nuestros padres, porque si no…»

— *Negarse a darles responsabilidad a los niños.* Hacer y pensar por nuestros hijos contribuirá a reducir su autovaloración y a socavar su confianza en sí mismos. Darás ocasión a que los niños abriguen muchas dudas sobre sí mismos si les envías constantes mensajes que den a entender que no crees que puedan hacer correctamente las cosas, o que no deben intentar la prueba porque crees que para ellos será demasiado difícil. No desatiendas la súplica de tu chiquillo: «Puedo hacerlo yo solo, papi». A medida que crece la duda sobre sí mismo, el niño empieza a pensar que no vale para llevar a cabo tareas importantes; en consecuencia, se reduce la confianza en sí mismo que haya interiorizado. Cuantas más cosas te niegues a permitir que intente tu hijo, más contribuyes en última instancia a que haya borrones en su propio autorretrato como persona valiosa y ser humano confiado.

— *Criticar a tus hijos cuando cometen errores.* Las críticas contribuyen a reducir la propia valoración. Cuantas más críticas reciba un niño, más probable es que evite probar las cosas que dieron lugar a esas críticas. Frases tales como «Nunca has sido muy bueno en atletismo», «Es la tercera vez que fallas en la práctica; sospecho que nunca aprenderás a ser responsable», «Ese vestido te hace gorda», o «Tú estás siempre refunfuñando» son las herramientas que los niños usan para tallarse una pobre imagen de sí mismos. Hay muchas maneras de ayudar a motivar a un niño para que tenga un comportamiento más adecuado, y las críticas son tal vez la técnica menos útil y la más dañina que puedes encontrar. Cuanto más confíes en la crítica externa, mayor posibilidad habrá de que tu hijo interiorice ese mismo tipo de observaciones y, después de un tiempo, desarrolle una imagen de sí mismo que se base —ya lo sabías sospechado— en una rígida autocrítica.

— *Hablar por tu hijo, en vez de dejarlo responder de la manera típica en que lo haría alguien de su edad.* Hablar en lugar de tus hijos como si ellos fuesen incapaces de expresarse, contribuye a que duden de sí mismos y a que se sientan inseguros. También les enseña a confiar en que los demás hablen por ellos. Cuando actúas así, les transmites este mensaje silencioso: «Yo puedo decirlo mejor y con más precisión que tú, porque eres demasiado joven para saber cómo expresarte. Así pues, duda de ti mismo y confía en mí, tu padre omnipotente y omnisciente».

— *Dar a tus hijos el ejemplo de que no tienes confianza en ti mismo ni te autovaloras.* Ofrecerles semejante modelo les presta un flaco ejemplo para que construyan su amor propio. Tus hijos incorporarán el ejemplo que tú les proporciones. Cuando ante la gente menuda te quejas constantemente de tu mala suerte, le estás enseñando a que se queje de sí misma. Si demuestras a tus hijos que te sientes víctima como mujer y no tienes un fuerte sentimiento de tu propio valor, les enseñarás a sentirse víctimas carentes de valor. Como padre, puedes enseñar a tus hijos a ser machistas y desconsiderados con las mujeres si tú mismo te comportas de esa manera en casa.

— *Hablar de tus hijos delante de ellos como si no estuvieran presentes.* Este comportamiento les induce a considerarse como personas sin importancia o, peor todavía, como una parte más del mobiliario. «No sé lo que vamos a hacer con Fulanito; cada día se porta peor.» «Menganita no presta la menor atención en clase, y aquí, en casa, hace lo mismo.» Mientras tanto, Fulanito y Menganita están recibiendo mensajes de sus padres, que ellos interiorizan de la siguiente manera: «Vaya, hablar de mí con los demás como si yo ni siquiera estuviese presente ni contase para nada». Cuanta menos consideración tengas por tu hijo como ser humano total, importante y sensible, menos consideración tendrá él por sí mismo.

— *Mantenerte distante de tu hijo y negarte a tocarlo, besarlo, tenerlo en brazos, forcejear o jugar con él.* Si mantienes una distancia física con tus hijos, les enseñarás a dudar de su propio atractivo y posibilidad de ser amados. Los niños a quienes no se acaricia ni se les da muestras físicas de afecto empiezan a interiorizar la noción de que no son dignos de que se les abrace y se les quiera. Empiezan a verse faltos de atractivo, y acabarán dudando de sí mismos como seres humanos dignos de amor y que valgan la pena. Los niños a quienes no se les toca muestran graves signos de inadaptación, y la falta total de contacto físico afectuoso puede ser realmente fatal. De igual modo, si no le dices a tu hijo las palabras «Te quiero mucho», no tendrá esas palabras tan importantes rondándole la cabeza para recordarle que se merece que lo quieran. Si escatimas esas tres palabras tan valiosas, animas a tu hijo a que ponga en entredicho su propio valor como persona afectuosa y digna de ser amada.

He aquí algunas manera muy comunes en que los adultos contribuyen, inadvertidamente, a reducir el amor propio de los niños. Antes de considerar algunos principios y técnicas que puedes emplear con el propósito de elevar el amor propio de tus hijos y su confianza en sí mismos, es muy importante que comprendas qué tipo de dividendos recibes cuando adoptas alguna de estas actitudes y comportamientos destructores de la propia imagen que acabo de describir.

¡Todo lo que haces da determinados resultados! ¡Todo! Aunque esos resultados no siempre son para tu mayor beneficio, y a menudo las recompensas son de naturaleza neurótica, siempre recibes dividendos por todo tu comportamiento. Si, como padre, te interesa ayudar a tus hijos a aumentar su amor propio y su confianza en sí mismos, debes mirar en tu interior para descubrir con exactitud qué consigues con cualquier comportamiento que no esté a la altura de los objetivos que te propones para tus hijos. Si entiendes tus motivos, puedes hacer entonces nuevas elecciones para evitar los dividendos negativos. Los dividendos psicológicos más comunes que obtienes como padre por comportarte con tus hijos de modo que contribuyes a disminuir su imagen de sí mismos, están apuntados en la lista que a continuación detallamos:

— Un niño obediente, retraído, es más fácil de manejar.

— Cuando dominas a tus hijos pensando y hablando por ellos, te da una sensación de superioridad. Tienes un público cautivo y obligado a escucharte, y el dominio sobre tus hijos te otorga un poder que muy probablemente te falta en otros aspectos de tu vida.

— En realidad, no tienes que asumir la responsabilidad del crecimiento y el desarrollo de tu hijo como individuo sano cuando puedes cargar cualquier fracaso en la cuenta de su «pobre actitud e imagen de sí mismo». Ésta es una manera cómoda de abdicar de tu responsabilidad paterna y fabricarte una excusa perfecta.

— Al corregir, advertir y mantener a tu hijo dependiendo de ti, puedes gobernarlo por el temor y tener presente siempre que te asiste la «razón». Tener razón es muy importante para los padres, y el hecho de mantener a un niño con poca confianza en sí mismo le ofrece la oportunidad de tener razón casi siempre. Es culpa *de él*, *él* no intentará nada, *él* es como un gato asustadizo, *él* no tiene confianza en sí mismo; todas son posturas muy cómodas para que, como padre, siempre tengas razón.

— Puedes evitar los riesgos inherentes a toda relación de amor, incluso con tus propios hijos. Si tocar, abrazar, besar y ser físicamente demostrativo te resulta difícil, debido a tus propias dudas en ti mismo, puedes recurrir a esta excusa: «Yo soy así; no puedo evitarlo».

— Es más fácil tratar a todos en la familia de la misma manera. Al comparar a tus hijos uno con otro y al inducirlos a que actúen, piensen y sientan igual, evitas los conflictos que surgirían si a tu alrededor tuvieras individuos. «Todo el mundo recibe el mismo trato» en realidad significa. «Sólo tengo que arreglármelas con una personalidad, aunque en esta casa haya cinco personas».

Los dividendos neuróticos que recibes por estas actitudes hacia tus hijos giran en torno al tema de la acción de evitar o eludir: evitar el riesgo, eludir la responsabilidad, oponerse al cambio. Cuando dejes de estudiar estos tres ingredientes esenciales de todo padre efectivo, te encontrarás con que adoptas nuevas actitudes frente a tus hijos. Una persona sana está dispuesta a correr riesgos durante toda su vida, bien como niño, bien como padre. De igual manera, la persona Sin Límites asume responsabilidad en vez de hacer objeto de reproches a los demás, y esto también es un componente esencial para ser tanto padre —o madre— como hijo sano. Por último, la persona Sin Límites entiende que no siempre se puede elegir el camino más fácil para tratar con la gente. Como padres, a menudo debemos tomar el sendero más difícil en lugar de hacer lo que mejor nos convenga en un momento dado. Así pues, los niños también deben aprender a aceptar las empresas difíciles en lugar de eludirlas.

Para no seguir confiando en estos motivos malsanos para mantener a los niños en un estado de baja autovaloración, debemos adoptar un nuevo conjunto de principios claros que les ayuden a pensar en sí mismos como seres humanos únicos e importantes. Si deseamos niveles elevados de confianza y autovaloración, siempre debemos tener presentes estos principios básicos y tratar cada día de aplicarlos con coherencia adoptando técnicas y estrategias nuevas para elevar la imagen de sí mismos de nuestros hijos hasta los niveles más altos que se puedan imaginar.

PRINCIPIOS BÁSICOS PARA FORMAR EL AMOR PROPIO DE TUS HIJOS

A continuación encontrarás siete principios que puedes usar como indicadores para aumentar la autovaloración de tu hijo.

Todas tus maneras de actuar como madre o padre cuidadoso pueden ser coherentes con estos principios. He aquí algunos ejemplos específicos de cómo aplicarlos.

1. *Debes ser un modelo de respeto por ti mismo.* De la misma manera que debes darle el ejemplo de una persona con una positiva imagen de sí misma, también has de mostrarle a tu hijo, a través del comportamiento, que tú te respetas y que tienes derecho, por tanto, a que se te trate respetuosamente. Un niño debe estar convencido de que tú te consideras un ser humano respetable. Antes que nada, eso significa que te conducirás de modo tal que te revistas de dignidad personal, con todo lo que ello implica; significa también que nunca tolerarás una falta de respeto de nadie delante de tu hijo, en particular si proviene de él.

Tú eres único en el mundo; una creación muy especial que es digna e importante. Quieres que tu hijo sienta igual con respecto a sí mismo; no que sea vanidoso, sino que considere la falta de respeto simplemente intolerable. En consecuencia, has de enseñar a los niños que la falta de respeto no está permitida en tu trato cotidiano con ellos. Has de dar ejemplo eliminando el comportamiento irrespetuoso para contigo delante de los niños. Empieza por suprimir toda modalidad grosera de hablarte a ti mismo, y cuando alguien se te dirija irrespetuosamente, dile: «Me tengo demasiado respeto para admitir semejante forma de hablar. No toleraré que me hables de esa manera, ni ahora ni nunca. ¿Está claro?». Nada de tonterías, ni de discusiones interminables; una sencilla declaración de que te consideras un ser humano respetable, y después reanuda la conversación. La base de tu negativa a admitir un tono inadecuado es que «me tengo demasiado respeto para admitir semejante forma de hablar».

Cuando los niños oigan esto lo bastante, empezarán a esperar el mismo tipo de trato, y acabarán adoptando idéntico comportamiento. La importancia de este principio se puede resumir en estas palabras: *Si quieres que tu hijo se respete a sí mismo, dale el ejemplo de una persona que lo hace, y jamás reniegues de esa postura.* No tienes que exigir a un niño que te respete; demuestra que piensas en ti de esa manera y que, por lo tanto, no harás caso de su comportamiento irrespetuoso. Una vez que empiece a dar ejemplos de una persona que tiene un gran amor propio y un enorme respeto por sí misma, advertirás un cambio importante en la imagen que tus hijos tienen de sí mismos. Cuando los niños reciben un ejemplo claro, les resulta más fácil incorporar en su vida un comportamiento que se basa en el amor propio.

2. *Trata a cada niño como a un individuo único.* Cada uno de tus hijos es una persona especial; no es como sus hermanos o hermanas, ni como otra persona con quien podrías compararlo. Respetar la condición única de un niño va más allá de evitar comparaciones. Es la aceptación genuina de esa persona como creación única que tiene dentro de sí un potencial ilimitado para llegar a ser cualquier cosa que decida a lo largo de su vida. Significa respetarlo como ser humano completo *ahora*, y tener presentes en todo momento sus atributos únicos. Un niño a quien se le trate como un ser humano único en el mundo empezará a verse a sí mismo de la misma manera. Un niño a quien se le permita ser diferente, bailar al son de su propia música, mostrarse distinto a todos los demás sin que se le critique; actuar como quiera mientras no interfiera con el derecho de nadie a su condición de único, tendrá mucha confianza en sí mismo y un alto nivel de amor propio.

3. *Un niño no es lo que hace.* Es una persona que actúa. Para fomentar el amor propio debes tener presente la diferencia entre estas dos nociones conflictivas. Un niño que fracasa no es un fracaso; sencillamente, ha actuado de un modo que le ha dado la oportunidad de crecer. Un niño que sale mal de un examen de matemáticas no es un tonto; está practicando matemáticas en un nivel determinado en ese momento particular de su vida. Puedes enseñarle a tu hijo a crecer y aprender de sus errores, y a no temer nunca al fracaso, en la medida en que entienda que su valor no proviene de lo bien que se desempeñe cierto día en determinada tarea. *Tú eres valioso porque tú lo dices, porque existes.* Ni más, ni menos. La autovaloración no se puede basar en las realizaciones; ha de ser un dato y algo que irradias todos los días. A los niños recuérdales siempre, especialmente después de que hayan fallado en algo, que son valiosos con independencia de sus obras. Si quieres meter un gol, has de estar dispuesto a fallar el tiro. Si yerras el tiro, como suele sucedernos a todos, no vales menos de lo que valdrías si metieras el gol. «Soy una persona que hace; no soy lo que hago»: eso has de re-

calcarles siempre a tus hijos si quieres que se valoren positivamente.

4. *Dales oportunidades de ser responsables y de que tomen decisiones.* Los niños que se autoestiman son aquellos a quienes se les ha dado la oportunidad de tomar decisiones desde el principio de su vida. Los niños necesitan asumir responsabilidades, y no que sus padres las asuman por ellos. Pueden aprender a confiar en sí mismos haciendo, y no viendo cómo otra persona hace las cosas por ellos. Necesitan sentirse importantes, exponerse a riesgos, correr nuevas aventuras y saber que confías en ellos, no tanto en que hagan algo sin equivocarse, sino simplemente en que se atreverán a hacer el esfuerzo. Los niños que aprenden temprano a tomar decisiones —elegir su propia ropa, decidir qué quieren comer, jugar con quienes elijan, ser responsables sin ponerse en peligro— aprenden muy pronto a gustarse y a sentirse positivos con respecto a lo que son. Empiezan muy temprano a confiar en sí mismos con las tareas diarias típicas de su edad, que los hacen sentirse orgullosos y útiles.

5. *Enséñales a disfrutar de la vida todos los días.* Los niños que viven en un medio ambiente positivo aprenden a ser positivos con respecto a sí mismos. Para cultivar el amor propio es esencial proporcionar a los niños una vía positiva de acceso a la vida como manera de pensar. Dales ejemplos metódicos de la actitud de «piensa en tu buena suerte» cuando se sientan abatidos. Muéstrales con tu propio ejemplo que estás agradecido de encontrarte vivo, que éste es un hermoso lugar para vivir, y que es el mejor momento en la historia de la especie humana. Hay algo positivo de lo que uno puede darse cuenta en todas las situaciones de la vida. Tener que fregar los platos es un momento ideal para sentirse agradecido de tener comida. Cambiar una rueda pinchada es la oportunidad de apreciar el hecho de tener un coche, cuando te pones a pensar en toda la gente en el mundo que no lo tiene. Todavía más elemental es la satisfacción de hacer bien cualquier trabajo, independientemente de lo simple o repetitivo que sea. Un contratiempo o un revés nos da nuevas fuerzas y nos ayuda a encontrar herramientas para manejar los problemas. Esta manera de pensar y de reaccionar ante todas las cosas ayudará a los niños a adoptar actitudes similares hacia ellos mismos.

6. *Elogia en vez de criticar.* Los chicos a quienes se critica aprenden a hacer lo mismo consigo mismos, y llegan a ser personas con poca dignidad. El elogio es una herramienta maravillosa en todo el proceso de criar niños. Recuerda que a nadie (incluido tú) le gusta que le digan qué ha de hacer, ni que lo critiquen. Los padres creen con frecuencia que están ayudando a sus hijos cuando los reprenden constantemente, suponiendo que crecerán teniendo en cuenta sus advertencias. Pero pregúntate: ¿Me gusta que me corrijan? ¿Mejoro cuando me critican constantemente? En realidad, cuando se nos corrige tendemos a seguir siendo los mismos; deseamos defender lo que hemos hecho, y nuestra obstinación innata se niega a permitirnos aceptar las críticas. Detrás de casi todo reproche se oculta esta afirmación: «Si te parecieras más a mí y vieras la vida como yo la veo, serías muchísimo mejor». Pero nadie, ni siquiera tu hijo es exactamente como tú. Elógialo por intentar una tarea, aunque no le salga bien, y por correr riesgos. Crea un ámbito donde tus hijos sepan que estás con ellos en sus esfuerzos, en vez de criticarlos, y habrás dado un paso para la formación de una imagen positiva de sí mismos.

7. *Llegamos a ser lo que pensamos. Nuestro pensamiento determina nuestra propia imagen, que a su vez determina nuestros sentimientos y nuestra forma de comportarnos.* Desde la antigüedad hasta nuestros días, los filósofos nos han recordado esta verdad, que tiene un profundo impacto en el autorretrato de los niños. Marco Aurelio, el emperador romano, lo expresaba así: «La vida de una persona es lo que sus pensamientos hacen de ella». Ralph Waldo Emerson, filósofo norteamericano del siglo XIX, decía: «Una persona es lo que *piensa* durante todo el día». Ten presente que desde los primeros momentos de su existencia, tus hijos tienen pensamientos que se han formado mediante tu intervención.

Que tus hijos piensen en sí mismos de manera positiva es algo que tú, la persona más importante de su vida, puedes modelar de una manera positiva. ¿Creen en sí mismos? ¿Ven todos los días a personas que creen en sí mismas? ¿Afrontan una tarea pensando que podrán hacerla, o sienten que fracasarán antes de empezar? ¿Piensan los niños en objetivos positivos? ¿Tienen en la cabeza imágenes estimulantes de lo que se puede obtener en la vida? Sus pensamientos determinarán cómo será su existencia. Si esos pensamientos son negativos y pesimistas, su imagen reflejará ese pesimismo. Reflexiona sobre esto a medida que sigas leyendo en busca de estrategias específicas para tu vida cotidiana, a fin de contribuir a aumentar el amor propio y la confianza en sí mismos de tus hijos. Llegarán a ser lo que piensen, y tú puedes representar una influencia positiva o negativa para ellos. Cualquier cosa que piensen de sí mismos se convertirá en un preciso indicador de su éxito en la vida. Es muy importante buscar comportamientos y actitudes que les ayuden a considerarse de la manera más positiva y satisfactoria imaginable.

ESTRATEGIAS PARA MEJORAR EL RETRATO DE SÍ MISMO
DE UN NIÑO

Entre las estrategias para mejorar el retrato de sí mismo de un niño, hay actitudes, diálogos y nuevas maneras de comportarse, tanto de tu parte como de la suya. A continuación propongo algunas sugerencias para emplearlas con niños de todas las edades.

— *Alienta a los niños a que corran riesgos en vez de tomar siempre la vía segura.* Los niños que eluden los riesgos siempre tendrán un pobre sentido del amor propio, porque no conocerán la sensación genuina de logro. Aunque quizá no parezca haber relación entre correr riesgos y el amor propio, recuerda que actitudes como «Soy un desastre en todo» o «No puedo hacer eso; quedaría como un estúpido si fallara» provienen del miedo al fracaso y a probar cosas nuevas. Si quieres que tus hijos confíen en sí mismos, haz que se ejerciten en el éxito. Estimúlalos para que intenten cosas que no habían hecho nunca, y prodígales los elogios por ensayar proyectos nuevos. Recuérdales con frecuencia que los fallos son normales y que fracasar en una tarea no equivale a fracasar como persona. Anima a tu hijo para que nade dos largos de piscina por debajo del agua y elógiale el esfuerzo, en vez de advertirle que es muy peligroso. No le digas: «Cuidado, tal vez no lo consigas». Dile, en cambio: «Adelante, haz la prueba». Recuerda que todo su comportamiento del tipo «¡Mira, mamá! ¡Mira, papá!» y los subsiguientes elogios que está esperando, le ayudará a interiorizar que es audaz y valioso, y en última instancia, no necesitará que nadie lo mire para que se sienta satisfecho de sí mismo. Los hijos necesitan esa afirmación repetida y esa aprobación tuya cuando son jóvenes, para formarse una imagen de sí mismos que no requiera luego la constante aprobación de los adultos. Anímales a que expandan sus esfuerzos para probar cosas nuevas, y asegúrate de que te tomas algunos segundos para mirarlos y decirles lo fantásticos que son a tus ojos. Puedes estar seguro de que eso es estupendo para su propia imagen.

— *Desalienta a los niños en todas sus autorrecriminaciones.* Cada vez que les oigas decir: «No puedo hacer nada», «Soy un desastre en ortografía», «Soy torpe», «Soy feo», «Soy demasiado delgado», «No puedo ir en bici», estás recibiendo una clave para estimular su autoestima. No es provechosa una larga perorata en momentos así (o para el caso, en cualquier momento); debes responder siempre con un reforzamiento positivo en esos momentos de autorrecriminación. «Puedes hacer cualquier cosa en que te empeñes.» «Puedes resolver esa ecuación si trabajas en ella.» «Harás bien el examen si alguien te ayuda con la ortografía; venga, vamos a echarle una ojeada a eso.» «Tú no eres torpe; yo te he visto arreglar un montón de cosas.» «Eres guapísima y estás muy bien.» «¿Por qué no lo intentas en vez de pensar que no puedes?» Usa frases simples, directas, positivas, que contrarresten los comentarios negativos. Cuando los niños hayan oído esas cosas con bastante frecuencia, incorporarán comentarios más positivos. Cada vez que oigo que otro miembro de mi familia dice «No puedo» hacer tal cosa, escucho que otro miembro de la familia dice: «El éxito viene con el puedo y no con el no puedo». Una consigna sencilla, pero muy eficaz para que un niño intente algo, en lugar de reducir las expectativas de sus propias capacidades.

— *Haz un esfuerzo para reducir el énfasis en las señales externas del éxito.* La inexorable persecución de notas, recompensas, dinero, medallas al mérito, ser el número uno y conseguir los objetos materiales es una forma segura de reducir la autoestima de un niño. Recuerda que el amor propio es algo que viene de dentro, y no de las adquisiciones ni de la aprobación. Un niño que crezca creyendo que es valioso sólo si consigue buenas puntuaciones, siempre se sentirá inferior cuando le pongan una nota regular en la libreta de notas. Y todos los niños obtendrán notas regulares o suspensos alguna vez. No siempre se puede ser el número uno ni ganar en una discusión, ni recibir la medalla al mérito, ni formar siempre parte del cuadro de honor, pero siempre se puede pensar en uno mismo como en una persona importante, valiosa. El amor propio ha de surgir de la evaluación que haga de sí. Debe sentirse como una persona importante aunque sus notas sean más bajas de lo que había esperado o aunque en la carrera no haya ganado la medalla. Con tus hijos, puedes reforzar a lo largo de su vida las medidas internas del éxito en vez de las externas, reduciendo el premio que hayas puesto para determinado logro o competición. Pregúntale a un niño: «¿Estás satisfecho contigo mismo?», en vez de «¿Qué notas traes?». Pregúntale: «¿Crees que estás mejorando en ortografía?», y no «¿Has ganado el concurso de ortografía?». Pregunta: «¿Te gusta jugar y perfeccionar tus habilidades?», en lugar de «¿Has ganado?».

Los niños que saben que aun sin recompensas externas tendrán amor propio, están en camino de ser su propia medida del éxito, mientras que los que persiguen inexorablemente las valoraciones externas del éxito, van camino de los tranquilizantes, las úlceras y el amor propio menguado. La verdad es que nadie es siempre el número uno en comparación con los demás, pero cualquiera puede ser siempre el número uno ante sus propios ojos, cuando tiene el parámetro dentro de sí. Participar en una carrera de 10 kilómetros y llegar el primero a la meta puede confirmar a una persona con dirección interna que es, en efecto, el número uno, mientras quien se rige según parámetros externos tiene que ganar todas las carreras para satisfacer su amor propio. Y en la historia del hombre, nadie ha ganado nunca todas las carreras.

— *Esfuérzate por reducir el comportamiento quejumbroso y plañidero de un niño.* Un niño que se queja está diciéndote en realidad: «No me gusta quién soy ni dónde estoy en este momento». El amor propio positivo implica una forma asimismo positiva de acceso a la totalidad de la vida, aun cuando las cosas no resulten como quisieras. Una persona con elevada autoestima piensa demasiado bien de sí misma como para ir quejándose de todo. Esas personas son realizadores más bien que críticos, y saben cómo aceptar las cosas que no van sobre ruedas. Cuando los niños se quejan repetidamente, y tú los dejas salirse con la suya, estás reforzando un amor propio degradado. Tu quieres que tus hijos crezcan y lleguen a ser personas plenas, con un elevado sentido de la dignidad, y eso debe ir acompañado de la ausencia de quejas y de la manía de criticar. Prueba a recibir cualquier queja o lamento con nuevas respuestas y formas nuevas de comportarte. Si oyes los típicos gimoteos: «No me gusta ir a casa de la abuela», «Mamá, Fulanito me ha hecho una mueca», «¿Otra vez hamburguesas?», o «¡Qué rabia, ayudar a lavar los platos!», puedes responder con tácticas nuevas que contribuirán a que tus hijos lleguen a ser más positivos con respecto a la vida y a sí mismos. «Lo pasaremos bien en casa de la abuela; pensemos en algo a lo que podamos jugar allí.» «¿Por qué prestas atención a las caras que pone Fulanito?» «La hamburguesa es terrible, pero esta noche la llamaremos picadillo de bictec *à la maison.*» «Ayudar a lavar los platos es responsabilidad tuya. Todos tenemos cosas que hacer que preferiríamos evitar, pero pueden ser divertidas.» Prueba también a no hacer caso de las quejas y los lamentos. Si los chicos se quejan delante de ti con regularidad, es porque quieren que reacciones y les prestes atención por su comportamiento molesto.

Enséñales a los niños que no recompensarás el comportamiento molesto prestándoles atención. Recuerda, tú quieres que los niños tengan la dignidad bien alta, y quien se queja está mostrando desprecio por sí mismo y por su mundo al desaprobarlo todo. Al adoptar una actitud constructiva, no estimulando las quejas, y al ignorar los lamentos cuando son repetidos, ayudarás a los niños a que se desenvuelvan con eficacia en su mundo, en vez de quejarse de él. Y ésa es la medida de un niño que tiene un elevado amor propio positivo: la capacidad de manejarse eficazmente con su mundo en lugar de quejarse de él.

— *Concentra siempre tus críticas en el comportamiento de un niño, y no en su valor como ser humano.* La simple afirmación «¡Eres malo!» constituye un ataque al valor del niño. La frase más exacta «Te has portado mal» llama la atención sobre el comportamiento, que se puede corregir. Trata de mostrar tu desaprobación del comportamiento de tus hijos cuando haya cosas que necesiten ser corregidas. «Eres estúpido», «Eres perezosa», «Tú no eres bueno», «Eres torpe», «Eres molesto», son afirmaciones que reducen el amor propio del niño. Sustitutos sencillos que ponen énfasis en un comportamiento inadecuado serían: «Te has portado de manera estúpida», «Hoy estás perezosa», «Ese tipo de comportamiento no lo toleraré», «Ibas corriendo distraída y por eso te caíste», «Cuando haces estallar los globos de chicle, molestas». Los niños no deben creer nunca que son intrínsecamente malos.

— *Estimula a los niños para que se interesen por todo en la vida, y eviten siempre caer en la rutina del «Estoy aburrido».* Los niños que están *genuinamente* aburridos tienen poco amor propio. Aquí pongo énfasis en genuinamente porque casi siempre que se dice «Estoy aburrido», el mensaje es: «Quiero que *tú* hagas algo por mí». Cuando se emplea esta artimaña, el niño ha aprendido que no puede ser lo bastante creativo como para saber usar su tiempo en forma interesante, y entonces la responsabilidad es de papá o mamá. En esos momentos, es asunto tuyo decidir si quieres desempeñar ese rol. No hay nada malo en hacer cosas juntos y poner entusiasmo en vuestras vidas. Sin embargo, un niño genuinamente aburrido se desprecia en alguna medida y no toma en consideración lo que le rodea. Recuérdales siempre a los niños (y recuérdalo tú) que el aburrimiento es una *elección*. Hay docenas de cosas para hacer en un momento dado: leer, correr, explorar, jugar, pensar, meditar, pescar, caminar, hacer muñecos de nieve, etcétera.

Siempre que un niño se sienta aburrido y utilice ese recurso para tratar que los demás se sientan culpables, tú reducirás su amor propio si te muestras complaciente. Éste es el momento de enseñarles. Yo solía decirle a mi hija, cuando me decía que estaba aburrida: «Te daré una lista de veinte cosas que podrías hacer en este momento, en vez de decidir que estás aburrida. Yo no sé cómo hacer para estar aburrido; ¡tengo tanto que aprender y que ver! No te entiendo cuando dices estar aburrida». Los comentarios de esta clase, hechos con buen humor y naturalidad, siempre ponen énfasis en que *tú*, personita, debes asumir la responsabilidad de no sentirte aburrida. Tu papá no sólo ignora lo que es sentirse aburrido, sino que tampoco morderá el anzuelo sintiéndose culpable por no entretenerte lo bastante. Un niño que aprende cómo hacer miles de cosas en cualquier momento —leer un libro, salir a caminar, o simplemente pensar, inventar un helado nuevo, hacer experimentos con una vieja radio de transistores— aprende a estar solo. Y no te equivoques: un niño aburrido es el que no disfruta estando solo, y eso porque *no disfruta de la persona que es cuando se encuentra solo*. Ésta es una definición breve pero exacta del poco amor propio. Si te quieres, no constituye problema alguno el hecho de estar solo. Tener tiempo para sí mismos, para ser creativos, es algo que puedes fomentar en los niños, en vez de hacerte cargo tú al pensar en cosas divertidas para ellos, o encender la tele para que les entretenga, o —peor aún— usar tu energía para ponerte a jugar con ellos porque te sientes demasiado culpable como para enseñar a tus hijos a no elegir el aburrimiento. Los niños con gran amor propio pueden hacer muchas cosas, y no tienen que contar con que alguien las haga por ellos.

— *Estimula a los niños para que escojan la independencia en vez de la dependencia.* Un niño a quien un padre sobreprotector no lo incite a ser independiente, tendrá hábitos que revelen escaso amor propio. Una vez más, la fuente de autovaloración de un niño llega a localizarse en la persona de quien depende; así, es incapaz de sentirse competente y capaz por sí mismo. Mientras que los niños pequeños son dependientes por naturaleza (*natura*), y necesitan tantos cuidados (*nurtura*) como sea posible darles para que puedan interiorizar sentimientos de confianza, cuando empiezan a explorar su mundo se les debe alentar para que ensayen cosas por su cuenta: a dar un traspié de vez en cuando, conseguir cosas que están más allá de su alcance, sentir la alegría de sujetar ellos mismos el sonajero, conocer las delicias de comer solos. Todos los niños del mundo han dicho: «Quiero hacerlo yo solito». En efecto, desean sentirse independientes para tener un arraigado sentido de la autoestima, y tú puedes fomentársela si reduces toda pretensión de propiedad sobre tu hijo y le das aliento para que piense con independencia. «¿Qué piensas *tú*?» «¿Por qué no ir a una sinagoga aunque seamos una familia católica? Descúbrelo tú mismo.» «¿Por quién votarías *tú* en las próximas elecciones?» «Tú puedes probar los espárragos, aunque a mamá no le gusten.» «Tú primero resuelve los problemas; *luego* yo los revisaré.» La independencia da origen al amor propio, mientras que la dependencia provoca una reducción de la dignidad.

— *Enseña a los niños a no juzgar.* Los niños que aprenden a odiar tienen que acumular ese odio dentro de sí con el fin de recurrir a él cuando aparezca su destinatario. Obviamente, los niños que acumulan el odio dentro de sí tienen que aborrecerse a sí mismos, ya que son el «recipiente» de ese sentimiento. Una persona que critica a los demás, que alberga prejuicios y odio, debe estar muy insegura de sí misma para haber recurrido a tácticas como esa para sentirse satisfecha. El proceso de ser inflexible y alimentar prejuicios surge de la necesidad de hacer que los demás parezcan insignificantes a fin de compensar la poca consideración por uno mismo. Cuando uno se gusta realmente, nunca se asusta ante alguien distinto; antes bien, lo acepta de buena gana.

Enseña a tus hijos a ser receptivos con todas las personas y todas las ideas. Corrígelos cuando cometan un desliz y se refieran despectivamente a las personas mayores. «Me pregunto por qué necesitas rebajarlas para sentirte importante. Ellas tienen derecho a ser quienes son, lo mismo que tú tienes derecho a ser quien eres.» Nada de sermones, castigos ni críticas, sino una sencilla afirmación de integridad que les animará a que mediten sobre sus prejuicios. Se les puede decir asimismo: «¿De veras crees que todos los rusos son malos, sólo por lo que ves y oyes en la tele? ¿Por qué no aprender a conocer las nuevas ideas y a la gente nueva, en lugar de limitarse a odiarla?».

Cuando veas que tus hijos empiezan a formarse opiniones sobre todos y todo sin el beneficio de algún conocimiento o estudio, estimúlalos para que sean más abiertos e inquisitivos. Recuerda que tener simplemente una *opinión* sobre temas tan complejos como la pobreza, el hambre, la guerra nuclear, la prostitución, los conflictos religiosos o cualquier otra cosa, en realidad constituye una frivolidad. Pero adquirir un *compromiso* para contribuir a terminar con esas lacras equivale a una profunda afirmación de la personalidad. Enseña a los chicos a asumir compromisos en vez de tener meras opiniones. Y enséñales también lo triviales que son éstas cuando se fundan en los prejuicios y son fruto de una mente con poca curiosidad.

— *Alienta a los niños a que sean sinceros consigo mismos; de hecho, a ser crudamente sinceros.* Los niños desvalorizan la opinión de sí mismos cada vez que se autoengañan. El niño que se engaña a sí mismo inventa todo un mundo con el fin de embaucar a los demás, y consecuentemente hace de la opinión ajena la razón de su yo inventado. Anímalo a ser sincero con afirmaciones como: «No importa que no hayas ganado el partido de fútbol porque el otro equipo hoy jugaba mejor. Todos tenemos que perder a veces. Aunque los jugadores fueran malos, no tienes por qué culparlos por haber perdido». O: «Has salido cuarto en el concurso de ortografía porque todavía no tienes suficiente práctica, y no porque la maestra sea mala. Yo creo que tendrías que pasarte más tiempo estudiando ortografía y menos tiempo reprochando». O: «Eres buenísimo aunque llegues tarde a clase, pero es responsabilidad tuya estar allí a su hora, y no debes culpar de eso al despertador».

Un niño que aprende a ser sincero consigo mismo tendrá dignidad, y eso se le puede enseñar si *tú* le das siempre una recompensa por su sinceridad. No hables de defraudar al gobierno en los impuestos y luego reprendas a tu hijo por robar. No mientas y luego te sorprendas de que tu hijo haga lo mismo. Crea un medio ambiente donde esté bien decir la verdad, y donde al niño no se le castigue por ser sincero. Mentir es una manifestación de poco respeto por uno mismo; no podrías crear en tu casa un medio en el que reine la verdad si mientes. Cuanto mejor aprenda tu hijo que no tiene por qué falsear la verdad para ganar tu aceptación, más le ayudarás a que vaya familiarizándose con el mundo, y también con su propio mundo interior.

— *Ten presente la importancia de la apariencia en la gente joven.* Trabaja de manera constructiva *junto con ella* en un programa de autoperfeccionamiento para niños, que les ayudará a llegar a ser tan atractivos y sanos como sea posible. Corred kilómetro y medio diario *juntos*, para empezar con un programa de gimnasia. Niégate a comprarles «porquerías», o «chucherías», o dulces si tus hijos tienen problemas de peso o de piel. O, mejor todavía, niégate a comprar esas cosas en general, y ayudarás a tus hijos a que no lleguen a tener esos problemas. Muéstrales con tu ejemplo y tu comportamiento que quieres que se consideren atractivos y sanos. Una vez que un niño empiece a hacer cualquier tipo de ejercicio o programa de reducción de peso, notarás una mejora en su imagen de sí mismo. El acto de emprender algo constructivo, sin que importe lo insignificante que pueda parecer, es una forma segura de estimular el amor propio. Tu participación en este tipo de actividad garantizará la constancia de los niños. Ir poniéndose, para empezar, objetivos simples y cotidianos es estupendo para levantar la moral, y después de todo, la autoestima no es más que tener la moral alta.

— *Anima a los niños. a que piensen en la salud más bien que en la enfermedad.* Refuérzales su capacidad para curarse sus propios resfriados, para librarse de sus propios dolores y achaques, pensar positivamente en su propio cuerpo y hacer vivir sano un propósito que dure toda la vida. Cuando los chicos se quejen de que están enfermos, no refuerces su sentimiento de encontrarse mal. Un niño que piensa que está enfermo no tiene fe en su propia capacidad para estar sano. Elimina comentarios como: «Si no te abrigas, acabarás por resfriarte», «Ten, tómate este remedio; ya sabes lo alérgica que eres», «¿No te sientes bien hoy, cariño?», «Mamá te besará la pupa y te sentirás mejor». En vez de eso, procura estimular a los niños para que piensen en su capacidad para estar bien, y no los recompenses prestándoles atención porque estén enfermos. «Apuesto a que no te resfriarás nunca; eres muy fuerte y sano.» «Esperemos a que aparezcan los síntomas antes de tomar una píldora, y procura no pensar que estás mal hoy.» El niño que siempre piensa que está enfermo ha aprendido que los poderes curativos del mundo se concentran en las píldoras, los besos de mamá, la pena y los consejos del médico. Pero la verdad es que el héroe es el cuerpo, y que sólo éste puede curar una enfermedad. Al creerte enfermo debilitas el proceso de la curación. Si piensas que estás bien, y refuerzas las actitudes de bienestar, estarás ayudando a tus hijos a sentirse mejor consigo mismos y evitaréis un montón de enfermedades evitables.

— *Sorprende a tus hijos cuando estén haciendo algo bien, y recuérdales lo fantásticos que son.* Procura no atraparlos haciéndoles preguntas que los impulsen a mentir, especialmente cuando sabes algo que ellos ignoran que tú sabes. Una mañana, una madre que conozco, vio por casualidad que su hija tomaba un taxi para ir a la escuela, después de haberle dicho con claridad que no se gastase el dinero de esa manera. Estuvo planeando todo el día cómo «atraparla», y cuando la joven volvió de la escuela, la madre le preguntó: «¿Cómo fuiste hoy a la escuela?». Inmediatamente, la chica se encontró en la alternativa de mentir o recibir una reprimenda. En vez de eso, la madre debería haber probado con: «Vi que esta mañana tomabas un taxi, después de que ambas estuvimos de acuerdo en que eso es derrochar el dinero, en especial este mes, que andamos justos. ¿Había alguna razón en particular para que no hicieras lo que habíamos acordado?». Este tipo de intercambio estimula la sinceridad y permite a la joven explicar sus razones sin verse forzada a mentir ni sentirse mal. Después de un diálogo así, espera a que tu hija esté haciendo algo bien para decirle: «Eres formidable. Me alegra mucho verte limpiando la cocina. Muchísimas gracias por ayudarme». Cuanta más energía gastes en sorprenderlos cuando son buenos, mejor te llevarás con tus hijos, y más positivo será el sentido de autovaloración que les darás. Ayúdalos a cambiar su comportamiento contraproducente siendo sincero con ellos, y dándoles la oportunidad de ser sinceros sin obstáculos, y luego sorprenderlos haciendo las cosas bien. Pronto se crearán una imagen de «Estoy bien», que es lo que en verdad deseas para tus hijos.

— *Trata a los niños como si hubieran llegado a este mundo como seres humanos totales y completos, no como si estuvieran en vías de llegar a ser o tener algo en el futuro.* Cuando hables con ellos, elimina las frases que den a entender que los ves como aprendices de persona. Los niños de dos años hablan como se habla a los dos años; no los corrijas anticipándote a cómo hablarán cuando sean adultos. Si se hacen pipí en la cama a los tres años, eso no es el reflejo de un grave problema social que les afectará cuando estén internos en un colegio o en una residencia universitaria. Es un comportamiento típico de esa edad, y como tal debes tomártelo. A los de cuatro años les gusta molestar y hacer el tonto. A los de ocho años les gusta ensuciarse o jugar con muñecas «repollo», y a los once disfrutan pegándose. Son comportamientos íntegros, para ser disfrutados tal como son, y no han de verse como formas de transición a una conducta adulta. Harás un gran favor a tus hijos y a ti mismo si disfrutas con ellos de algunos de los comportamientos típicos de la edad. Juega a la pelota con ellos en el jardín, revuélcate con ellos en el césped, llévalos a tomar helados. Estas actividades son normales, divertidas; son cosas naturales que hace la gente joven, y deben verse simplemente en esos términos. No te asustes de que vayan a ser pendencieros porque les guste pelear o perder el tiempo; en cambio, disfruta con ellos del período de su crecimiento que estén pasando en este momento. Trata a los niños como seres humanos plenos, completos, que tienen tanto que enseñarte como tú a ellos. Cuantas menos críticas reciban por ser niños, con más naturalidad lo pasarán bien y se verán a sí mismos como personas valiosas e importantes. Los niños que se aceptan tal como son ahora, y que crecen junto a adultos que hacen lo mismo, en vez de preocuparse por cómo serán o no en el futuro, van formándose una sana imagen de sí mismos.

— *Dales a los niños la oportunidad de ser personas únicas y especiales.* Si prefiere el atletismo a la música y tú pensabas que tu hijo sería músico, no lo presiones; déjalo tener sus propios intereses. Si tu niña da muestras de querer ser actriz y tú tenías esperanzas de que fuera a la facultad de derecho, no te opongas. Deja que tus hijos sean la persona única que son, en vez de expresarles tus expectativas para que las satisfagan o de compararlos con otros miembros de la familia. Para que se formen una imagen sana de sí mismos es importante que tú, como padre, los aceptes como son y con las cosas que les gustan en la vida. Los padres que presionan a sus hijos para que piensen como ellos y persigan los objetivos que ellos les han fijado, les inducen a dudar de sus propias elecciones y sus señales interiores. Tales dudas provocan inseguridad. Lo más sano que puedes hacer por tus hijos es señalarles algunas pautas para elegir, pero dales a entender siempre que tú, personalmente, no te molestarás ni te sorprenderás por lo que elijan.

Rollo May, el gran experto en el comportamiento humano, hablando de la importancia de tomar propias decisiones en la vida, dijo: «Lo opuesto al coraje en nuestra sociedad no es la cobardía, sino el conformismo». Tú no deseas que tus hijos sean conformistas para complacerte. Quieres que piensen por sí mismos y que emprendan sus empeños personales con tu bendición. Esto significa suspender cualquier pretensión de que tengan que crecer para complacerte. Deben saber mirar en su interior, tener confianza en esa persona a quien consultan dentro de sí, y saber que no los juzgarás con severidad ni de ningún otro modo por guiarse según su propia luz interior. Reconociéndoles el derecho a ser ellos mismos, les infundirás muchísima confianza. De otro modo, se sentirán culpables y dudarán por haberte defraudado.

— *Levántalos en brazos, tócalos, bésalos, sé físicamente expresivo con ellos.* Aprenderán a quererse si sienten que tú los quieres, y no conocerán esa sensación de ser atractivos a menos que realmente la experimenten contigo, la persona más importante de su breve existencia. Una vez una mujer me dijo que para ella no era natural estar besando y tocando a sus hijos, y me preguntó qué podía hacer. Se quedó sorprendida con mi respuesta. «Fíngelo —le dije—. Tócalos de todas maneras. Aunque para ti sea algo antinatural, acabará gustándote.» Que sus padres los toquen y los tengan en brazos es de crucial importancia en la formación de la imagen de sí mismos de los chiquillos. Necesitan sentirse amados, muy queridos, hermosos, importantes, atractivos y deseados. Si te resulta difícil prodigarles tu afecto de ese modo, esfuérzate y recuerda que es tan bueno para ellos como para ti. Cuanto más lo hagas, más natural te resultará, y al poco tiempo te hallarás haciéndolo automáticamente. En una carta escrita por George Eliot (Marian Evans Cross), en 1875, la novelista contaba a su amiga, Mrs. Burne-Jones:

> No sólo me gusta que me quieran, sino también que me digan que me quieren. No estoy segura de que usted sea igual. Creo que para silencio ya basta con el de la tumba. Este es un mundo de luz y palabras, y he de despedirme de usted diciéndole que la aprecio mucho.

Insisto en que les digas todos los días que los quieres mucho. Y lo que es más importante, manifiesta que son dignos de amor: abrázalos, estrújalos, bésalos y demuéstrales que son formidables. Cuanto más lo hagas, mejor les transmitirás mensajes maravillosamente importantes sobre su propio valor, y pronto se querrán a sí mismos como tú los quieres, lo que, después de todo, es nuestro objetivo.

— *Si quieres que se sientan atractivos, hermosos, competentes y sanos, muéstrales a una persona que lo sea.* Los niños se sienten orgullosos de tener padres atractivos. Les encanta que tú te sientas hermosa o hermoso, y eso les da una imagen que pueden adoptar para sí mismos. No hables sólo de estar sano. Dales el ejemplo de un ser humano sano, jovial, ágil, que pesa lo normal, y para ellos será natural verse de la misma manera. Si tú eres gordo, fumas, bebes y, en general, «te dejas estar», contribuyes inadvertidamente a disminuir el concepto que tus hijos tienen de sí mismos. Ellos desean quererse como seres humanos sanos, y necesitan un modelo que fundamente este amor. Y, ¿sabes?, ese modelo eres tú. ¿Te gusta lo que estás enseñándoles a tus hijos con tu propio aspecto, tus hábitos diarios, tu programa de gimnasia? Si no te gusta, ponte a trabajar en ti mismo, que eso les hará tanto bien a ellos como a ti.

— *Escucha con atención a tus hijos.* Sé siempre atento y sincero con ellos, pues la atención y la sinceridad son las piedras fundamentales de las actitudes respetuosas que deseas tengan contigo mismos. Muéstrales que estás genuinamente interesado en ellos, aun dedicándoles unos pocos momentos al día. Conviértete en un aprendiz de sus vidas. Pregúntales por la escuela, sus amigos, sus actividades cotidianas. A los más pequeños escúchalos cuando hablan de sus fantasías con sus muñecas o sus trenes. Haz que vean que te ocupas de ellos y escucha sus historias, y pensarán que son importantes sencillamente porque los escuchas todos los días.

— *Mézclate con ellos en las actividades típicas de su edad.* Pásate un rato tirándoles la pelota, recibiéndola, jugando, saltando, aprendiendo el abecedario, etcétera. Evita los deportes de equipo hasta que hayan afianzado sus habilidades, y no dejes que nadie los convenza de que ganar es lo único que cuenta. Dedica tiempo a los adolescentes, demuestra interés por sus actividades y compártelas. Da a entender a los niños que disfrutas viéndolos desempeñar sus actividades, no como un entrometido, sino simplemente porque te entusiasmas con sus intereses. Cuando vean que tú te ocupas de ellos, se sentirán más importantes, y en esto se basa la sana imagen de sí mismos.

— *Aliéntalos para que sus amigos estén cómodos en tu casa.* Da la bienvenida a sus amigos y otórgales importancia; de este modo los niños reciben de sus padres este mensaje: «Sé que tienes buen juicio para hacerte amigos, y con eso me basta. Confío en ti y tus amigos son bien venidos en casa». Esto es una señal poderosísima para que tus hijos aprendan que confías en ellos. Y entonces ellos confiarán en sí mismos.

— *A toda edad, comparte con ellos charlas y lecturas.* Dales lo que verdaderamente es oro en tu vida: tu tiempo. Comparte con ellos tus historias favoritas, háblales de lo que pasaba cuando tú eras chico, cuéntales lo hermosos que eran de bebés. Todas las atenciones de este tipo elevarán su imagen de sí mismos. Saben que les gustas, y procurarán gustarte y gustarse ellos mismos.

— *Ayúdalos en sus esfuerzos por ser independientes, en lugar de ver en ellos una amenaza a tu superioridad.* Anímalos a que hagan algún trabajo después de la escuela, a que se ganen una paga semanal, a hacer cosas por sí mismos, a que elijan sus propios platos en un restaurante, a que decoren sus propias habitaciones, o a tomar cualquier iniciativa que les dé un sentido de posesión e independencia. Cuanto más independientes se sientan en su paso por la vida, más confianza tendrán en sí mismos. No deben tener que pedirte permiso para cada tarea que emprendan, ni adivinar si mamá aprobaría cualquier cosa que intenten. Tienen que aprender a administrarse el dinero, a elegir ropa bien hecha, a cocinar y limpiar, a cuidar sus pertenencias, a fijar sus propios horarios de trabajo y de diversión, a ser corteses, agradecidos y generosos con los demás, a ingerir una dieta equilibrada, a dormir las horas necesarias, y muchas otras cosas.

— *Ayuda a tus hijos a desarrollar imágenes positivas de sí mismos.* Un conjunto de imágenes positivas es una fuerza poderosa en la formación y el mantenimiento de un sano concepto de uno mismo. Los niños que aprenden a imaginarse como personas «de éxito», a tener fantasías constructivas en las que se ven superando dificultades, tienen más probabilidades de confiar en sus capacidades que los que no pueden imaginar su propio éxito. ¿Qué tipo de imagen de sí mismos tienen tus hijos?

Los chicos incapaces de imaginarse recitando brillantemente la lección ante toda la clase, aprobando un examen, preparando una comida o acudiendo con puntualidad a una cita, no perseverarán para alcanzar tales objetivos. Ayuda a los niños a que se formen imágenes positivas en cualquier iniciativa de su vida. Eso bastará para que confíen en sí mismos, y muy pronto las imágenes positivas se convertirán en un hábito que reemplazará las negativas. Esta meta se puede lograr si trabajas con tus hijos y los ayudas deliberadamente a imaginarse que tienen éxito en cualquier cosa que emprendan. Ésta es una estrategia muy provechosa para ayudarlos a que confíen en sí mismos. También la puedes usar tú, y servirles de ejemplo con tu propia vida. Una imagen mental vale más que mil horas de prácticas. Ayuda a los niños a evocar imágenes internas eficaces, y no sólo estarás empujándolos al éxito, sino también a acrecentar su confianza en sí mismos. La mente es una herramienta poderosa, y puede imaginar lo que tú quieras. Cuando un niño habla en términos negativos como «no puedo hacer esto», piensa primero en una imagen positiva, y luego pídele que se represente esa imagen una y otra vez. Si su mente puede concebirla, podrás hacerla realidad, y esa imagen quedará allí para siempre. *El subconsci* *distinguir entre una imagen y la realidad.* Una vez gen, perdurará como si fuese realidad, y al cabo de imagen de éxito, de ser capaz, llegará a hacerse realida.

— *Enseña a los niños a que no se digan cosas autodestruc tivas.* Cada vez que los oigas insultarse a sí mismos, corrígeles eso. La forma en que un chico se habla refleja el concepto que tiene de sí. Los niños que se quejan continuamente, que se reprochan no tener valor y que no pueden hacer ciertas cosas, están profe- tizando algo que se cumplirá gracias a ellos. Si corriges esa forma de hablarse para hacerla más positiva, estarás enseñándoles nuevas maneras de mejorar su propia imagen. Si dicen algo negativo, como: «Iremos apretados en el coche si vamos todos al restau- rante, y eso no tiene ninguna gracia», recuérdales amablemente que estar con un montón de gente puede ser más divertido. «Pien- sa en el lado bueno, en todo lo que nos divertiremos, y recuerda que llegamos a estar más próximos de la gente que nos gusta si somos más.» No es un sermón, sino sólo un pequeño ejercicio de hablarse a sí mismo de modo más positivo. Yo les recuerdo siempre a mis hijos que no hagan predicciones negativas, porque así logran que se cumplan. La forma en que nos hablamos no es más que un hábito, y que sea de signo negativo constituye un simple hábito que ha sido reforzado. La «autocharla» positiva también puede convertirse en un hábito si orientas a tus hijos en esa dirección, modelándolo primero en ti, y recomendándoles luego que busquen pensamientos que les aporten algo que en un primer momento no desean. Un niño que tiene una «auto- charla» positiva dice mucho de cómo se ve a sí mismo. He aquí un ejemplo de un breve diálogo que reemplaza la charla negativa por la positiva:

MAMÁ: Vamos a hacer una excursión a la playa, aprovechan- do el buen tiempo.

NIÑA: La última vez fue horrible. Todo se nos llenó de arena, y no había ningún sitio para tomar algo.

MAMÁ: Yo lo pasé muy bien. Esta vez llevaremos bebidas y nos divertiremos mucho.

NIÑA: Seguro que tendré que cuidar otra vez al bebé. Yo no me divertiré.

MAMÁ: Todos vigilaremos al bebé. Lo pasa muy bien ju- gando con la arena, y estoy segura de que tú también disfrutarás si lo intentas. Procura pensar en la parte divertida.

La niña puede o no suspender sus quejas, pero pronto entenderá el mensaje de que mamá espera pasar un día magnífico, y piensa de manera positiva en esa tarde de playa. Hasta entonces, la forma negativa de pensar siempre le sirvió para tener pendiente a mamá, habitualmente a costa de que todos tuvieran que escuchar sus malos augurios y sus estallidos iracundos. La charla positiva llegará a ser un hábito en la hija si la madre es perseverante, y se niega a aceptar el señuelo de los intentos de la niña por acaparar la atención saboteando el buen momento que todos comparten.

— *Es imposible malcriar a un niño de menos de dieciocho meses con demasiado amor y atenciones.* El amor que des a los niños nunca será demasiado. Cuanto más los tengas en brazos, los levantes cuando lloran, los arrulles y satisfagas sus necesidades, más estarás ayudándoles a sentirse seguros y amados desde el primer momento de su vida. No tengas miedo de malcriarlos si los tomas con demasiada frecuencia cuando se ponen a llorar siendo bebés. Necesitan sentirse a salvo y seguros; eso les ayudará a crear un fuerte sentido de su propio valor más adelante. Levántalos a menudo, bésalos todo el tiempo, arrúllalos, haz que se sientan cómodos, cámbiales los pañales con frecuencia, mantenlos cómodos, contentos y felices mientras sean bebés. De mayores, notarás los resultados de este tipo de atención afectuosa. La imagen de sí mismo se forma gracias al amor que los padres proporcionan al bebé. Además de darle tanto contacto físico como sea posible —teniéndolo en brazos, meciéndolo, sentándote con él y hablándole suavemente—, procura adoptar esas actitudes aparentemente triviales, que son de crucial importancia en el desenvolvimiento de un bebé seguro.

— Responde en seguida a las llamadas de incomodidad del bebé. Para hacerte saber que está molesto no tiene otra alternativa que llorar, y nadie lo calmará si tú te niegas a prestarle ayuda. La investigación ha demostrado que los niños que han sufrido poca ansiedad, se sienten mucho más seguros de sí mismos cuando maduran.

— Recuerda que las personas son mucho más importantes

que las cosas. Guarda los objetos que podrían r[...]
de tu casa un lugar donde tu hijo pueda disfrutar[...]

— A los niños pequeños déjales encendida un[...]
rante la noche. No dependerán de ella toda su vida; sin[...]
se sentirán más a salvo y más seguros cuando se despiert[...]
pueden ver algo familiar. Aprenderán bastante pronto a no temer
la oscuridad, a medida que desarrollen la capacidad mental para
comprender qué son en realidad la luz y la oscuridad.

— Insiste siempre en que en el coche se ajusten el cinturón
de seguridad. No admitas excusas. Eso les demostrará que cuidas de ellos, y como resultado, aprenderán a cuidarse ellos
mismos.

— Evita eso que podríamos denominar «comida basura», su-
perpreparada y enlatada, así como los excesos de azúcar y de sal
en las comidas de tus hijos. Hazles ver desde el principio que
los quieres lo bastante para desear que cultiven hábitos para estar
sanos. Si los acostumbras precozmente, perseverarán toda la vida
porque les habrás mostrado con tu comportamiento que tú les
cuidas. Cuando tú cuidas de ellos, ellos cuidan de sí mismos, y
cuidarse es precisamente tener un concepto sano de sí mismo.

La imagen de sí mismo de un niño es el factor más importante para su felicidad y su realización. Los chiquillos que creen
que el mundo es un lugar magnífico y milagroso, que ellos son
especiales y que se les quiere, tienen una ventaja tremenda sobre
los chicos que dudan y son negativos. El jardín de la persona Sin
Límites florece a partir de las primeras semillas que tú plantas
en la mente de tu hijo relativas a quién es y qué puede llegar
a ser. Cuando envías a tus hijos señales muy cargadas de elementos positivos, ellos conciben expectativas de felicidad y de éxito,
comienzan a mostrarse ansiosos de conocer a gente nueva en vez
de abrigar prejuicios o sentirse intimidados por los demás. Disfrutan con las ocasiones de demostrar sus aptitudes y, lo más importante, son afectuosos, abiertos y generosos con los demás. En
contrapartida, los niños que se sienten poco valiosos están constantemente buscando aprobación, y rebosan dudas en sí mismos
y temor hacia los demás. Se sienten inseguros en el mundo porque lo ven como un lugar engañoso. Con frecuencia son dependientes y alimentan prejuicios, incapaces de dar amor porque lo
desconocen.

La imagen de sí mismo de tu hijo debe tener gran interés

…ara ti, y es algo que tú contribuyes en gran medida a formar. En la cultura japonesa se accede a todos los caprichos de los niños porque de ellos se espera que tengan éxito en la escuela y en el trabajo, y que luego mantengan y mimen a sus padres ancianos. Los japoneses han sido inmensamente fructíferos en ese aspecto. Trabajan de tal manera en la obtención de la autoimagen, que los niños esperan ser felices y prosperar. Esto es algo que todos, como padres, podemos imitar. El niño que se considera una persona atractiva y afortunada, y cuya imagen se ha ido reforzando a lo largo de su joven vida, no se desilusionará a sí mismo. Sabe que su visión de sí es la clave para la realización de su potencial. Henry Ford lo resumía diciendo: «Tanto si piensas que tendrás éxito como si no, estás en lo cierto». La respuesta es lo que tú piensas de ti mismo, y eso es lo que debemos transmitir a nuestros hijos.

3

QUIERO QUE SEAN CAPACES DE CORRER RIESGOS

La persona Sin Límites va en busca de lo desconocido y le encantan los misterios. Recibe los cambios de buen grado y lo experimenta casi todo en la vida. Ve el fracaso como parte del proceso de su aprendizaje. El éxito surge con naturalidad en la realización de los proyectos de la vida y la práctica de cosas por las que se interesa profundamente.

Sólo el cambio perdura.

HERÁCLITO

Todo cambia. El cambio es un componente tan fundamental de nuestra realidad como la noche y el día. Todo seguirá cambiando siempre. Ésta es una predicción que puedo hacer con absoluta certeza. Como seres humanos, nos hallamos en un estado de cambio constante. Nuestro cuerpo se modifica de día en día. Hoy se nos hace imposible creer en aquello por lo cual suspirábamos cinco años atrás. La ropa que usábamos hace cinco años ahora nos parece extraña en las fotografías. Las cosas que tenemos por seguras e invulnerables al cambio, están, de hecho, cambiando constantemente. Con el tiempo, las piedras terminan por convertirse en arena. Las costas se desgastan y van mudando de forma. Nuestros edificios se vuelven anticuados y se los reemplaza por estructuras modernas que también terminarán por derribarse.

Cambian incluso las cosas que duran miles de años, como las Pirámides y la Acrópolis. Es muy importante que asimiles esta simple idea si quieres ser una persona Sin Límites: cada cosa que sientes, piensas, ves y tocas está cambiando constantemente.

La pregunta importante que has de hacerte no es si te gusta el cambio. Sencillamente, no importa si te gusta; el cambio seguirá produciéndose independientemente de lo que tú opines. La verdadera cuestión es esta: ¿cómo les enseñas a los niños a manejar este fenómeno llamado cambio, y cómo te desenvuelves en medio del cambio de la vida cotidiana? Cuando los chicos se desarrollan aceptando el cambio como forma de vida, y lo aceptan como uno de los ingredientes que constituyen a la persona de pleno funcionamiento, están bien encaminados para llevar una vida maravillosamente provechosa.

Por otra parte, el niño a quien le asusta el cambio, que evita las experiencias nuevas, que tiene miedo al fracaso y, en consecuencia, se queda siempre con las formas familiares y «seguras», está destinado a una vida de letargo. Parece que la gente desdichada es la que más teme al cambio. Si crías a tus hijos para que eludan o teman el cambio, estás criándolos para que se conviertan en neuróticos cabales, que serán incapaces de aceptar el mundo tal como es: un fenómeno que se modifica constantemente. Y estás comprándoles billete para una vida opaca e insatisfactoria. Enseñar a tus hijos a aceptar el cambio implica adoptar actitudes y comportamientos nuevos en tu trato cotidiano con ellas. También implica que te decidas a afrontar seriamente tu propia rigidez en el pensamiento y la acción, y que sopeses bien los riesgos que acarrea educar a tus hijos para que acepten el cambio en lugar de aterrorizarse. Para aprender a aceptar el cambio, has de empezar por examinar tus propias actitudes y comportamientos hacia lo desconocido por tu bien y el de tus hijos.

APRENDER A ACEPTAR LO DESCONOCIDO

Cuando somos muy jóvenes, a menudo miramos el mundo y nos miramos a nosotros mismos con los ojos de alguien a quien le han enseñado a pensar de manera incorrecta. Queremos ser fuertes y, sin embargo, pensamos que somos débiles. Tenemos grandes fantasías de ser actores o atletas consumados y, sin embargo, nos consideramos faltos de talento en las situaciones cotidianas. Queremos tener éxito, pero nos vemos como personas del montón, o incluso como fracasados. A fin de equiparar con mayor exactitud la visión interior y la realidad externa, es necesario ayudar a los niños a que piensen que mantienen un control *total* de sí mismos. Los chicos deben llegar a ver la cautela y los temores como limitaciones que ellos mismos se imponen; de no ser así, siempre culparán a las circunstancias externas por su incapacidad de alcanzar sus íntimos sueños de grandeza. Con frecuencia, los jóvenes temen su propia grandeza, y aunque les encantaría llegar a ser héroes, y hasta pueden verse actuando como tales en circunstancias imaginarias, las limitaciones de su propia imagen restringen severamente sus logros reales.

Es imprescindible que los padres ayuden a sus hijos a mirar más francamente sus posibilidades de grandeza. Un niño no puede llevar su potencial de grandeza hasta su máxima expresión si tiene miedo a lo desconocido, o se le induce a temer las ideas, aventuras, experiencias o personas nuevas. Los padres pasan mucho tiempo entrenando a sus hijos para evitar lo desconocido, animándoles a que adopten sin cuestionarlo el punto de vista de los adultos. Les enseñamos a ser obedientes y a no poner jamás en tela de juicio la autoridad. Los inducimos a comer el mismo tipo de comidas, a ver las mismas películas, a acudir a las mismas ceremonias religiosas, a tener nuestras propias convicciones políticas, a adoptar nuestros prejuicios, ya sean contra una minoría racial, los aguacates, una religión o cualquier cosa que esté de moda. Cualquier renuncia que muestren los niños de cualquier edad en lo que se refiere a intentar cosas nuevas, conocer a gente nueva, explorar nuevas ideas, o vagar por territorios desconocidos es, de hecho, un factor de inhibición de su propia grandeza, así como un obstáculo considerable para llegar a ser una persona Sin Límites, libre de neurosis.

Elisa, una amiga mía, madre de una niña de siete años llamada Tati, estaba preocupada porque su hija parecía muy temerosa cuando estaba con otros niños, y quería animarla a que fuese más extravertida y audaz. Después de hablar con Elisa durante una hora, se me hizo evidente que había criado a Tati para que fuese exactamente lo que a ella más le disgustaba en sí misma. A Elisa le habían enseñado a no contrariar nunca a su padre ni a su abuelo. Le habían dicho que los ejercicios atléticos eran inapropiados para una niñita, y que las actividades femeninas consistían en cosas como la costura, los arreglos florales y la cocina.

Ocuparse de «su hombre» parecía su único propósito en la vida. Cuando niña, Elisa había tenido miedo a muchas cosas, incluidos la oscuridad, los niños, la suciedad, el ruido, etcétera. De adulta era extremadamente dócil y tímida.

Le señalé a Elisa que estaba repitiendo el mismo argumento con Tati, contribuyendo a crear en su hija exactamente la misma manera de reaccionar ante el mundo que a ella no le gustaba de sí misma. Si quería que Tati llegase a hacerse valer más positivamente, tendría que romper la cadena de la que ella había sido víctima, así como sus padres y sus abuelos antes que ella. La insté a que dejara que Tati intentase cosas nuevas. Le pedí que pusiera un aro de baloncesto en el jardín para Tati. Le sugerí que ella y Tati podían hacer el hoyo para el poste, asegurarlo con cemento, poner la tabla de atrás, y realizar todo el trabajo físico necesario para convertirlo en realidad. La insté a que invitase a Tati a realizar algunas fantasías, como salir a pasear sola, ir a una iglesia diferente de la que frecuentaba el resto de la familia, mostrarse en desacuerdo con su padre cuando él dijese algo que a ella no le gustara, y en general convertirse en un ser humano competitivo, que oye y piensa de maneras nuevas y arriesgadas, en lugar de seguir siendo una niñita tímida que le teme a todo lo que no conoce y que, en consecuencia, evita las actividades nuevas.

En unos pocos meses, Elisa empezó a advertir cambios formidables en la manera como Tati afrontaba la vida. Sorprendida, veía cómo Tati le decía a su padre autoritario: «Aunque tú pienses lo contrario, ya no me da miedo competir con los chicos en la escuela». Tati empezó a probar cosas que nunca había hecho antes. Una noche cocinó toda una comida para la familia, algo que sus padres pensaban que era imposible para una niña de su edad. Hizo dos nuevos amigos en el barrio por el sencillo procedimiento de ir directamente a casa de ellos y presentarse, algo que sólo unos meses antes habría temido inmensamente. Hoy, seis años después, Tati es una niña nada asustadiza, que sabe hacerse valer, que ha dado un vuelco a su vida porque su madre la instó a buscar lo desconocido en vez de temerle: a ser razonablemente cauta, pero a evitar ir por la vida con anteojeras, huyendo de todas las aventuras nuevas y maravillosas que están esperando a qualquiera que, en vez de temerlas, esté dispuesto a aceptar lo desconocido. En definitiva, a ser valiente.

Si te detienes a pensar un momento, te darás cuenta de que cualquier persona que tema lo desconocido se ha puesto a sí misma la mayor restricción para apreciar la vida. Si uno sólo hace las cosas con las que está familiarizado, es casi seguro que seguirá siendo exactamente el mismo el resto de su vida. La persona que inventó la rueda lo hizo porque era partidaria de probar algo nuevo, en vez de quedarse en las cosas familiares. Todos los inventores están dispuestos a vagabundear por territorios desconocidos. De la misma manera, la persona que invente una cura para el cáncer será alguien que esté dispuesto a afrontar lo desconocido, en vez de esquivarlo. Como padre, revisa primero tus propias actitudes y comportamientos frente a lo desconocido. ¿Buscas nuevas actividades, o te quedas con las que te son familiares? Si sueles eludir lo desconocido, es muy probable que induzcas a tus hijos a que sigan la misma senda en la vida. Ten cuidado de no decir a tus hijos cosas que los impulsen a eludir lo desconocido.

Hazte esta pregunta mientras prosigues con este capítulo y eliges alguna manera específica de ayudar a tus hijos a aceptar, más bien que a temer, el cambio y lo desconocido: «¿Cómo sé cuando hay algo que está vivo?». La respuesta es: «Si está creciendo, entonces está vivo». Una planta seca está técnicamente muerta por el solo hecho de que ya no crece. Lo mismo vale para los seres humanos. Si no están creciendo, se secan física, emocional y espiritualmente. Si los niños temen lo desconocido, no están creciendo, ya que la gente no puede crecer y seguir siendo exactamente como es. El crecimiento implica cambio, y cambiar significa probarse a sí mismo en nuevos campos con una vigorosa sensación interior de entusiasmo, en lugar de temor. Éste ha de ser nuestro objetivo en lo que se refiere a nuestros hijos: ayudarlos a cambiar una mentalidad temerosa hacia lo desconocido por otra que acepte de buen grado —con precaución razonable, pero con entusiasmo— todo lo que despierte su interés. Puedes enseñarles a recibir de buena gana el cambio en lugar de temerlo, ya se trate de ir a un nuevo campamento de verano, de experimentar una nueva sensación gustativa llamada calamar, de un tiro libre para el equipo de fútbol, o de hacer un curso sobre estadística o existencialismo. El temor a lo desconocido se base a menudo en un aspecto más devastador aún para la mente de los jóvenes a quienes no se les ha enseñado a ser personas Sin Límites: el miedo al fracaso. También eso han de afrontarlo los padres y madres del mundo desde una nueva perspectiva.

SER RAZONABLE EN LO QUE RESPECTA AL FRACASO

William Saroyan solía decir sobre el fracaso: «La gente buena es buena porque ha llegado a la sabiduría a través del fracaso». ¿Esto te sorprende? Si te has preguntado alguna vez cómo aprendemos, estoy seguro de que esta noción de que alcanzamos la sabiduría a través del fracaso no te sorprenderá lo más mínimo. Del éxito aprendemos muy poco. De hecho, el éxito tiende a que nos sintamos cómodos y complacidos. Cuando encontramos algo que hacemos con facilidad, hay una tendencia natural a continuar, y cuanto más éxito alcancemos en ello, menores probabilidades de cambiar hay y, en última instancia, de crecer. El reverso del viejo aforismo sería: «No hay mayor fracaso que el éxito».

En 1927, Babe Ruth, legendario jugador de béisbol norteamericano, hizo sesenta carreras, más que nadie en la historia del béisbol. Ese año también batió otro récord: erró más golpes que nadie en la historia del béisbol. Lo cierto es que si quieres hacer carreras, has de estar dispuesto a errar el golpe. Esta simple lección de la vida no tiene réplica. Si quieres que tus hijos sientan el regocijo del éxito, debes alentarles a que aprendan a fracasar y, de hecho, a fracasar muchas veces, aunque sea doloroso.

Aquí la distinción importante es la diferencia que hay entre fracasar en una tarea y ser un fracaso como persona. Cada ser humano, en virtud del hecho de estar vivo, tiene un valor y una dignidad inherentes a su condición. Nadie tiene garantías de que jamás experimentará el fracaso, y cuanto más desees tener una sensación de éxito en la vida, más estarás tentando a la lección del fracaso. ¡Aprendemos con nuestros fracasos! Mediante el éxito nos volvemos complacientes. Debemos empezar a enseñarles a nuestros hijos que el fracaso no sólo es aceptable, sino que constituye un requisito indispensable si han de ser personas Sin Límites. Comprenderlo así es lo que conduce virtualmente a todos los innovadores a hacer su trabajo con una especie de obsesión. Thomas Edison, que estuvo investigando lo desconocido casi toda su vida, tuvo la inspiración de decir: «Mostradme a un hombre absolutamente satisfecho, y os enseñaré un fracaso».

Elimina el temor al fracaso, y ayuda a los chicos a entender la diferencia entre fracasar en una tarea y ser un fracasado como persona. Para lograr esto, debemos echar una ojeada a nuestras obsesiones relacionadas con los logros. La persona Sin Límites no es quien nunca fracasa; antes bien, se trata de alguien que se sacude el polvo después de un fracaso, y aprende qué obstáculos ha de evitar en el camino. La persona que rehúye el fracaso, se quedará lamentándose en el camino o, peor aún, empezará por quedarse fuera de él, contenta de tomar un rumbo seguro y bien conocido, apartarse de la vida y evitar, al mismo tiempo, el fracaso y su realización personal.

La gente joven que tiene miedo al fracaso, por lo general está obsesionada por los logros. Tiende a evaluar su valor personal y su éxito en función de logros externos. En consecuencia, los hijos empiezan desde muy jóvenes a creer que es importante ganar estrellas de oro en todo lo que hagan. Las notas llegan a ser más importantes que lo que están estudiando, y los alumnos que persiguen las notas altas evitarán todo lo que pueda significarles menos que un notable o un sobresaliente en un examen. Eligen la vía del menor esfuerzo, copian en los exámenes, se mantienen apartados de los maestros «difíciles». Este proceder llega a ser la consigna de los jóvenes obsesionados con las señales externas. O bien se esfuerzan para obtener una nota de un maestro difícil, perfeccionista, hasta el punto de que trasnochan para hacer trabajos con el único fin de complacer a ese maestro; el aprendizaje en sí no les interesa.

Sin que importe lo que hagan, sienten que no deben fallar en nada. Ganar en una carrera o en un juego se vuelve más importante que estar en forma físicamente. El trofeo es lo más importante; por lo tanto, hacen lo preciso para formar parte del equipo, golpear al contrincante o llegar a ser el número uno. Ingresar en la universidad más prestigiosa llega a ser más importante que adquirir conocimientos. Castigar al contrincante se vuelve más importante que aprender a ayudarnos unos a otros. Debido a que creen que uno no es nadie si no es el número uno, hacen cualquier cosa con el fin de obtener el reconocimiento de los demás. A las recompensas internas no les conceden ningún valor. En cambio, lo que para ellos realmente vale es el dinero, el poder, la medalla al mérito, el trofeo, el diploma.

La persecución de los símbolos externos del éxito es la razón de que los jóvenes de hoy consuman más tranquilizantes que ninguna otra generación en la historia del mundo. Esto explica por qué los índices de suicidio aumentan de manera alarmante, incluso entre los jovencitos de siete y ocho años. Los jóvenes a quienes se ha enseñado a medir su valor según parámetros externos, y que han evitado toda la vida los símbolos del fracaso, son incapaces de manejarse con eficacia ante las exigencias del mundo real a medida que crecen. Cuando enseñas a los niños que los símbolos externos del éxito son la parte más importante de la vida, estás enseñándoles a buscar el éxito fuera de sí mismos. Les enseñas a buscar la felicidad en las cosas, en vez de llevar la felicidad con ellos y aportarla a cualquier cometido humano.

El jovencito Sin Límites puede pasarlo bien desbrozando el jardín, leyendo un libro, jugando con un balón viejo o dando puntapiés a una lata en el patio. El jovencito «con muchos límites», a quien han enseñado a perseguir los símbolos del éxito, queda relegado en el banquillo de los suplentes del equipo organizado en el vecindario hasta que el tanteo sea tan desproporcionado que dé igual que entre en el juego, puesto que el resultado ya es seguro. Su entrenador cree que ganar el partido es más importante que aprender a jugar y disfrutar de la emoción de participar. «Procura no fallar», les dicen a los jovencitos algunos entrenadores y padres «con muchos límites», y siempre olvidan que todos los ganadores son gente que se ha esforzado, que se ha equivocado y ha fallado mucho, y que ha aprendido a beneficiarse de sus errores y a ejercitarse en el juego, o en su instrumento musical, o en sus ejercicios de danza, sin compararse nunca con los demás, y sintiéndose satisfecha sólo con la consecución de su propia perfección interna y sus propias señales internas.

Cuanto más inculquemos el logro a expensas de la satisfacción interior, más enseñaremos a nuestros hijos a elegir la línea del menor esfuerzo y a evitar la marca del fracaso. Sin embargo, cuando echamos una ojeada rápida a la grandeza de cualquier ser humano en cualquier profesión, vemos personas que han fallado y vuelto a fallar una y otra vez, y han aprendido algo nuevo cada vez. Cuando un periodista le preguntó a Thomas Edison cómo se sentía al haber fracasado 25.000 veces en su esfuerzo de crear una simple batería acumuladora, su respuesta fue definitoria de los grandes espíritus Sin Límites: «No sé por qué les llama fracasos. Hoy conozco 25.000 maneras de no hacer una batería. ¿Cuántas conoce usted?».

Querrás aprender de los padres desafortunados que han visto a sus hijos perder el ánimo y abatirse ante la presión competitiva, refugiarse en las drogas, o incluso en intentos de suicidio porque no podían equipararse con las medidas externas del éxito. Querrás tomar nota de que demasiados chicos se catalogan como perdedores porque creen que el fracaso es una enfermedad, y cuando la contraen, sucumben a sus elementos tóxicos. Si fuéramos gente «mala» porque perdemos, todos seríamos malos. Nadie puede ganar siempre, ni siquiera el más dotado o el más trabajador.

He hablado con padres convencidos de la necesidad de inculcar en sus hijos el espíritu de vencedor, de ser el número uno. Un padre me dijo que su hija volvía de la escuela, donde estaba en segundo grado, diciendo: «Tengo que sacar sólo sobresalientes, o no podré entrar en una universidad de primera». ¡Decía eso en segundo grado! Los niños de siete años necesitan reírse, disfrutar de la vida, probar todo lo que descubran y ser personas felices, completas, jóvenes, en vez de sentir el temor de que no ingresarán en la universidad que han elegido. Ese mismo padre, que con tanto orgullo alardeaba de que todos sus hijos adornaban su vida con excelencias externas, tenía tensión sanguínea alta, un grave principio de úlcera, un serio problema con la bebida, y vivía preocupado por no tener bastante dinero. Rara vez se sentía fracasado en el sentido tradicional, pero sin duda no era un ejemplo de alguien que gozase de paz interior. Era un desastre, y estaba enseñando a sus hijos a ser como él. Mientras perseguía el éxito inexorablemente, olvidaba el importante parámetro del verdadero éxito. Christopher Morley lo expresó así: «No hay más que un éxito: ser capaz de vivir la vida a tu manera». Si enseñamos a nuestros hijos a perseguir los logros e ignorar la satisfacción interior, estaremos enseñándoles a optar por la línea del menor esfuerzo, a estar más pendientes de las opiniones y las recompensas que nos conceden los demás y, en consecuencia, a eludir cualquier indicio de fracaso. Ésta es la enfermedad nacional de los Estados Unidos. William James, el psicólogo y filósofo, lo expresa de manera muy sucinta: «La adoración exclusiva del éxito es nuestro achaque nacional». El error no es algo malo; es la única manera de aprender cualquier cosa. Aprender es errar, y esto implica estar dispuesto a intentar casi cualquier cosa que te gustaría apoyándote en tus propias señales internas, y estar dispuesto a correr riesgos. Arriesgarse es el tercer componente para aprender a recibir de buen grado el cambio en lugar de temerlo. El primero es buscar lo desconocido, y el segundo, darse cuenta de la necesidad de errar, fracasar, fallar.

Arriesgarse

Quizá en tu vida ya has caído en una trampa. A este artilugio, que te devorará las entrañas hasta dejarte vacío, se le llama seguridad. Somos demasiados los que gastamos nuestras energías en buscar ese algo fugaz que nos dará la sensación de seguridad, de tener todo controlado durante lo que nos queda de vida. Quizá tu hayas llegado a creer que si eres lo bastante cuidadoso, ahorras tu dinero y acumulas un montón de «cosas», como una casa, un coche, muebles y una cuenta corriente abultada, entonces tendrás una posición segura en la vida. ¡Todo eso son tonterías! Esa es la manera de pensar que te conducirá a una vida segura, previsible e insatisfactoria, porque perseguirás una ilusión llamada seguridad hasta el fin de tus días, y siempre te sentirás vacío. Lisa y llanamente, tal seguridad externa no existe, y sólo las personas inseguras se afanan por ella.

Al buscar la seguridad en las posesiones, estamos cometiendo un error. Sin embargo, nuestro concepto de la seguridad en el mundo occidental contemporáneo se confunde con demasiada frecuencia con el dinero, un hogar, un trabajo, un diploma, o un cónyuge protector con esos atributos. Todos ellos atributos externos, incapaces de proporcionar seguridad a nadie. La seguridad externa es un mito, pues los supuestos en que se basa fluctúan según cierto número de variables sobre las que tú, como individuo, no tienes absolutamente ningún control. Más aún: aunque en tu vida dispongas de cosas en abundancia y estés completamente convencido de que nunca te faltarán, no tienes más seguridad que el más pobre de los vagabundos.

La seguridad externa no existe; nunca existió ni existirá en una sociedad dinámica. Hay una clase distinta de seguridad que, si la alcanzas y se la enseñas a tus hijos, eliminarás para siempre cualquier obsesión con la seguridad ilusoria. La seguridad interna, ese sentimiento de tener fe en que uno será capaz de desempeñarse en cualquier circunstancia, la voluntad de confiar en uno mismo, de saber que la única seguridad verdadera está en nuestro propio interior, es lo que queremos que los niños lleguen a asimilar. A Henry Ford, que durante su vida amasó una gran fortuna, se le atribuyen estas palabras: «Si el dinero es tu esperanza de independencia, nunca lo tendrás. La única seguridad verdadera que un hombre puede tener en este mundo es una reserva de conocimientos, experiencia y capacidad». Cuando uno ha adoptado esta manera de pensar como modo de vida, y enseña a sus hijos la diferencia entre estas dos vías de acceso a la consecución de la seguridad, los anima a que estén dispuestos a correr riesgos, en vez de vivir obsesionados con la ilusión de sentirse seguros y a salvo.

Los chiquillos que creen en la seguridad interna buscan dentro de sí mismos la respuesta a qué ser en la vida, en lugar de buscarla en las cosas. No tendrán miedo, por ejemplo, de ir a un nuevo campamento de verano, porque tienen confianza en que serán capaces de arreglárselas con los problemas potenciales. Sabrán que la solución a la nostalgia no la encontrarán pidiendo a sus padres que resuelvan el problema por ellos. Sabrán que pueden arreglárselas para estar lejos de casa porque sienten que pueden confiar en sí mismos. Sabrán arreglárselas si un muchacho mayor la toma con ellos. Para encontrar soluciones mirarán en su interior antes que afuera. Cuando esta mentalidad perdura toda la vida, estimula al niño para que tenga el único tipo de seguridad que existe: la fe perdurable en uno mismo para resolver problemas. Sin embargo, si un niño llega a creer en la fugaz seguridad externa, tratará de quitarse de encima los problemas o de que sus padres lo hagan por él. Cuando se ha fomentado siempre en el niño la confianza en sí mismo, tendrá una buena disposición para correr riesgos en lugar de temerlos, y generará una seguridad interna que, con criterio realista, le aconsejará: «Si he de llegar donde quiera en la vida, no puedo confiar en nadie más que en mí mismo, ya que soy la única persona de quien estoy absolutamente seguro que siempre estará conmigo, cualquiera sea el tipo de problemas que la vida me depare. Si soy todo lo que tengo, quiero estar seguro de que podré estar conmigo en cualquier momento». Esto es lo esencial de llegar a ser alguien capaz de correr riesgos.

Para ayudar a que nuestros hijos se imbuyan de ese talante,

necesitamos poner énfasis en que ejerciten una dosis razonable de precaución. Correr riesgos no tiene que equivaler a una decisión a vida o muerte. Significa seguir los propios impulsos interiores y no convertirse en un borrego. Como ya he dicho antes, lo opuesto al coraje no es tanto el temor como la conformidad. Limitarse a ser como todos, y hacer en principio lo que dicen los demás es el tipo de cobardía al que estoy refiriéndome aquí. Un niño a quien le interese amoldarse y hacer lo que le digan, nunca llegará a ser alguien que corra riesgos, ni jamás se verá a sí mismo como una persona Sin Límites. Estoy hablando de aprender a evitar la vía del menor esfuerzo, de probar cosas que quizá parezcan difíciles sin tener miedo de lo que pensarán los otros, de defender las cosas en las que uno cree, en vez de experimentar miedo a que se rían de uno o que los demás nos intimiden.

Hacia el final de este capítulo encontrarás algunos ejercicios específicos que se pueden usar con los niños para ayudarles a que lleguen a ser personas capaces de afrontar el riesgo. Desde sus primeros años hasta su adolescencia, siempre he animado a Tracy, mi hija mayor, a que busque las respuestas dentro de sí, y a que corra riesgos o afronte cambios. He aquí algunos ejemplos de su vida.

Tracy a los dos años:

TRACY: Papá, Billy no me quiere. Me ha dicho que me odia. (*Lloriqueando.*)
PAPÁ: ¿Qué importa lo que piense Billy? ¿Tú te quieres?
TRACY: Claro que me quiero. ¿Por qué no iba a quererme?
PAPÁ: No veo que haya ninguna razón. Aunque Billy no te quiera, tú sigues siendo fantástica si te quieres.

Para que una niña sepa que no tiene por qué sentirse herida si no le agrada a alguien, que no hace falta que se deje regir por las opiniones de los demás, puede empezar a aprenderlo cuando comienza a hablar, y esa convicción ha de reforzársele a lo largo de su vida. Un diálogo como el anterior con una niña de dos años como Tracy, es mucho más constructivo que decirle a tu hija: «Bueno, ¿qué le has hecho a Billy? A ver qué podemos hacer para que no esté enojado contigo». O bien: «Billy es malo; *a mí* me gustas tú y eso es lo que importa».

Tracy a los ocho años:

TRACY: Tengo miedo de que nos mudemos a ese barrio nuevo. Todos mis amigos están aquí. ¿Qué pasaría si no me gustara, o si no hiciera otros amigos nuevos?

PAPÁ: ¿Has tenido problemas para hacer amigos antes?

TRACY: No, pero ahora nos mudaremos a un lugar donde todo será nuevo.

PAPÁ: ¿Por qué crees que eres tan buena para hacer amigos?

TRACY: Supongo que es porque siempre hice amigos sin preocuparme por ello.

PAPÁ: Exacto: haces amigos porque debes arriesgarte un poco para conocer a alguien nuevo, y lo haces. Y cuando lleguemos a la nueva ciudad, probablemente volverás a hacer lo mismo.

Aunque éstos sean diálogos mínimos, refuerzan la convicción de Tracy de que lleva el poder dentro de sí. Si cree en sus propias habilidades y capacidades, y corre algunos pequeños riesgos, obtendrá lo que desee y no podrá seguir pensando en desastres.

Durante su adolescencia, siempre animé a Tracy a que se arriesgase. Cuando aspiró a la candidatura de vicepresidenta de la clase, parecía nerviosa. Hablé con ella y le dije que lo peor que podía pasarle era que perdiese. Ella ya lo había pensado, y me dijo: «Supongo que lo peor que puede pasar que no me elijan vicepresidenta. Puesto que todavía no soy vicepresidenta y estoy bien, supongo que no sería nada muy grave». Fue candidata a la vicepresidencia y perdió, pero cuando hablé con ella de eso, lo había tomado muy bien. Le recordé que la manera de vernos determinará en última instancia que seamos líderes o seguidores en la vida, y que debía sentirse orgullosa de verse a sí misma como líder.

Correr el riesgo, intentar algo, ser parte del grupito selecto, dice mucho más de ti que el hecho de que ganes o pierdas en las elecciones. Aunque no seamos capaces de recordar los segundos puestos de los finalistas en las elecciones (pero los «ganadores» del primer puesto han sido «segundos» en otras elecciones), quienes participan están mucho más allá que los que se quedan sentados pensando: «Nunca podré ganar en nada, así que no me presentaré como candidato». Aprender a aceptar más que a temer el cambio implica llegar a familiarizarse con lo desconocido, admitir los fallos como forma de vida, correr riesgos todos los días y, finalmente, generar una imagen que se base en tener una imaginación vívida y creativa que permita al joven considerarse persona Sin Límites. Todos esos riesgos que los chicos aprenden a afrontar provienen de la voluntad de imaginarse en situaciones nuevas y más efectivas. Para ser capaz de aceptar el cambio, los niños han de sentirse autorizados a imaginarse a sí mismos como personas «de éxito».

UNA IMAGINACIÓN CREADORA

Los jóvenes a menudo temen el cambio porque no se les ha animado a tener una imaginación creadora, positiva, en lo tocante a lo que el cambio podría brindarles. Debemos tener cuidado de no sofocar la imaginación de los jovencitos de cualquier edad. Los niños pequeños disfrutan inventando historias ingeniosas e imaginativas sobre lo que les podría pasar en una situación dada. Anímalos en este tipo de imágenes interiores. Un niño a quien se incite a tener una imaginación positiva no temerá el cambio como otro a quien se desanime en esa actividad. Recuerda: cuando almacenan imágenes, los chicos no son capaces de distinguir una imagen de algo de la vida real. Por lo tanto, cuanto más positivas sean las imágenes que tus hijos tengan, más probable será que sean capaces de enfrentarse virtualmente en cualquier situación en la vida.

Puedes ayudar a los niños a ser mucho más eficaces para sobreponerse al temor a lo desconocido, a equivocarse o a correr riesgos, incitándolos a hablar de *todas* las posibilidades que podrían surgir como resultado de un cambio. Descubrirás que muchas de sus imágenes son muy positivas. Reforzarlas es tu responsabilidad inicial para ayudarles a que lleguen a ser personas Sin Límites.

Por ejemplo, un joven que pase de la escuela primaria a la secundaria entrará en territorio extraño desde el primer momento. Si le pides que imagine cómo será eso, probablemente escucharás una combinación de pensamientos espantosos y positivos. Cuando se le preguntó a un vecinito de trece años que iba a ingresar en la escuela secundaria en otoño, dio algunas de las siguientes imágenes (he incluido también los «reforzadores» de la imaginación creadora de los padres):

NIÑO	PADRE
Podría perderme; ¡el lugar es tan enorme!	Imagínate que encuentras tu aula o preguntas dónde está, como hago yo cuando vamos en coche y no doy con alguna dirección.
Tal vez no tenga bastante tiempo para ir de un aula a otra.	¿Y si hicieras un recorrido de prueba antes de comenzar las clases? Además, ¿qué tiene de terrible llegar tarde?
No conoceré a nadie en la escuela.	Imagínate rodeado de montones de amigos y tal vez puedas lograr que eso ocurra.
Ya no me tratarán como a un niño pequeño nunca más, eso es seguro.	Puedes sentirte sencillamente como una persona que por fin se hace cargo de sí misma durante todo el día, en vez de quedarse esperando que le digan qué hacer a cada instante. Eso debe ser fantástico.
Puedo elegir incluso mis propios cursos.	Estás a punto de tomar un montón de decisiones importantes para ti en la escuela secundaria.
Dentro de un par de años podré ir a la escuela en coche, cuando tenga mi permiso de conducir.	Imagínate con las manos en el volante, conduciendo rumbo a la escuela. ¡Qué idea magnífica!

¡Confío en que percibes la idea! Dejar que el niño piense positivamente, que ejercite su imaginación creadora mientras se le dan refuerzos positivos todo el tiempo, le ayudará a cambiar su actitud hacia el temor. El mismo tipo de diálogo se puede emplear para tratar con un niño en edad preescolar que se dispone a salir de su casa por primera vez hacia el parvulario, así como con la futura estudiante universitaria a punto de pasar mucho tiempo interna. La importancia de la imaginación creadora y el reforzamiento positivo para tener imaginación es el asunto crucial. Hay una vieja canción que dice: «La imaginación es algo curioso; de un día nublado hace un día soleado», y eso es absolutamente cierto. Una actitud sombría y temerosa puede originar ansiedad por los cambios, mientras que una imaginación positiva puede hacer literalmente que las cosas funcionen, primero en la cabeza, donde quedarán registradas como hechos, y luego en la realidad, porque el niño ya ha practicado.

William Blake escribió algunas de las frases más importantes que haya leído nunca sobre este tema. Piensa en ellas en función de todo este asunto de ayudar a los chicos a imaginarse en términos positivos, más bien que negativos. «Los deseos del hombre tienen el límite de sus *percepciones*; nadie puede desear lo que no ha percibido.» Los niños primero deben percibir algo en relación con un cambio de cualquier clase, y sus deseos están ciertamente limitados por lo que imaginan para sí mismos. Los padres tienen mucho que ver en lo que imaginen sus hijos. Lo que los niños buscan cuando son pequeños es el refuerzo de esas primeras imágenes. Si te burlas de lo que se imaginen o los desanimas, pronto dejarán de imaginar o evocarán imágenes negativas. Anímalos a visualizarse de todas las maneras positivas posibles, aunque no estén de acuerdo contigo en ese momento o parezcan rechazar lo que intentas reforzar. Lo esencial es que siempre sigas reforzándoles las imágenes positivas. Estas imágenes pronto calarán hondo en tus hijos, que llegarán a visualizar cosas positivas de manera habitual.

Antes de estudiar alguna de las estrategias positivas que puedes emplear para ayudar a tus hijos de cualquier edad a aceptar el cambio en vez de temerlo, es importante, primero, que veas algunas de las cosas específicas que todos los padres hacen a veces, y que en realidad inducen a los niños a temer el cambio. Observa la lista (que podría tener cincuenta páginas, pero está condensada para darte una idea de la frecuencia con que se produce este refuerzo negativo en lo que se refiere al cambio) y fíjate si te reconoces haciendo cosas así. Esta lista puede servirte de punto de partida para que te des cuenta de lo que estás creando en tus hijos cuando piensas y te comportas de esa manera.

CÓMO DESANIMAMOS UNA ACTITUD POSITIVA HACIA EL CAMBIO

— Siendo *demasiado cautelosos con recordatorios continuos* sobre los peligros de la vida. «¡No te acerques al agua!» «Mantente apartado de ese tipo de chicos.» «Todavía no eres lo bastante mayor como para trepar a los árboles o jugar al fútbol.» «Si haces eso te harás pupa.»

— Disuadiendo a tus hijos de probar las comidas con comentarios como. «No te gustará; a ti no te gusta nada que lleve tomate», «Nunca te ha gustado la cocina china», «A nuestra familia no le gustan las comidas exóticas», «En esta casa lo que nos va es la carne con patatas, y no nos interesa la alta cocina».

— Evitando que tus hijos se interesen por las ideas o asistan a las ceremonias religiosas que no acepta la familia.

— Exponiendo ante tus hijos un único punto de vista político con afirmaciones como: «En esta familia todos hemos sido, somos y seremos de derechas», o «Para nosotros hay un solo partido político, y es el socialista».

— Animando a los bebés a que se sientan totalmente indefensos, al no permitirles hacer cosas desde pequeños. Esto sucede cuando los rescatamos prematuramente si van gateando y se encuentran con un obstáculo, o cuando los levantamos y los «salvamos» cuando experimentan una frustración menor.

— No dejando que los niños pequeños confíen en su poder sobre sí mismos. «No puede valerse solo; apenas tiene dos años y no puede sentarse en su sillita él solo.» «Mamá lo hará por ti.» «Eres muy pequeño para comer tú solo.» «Todavía no puedes vestirte tú sola; tienes que esperar a ser mayor como mamá.»

— Incitando a tus hijos a que se conformen con las modas convencionales porque todo el mundo hace lo mismo.

— Desanimando a tus hijos de cualquier edad ante el estímulo de una idea nueva, y diciéndoles, en cambio, que «el maestro siempre tiene razón»; «no contradigas a tu padre»; «la ley es la ley» o «tú limítate a hacerlo, y nada de preguntas».

— Fomentando las actitudes temerosas. «Si no te vas a dormir *ahora*, luego no te quejes de los monstruos que encuentres debajo de tu cama.» «Todos los extraños son malos.» «Hay que mantenerse apartado de los pendencieros.» «Si no haces lo que te digo, vendrá el coco y te llevará.»

— Siendo tú mismo una persona temerosa y dándoles ese ejemplo a tus hijos.

— Ridiculizando los sueños de tus hijos con comentarios como «sé realista».

— Actuando como árbitro en todas las disputas entre tus hijos.

— Resolviendo las discusiones de tus hijos con los vecinos, apareciendo para rescatarlos cada vez que se hallen en cualquier clase de dificultades.

— Tomando la línea del menor esfuerzo en la vida e induciendo a tus hijos a hacer lo mismo.

— Alimentando prejuicios hacia los demás, hablando de tus enemigos en tu casa, e incitando a tus hijos a que sientan idénticas enemistades.

— Fomentando la dependencia excesiva respecto de vosotros, sus padres, a lo largo de sus años de infancia. Haciendo que te pidan permiso para prácticamente cualquier cosa que hagan o incluso piensen.

— Planificando todos los momentos de la vida de tus hijos. Estipulando los horarios de sus actividades de modo que no les quede tiempo de pensar o actuar por sí mismos.

— Viviendo tu vida a través de los compromisos de tus hijos y haciéndoles sentirse culpables cuando no quieran incluirte en sus actividades.

— Negándote a considerar un punto de vista opuesto al tuyo, y fomentando en tus hijos la intolerancia. Suponiendo siempre que eres tú quien tiene razón en cualquier discusión con personas más jóvenes.

— Negándoles todas las actividades audaces como salir de *camping*, pasear por la alameda, hacer una caminata por el campo, dar un largo paseo en bicicleta, o cualquier cosa que podría implicar cierto riesgo para los jovencitos.

— Poniéndoles a tus hijos rótulos como: «Tú no eres un atleta», «No tienes talento para la música», «No tienes la culpa de tener huesos tan grandes», «Eres la oveja negra de la familia», «Tú no eres serio; eres un payaso y no cambiarás nunca».

— Siendo rígido en lo que se refiere a insistir a toda costa en las mejores notas en todas las asignaturas, exigiendo los primeros puestos en todo, y convirtiendo las calificaciones y el hecho de ganar en lo más importante de la vida.

— Juzgando a los niños, y dándoles amor tan sólo en función de los resultados que obtengan en todo cuanto emprendan.

— Poniendo énfasis en el dinero. Estimando el valor de las cosas según su precio.

— Descartando cualquier cosa que ignores y consideres «rara», y no dejando que tus hijos satisfagan su curiosidad al respecto; por ejemplo, el yoga, la cocina india, la meditación, el budismo, el *break dancing*, el *ikebana*, o las carreras de ciclocros.

— Prohibiendo que se hable sobre sexualidad, y manteniendo prohibido este tema hasta que «sean mayores» o se hayan casado.

— Programando estereotipos sexuales como: «Las niñas deben bañarse; los niños han de ducharse». «Los chicos siempre invitan a salir a las niñas; ellas han de tener paciencia y esperar». «Los muchachos practican deportes; las chicas les cosen el uniforme».

— Condenando el fracaso y castigando cualquier cosa que hayan intentado y les haya salido mal.

— Recordándoles a los chicos sus limitaciones y dándoles el ejemplo de una persona que teme su propia grandeza. «No olvides que sólo eres un chico de pueblo.»

— Corrigiendo constantemente a tus hijos cuando cometen algún error gramatical al hablar, se equivocan con el dinero al comprar algo, o dicen algo que no se ajusta a tu manera de pensar.

— Aprovechar que algo les salga mal para recordarles sus errores pasados. Reforzando el comportamiento negativo al negarte a olvidar esos errores pasados, los de ellos y los tuyos. Dándoles el ejemplo negativo de una persona que se regaña a sí misma por cualquier equivocación ya irremediable.

Esta lista podría continuar indefinidamente. No obstante, queda claro a qué estoy refiriéndome. Ahora que has leído algunas de las maneras más comunes de fomentar en tus hijos el temor al cambio y a evitar lo desconocido, revisaremos tus dividendos, las razones ocultas para que actúes así. Una vez sepas qué obtienes al pensar y comportarte de esa manera, te será posible buscar maneras nuevas y más provechosas para conducirte con tus hijos.

EL SISTEMA DE APOYO PSICOLÓGICO PARA AMINORAR
LA TENDENCIA A CORRER RIESGOS

Ten presente que el comportamiento que reproduces te proporciona alguna recompensa psicológica. Los tipos de comportamiento que incitan a los niños a evitar lo desconocido y a resistirse al cambio son esencialmente neuróticos y nocivos. La exposición que sigue señala algunas de las gratificaciones que obtienes por estimular el pensamiento y la conducta negativos. (A medida que vayas leyendo la siguiente lista, considera qué párrafos se podrían aplicar a tu caso.)

— *Ves la vida como algo lleno de riesgos y el mundo, como un sitio peligroso e inseguro.* Si no eres independiente, criarás niños que tampoco lo serán, que se mostrarán tímidos y pedigüeños y que te necesitarán desesperadamente. Como adulto que mantiene una situación de dependencia, induces a los niños a que sean iguales a ti. En efecto, te resulta más fácil enseñarles a tener miedo de las experiencias nuevas, puesto que así es como reaccionas, y prefieres que tus hijos estén pendientes de ti, en vez de enseñarles a explorar su mundo según su propio criterio. Eso hace que te sientas importante, aunque para ellos sea causa de inseguridad.

— *Te niegas a interesarte por cualquier comportamiento que no esté acorde con tu manera de ver el mundo.* Para ti, el conformismo es una virtud en casa, en la escuela y en todos los aspectos de la vida. En consecuencia, tu existencia será más fácil si tu hijo también aprende a ser conformista. Daría lo mismo que en lugar de un hijo tuvieses un autómata o una muñeca.

— *Prefieres vivir tu vida de manera rutinaria en vez de usar tu capacidad de raciocinio.* A los niños que temen el cambio muchas veces se les ha animado a hacer sólo ciertas cosas, imitando así el proceder de sus padres. Éste es el sendero más fácil y menos interesante que se puede tomar. Es una manera perezosa de ser padre, puesto que la energía creadora queda suprimida.

— *Te sientes seguro formando parte de la mayoría.* Estás contento de hacer las cosas como las hace todo el mundo, de pensar como la generalidad, de ser parte de la multitud. Es tu manera de evitar las críticas y de tener una vida segura. Permanecer con la mayoría, que teme el cambio, es sin duda tu propia recompensa, aunque sea una manera cobarde de vivir la vida. Recuerda que Andrew Jackson dijo: «Un hombre que tenga coraje hace mayoría». Pero pensar como piensa la mayoría de la gente es, realmente, la forma más fácil y menos valerosa de criar a tu hijo.

— *Te importa más tener razón y sentirte bien que ser feliz.* Al enseñarles a tus hijos a quedarse con las cosas familiares y evitar el cambio y lo desconocido, te las arreglas para sentirte bien. Es difícil moverse con seguridad en terrenos que no conocemos, y entonces incitamos a nuestros hijos a que se queden en las situaciones en que podemos ponerles una «buena nota».

Tener razón sólo se refuerza en el territorio familiar, de modo que todo lo demás queda descalificado.

— *Al mantenerte apartado del cambio, evitas riesgos y nunca fracasas en nada.* Si crees que el fracaso es malo, querrás evitar cualquier cosa que pueda originar un fracaso. Dado que éste está tan cargado con el estigma de nuestra cultura orientada hacia los logros, hacemos todo lo que podemos para ser ganadores en nuestra imaginación. Muchas veces esto significa evitar a toda costa cualquier riesgo, y enseñar a nuestros hijos a hacer lo mismo.

— *Quizá pienses que, al impedir las fantasías de los niños soñadores, los preservas de sufrir contrariedades.* En realidad, les robas expectativas y les induces a que se ocupen sólo de las cosas con que están familiarizados, a evitar riesgos y a soslayar todo tipo de desilusiones. Como padres, es duro presenciar una contrariedad de nuestros hijos, así que a menudo les decimos que reduzcan sus expectativas. Creer que están contentos nos hace sentir mejor. Contentos, quizá; pero personas Sin Límites, realizadas, jamás. Para nosotros, como padres, el precio es demasiado alto muchas veces, y entonces no los dejamos soñar con su propia grandeza para evitar la frustración. (Por supuesto, la mayor parte de la frustración que tanto tememos es nuestra, no de nuestros hijos.)

— *No dejas que tus hijos exploren territorios nuevos y desconocidos con esta excusa: «Si esto para mí fue suficiente, también lo es para mis hijos».* Esta actitud es cómoda, ya que te exime de intentar cosas nuevas. También te libera de cualquier responsabilidad que tal vez tendrías que aceptar si tus hijos se tornaran «diferentes». Hacer las cosas como las has hecho siempre, ciertamente para ti significa una senda más segura y fácil, pero el progreso y el crecimiento son imposibles si jamás cambias tu manera de actuar.

Esos son los dividendos principales que obtienes por no enseñarles a tus hijos la inevitabilidad del cambio y las recompensas potenciales de explorar lo desconocido. Si eres capaz de ver hasta qué punto estas actitudes y comportamientos son contraproducentes para ti y para tus hijos, y si reconoces que ellos no serán capaces de crecer para convertirse en personas Sin Límites, de pleno funcionamiento; si se repiten las mismas viejas actitudes generación tras generación, entonces empieza a buscar otras formas nuevas de pensar y de comportarte con tus hijos. Lo que sigue es una crónica de algunas formas nuevas y divertidas de animar a los niños a aceptar de buen grado el cambio en lugar de temerle, y a explorar territorios desconocidos en vez de observar siempre las mismas viejas pautas. Recuerda que una persona Sin Límites busca lo nuevo, disfruta con lo misterioso, y quiere ver cambios para mejor. Éstas son algunas de las maneras en que tus hijos, si se les inculcan con regularidad estas ideas, llegarán a estar dispuestos a recibir de buen grado lo desconocido, no ahora, sino siempre.

Ideas para inducir a los niños a buscar,
y no a temer, lo desconocido

— *Mezcla una razonable dosis de cautela con la actitud de estimular las preguntas, las ideas nuevas, los nuevos territorios para explorar, y el sentido de que la vida es una aventura, más que un sendero hacia el conformismo.* En el mundo de hoy es absolutamente necesario advertir a nuestros hijos de los peligros reales que existen, y hacer que se comporten con muchísima cautela cuando se trata de subirse al coche de un desconocido, de nadar sin que alguien te acompañe, de caminar por las calles después de que ha oscurecido, y cosas así. Sin embargo, uno puede llegar a ser demasiado cauteloso, hasta el punto de ver el mundo como un lugar siniestro y peligroso que se ha de temer siempre.

En cualquier sociedad hay peligros reales y demasiados accidentes. Sin embargo, el niño que tema lo desconocido nunca será capaz de desarrollar las habilidades necesarias para afrontar el peligro, ni la capacidad de distinguir una situación peligrosa de algo nuevo y divertido. No todos los extraños son malos, y si nunca hablamos con ningún extraño, obviamente nunca conoceremos a personas nuevas. Es evidente que a los niños muy pequeños han de vigilarlos en *todo* momento adultos responsables, pero, a medida que crecen se les debe estimular a que distingan las situaciones peligrosas por sí mismos, ya que no pueden pasarse la vida bajo la supervisión constante de personas mayores. Una combinación razonable de precaución y capacidad de estar dispuestos a confiar en sus propios instintos cada vez que sospechen la existencia de un problema, y la disposición a ensayar cosas nuevas, ayudará a que tus hijos crezcan Sin Límites. De no ser así, llegarán a convertirse en niños temerosos que no miran nunca en su interior para tomar decisiones por sí mismos en cuanto a qué constituye un peligro y qué no.

— *Anima a tus hijos a que prueben comidas nuevas, y traten de preparar unas cuantas que a ti no te gusten especialmente.* ¿Por qué tus hijos han de crecer sin que les guste el repollo sólo porque no coincide con tus propias preferencias gastronómicas? Llévalos a restaurantes indonesios, indios, griegos, mexicanos, tailandeses o chinos y permíteles probar toda suerte de delicias exóticas. Logra que conozcan toda clase de comidas desde muy chicos, y crecerán con muchas opciones. Muchas personas se limitan a ingerir unos pocos platos durante toda su vida, debido a los prejuicios que se les transmitieron cuando eran niños. Cuanta mayor educación del paladar tenga un niño y menos te oiga decir: «No me gustan las zanahorias» o «La comida india es demasiado picante», más oportunidades tendrá de expandirse en esta dimensión. Las personas Sin Límites son quienes tienen opciones en la vida, y no aquellos que se han visto restringidos por prejuicios que han ido pasando de una a otra generación de familiares que se han limitado irreflexivamente unos a otros. La vida es mucho más gratificante para quienes pueden comer virtualmente cualquier cosa y están dispuestos a probar algo que no conocían. Hay muchos norteamericanos que cuando visitan Europa y Asia buscan restaurantes de «comida rápida» que estén decorados exactamente como el de la esquina de su casa y sirvan las mismas hamburguesas bien pasadas e idénticas patatas fritas. Así, nunca se enteran de cómo son las personas de otras culturas, y se ven limitadas toda su vida por sus propias actitudes de autocondicionamiento.

— *Haz un esfuerzo para que tus hijos visiten tantos lugares de culto como sea posible.* Ponlos desde jóvenes en contacto con las grandes ideas de los pensadores religiosos de todo el mundo y de la historia de la humanidad. Nadie debe tener el monopolio del pensamiento y del comportamiento religiosos. La obediencia a los mandamientos que se practica en el cristianismo no tiene por qué estar en conflicto con el aprendizaje de las enseñanzas de Buda, Confucio, Mahoma o Moisés. La gente joven necesita estar en contacto con todas las ideas religiosas, para así decidirse por una de ellas con mejor conocimiento de causa o, sencillamente, no adscribirse a ninguna. La gente Sin Límites hace sus propias elecciones, en vez de crecer aceptando un único punto de vista impuesto por el condicionamiento familiar. Queremos hijos que piensen por sí mismos, que se comporten con los demás basándose en un conjunto de principios éticos que lleven en su interior. Recuerda la admonición de la Biblia: «El Reino de los Cielos está en tu interior». Si tus hijos se hallan restringidos en su pensamiento religioso, y están condicionados como para creer que sólo irán al Cielo si son feligreses de la Iglesia bautista o católica o son mahometanos, entrarán en conflicto con el principio básico de un Reino de los Cielos interno. Anímalos a que determinen su propio sistema de creencias éticas, en vez de hacer de ellos autómatas, transmitiéndoles sólo las creencias que tú y tu familia habéis tenido durante generaciones.

— *Procura evitar todos los rótulos para ti y para tus hijos.* Déjalos que estén expuestos a todos los puntos de vista y que se vayan formando su propio conjunto de creencias, basadas en el conocimiento de todos los puntos de vista. No les digas que somos todos demócratas o republicanos o socialistas o cualquier otra cosa; deja que aprendan ellos mismos cuáles son las diferencias. Estimúlalos para que voten no por un partido, sino por un individuo que les llame la atención como persona pensante. El «partido» no es más que una colección de individuos que se congregan para promulgar un punto de vista particular. Una persona que vota por quien sea que haya elegido el partido, no tiene ideas propias, y en cambio es un autómata que no piensa, que deja que otros decidan por ella qué ha de hacer el día de las elecciones. Esto se cumple en aquellos que votan sólo por el candidato del gremio, o del consorcio industrial, por la candidata fémenina, por el negro o por cualquier otro candidato de un grupo determinado. Enseña a tus hijos a pensar por sí mismos y dales el ejemplo de una persona que hace otro tanto. Ayúdalos a esquivar los rótulos y a que se formen el sentido de su propia singularidad a la hora de tomar decisiones. Resulta apropiado repetir aquí lo que dijo el teólogo danés Sören Kierkegaard, sobre este tema: «Una vez que me has catalogado, me has negado». Tú no quieres que tus hijos sean meras etiquetas previsibles, sin opiniones ni compromisos propios. La manera más segura de tener la certidumbre de que esto no ocurrirá es animar a cada chico a que sea, primero, un individuo; un líder, y no un seguidor.

— *Anima a los niños a que sean exploradores desde el principio.* Un bebé a quien se atienda en cada pequeño problema que tenga, pronto comprenderá el siguiente mensaje: «Una persona mayor lo hace por mí; así pues, ¿por qué voy a probar a hacerlo yo?» Cuando un bebé está tratando de comer solo, agitando una cuchara, golpeándose la nariz y la frente, espera un momento. Espera a que el bebé haga algo bien, y entonces dale un refuerzo positivo. Aplaude cuando la comida llegue por fin a la boca, y mira cómo sonríe. Deja que los chiquillos se vistan solos si quieren, aunque de vez en cuando se pongan la ropa al revés. Deja que los bebés se esfuercen un poco cuando se arrastran sobre un cojín por el suelo, o tratan de sujetar un juguete con esos deditos tan diminutos. Enséñales cuanto antes la perseverancia y recompénsalos por ello desde pequeños. Casi cada día, todos los niños del mundo dicen: «Puedo hacerlo yo solito, papi», a menos que estén completamente seguros de que no tienen cerebro propio y que sólo Mamá y Papá pueden hacerlo todo por ellos. ¿Cuántas veces habré oído decir a los padres cosas tan absurdas como: «Cómete esto, ¿te crees que no sé cuándo tienes hambre?» o «Ponte la chaqueta para salir, ¿acaso piensas que no sé cuándo tienes frío?». Enséñales desde el principio que pueden explorar su propio espacio en la vida sin la irrupción constante de una persona mayor que los rescate y les enseñe a darse por vencidos antes casi de que empiecen a caminar.

— *Enséñales, con el ejemplo y el refuerzo positivo y regular, que nunca hace falta ser esclavo de las modas o las costumbres.* Aunque no cabe duda de que se les puede animar a que disfruten de las modas del momento, también deben aprender que no es necesario que se sientan atados a esas modas ni que se consideren «fuera de onda» si no hacen caso de esas tendencias contemporáneas y pasajeras. Cuando es absolutamente imperioso que «deban» tener los tejanos «que todo el mundo lleva», pregúntales por qué los quieren en realidad: ¿porque serán más atractivos con ellos o simplemente porque quieren vestir «a la moda»? Convéncelos de la importancia de elegir su propia ropa según sus deseos reales, no en virtud de lo que hagan los demás. Desanímales el conformismo en el vestir o en cualquier otra cosa. Enséñales con tu propio ejemplo a no aficionarse servilmente a los llamados rótulos correctos, las supuestas etiquetas adecuadas, al diseñador «exclusivo», o cualquier cosa dictaminada por «expertos». La búsqueda del conformismo es una forma de estar sólo con la mayoría o con las cosas familiares, y hace que uno piense, se comporte y se vista como todos los demás. Si estás criando hijos para que sean exactamente como todo el mundo, ¿qué podrán ellos ofrecer? Cuando quieran algo que todo el mundo usa, pregúntales: «¿Pretendes ser como los demás, o realmente te gusta como te sienta?». Si de verdad lo quieren, anímalos, sin que importe la edad que tengan, a que contribuyan con algo a la compra de la prenda.

— *Cuando los chicos discuten, hazles ver que sabes que hay dos lados.* Espinosa dijo una vez: «Por más fino que lo cortes, siempre tendrá dos caras». Ten esto presente, toma precaución de no decir a los chicos que obedezcan todas las leyes, que hagan siempre lo que se les dice, que el maestro siempre tiene razón o que deben respetar siempre a sus mayores. Tú no quieres un hijo ciegamente obediente en vez de una persona Sin Limites. Las personas Sin Límites se encuentran muchas veces en el lado opuesto de las figuras autoritarias, y tus hijos también. Anima a tus hijos a que pregunten: «¿Por qué?». No los regañes por cuestionar las costumbres establecidas, y no les digas que hagan algo simplemente porque todo el mundo lo haga.

Los cambios que han aportado mejoras a nuestro mundo no han tenido lugar gracias a individuos que hayan tomado una actitud conformista. El cambio en el mundo está fomentado por gente que pone en tela de juicio las prácticas habituales cuando éstas ya no son apropiadas. No suprimas este rasgo en tu hijo a menos que quieras que crezca para llegar a ser un adulto conformista e insatisfecho. Enséñale que no hay diferencia entre conformarse con ser como los demás y mostrarse inconformista por el simple hecho de parecer diferente. El inconformista que sólo quiere llevar la contraria sigue estando controlado por la voluntad y el comportamiento de los demás; este tipo de inconformismo es tan neurótico como el conformismo, y por las mismas razones. Enseña a tus hijos a que miren con sinceridad en su interior, y a que se movilicen para mejorar una situación cada vez que se topen con una injusticia. Hay veces en que es más eficaz seguir aguantando que resistir. La persona Sin Límites no está en contra de la lucha; está contra la lucha inútil y sin sentido.

Cuando Laura, una estudiante de álgebra de quince años, tenía dificultades con su maestra, que la amenazó con echarla de la clase, yo la insté a considerar lo inútil que sería una discusión con ella. Le señalé que se frustraría tratando de reformar a su maestra de álgebra, y que haría mucho mejor si estudiaba tranquilamente sus ejercicios y pasaba por alto sus diferencias personales con la maestra. Al esforzarse por no prestar atención a su enemistad con la maestra, pronto fue capaz de concentrarse en su estudio del álgebra sin mayores dificultades. Después de todo, su obejtivo era aprobar el álgebra y aprobar el año. Unos meses después, se sintió sorprendida de que yo la animara a protestar a través del consejo estudiantil para que la administración de la escuela quitara cierto código injusto sobre la vestimenta. En el caso del álgebra, no tenía sentido que perjudicara sus propios objetivos, mientras que las disposiciones sobre la vestimenta eran una verdadera injusticia que ella sentía necesario cambiar. Enseña a tus hijos, cualquiera que sea su edad, que es algo formidable preguntar «¿Por qué?»; que es sensacional luchar contra las injusticias o defender tu propio punto de vista, pero que la lucha inútil, en la que sólo pueden acabar en la situación de víctimas, constituye una pérdida de tiempo.

— *No crees monstruos en la mente de tus hijos pequeños para aquietarlos temporalmente.* A medida que crecen, los niños apocados temen más y más a lo desconocido. Por otra parte, un niño de dos años considera tan amenazadores los monstruos como tú el escuchar ruidos raros en el bosque una noche oscura, o imaginar un gigante de veinte metros que te espera para devorarte. Ellos, en realidad, ven ese monstruo en ti. Las tácticas destinadas a infundir temor provocan actitudes pusilámines ante la vida y fomentan el recelo en el niño. Los niños que temen la oscuridad (un símbolo de lo desconocido) porque tú te has aprovechado de su ingenuidad, podrían ser miedosos toda su vida.

El mundo es un lugar maravilloso, y el cambio, una experiencia fantástica; diles estas cosas a tus hijos pequeños, procurando ser siempre positivo y confiado. «No existen monstruos en la vida real; nadie va a hacerte nada malo. Tú ya eres un niño mayor; venga, vamos a volver a ver aquello los dos juntos». Ésta es la forma en que puedes luchar contra esos primeros temores. Muchas veces esos temores se aprenden de los hermanos y las hermanas mayores, de las películas de terror o de las noticias. Enséñales desde muy temprano a ser exploradores y a no tener miedos irracionales, y ellos cultivarán toda su vida estas actitudes. Debes mostrarles que tú no eres una persona temerosa. Demuéstrales que tomas precauciones razonables, pero no les hables del coco, de fantasmas ni de cosas por el estilo. Muéstrales el ejemplo de una persona valerosa que no es tímida cuando llega el momento de hacerse valer, y así les ayudarás mejor a superar cualquier temor que puedan haber aprendido.

— *Refuerza positivamente todos los sueños u objetivos que tengan tus hijos, sin que importe lo imposible que puedan parecerte.* El joven que te dice que quiere llegar a ser médico, pero que obtiene calificaciones bajas, no necesita una disertación realista por no tener calificaciones más altas. En cambio, apóyalo con palabras como: «Esfuérzate por ello», «¿Por qué no? Nunca es tarde para ninguna cosa». «Estoy seguro de que si te empeñas, puedes conseguir cualquier cosa que realmente desees». Aunque estés absolutamente seguro de que un joven no cumplirá su sueño de, digamos, ser astronauta —tal vez porque no reúna las condiciones físicas o no tenga aptitudes científicas, o por la causa que fuere—, nunca, jamás lo desanimes por apuntar alto. Lo peor que podría pasar es que tuviera que replantearse sus objetivos al encontrarse con algunas dificultades. Sin embargo, tal vez te sorprenda algún día. No podría decirte cuántos profesores de inglés he tenido a lo largo de mi carrera, que me decían que nunca sería capaz de escribir para el público a menos que cambiara drásticamente mi estilo. Pero cuanto más me empeñaba en escribir según mi propio sentido común, en un estilo nada grandilocuente, más descubría que mis profesores estaban equivocados. Los niños necesitan saber que las palabras «es imposible» no forman parte de tu vocabulario, y que les apoyarás en sus sueños por absurdos que puedan parecerte en ese momento. Imagínate cómo deben haberse sentido el señor y la señora Wright cuando sus hijos Wilbur y Orville pioneros de la aviación, les dijeron que querían volar; o los padres de Edison, cuando él soñaba con iluminar el mundo sin llamas. ¿Y los padres de Henry Ford, cuando su hijo pensaba que los coches de motor reemplazarían los de caballos? Dejemos que sueñen; estimulemos sus propósitos descabellados. No les «pinchemos el globo». Aliéntalos a que te hablen más sobre las cosas que podrían hacer y piensa cómo se podrían lograr. Es imposible creer sinceramente que quienquiera que invente un día una cura para el cáncer o la arteriosclerosis lo conseguirá si le dicen: «¡No seas tonto! Siempre hemos tenido esas enfermedades, y está muy claro que tú no vas a cambiar eso. Ahora, sé realista y compórtate como los demás».

— *Anima a los niños de todas las edades a que intenten de vez en cuando las cosas más difíciles.* Dales a entender que no te desilusionarás si obtienen bajas calificaciones por haber emprendido un curso difícil o por haber elegido un maestro que tiene fama de ser un gran erudito, pero que es riguroso con las calificaciones. Si quieren saltar desde el trampolín más alto, enséñales cómo hacerlo sin peligro, y déjalos que prueben. Elógialos por intentar cosas difíciles, como las matemáticas superiores, las ciencias económicas, la resolución de un rompecabezas muy complicado, nadar toda una piscina por debajo del agua o trepar a un árbol. Además, demuéstrales que tú también estás dispuesto a intentar cosas difíciles en la vida, y que no te arredras ante una empresa difícil, una confrontación con un vecino impertinente o un vendedor muy pesado. Cuanto más les demuestres con tu ejemplo que también corres el riesgo de fracasar, y que no siempre tomas la senda de más fortaleza estarás brindándoles para que exploren campos desconocidos.

— *Procura no manifestar tus prejuicios hacia los demás.* Sólo nos inspira prejuicios aquello que no conocemos, pues prejuicio significa literalmente juzgar anticipándose a la experiencia. Estas actitudes incitarán a los niños a mantenerse apartados de la gente que han aprendido a odiar, y en poco tiempo tendrán muchas limitaciones que les durarán toda la vida. Las personas Sin Límites no prejuzgan a nadie; de hecho, tampoco juzgan a nadie. Observan una actitud de aceptación hacia quienes son distintos en cualquier sentido. Cuanto más promuevas un sentido de aceptación, de exploración, y de estar próximo a aquellos que son diferentes de ti en cualquier aspecto, más estarás haciendo por ayudar a tus hijos en su proceso de crecimiento. Además, estarás contribuyendo a eliminar las barreras que mantienen separada a la gente. Si se enseñaran en mayor medida la tolerancia y el amor hacia los demás, podría acabarse con los resultados nefastos del odio en nuestro mundo. Pero la única manera de cambiar el mundo es comenzar por uno mismo y por los propios hijos. Gorden Allport, que escribió un trabajo definitivo sobre los prejuicios, concluyó: «Las madres de los niños con prejuicios sostienen con mucha más frecuencia que las madres de chicos sin prejuicios, que la obediencia es lo más importante que puede aprender un niño». La lección es obvia. Enséñales a ser curiosos, a preguntar en vez de decir «sí, señor», o «sí, señora», a menos que quieras transmitirles tus propios prejuicios.

— *Ten presente que la tarea de los padres consiste en enseñar a los hijos a ser sus propios padres.* Es importante apoyarlos para que lleguen a ser independientes y aprendan a pensar por sí mismos. Procura ayudarles en este proceso sin vigilarlos hasta el punto de que tengan que pedirte permiso para todo cuanto piensen o hagan. Es importante que te pidan permiso para algunos aspectos específicos en las diversas épocas de sus jóvenes vidas, y esas cosas dependen, por supuesto, de tu propia visión personal sobre la conveniencia de que cada niño asuma cada vez más responsabilidades a medida que va creciendo. Esta conveniencia variará con cada niño. Sin embargo, es importante que los induzcas a buscar en su interior sus propios parámetros y a no temer sus propios juicios. Exigirle a un niño de diez años que te pida permiso para quedarse a dormir en casa de un amigo forma parte, evidentemente, de la responsabilidad de los padres. No obstante, si a esa misma edad tiene que pedirte permiso para ir en bicicleta a casa de un amigo, o para comprar algo con su propio dinero, quizá no estés permitiéndole que asuma cierta responsabilidad proporcionada a su edad. Cuantos más sean los aspectos en que puedas permitir razonablemente a tus hijos que asuman responsabilidad, más llegarán a familiarizarse con ese territorio desconocido que llamamos pensamiento independiente. No des por supuesto que no pueden conducirse con responsabilidad antes de haberles dado una oportunidad de probar. Si desaprovechan las oportunidades de asumir algunas responsabilidades personales, puedes retirarles esos privilegios. Incluso en su más temprana edad se les debe dar oportunidades de pensar y actuar por sí mismos dentro de ciertos límites razonables. Un niño de dos años no tiene por qué pedir permiso cada vez que quiera jugar con un juguete o comerse una mandarina. Por lo general, se puede confiar en que un niño de cinco años tenga bastante buen juicio como para dormir una siesta, elegir sus propios amiguitos y, ciertamente, decidir qué le interesa en cuanto ser humano. Los niños de diez años generalmente son capaces de prepararse el desayuno, lavarse la ropa, limpiar su habitación, elegir a sus propios compañeros de juego y de tomar muchas otras decisiones. Los adolescentes son capaces de vivir su propia vida sin pedirte permiso si les has dado una educación adecuada, y si saben que se pueden quedar sin esas oportunidades si abusan de ellas. Pedir permiso para todo es característico de una actitud muy infantil, y si bien hay permisos que van obteniéndose a diversas edades, es importante tener como norma ir dejando de pensar por ellos y vigilarlos continuamente. Si no lo haces, tal vez se resientan contigo por tu constante interferencia en su vida, o lleguen a ser autómatas que no piensen, que te consulten por cada actividad del día, o que no hagan nada hasta que tú se lo ordenes.

Estimúlales una independencia razonable y descubrirás que tus hijos se habitúan a los cambios y a lo desconocido, en gran parte porque se les ha dado un permiso tácito para ejercitar su propio juicio en este mundo. No les programes el día durante los meses de verano; dales la oportunidad de que se lo planifiquen y decidan por sí mismos. Dedica algún tiempo a tus propios intereses en vez de vivir toda tu vida pendiente de tus hijos. Déjalos disfrutar del placer de decidir qué les gusta. Sé un aprendiz, a veces, en lugar de ser siempre un maestro. Un niño que tenga todo el día planificado no es una persona que vaya a estar preparada para arreglárselas con lo desconocido ni para adaptarse eficazmente a los cambios. He oído a padres que les decían a sus hijos: «A las nueve puedes salir a pasear en bicicleta, pero tienes que estar aquí de vuelta a las diez y media porque tendremos visitas. Luego, a mediodía, comerás con la tía Pepi y conmigo. Después puedes salir, pero tendrás que regresar para que vayamos a pasear. A las cuatro y media podrás hablar con tu padre, que llamará por teléfono a esa hora. Después iremos al cine. Cenarás a las ocho y media, y luego te quiero en la cama a las nueve en punto porque quiero que mañana te levantes temprano para disfrutar del maravilloso día que he planeado para ti». Este tipo de planificación de la vida de un jovencito o una jovencita le enseña a no tener intereses propios y a que cuando quiera divertirse, ha de consultar a sus padres, ya que es incapaz de decidir cosas tan vitales por su cuenta. Esto no es una invitación a abandonar a tus hijos e ignorarlos. Lo que estoy proponiendo es una combinación razonable de ayudarles a que piensen por sí mismos, un profundo interés por su bienestar, e interesarte por ellos lo bastante como para que te importe dónde están. Enséñales que deben asumir ciertas responsabilidades sobre su propia vida y que está bien que planifiquen gran parte de ella sin la interferencia constante de los demás.

— *Vive tu vida de acuerdo con tus compromisos y disfruta de los de tus hijos.* No llegues a estar tan comprometido en la vida de tus hijos como para convertirte en una carga que gravite sobre ellos a medida que crezcan. Si bien es maravilloso disfrutar de los compromisos de tus hijos, estar pendiente de sus bailes, sus fiestas, y acudir con ellos a los acontecimientos deportivos, también es importante que los chicos puedan pasar por esas experiencias por lo que *ellos* pueden obtener de provechoso en ellas. Sé un espectador entusiasta, pero no te confundas: sus experiencias son para ellos y las tuyas, para ti. Demuéstrales que tú tienes intereses importantes, como ellos. Si se quejan cuando tú sales, explícales de manera comprensible pero firme que a ti también te gusta jugar, igual que a ellos, y que tienes tus propios intereses y quieres disponer de cierto tiempo para estar con tus amigos. Y luego, ¡hazlo! Serás mucho mejor como persona y como padre o madre si te sientes satisfecho, importante, y sabes que tienes propósitos en vez de quedarte atrapado en casa, a la expectativa de las necesidades de tus hijos. Como ser humano que se siente satisfecho, importante y útil, y disfruta al máximo de la vida, y le darás a tus hijos el mejor ejemplo. Te convertirás en un verdadero modelo viviente de una persona Sin Límites. Bríndales un ejemplo cotidiano de cómo pueden ser, aunque te riñan con el fin de que cambies de idea y cedas a sus exigencias. Necesitan el ejemplo de una persona autosuficiente, feliz, y no de alguien que vive la vida a través de la de sus hijos y que terminará por sentirse aniquilado por el síndrome del nido vacío.

— *Evita hacer a tus hijos comentarios que podrían limitarlos para toda la vida.* Una niña a quien se le recuerda constantemente que no tiene aptitudes para el atletismo, no tardará en hacer suya esa imagen de sí misma. Muy pronto, esa imagen llegará a ser su realidad, y entonces su actitud hacia el atletismo reforzará la imagen que tiene de sí misma. En consecuencia, evitará cualquier actividad atlética y justificará su comportamiento pensando: «Yo no soy atlética. Nunca lo he sido; soy como soy, y no puedo evitarlo». Anima a tus hijos a que lo prueben todo en la vida, y a que eviten reducir sus expectativas. Cada persona es intrínsecamente capaz de sobresalir en cualquier área del empeño humano si está dispuesta a perseverar. No dejes que tus hijos piensen ni por un momento que tú compartes sus autovaloraciones negativas. Cada vez que los oigas decir: «No tengo talento», «No soy atractiva», «No soy bueno en matemáticas» o cosas así, desafíalos replicándoles: «Eres tú quien ha decidido pensar así de ti mismo; ¿te gustaría pensar de otra manera?». Déjales entrever que si bien ellos quizá no estén seguros de sí mismos, tú los conoces mejor.

— *Reemplaza el «esmérate» por el simple «hazlo».* «Esmérate, hazlo lo mejor que puedas» es una ilusión, ya que uno nunca sabe cómo será lo mejor que pueda en ningún momento de su vida. Además, no hace falta descollar en todas las áreas de la actividad humana. Disfrutar de la vida es muchísimo más importante que la clasificación que puedan asignarte por tu forma de desempeñarte. No se debe poner a los niños en una posición en que su valor dependa de lo bien que hagan las cosas. Aunque es agradable escoger algunos campos donde descollar, es mucho más razonable y sano probar e intentar montones de cosas y hacerlas, en lugar de tener que alcanzar el nivel más elevado posible. Los chicos que en el fondo de su corazoncito saben que *siempre* tienen que descollar, preferirán no probar nada a tener que afrontar un posible fracaso. Tal vez también experimenten mucha frustración y ansiedad en sus constantes intentos por alcanzar ese fugaz «primer puesto».

El logro como indicador del éxito es un pobre recurso de la autoevaluación. Sustituir los parámetros externos por la calidad y la satisfacción personales permite alcanzar niveles mucho más altos. Además, los parámetros externos del éxito acompañarán a tu hijo durante toda su vida si él aprende a avanzar con confianza hacia sus propios sueños, y deja de vivir en pos de la definición que puedan haberle dado del éxito. Éste, como la felicidad y el amor, es un proceso interior. Lo aportas a lo que haces en lugar de tratar de extraerlo de tus actividades. Enseña a los niños a disfrutar de la vida y a sentirse satisfechos con lo que estén haciendo, y el éxito, tal como lo describo aquí, los escoltará durante toda la vida. La otra alternativa es que sean ellos mismos quienes persigan el éxito en forma progresiva de más y más logros. En ese caso, sufrirán la enfermedad llamada «más» durante toda la vida, y el éxito se limitará a eludirlos.

Elimina la presión a que uno se ve sometido cuando tiene que ganar siempre en todo, y enséñales a que hagan cualquier cosa y no tengan miedo de perder. Aunque los primeros puestos son sin duda gratificantes, el conocimiento es más importante todavía. Si resulta divertido acumular trofeos, muchos más beneficios reporta el participar del clima estimulante de los torneos atléticos. Las excesivas exigencias del éxito o para ganar y llegar a formar parte del equipo, para complacer a algunos jueces y ganar medallas, someten a los jóvenes a presiones que muchas veces los abruman. Además, también les enseña que las recompensas externas son ingredientes fundamentales para convertirse en una persona «de provecho». Nada podría estar más lejos de la verdad. Mantener la paz interior, estar convencido de que se está cumpliendo un propósito y una misión, ser capaz de reírse y disfrutar de la vida —todas las variables que mencioné en el primer capítulo— son las características distintivas de una persona Sin Límites, y ninguna de estas cualidades proviene de fuentes externas.

— *Procura quitar de la vida de tus hijos la etiqueta del precio.* Los jóvenes que aprenden a idolatrar el dinero sólo acumularán las cosas que se pueden comprar con él, y esa es una forma muy limitada de andar por la vida. Incúlcales valores interiores, pon énfasis en el brillo interno que surge de algo que se posee, en vez de preguntar siempre cuánto cuesta o insistir en todo lo que pagaste por tal o cual cosa. La gente acostumbrada a pensar en el dinero y a valorar la vida en términos monetarios, difícilmente piensa en otra cosa. Aunque sin duda es saludable enseñar a los hijos el valor del dinero, no lo es menos enseñarles que el verdadero valor no está determinado por el dinero, sino por cómo disfrute uno personalmente de una actividad u objeto.

— *Procura crear un medio ambiente abierto en tu familia.* Trata de estar abierto a discusiones sobre cualquier tema, y de eliminar todos los tabúes en tus relaciones con tus hijos. La cuestión sexual les despierta curiosidad, como a todo el mundo, de modo que has de estar dispuesto a hablar de cualquier asunto relativo al sexo. Sé más abierto a sus gustos de adolescentes. Acude a algún concierto de un grupo de *rock* conocido y aprende de primera mano qué es todo ese alboroto. No es más «raro» que las tonterías que te llamaban la atención cuando tú eras adolescente. Anima a tus hijos a que disfruten de su juventud y a que te hagan preguntas sobre cualquier cosa que les preocupe. Deja que sus risas te recuerden cómo solías ser tú. Un ambiente abierto, donde reine la sinceridad, libre de los juicios y prejuicios que con tanta frecuencia enturbian la relación entre padre e hijo, es la clave para ayudar a tu hijo a ser abierto y curioso con respecto a la vida, en vez de cerrarse y temer lo desconocido. Discute con él después de la cena o en algún otro momento, y muestra un criterio abierto. Demuéstrale que no consideras inferiores sus puntos de vista jóvenes porque él no haya vivido tanto como tú. De hecho, si lo piensas un poco, simplemente has tenido más tiempo para reforzar tus prejuicios, y es posible que ser objetivo con las cosas nuevas sea más difícil para ti que para tus hijos. No ahogues su curiosidad con tus propias maneras rígidas de pensar, y esfuérzate para permitirles expresar sus ideas. Escúchalos con atención.

— *Acuerda con tus hijos que no los corregirás en público y que esperas que ellos te traten igual a ti.* A nadie, le gusta que lo corrijan en público. Los niños a quienes se reconviene siempre en presencia de extraños, llegan muy pronto a tener miedo de hablar y a que se los deje en ridículo. Ese miedo se manifiesta cuando los chicos se niegan a intentar cosas nuevas, a hablar por sí mismos, a hacerse valer. El padre o la madre que corrige constantemente los errores gramaticales del niño, que le recuerda continuamente los errores que ha cometido, que le dice delante de otras personas que se ha equivocado en algo, está creando una tensión paralizadora, además de resentimiento y situaciones enojosas. Si crees que haces eso por el bien de tu hijo, recuérdaselo cuando no haya nadie ante quien pueda sentirse abochornado. Una persona a quien siempre se la corrija y que sepa que está a punto de recibir una reprimenda, no tarda en perderle el respeto a la persona que la regaña, y poco a poco se retrae y suspende las comunicaciones. *¡A nadie le gusta que lo corrijan en público!* Ten esto presente, y no lo hagas porque creas saber qué es lo mejor para tus hijos. En cambio, sé como un amigo para ellos, y si tienes que ayudarlos corrigiéndolos, por lo menos ten el detalle de hacerlo en privado. Y, por supuesto, deben insistir en que ellos te correspondan con el mismo detalle.

— *Refuérzales el comportamiento positivo en vez del negativo.* Sorpréndelos cuando hacen las cosas bien. Elógialos cuando veas en ellos un comportamiento positivo, y olvídate de atraparlos cuando estén haciendo algo que tú consideres malo. El refuerzo positivo ayuda a los niños a aceptar de buen grado el cambio; el refuerzo negativo, sin embargo, les enseña a temer el cambio. Los niños desconfiados y temerosos, que te saben en espera de que hagan algo mal, no te defraudarán mucho tiempo. Harán aquellas cosas que te llaman la atención si es eso lo que les refuerzas, así que pon mucha atención en no ser el adulto que «los sorprende haciendo las cosas mal».

— *Cuéntales cuentos a tus hijos.* Cuéntales un cuento hasta el momento en que el héroe se enfrenta al peligro; después, deja que los chicos se inventen el final y te expliquen por qué han elegido esa versión particular. En tus historias da una oportunidad a tus hijos para que se conviertan en aventureros y acepten de buen grado alternativas nuevas, en vez de optar por la ruta segura. El método de contarles historias puede ser un incentivo para elevar a nuevos niveles la imaginación de tus hijos, y a los más pequeños les gusta mucho participar en los cuentos nuevos. Juega un juego nuevo: «Soy un nuevo amigo; hazme preguntas para descubrir quién soy y qué me gusta hacer».

Pon en práctica todo lo que sepas que está bien para tus hijos. Tú quieres que estén creativamente vivos, que se interesen por las cosas nuevas, que exploren el mundo, y que vean cada día como un milagro. Quieres que se sientan cómodos con los cambios, y que corran riesgos, en vez de tener un concepto aburrido de la vida. A las sugerencias que he ofrecido, estoy seguro de que podrás agregar tu propia lista de valor inestimable, que tendrá resultados igualmente beneficiosos. Goethe nos ofrece un maravilloso resumen de este capítulo sobre ayudar a tus hijos a recibir de buen grado los cambios y buscar lo desconocido. Ese pensador y filósofo, uno de los más creativos de todos los tiempos, escribe: «Tratemos a la gente como es, y seguirá siendo como es. Tratémosla como si fuera lo que podría ser, y la ayudaremos a convertirse en lo que es capaz de llegar a ser».

Trata a los niños como si ya hubieran alcanzado su propia grandeza, como si fueran personas Sin Límites que aceptan los cambios y no tienen miedo a lo desconocido. Hazlo en medida suficiente, y ellos serán realmente todo lo que siempre han soñado ser.

4

QUIERO QUE MIS HIJOS TENGAN CONFIANZA EN SÍ MISMOS

La persona Sin Límites alcanza su propio destino individual guiándose según sus propios criterios interiores. Siente cada momento de su vida como una elección personal y libre. Nunca pierde el tiempo culpando a nadie de sus propias faltas ni de las catástrofes del mundo. No depende de nadie en lo que se refiere a su identidad o su autovaloración.

Anulamos tres cuartas partes de nosotros mismos con el fin de ser como los demás.

ARTHUR SCHOPENHAUER

Nuestro mundo interior es muy diferente de nuestro mundo externo. Dentro de nosotros, en esa profundidad en la que todos debemos vivir con nosotros mismos, hay un universo de experiencias cruciales. Ese mundo interior, que está hecho de nuestras emociones y sentimientos, es distinto para cada individuo. Nuestro mundo interior está donde debemos ser totalmente sinceros con nosotros mismos, y donde el dolor no se va por el simple hecho de que algo en el exterior parezca haberse consolidado.

Con el objeto de tener un sentido de paz interior completamente desarrollado, cada ser humano debe aprender a hacerse cargo de lo que piensa, de cómo reacciona a sus sentimientos y, por último de cómo se comporta. El hecho de que seamos únicos como seres humanos constituye el núcleo de nuestro mundo interior. Friedrich Nietzsche ha expresado esta idea muy bellamente:

> En el fondo, todo hombre sabe perfectamente que es un ser único, singular en esta Tierra; y no hay ningún azar extraordinario en virtud del cual pueda jamás consolidarse por segunda vez una muestra tan maravillosamente pintoresca de la diversidad en la unidad.

El desarrollo de nuestro mundo interior en cuanto seres humanos que se aceptan a sí mismos, implica asumir una cabal responsabilidad por ese mundo interior, y eliminar la inclinación a reprochar a los demás nuestras condiciones de vida. Los seres humanos que se rigen desde dentro confían en sus propias señales internas y eluden la tendencia a estar externamente motivados en cualquier sentido. Aprenden a evitar la necesidad de aprobación de todos los demás, y buscan en su interior una autoaprobación que se basa en un código ético y en la vigorosa determinación de seguir siendo únicos. Estos componentes del desarrollo interior quedan con frecuencia ignorados en nuestros compromisos como padres, pero no deben quedar al margen si realmente queremos criar a nuestros hijos como personas Sin Límites.

Una de las lecciones más importantes que deben aprender nuestros hijos es la necesidad de asumir por completo la responsabilidad de su desarrollo interior. Deben aprender desde temprano que nadie más que ellos es capaz de controlar lo que ocurra en su interior. En el mundo se dan muchas circunstancias sobre las que tenemos muy poco o ningún control. Cada persona debe aprender desde muy temprano que su mundo interior le pertenece solamente a ella, y que todo lo que piense, sienta y haga se halla bajo su control. Esta es la libertad esencial que puedes brindar a tus hijos: el conocimiento y la convicción de que está en su mano controlar su mundo interno. Una vez que tengan esta convicción, y que empiecen a vivir rigiéndose por esta premisa fundamental, estarán encaminados hacia una existencia propia de personas Sin Límites. Si no consiguen asimilar esta comprensión básica, se pasarán la vida haciendo reproches, quejándose, tratando de inspirar conmiseración, afanándose por obtener la aprobación de los demás y considerándose incapaces de tomar decisiones. Seguirán siendo dependientes, en vez de alcanzar la independencia, no sólo mientras sean niños, sino durante toda su vida. Esta es, pues, la lección más importante del sendero de la gente Sin Límites.

El reproche y la censura son una forma de vida para mucha gente de nuestra cultura, y son hábitos endémicos entre los niños que han estado entre adultos «criticones». Los chicos aprenden muy rápidamente, y reprochar es algo que dominan desde muy jóvenes si eso forma parte de su medio ambiente. Puedes reforzar una mentalidad censora en los niños, o bien puedes ayudarlos a asumir por completo la responsabilidad por lo que ocurra en su vida, y también a que aprendan a aceptar de buena gana esa responsabilidad. Esto significa tratar de asegurarse de que no se sienten perseguidos ni castigados por asumir la responsabilidad total de su propio desarrollo interior. También implica que refuerces positivamente su asunción de responsabilidad y los ayudes a eliminar los reproches de sus condiciones de vida. Para alcanzar este objetivo, debes considerar las ventajas de que crezcan asumiendo la total responsabilidad de sí mismos. Procura tener la mente abierta en todo lo que concierne a este asunto del desarrollo interior, y en cuanto a cómo está controlado por la manera en que se les enseñe a pensar a los niños.

SE SIENTEN TAL COMO APRENDEN A PENSAR

Los niños empiezan a asumir la total responsabilidad de su propio desarrollo interior a medida que aprenden a librarse de frases como: «No es culpa mía», «No me reproches», «No pude evitarlo» y otras por el estilo. Todos tenemos una vida muy privada en nuestro interior. Vivimos continuamente con esa persona privada, que siempre sabe cuándo estamos mintiendo o exagerando, cuándo estamos engañando a los demás al echar la culpa de nuestros errores a algún otro, y cuándo nos sentimos tristes o dichosos. En ese mundo interior se halla la clave para llegar a ser una persona Sin límites. El desarrollo de ese ser interno depende en gran medida de la facilidad que tengamos de ser sinceros con nosotros mismos y con quienes nos rodean. Ese mundo interior que estoy describiendo da cabida a todos nuestros sentimientos. En ese lugar especial que hay en nuestro interior podemos encontrar paz si estamos en paz con nosotros mismos. Podemos encontrar aislamiento si estamos cómodos con nosotros mismos. Podemos sentirnos sanos si no tenemos pensamientos ni sentimientos enfermizos acerca de nosotros mismos. Este mundo interior tan privado sólo podemos cultivarlo nosotros, pero podemos hacerlo mucho más fácilmente si a nuestro lado hay quien nos ayude.

La persona que tiene un mundo interior muy desarrollado es básicamente alguien que ha eliminado por completo la censura de su vida. Cuando los niños son lo bastante libres como para asumir responsabilidad por sus propios pensamientos, sentimientoh y comportamientos, también serán lo bastante libres para entender que no tienen por qué asumir responsabilidad por el mundo interior de otras personas. Así, si bien hay algunas privaciones que un joven debe soportar para asumir responsabilidad por lo que piense y sienta, convertirse en una persona con un mundo interior muy desarrollado tiene muchas ventajas. La principal de ellas es, por supuesto, no tener que sentirse culpable, enfadado o temeroso cuando los demás se niegan a hacerse responsables de su propio ser interior .

La lección más importante para llegar a ser una persona con un mundo interior muy desarrollado, consiste en aprender desde el principio que cada uno es capaz de usar su pensamiento en cualquier sentido que quiera, independientemente de lo que esté sucediendo en el mundo exterior. La mente y los pensamientos son nuestro mundo interior; la gente y los sucesos constituyen el mundo externo. Controlamos nuestros pensamientos; el mundo externo simplemente existe. Controlamos nuestro mecanismo de pensamiento; los demás actúan sin que les importe lo que pensemos. Los niños deben aprender que pueden controlar sus pensamientos, y en consecuencia, también su desarrollo interno, sin que importe lo que suceda a su alrededor, y que esos pensamientos determinan en lo interior sus sentimientos y en lo exterior sus acciones. Resulta imposible controlar todo ese mundo interior si la culpa forma parte del proceso mental. Culpar a los demás de las condiciones de tu vida no es más que buscarse excusas. Cómo te sientes en todos y cada uno de los momentos de tu vida es el resultado de cómo percibes tu mundo, la gente y los hechos que hay en él. Si te sientes deprimido, has sido víctima de tus propios sentimientos depresivos. Si te sientes frustrado, estás eligiendo pensar en cosas frustrantes. Si las preocupaciones te han producido una úlcera, es porque has empleado tu mente para atormentarte con las preocupaciones, o porque has optado por pensar en el mundo como un lugar angustioso. Si sientes alegría y satisfacción, también se debe a tu manera de pensar más positiva.

Cada uno de nosotros, por lo tanto, es libre de pensar de cualquier manera que elija. Muchas veces nos encontramos con gente que hace que nos resulte difícil adoptar como hábito esa manera de pensar, particularmente en nuestro período de crecimiento. A tus hijos has de recordarles que cualquier culpa que puedan endilgar a los demás no cambiará su realidad; siguen eligiendo sus propias experiencias internas. El simple hecho de culpar a algún otro de sus sentimientos no modifica esa realidad. Sea lo que sea aquello que elijan creer —culpa o responsabilidad de sí mismos—, la verdad seguirá siendo la misma. Los demás no los hacen desdichados; su estado de ánimo viene determinado por lo que ellos atribuyen a los demás. La importante lección que queremos inculcar a los niños en todos los niveles de su desenvolvimiento es que *tú te sientes tal como piensas*. El psicólogo William James lo expresó de esta manera: «El mayor descubrimiento de mi generación es que los seres humanos pueden alterar su vida si alteran sus actitudes mentales.»

Los niños que aprenden a aceptar la responsabilidad de sí mismos aprenden a vivir una vida Sin Límites. Los niños que se acostumbran a lamentarse eluden la responsabilidad de sí mismos; ignoran la realidad y culpan a los hechos externos o a otras personas.

CÓMO FUNCIONA LA CULPA

A casi todos los niños les gusta echar a alguien la culpa de sus problemas en la vida, en gran parte porque se les ha enseñado que aceptar la responsabilidad de sí mismos tendrá resultados negativos ante sus padres. Cuando notes que tus hijos emplean afirmaciones típicas de reproche como: «No es culpa mía», «No puedo hacer nada para remediarlo», «La maestra está contra mí», o «Juanito fue quien me obligó a hacerlo», debes examinar tus propias actitudes previas. ¿Los has castigado antes, cuando reconocían su responsabilidad por su comportamiento?

Un niño que a los dos años de edad derrame la leche y se enfrente a una reacción de enfado y frustración, se sentirá mal e interpretará ese enfado y esa frustración como rechazo. En consecuencia, buscará cualquier excusa para evitar ese tipo de reproches, ya que los niños desean que se les quiera. Una reacción sana ante un vaso de leche derramada es limitarse a decir: «No importa; a todos se nos caen las cosas de vez en cuando. Sé que no lo has hecho a propósito. Vamos a limpiar todo esto.» Dale luego un beso y un abrazo, sin que importe cuántas veces se haya repetido el episodio en la última semana. El niño que recibe una mirada, una bofetada o una crítica delante de extraños, aprende que debe eludir la responsabilidad por su error. «Pepito lo ha hecho; yo sólo estaba aquí sentado», «El vaso resbalaba; no ha sido culpa mía», «Mary me estaba pellizcando»: tales son algunas de las excusas que extraerá del arsenal de reproches que ha ido reuniendo. Lo cierto es que la leche se ha derramado, y a eso se reduce todo. El enfado y los sermones no servirán para remediarlo. Lo que cuenta es que el niño ha sido responsable de derramar la leche, y por más que trate de eludir esa responsabilidad, a nadie más que a él le incumbe. Lo que tú quieres es ayudarlo a que diga: «He volcado la leche; no lo he hecho a propósito». En este clima propicio a expresar llanamente la verdad, huelgan los reproches. Aun en el caso de que hubiera derramado la leche adrede, para llamar su atención, probablemente al niño se le puede dar una esponja o una toalla de papel para que limpie el desastre del que es responsable.

Este ejemplo puede parecer poco importante, pero después de algunos centenares de veces, el chico cuyos actos despiertan estallidos de ira culpará a alguien de esos actos, y llegará a ser una persona que siempre busca fuera de sí misma la explicación de por qué las cosas no resultan bien. Se convertirá en una persona que siempre se escude con excusas. Así, cuando obtenga bajas calificaciones: «La maestra ha sido injusta; el examen era sobre temas que no habíamos estudiado. Ella se equivocó al ponerlo.» Cuando pierde un partido de tenis: «El viento tuvo la culpa; además, él hacía saques muy malos.» Cuando se ha peleado con su novia: «¡Nunca me hace caso! Siempre quiere salirse con la suya.» Cuando pierde un trabajo: «Nadie podría trabajar con un jefe así; la había tomado conmigo: está contra mí. Además, los tipos como yo le caen mal.»

El núcleo del fracaso y las dificultades de la vida se transfiere a cualquier otro que no sea uno mismo. El chico debería preguntarse: «¿Qué me pasa, que siempre pierdo los partidos de tenis?» «¿Por qué no podré llevarme bien con ella? Tendré que cuidar mi temperamento.» «Sigo perdiendo trabajos. ¿Qué podría hacer para evitarlo?» El joven que aprende a culpar a los demás por las cosas más insignificantes, siempre estará buscando a alguien a quien transferirle la responsabilidad, para quedar él como inocente. Enseña a tus hijos en todas las etapas de su crecimiento que la mayoría de las cosas que les pasan en la vida por lo general dependen de sus propios actos, y que *todo* cuanto sienten en su interior está por completo bajo su control. En los ejemplos que acabo de dar, el joven que está convirtiéndose en un hombre y culpando a todos por sus fracasos podría ser algo muy distinto. Se le podría haber enseñado desde el principio que no hay nada malo en decir: «Yo he hecho eso; he tenido la culpa, pero procuraré no hacerlo más.» Podría haber aprendido que el sentido de la responsabilidad es uno de los mayores haberes que puede adquirir la persona Sin Límites, ya que la hace dueña de su vida, en vez de dejar que la controlen los demás.

Los niños que culpan al maestro de las dificultades que tienen en la escuela, están permitiéndole que él controle su vida. De la misma manera, cuando encuentran dificultades en el amor y la amistad, y se deprimen durante largos períodos por el comportamiento de una «novia», un «novio» o un amigo, han renunciado a controlar su vida. Ayuda a tus hijos a asumir su propia responsabilidad desde los primeros días de su existencia. Cuando los animas a reconocer sus descuidos, a admitir sus errores, a no tener miedo de las opiniones opuestas, estás haciéndoles un favor. Ayúdales a ser personas responsables amándolos por sus errores, diciéndoles que es natural cometerlos, y dándoles a entender que tú los quieres aunque hayan derramado la mermelada en la alfombra, o no hayan logrado aprobar el curso de biología, o se hagan pipí en la cama, o cualquier otro fallo que tengan. Cuando les dices que no deben echar la culpa de sus errores a su hermana, o que no traten de esquivar el bulto cuando es evidente que son ellos quienes han cometido algún error, estás demostrándoles lo mucho que los quieres. La gente comete muchos errores; simplemente, ocurre así. Cuanto más aprenda un niño a reconocer: «Sí, he sido descuidado. Haré lo que haga falta para remediarlo. He sido yo, y lo siento», más fuerte será. Siempre que puedas decir: «Es mucho mejor que lo admitas. No se acaba el mundo porque hayas cometido un error» —recompensándolo así por su sinceridad, en vez de castigarlo— estás animándolo a ser sincero, y reforzándolo interiormente. Una vida de temor a la propia responsabilidad da como resultado una persona que culpa a todos de cuanto le ocurra. Finalmente, personas así llegan a ser adultos que culpan a la economía por su falta de fortuna, al mercado de valores por su falta de seguridad fiscal, a los ataques de ansiedad por sus propios pensamientos ansiosos, a sus patronos por su incapacidad para mantenerse en un trabajo, a la mala suerte por su enfermedad, y así toda una colección interminable de excusas que hacen del autoengaño un modo de vida. Evita reprochar, y esfuérzate por enseñar a los niños a ser responsables de su propio crecimiento interior, entendiendo la importancia de la palabra *elección*. Úsala con frecuencia en la maravillosa tarea de ayudar a los niños a que lleguen a ser adultos que confían en sí mismos.

Siempre están eligiendo

Prácticamente todo en la vida es una elección. Incluso si los chicos han aprendido a culpar a los demás de sus problemas, todavía están haciendo elecciones. Que no lo admitan sigue sin cambiar el hecho de que ellos han elegido estar exactamente donde están en su joven vida interior. Una colosal tarea de los padres consiste en ayudar a sus hijos a entender este asunto de tomar decisiones y elegir, diciéndoles una y otra vez que su libre voluntad es un derecho de nacimiento, y recordándoles que deben mantener la capacidad de determinar cómo pensarán en la vida.

Te sentirás y te comportarás según pienses, y tu capacidad de pensar cualquier cosa que elijas es la lección principal de todo este capítulo. Tú también debes estar convencido de que eres una persona capaz de elegir, y ser para tus hijos el ejemplo de una persona que vive de acuerdo con esa idea. Debes mostrar a tus hijos que asumes la responsabilidad de cómo te sientes en la vida. Si estás irritado por la manera en que te habló el dependiente de una tienda, y sigues con tus arranques de furia en casa, estás demostrando que ese dependiente tiene control sobre tu vida emocional en tu propia casa. Procura encarnar un ejemplo diferente para ti y para tus hijos. Tienes el poder de pensar cualquier cosa que se te ocurra cuando una persona es áspera contigo. No dejes que el comportamiento de los demás te arruine el día. Deja que tus hijos escuchen algo así: «En ese momento, su desagradable manera de tratarme me irritó, pero no quiero seguir irritado por algo que pasó hace horas, y no pensaré más en ello». Esto demuestra que eres dueño de pensar de una manera más productiva y satisfactoria. Esforzarte por hacer que tus hijos sepan que no eres una persona que culpe a los demás por sus propios problemas, equivale a enseñarles a pensar de la misma manera.

El poder de considerarte una persona que tiene libre albedrío para elegir cómo piensa, ejercerá en tus hijos un efecto casi inmediato. Estás enseñándoles su realidad. Ellos *eligen* cómo se sienten. Cuando una niña te dice que su amiguita la ofendió, sé comprensivo y enséñale a ser realista consigo misma. «Entiendo que estés ofendida ahora por lo que Loli te ha dicho, pero ¿no crees que estás dándole más importancia a la opinión que ella tiene de ti, que a tu propia opinión de ti misma?» Este tipo de respuesta pone las cosas en su lugar: la atención se centra en la niña que elige ofenderse por lo que le ha dicho Loli. Loli no es quien ha hecho que se ofendiese. Debes saber y reconocer esto. Ha tomado la decisión de *estar* ofendida. No la sermonees; actúa como una persona convencida de que nadie tiene el poder de irritar a nadie, y ayuda a tu hija a que considere su manera de pensar en ese momento como una elección personal.

A medida que sigas enseñando a tus hijos a acrecentar su capacidad de tomar decisiones, empieza a aplicar esa lección al mayor número posible de aspectos de su vida. Ayúdales a asumir la responsabilidad por sus enfermedades haciéndoles ver que éstas son también el resultado de las elecciones que toman. (En el capítulo 8 encontrarás una exposición más amplia sobre el pensar y la salud.) Eligen estar cansados en cualquier momento de su vida. Una manera de pensar más adulta es una elección. Todas las ansiedades, las depresiones, las preocupaciones y las dificultades de relación caen en esta categoría de toma de decisiones. Cuanto más los animes a que se sientan individuos con libre voluntad de elección, mejor los ayudas a que tomen el control de su propia vida interior. La capacidad de decirse «Yo lo elegí» equivale a la libertad de no elegir pensamientos y actos contraproducentes en el futuro. Los niños pueden crecer creyendo que hay un genio dentro de ellos, y que pueden optar por pensar virtualmente cualquier cosa que deseen. Los niños pueden crecer reconociendo que ese poder maravilloso para tomar decisiones es lo que les da libertad. Tú deseas que tus hijos tengan control sobre todo su desarrollo interior como seres humanos. Si le dan ese control a cualquier otra persona, son literalmente esclavos, y no hay nada como un esclavo bien adiestrado.

Al principio, a los niños no les gustará el énfasis que pongas en que tomen sus propias decisiones, porque eso les quita la capacidad de culpar a los demás de sus propios problemas. Si un niño está trastornado porque su padre le ha regañado y tú te compadeces de su situación y dices que el padre es cruel y que se pone de esa manera cuando bebe demasiado, estás transfiriendo la fuente de su trastorno al comportamiento del padre. Esto da al niño una razón para sentirse mal, y le *impide* solucionar su angustia, pues no es probable que el padre abandone la bebida ni que deje de meterse con el niño.

Enseña a tus hijos que en momentos como ese deben hacer una elección. Sí; preciso es admitir que es una elección difícil, pero de todas maneras hay que decidirse. Los niños necesitan saber que pueden manejar sus propios pensamientos en esos momentos desagradables, y aprender a convertir las ofensas verbales del padre en otra cosa que no sea su propia desesperanza. «Puedes decirte algo muy distinto cuando tu padre te chilla. El problema es de él, pero tú te dices que él tiene razón, que eres un imbécil, y por lo tanto haces que sus opiniones te importen más que las tuyas. ¿Qué tal si practicas algunas ideas nuevas cuando tu padre empiece a chillarte? Tal vez podrías encajar internamente esos chillidos en algún sitio donde no te duelan tanto.» Es de una importancia crucial que los niños aprendan este tipo de lógica desde el principio de su vida. *Tienen* opciones. No importa lo mal que alguien les trate; de todos modos ellos deben saber que son sus propios pensamientos sobre esa manera de tratarlos lo que les altera,

117

y no el tratamiento en sí. Enséñales a controlar su vida interior, enséñales que siempre pueden elegir lo que decidan pensar, y en última instancia estarás ayudándolos a alcanzar el sendero de la vida Sin Límites. De no ser así, toda la vida serán víctimas de los pensamientos, sentimientos y comportamientos ajenos. Cuando enseñas a tus hijos que tienen opciones en lo que se refiere a su propio crecimiento interior, incluyendo sus emociones, estás preparándolos para que lleguen a ser personas con dirección interna. Este asunto de la dirección interna forma parte importante de lo que significa ser una persona autosuficiente.

> NOTA. — Como es obvio, los niños de quienes alguien ha abusado física o sexualmente no están en condiciones de que se les diga: «Piensa de manera distinta». Se les debe liberar *cuanto antes* de esas circunstancias, y el adulto que les haya hecho objeto de tales abusos debe recibir tratamiento por su enfermedad. Si bien posteriormente se puede ayudar a las víctimas de malos tratos sexuales o físicos a pensar de otro modo, como primera medida lo único inteligente es apartarles del medio donde han ocurrido los hechos, y aplicar la terapia adecuada.

ELEGIR MÁS BIEN LA DIRECCIÓN INTERNA QUE LA EXTERNA

Toda nuestra cultura rebosa presiones para convertirnos en personas dirigidas desde el exterior. Esto significa que los controles de tu vida están situados fuera de ti, y en consecuencia tú dependes de fuerzas ajenas para tomar decisiones importantes. Es necesario que ayudes a que tus hijos lleguen a estar dirigidos internamente en la mayor medida posible, y a que tengan el coraje y la perseverancia de resistir el control externo de sus vidas.

Es evidente que los recién nacidos y los niños muy pequeños necesitan una gran dosis de control externo. Esto no quiere decir que desde muy temprano no puedan aprender a estar atentos a sus señales interiores para tomar algunas determinaciones sobre su propio destino. Los bebés, si se les permite, pueden hacer elecciones todos los días. Deciden qué sujetar, con quién quieren estar, qué comidas les gustan, y ante qué sonreír. Si tú les brindas un amplio espectro de posibilidades de elección desde el principio, llegarán a tener sentido del control sobre sí mismos y sobre el medio. Si no lo haces así, ni consigues animarlos a que tomen decisiones en su vida, quizá sustituyan ese control por los reproches, la culpa y las excusas.

A medida que los chicos van madurando, se comprometen a realizar tareas típicas de su edad, que anunciarán el camino que van a tomar en la vida: el control interior o el externo. A los niños pequeños se les puede enseñar a enfocar el control cada vez más en su interior a medida que van haciéndose cada vez menos dependientes desde el punto de vista físico. El niño de dos años que aprende a decidir qué ropa llevar está aprendiendo que las elecciones internas son útiles, en vez de confiar en un adulto cada vez que se cambie una prenda. Los niños de dos años también saben con quién les gusta jugar. Respetar esa elección es dar un paso para ayudarles a que desarrollen su dirección interna. Saben cómo comer solos, cuándo están cansados, cuándo quieren permanecer tranquilos o cuándo les apetece jugar con niños mayores. No hace falta decirles que son demasiado pequeños para esto o aquello; pueden probar lo que quieran en la medida en que se observe cierta precaución razonable.

El párvulo o preescolar en crecimiento tiene centenares de oportunidades de tomar decisiones todos los días. Si en esas oportunidades se le desanima, y todas las decisiones las toma la gente mayor, se estará aplastando su dirección interior. Esto no es abogar por la indisciplina, pero la disciplina eficaz implica poner a los niños límites razonables en las diversas etapas de su crecimiento, pero sólo por su seguridad y bienestar, y no para demostrarles quién es el jefe. En última instancia, el objetivo de la disciplina consiste en que los niños lleguen a ser personas autodisciplinadas, con controles internos. Tú no quieres que tus hijos busquen la disciplina en ti, ni en ninguna otra figura autoritaria. Tu objetivo es que aprendan a disciplinarse sin tener que consultar a nadie. En este mismo momento, al estar aquí sentado frente a esta máquina de escribir, estoy ejercitando mi autodisciplina. Me encantaría estar en la playa, nadar, jugar al tenis o con mis hijos, o hacer el amor con mi mujer, pero estoy aquí sentado frente a esta máquina de escribir. Imagínate que todavía tuviera que atenerme a alguien que me dijera: «Wayne, esta tarde tienes que sentarte a escribir, y no te dejaré salir de tu habitación hasta que hayas realizado tu tarea.» Es ridículo, por supuesto, pero es un ejemplo precisamente de lo que estoy exponiendo en esta sección sobre el desarrollo y la dirección interiores.

Debemos tener disciplina para hacer solos las cosas que dan un sentido de finalidad y un significado a nuestra vida. No podemos confiar en que nadie haga las cosas por nosotros. Éste es tu objetivo cuando disciplinas a tus hijos. Ayúdales a alcanzar el punto en que tomen sus propias decisiones, pero sólo lograrás alcanzar este objetivo si les permites practicar su dirección interna tanto como sea humanamente posible a lo largo de sus años de crecimiento. Sólo debes hacerte cargo de ellos cuando sea absolutamente necesario.

Durante sus años de formación tendrás centenares de oportunidades de permitir que tus hijos refuercen su dirección interna. Pueden empezar tomando todos los días decisiones sobre lo que quieren comer, cuánto quieren dormir, qué ropa quieren usar y con quién desean jugar. Más adelante, cuando tengan edad de ir a la escuela, pueden decidir qué estudiarán, sobre qué les gustaría preparar una clase especial y quiénes serán sus amigos. Con el tiempo, tomarán un tipo de decisiones más adultas sobre la cantidad de alcohol que beberán, si usarán el cinturón de seguridad a la hora de conducir, con quién se darán cita y cómo decorarán su habitación.

Las personas con dirección externa tienden a formarse hábitos externos durante su vida. Los niños que aprenden a culpar a los demás por sus caídas emocionales también buscarán algo exterior a ellos, como las drogas y el alcohol, para que les alivie sus problemas. Naturalmente, si crees que algo externo a ti hace que te sientas abatido, buscarás algo externo a ti que te saque de ese estado. Las personas dirigidas internamente saben que son responsables de sentirse decaídas, y nunca culpan a nadie por su manera de pensar. En consecuencia, los jovencitos con dirección interna buscarán dentro de sí la capacidad de recuperarse. Se apartarán de las drogas en favor de actos y pensamientos que les proporcionen mayor gratificación. Saben que dentro de sí tienen el poder de recuperarse y no necesitan confiar en factores externos para sentirse reconfortados. Sentirse bien llega a ser una actitud, una manera de ver la vida que se basa en sentir que uno se controla. Las personas dirigidas internamente saben que tienen dentro todos los controles, y en una crisis actúa según eso en vez de recurrir a un método externo. Las causas internas de sentirse bien en la vida están situadas precisamente allí, en el interior, y por tanto no son meramente temporales.

El problema de ser una persona dirigida externamente reside en que las opiniones de los demás adquieren un significado enteramente nuevo. Se convierten en auténticos grilletes que mantienen al joven prisionero de esas opiniones. El joven con dirección interna aprende desde muy temprano a tratar con más eficacia con ese monstruo demoníaco llamado búsqueda de aprobación, uno de los grandes inhibidores del completo desarrollo interior de una persona.

Contener la necesidad de aprobación

Los niños no *necesitan* la aprobación de los demás para sentirse satisfechos consigo mismos. Si no cabe duda de que resulta más agradable contar con la aprobación que con la desaprobación, y nada tiene de malo buscar esa aprobación, hay algo muy enfermizo en sentirla como una necesidad. La persona que la precisa entra en un estado de colapso emocional si no la consigue. Queda inmovilizada cuando sus amigos no están de acuerdo con ella, o cuando cualquiera dirige hacia ella su desaprobación. Ten presente la importancia de ser no sólo una persona con dirección interna, que confía en sí misma, sino también alguien capaz de recibir la desaprobación sin experimentar ningún indicio de desfallecimiento.

Todos nos encontraremos con muchas desaprobaciones en nuestra vida. De hecho, las personas que más te quieren te expresarán regularmente cantidades enormes de desaprobación. Pero no puedes complacer a todos al mismo tiempo. En consecuencia, la desaprobación es algo con lo que cada uno de nosotros se encontrará todos los días en la vida. De eso no hay escapatoria posible. Sin embargo, puedo decir con certeza que la necesidad de recibir la aprobación de casi todos en casi todo lo que hagamos es, quizá, la causa más frecuente de la desdicha y las taras de nuestra cultura. Hemos inculcado en nuestros jóvenes la noción de que la desaprobación es una cosa terrible. Hace décadas que nuestros textos de psicología vienen diciéndonos que los jóvenes *necesitan la aprobación del grupo de sus amigos* para hacerse adultos sanos y productivos. Yo no estoy de acuerdo con eso. Los jóvenes necesitan aprender desde muy temprano, y es preciso que se insista en ello a diario, que la aprobación del grupo de sus amigos aparece y desaparece según de qué grupo se trate, qué día sea, el resultado del partido de fútbol, cómo vayas vestido, la opinión de otros jovencitos, y así toda una interminable lista de factores transitorios. Si bien la aprobación del grupo de los amigos resulta agradable, no constituye requisito previo para ser una persona Sin Límites que confía en sí misma. Para lograr esto, uno necesita aprobarse enérgicamente a sí mismo. Es importante escuchar las opiniones de los demás, pero nadie obtendrá nunca la aprobación de *toda* la gente con que se relacione, de modo que conviene superar el ansia por esa aprobación, y buscarla en cambio en nuestro interior. De hecho, cuanto más se apruebe uno a sí mismo, con modestia, sin vanidad, mayores posibilidades tiene de alcanzar esa fugaz aprobación del grupo de los amigos. La gente se inclina por lo general hacia quienes tienen un arraigado sentido de la autovaloración, y no hacia quienes están consumidos por las ansias de aprobación ajena. Resulta paradójico que la aprobación la reciban casi siempre quienes menos se interesan por ella. Y, a la inversa, los que la buscan constantemente son quienes menos la reciben.

En los primeros años, la adolescencia y la edad adulta, las personas necesitan saber que la búsqueda de aprobación es una pérdida de tiempo, y que si la persiguen como una necesidad, las volverá neuróticas. Los niños deben aprender que estar deprimidos porque uno de sus amigos les tenga antipatía, equivale a identificar la opinión de ese amigo con el control total sobre el propio mundo interior. Cuando los niños pequeños se ofenden porque se han encontrado con alguna desaprobación, tienes una clave para ayudarles a ver en esa desaprobación algo muy normal, con lo que se toparán muchas veces en la vida Lo que verdaderamente importa es la imagen que se formen de sí mismos, pues habrán de vivir siempre con ella; en cambio, lo que piensen los demás es algo que siempre se va modificando.

Supongamos que tú crees que la aprobación del grupo de los amigos es algo absolutamente esencial, y tu hija adolescente te pide consejos sobre cómo gustar más. Tu reacción sería pensar: «Tengo que ver qué puedo hacer para ayudarla a ganar la aprobación de sus amigos, ya que es evidente que lo necesita».

Desde esta postura particular, empezarás a enseñarle a ser una «pelota». «Luisa, tal vez les gustarías más a tus amigos si cambiaras de peinado o te vistieras de otra manera. O quizá deberías tratar de ser más como todos los chicos; entonces concordarías más con ellos y a lo mejor no te sentirías tan mal. ¿Qué te parece si les damos algún dinero? Sería una forma de ganar su aprobación.» Ya ves cuán absurdo es hacer que un niño vea en la aprobación una necesidad. Una manera mucho más sana y Sin Límites de tratar el tema sería decir: «Luisa, muchas veces te encontrarás con la desaprobación de los demás. Sé lo mal que te sientes, pero tal vez resulte más importante para ti ser Luisa, tú misma, antes que algo que ellos quieren sólo para darte su aprobación. ¿Estás a gusto contigo misma? Porque eso es todo lo que tienes en realidad, ¿sabes?, y es muchísimo. De hecho, lo significa todo». También puedes sugerirle que piense en los antecedentes, en los detalles de sus amigos para ver si en ellos hay algún mensaje válido sobre su comportamiento, y no sobre su *valor*.

Puedes precisar con Luisa la diferencia entre desear y necesitar aprobación. Hazle ver que la necesidad de aprobación la convierte en esclava de la opinión ajena, y que en la medida en que ella tenga más confianza en sí misma, la aprobación surgirá en grandes proporciones, sin ninguna necesidad de esfuerzo por su parte. Ayúdala para que cultive su confianza en sí misma y para que deje de prestar tanta atención a lo que todo el mundo piense de ella.

La mayoría de los jóvenes busca a todas las edades la aprobación de los demás porque les hemos enseñado a ser como todo el mundo, y a amoldarse a toda costa. El proceso de socialización ha llegado a ser más importante que ayudar a los jóvenes a que crezcan confiando en sí mismos. Los resultados de esta búsqueda constante de aprobación quedan visibles en la enorme cantidad de gente que recurre a los psicoterapeutas, consume tranquilizantes o trata de amoldarse a toda costa, y que carece de dignidad y de confianza en sí misma. Los niños pueden aprender a respetar las opiniones de los demás, y sin embargo no sentirse agobiados por tener que ganarse la aprobación de todo el mundo; debemos dejar que sean independientes y únicos. Robert Frost, el maravilloso poeta Sin Límites, dijo: «Las mejores cosas y las mejores personas surgen de su condición de diferentes; estoy en contra de la sociedad homogeneizada porque quiero que suba la nata». Si todo el mundo fuera igual, y cada cual se esforzara constantemente por ser como los demás y ganar su aprobación, no habría «nata». Todos seríamos una especie de mezcla homogénea, como una papilla.

El proceso de enseñar a los niños que no necesitan la aprobación de los demás puede empezar desde pequeños. Cuando lloriquean porque alguien los ha insultado, en vez de castigar a quien lo haya hecho, pregunta: «Que él piense que eres un estúpido ¿significa acaso que lo seas?». Hazles ver desde los primeros momentos de su vida que el hecho de que les pongan un apodo, o que los consideren estúpidos sólo tiene importancia si se lo toman a pecho. Enséñales a ignorar ese tipo de sarcasmos, y no sólo les estarás ayudando a quitarse de encima esa necesidad neurótica de aprobación, sino que también les ayudarás a soportar menos insultos en su vida. ¿Te das cuenta? La gente sólo te insulta o te pones motes si con ello consigue irritarte. Si no le haces caso, termina por no insistir. ¿Qué otra cosa podría hacer? ¿A quién le interesa insultar a alguien que no le preste atención?

Hay una gran ironía en la búsqueda de aprobación. Cuanto más andes tras ella, menos probable será que la alcances, pues a nadie le gusta la gente que la busca solícitamente. Lo mismo vale para el amor, el éxito y el dinero. Cualquier cosa que persigas en la vida te eludirá siempre, mientras no te comprometas más con tus propios proyectos de vida. Entonces el amor, la aprobación, el dinero y el éxito te habrán dado caza. Si deseas la aprobación, debes dejar de perseguirla y ser una persona que se apruebe a sí misma. Los niños a quienes se les da dosis enormes de aprobación, a quienes se les quiere incondicionalmente, a quienes se les tiene en brazos y se les mima todo el tiempo, tienen las mayores probabilidades de no necesitar luego aprobación en la vida. Es como si se «llenaran» de tanta aprobación cuando son pequeños, que ya no la necesitan como adultos. Cuanta más aprobación recibas, menos inclinado te sentirás a pedirla. Y cuanta más desaprobación despiertes, menos probable será que te sorprenda.

A medida que los niños atraviesen su proceso de maduración, se encontrarán con grandes cantidades de desaprobación. Habrá veces en que será abrumadoramente difícil no ceder y estar de acuerdo con tu hijo en que la gente que le niega su aprobación sea la verdadera causa de su malestar momentáneo.

¡No cedas ante esa presión! Sé siempre comprensivo ante lo que sienta interiormente un niño, pero no dejes ni por un momento que los niños crean que el origen de su agitación interna esté localizado en otra parte que no sean ellos mismos. Al mostrarles que entiendes cómo se sienten, estás dándoles un ejemplo de una persona afectuosa y compasiva, pero si te descuidas y echas la culpa de su malestar a sus amiguitos, maestros, jefes, vecinos, amantes o cualquier otra persona, estarás enseñándoles a renunciar al control de su vida interior.

He aquí algunos ejemplos de maneras de tratar con jovencitos que sienten la necesidad de aprobación para ser felices. Muéstrate razonablemente comprensivo con su situación, pero insiste siempre en su capacidad para resolver un problema desde su interior, sin requerir siempre la aprobación de los demás.

Sé lo mal que te sientes, pero estás dando demasiada importancia a las actitudes de tu maestra. Tal vez podemos encontrar una manera de ayudarla a ser más considerada, pero si no cede, no permitas que ella sea la causa de tu inquietud.

Una ruptura con tu novia es un trance difícil, pero estoy orgulloso de ti porque defiendes tus criterios y no dejas que te manipule. Y tampoco querrás que te manipule interiormente.

Toni, el vecinito, piensa que eres un maricón; piensa lo mismo de muchos otros niños. Pero ¿qué opinas tú de ti mismo? ¿Eres un maricón porque Toni lo crea?

Veo que estás deprimido por lo que ha dicho de ti uno de esos chicos. ¿Por qué crees que le damos a la gente tanto poder sobre nosotros? ¿No crees que quizá dice cosas así para hacerte reaccionar como has reaccionado?

El crecimiento interior es tan importante como el crecimiento físico externo. Los mayores inhibidores para alcanzar un sentido muy desarrollado de la paz interior son la tendencia a culpar, renunciar a la responsabilidad por lo que uno experimenta dentro de sí, y la necesidad de obtener la aprobación de todos por cuanto hagas. A continuación revisaremos algunas maneras típicas de comportarse los adultos con sus hijos para desanimar una acusada tendencia al crecimiento interior, y algunas de las maneras más típicas de comportarse los niños, que ponen en evidencia que su crecimiento interior se ve constreñido en nombre de la obligación de amoldarse o de ir pasando. Se trata de los dividendos más comunes que recibes por tu comportamiento inhibidor. Brindamos asimismo sugerencias muy específicas para que enseñes a los niños cómo ser totalmente responsables de su propio crecimiento interior.

COMPORTAMIENTOS TÍPICOS DE PADRES E HIJOS, QUE INHIBEN EL CRECIMIENTO INTERIOR

He aquí algunos ejemplos comunes del comportamiento adulto-niño que fomentan el aprendizaje de incapacidades en el terreno del crecimiento interior.

— Darles a los niños excusas que pueden adoptar en seguida como forma de eludir responsabilidades. «Eres muy pequeño para entender eso.» «No habrías podido evitarlo». «No ha sido culpa tuya; simplemente estabas en el grupo menos adecuado». «Tu maestra no entiende lo sensible que eres». «Tienes que soportar demasiadas presiones, y así no puedes concentrarte realmente».

— Poner más atención en quién tiene la culpa en vez de buscar soluciones. «Quiero saber quién ha roto este plato». «Alguien ha dejado la marca de los dedos en la pared, y voy a descubrir quién ha sido». «Esta casa es un caos, ¿quién ha hecho todo esto?» «Nadie verá la televisión hasta que yo descubra quién ha dejado abierto el grifo de la cocina».

— Animar a los niños a que sean chismosos, y luego tomar sus palabras como base para repartir castigos.

— Castigar a los niños por decir la verdad, y hacer por lo tanto que en el futuro las mentiras y las excusas sean una alternativa mucho más razonable.

— Ser una persona que se vale de excusas y culpa a los demás. «Nunca he conseguido nada en la vida por culpa de mi esposo, mis padres, la economía o lo que sea». «No es culpa mía que hubiera tanto tráfico». «No pude evitarlo; he engordado porque mi madre siempre me preparaba unos postres maravillosos».

— Usar la frase «no es culpa mía» como parte habitual de tu vocabulario.

— Usar píldoras y medicinas para toda clase de dolores y problemas, e inducir así a tus hijos a que crean que esos fármacos les harán sentirse mejor.

— Animar a los niños a que se echen unos a otros la culpa de sus problemas, peleas y dificultades. Presentar siempre sus argumentos por ellos, y descargar la culpa en el niño apropiado.

— Darles a los niños excusas genéticas. «Eres igualito a tu abuelo». «A tu madre le costaba mucho leer, así que no es extraño que a ti también te cueste». «Cuando lloriqueas de ese modo te pareces a tu padre. Apuesto a que lo has sacado de él».

— Hacerles los deberes porque a ellos les resultan muy difíciles.

— Poner énfasis en que lo que más importa en la vida es tener razón. Animar a los niños a que no admitan jamás que están equivocados al no hacerlo nunca tú mismo.

— Estar interesado en impresionar a los demás con tu ropa, tus adquisiciones y tu estilo de vida.

— Animar a los niños a que «adulen» a los demás, y a que ganen su aprobación a expensas de su propia integridad. Especialmente cuando «adular» puede dar como resultado una mejora de las notas, conseguir un empleo, ganar más dinero o conseguir alguna ventaja externa.

— Hacer cualquier cosa para evitar una confrontación con tus hijos. Dejarlos que gobiernen la casa con sus comportamientos y actitudes incontrolables y no decirles nada por temor a tener una escena o por no incomodarlos.

— Tener miedo de aplicar a tus hijos las medidas necesarias de disciplina, y darles así el ejemplo de una persona que necesita su aprobación. Inducirlos a evitar la responsabilidad por sus actos al simular que se han comportado bien cuando sabes que, en realidad, no ha sido así.

—No dejarles expresar sus propias opiniones ni defender sus puntos de vista por ser con ellos demasiado autoritario y rígido.

— Usar rótulos con ellos, que en última instancia se convierten en «decretos». «Tú no eres una persona atlética». «Siempre has sido tímida». «Has heredado los genes de la incapacidad para las matemáticas». «Siempre has sido pésima cocinando». «Nunca te ha gustado la música».

— Exigirles que te respeten y ser un padre que los atemoriza.

— Prohibirles que pregunten «¿Por qué?», diciéndoles: «Yo soy tu padre, y por eso tienes que obedecerme».

— Hacer que te pidan permiso para cada cosa que piensen, digan, sientan o hagan.

— Obligarles a que pidan perdón cuando en realidad no es eso lo que quieren.

— Ser incapaz de admitir un punto de vista opuesto al tuyo e irritarte cuando los chicos no están de acuerdo contigo.

— Dar más importancia a las calificaciones que a los conocimientos.

— Recurrir a fuentes externas en busca de la autoridad esencial. «Así son las reglas». «Está en la Biblia». «Eso lo ha dicho tu maestra». «La ley es la ley, y tú no puedes burlarla».

— Decidir quiénes serán sus amigos y prohibirles que jueguen con cierto tipo de niños.

— Pensar y actuar por ellos cuando son muy pequeños y suponer que no tienen criterio propio. Tratarlos como a aprendices de personas, que en realidad no han llegado a ser seres humanos completos.

— Negarte a escuchar sus sugerencias. De manera inversa, ellos se negarán a escuchar las tuyas.

— No pedirles nunca su opinión sobre asuntos del hogar y la familia. Esto puede incluir compras, decoración, vacaciones, comidas y las decisiones de todos los días que tienen que ver con la vida en común con ellos.

— Decirles: «Sólo eres un niño, y algún día tendrás una familia propia y podrás tomar decisiones».

— Forzarlos a observar las reglas de la etiqueta y a vivir según normas que otros han impuesto por ellos.

— Dar una importancia desproporcionada a las recompensas, trofeos, medallas o al hecho de ser miembro de determinadas sociedades.

— Vivir tu vida a través de los compromisos de tus hijos y alcanzar tu *status* personal mediante la trayectoria externa de la vida de tus hijos.

— Ignorar su crecimiento interior. Burlarte de sentimientos como la timidez o la ansiedad, o de sus intentos de expresar su individualidad. Preferir en cambio que complazcan a los demás, que actúen como ellos y hagan lo que hacen todos.

Esta lista podría tener trescientas páginas más. Confío en que el mensaje básico ha quedado claro. Puedes hacer mucho por los niños de todas las edades para ayudarles a que lleguen a ser más responsables por su propio crecimiento interior como seres humanos. Puedes ayudarlos a que reduzcan su propensión a culpar, a buscar excusas y a propiciar la aprobación ajena, y a ampliar sus opciones en lo que concierne al tipo de personas que quieren ser. Con el fin de ayudarles a saber tomar decisiones, a que no culpen a nadie, a que no tengan miedo de asumir una legítima responsabilidad por todas sus experiencias interiores, has de revisar una vez más tu propio sistema de soporte psicológico para hacer exactamente todo lo contrario. Una vez que hayas comprendido por completo qué obtienes *tú*, como padre, fomentando esa manera externa de pensar y de culpar, quizá puedas empezar a doptar algunas de las sugerencias específicas que hallarás a continuación.

EL SISTEMA DE APOYO PSICOLÓGICO QUE RECIBES POR CRIAR NIÑOS CON DIRECCIÓN EXTERNA

El fin de la culpa consiste en aliviar la responsabilidad del inculpador. ¿Cómo aprendió que la responsabilidad era una carga? El hecho de que culpes a los demás en realidad no cambia nada (el *catsup* sigue derramado en la mesa, la cuenta está en números rojos, el vestido nuevo continúa roto, el depósito de gasolina se ha agotado), pero el inculpador neurótico experimenta la necesidad imperiosa de verse aliviado de la responsabilidad por cualquier cosa negativa. Existe el temor a la desaprobación, la pérdida del amor, la retracción de los padres o de cualquier otra fuente de afecto. Los dividendos que obtienes como padre o madre, tan contraproducentes, incluyen los siguientes hechos:

— *Los niños dirigidos externamente quieren que los demás tomen las decisiones por ellos, y esto te da un elemento de con-*

trol sobre su vida. Controlar a los niños puede ser un ejercicio de poder para la persona que tiene poco control sobre su propia vida. Hacer que los niños te pidan permiso y te consideren como su jefe te da un *status* de autoridad que tal vez no alcanzas en otros casos. La persona Sin Límites no necesita controlar a nadie para sentirse poderosa.

— *Los niños con dirección externa son una audiencia cautiva.* Son pequeños; tú eres mayor. Eres tú quien toma las decisiones; ellos te hacen caso. Esa rutina es un sistema en el que te apoyas para no dejar que tus hijos desarrollen una amplia variedad de elecciones sobre su propio destino. El problema reside en que ellos serán así cuando lleguen a adultos, y por lo tanto evitarán las responsabilidades toda su vida. En realidad, puedes sacrificar su independencia y su madurez por sentirte temporalmente importante, al mantener todo el control sobre su vida.

— *Los niños a quienes se los cría para que busquen la aprobación de los demás se mantienen en una categoría «segura» durante toda la vida.* Además, tú tomas la opción segura como padre. Los niños que hacen lo que se les dice, que tratan de complacer a todos, se «amoldan» a lo que se supone que deben ser. Eso hace que se muestren obedientes, pero no les da la oportunidad de crecer, de ser únicos, de aportar una contribución a la sociedad.

Al enseñar a los niños a culpar a los demás, estás inculcándoles una mala costumbre para toda la vida. Ésta es la manera más fácil de criar hijos. Está desprovista de todo riesgo, y con ella te ganarás la aprobación de la mayoría de la gente «inculpadora» (casi toda). Los chicos le cargarán la culpa y la responsabilidad a los demás por todos sus fracasos y sus descuidos, mientras tú te quedas sentado y concuerdas con ellos en lo duro e injusto que es el mundo. Mientras estés sentado compadeciéndote del lamentable estado de los problemas mundiales, y de lo mala que es la gente, de su insolidaridad, no lograrás nada positivo, y el mundo seguirá girando pese a ti y a tus hijos.

— *Cuando crías a los niños para que crean que en la vida no hay elecciones posibles, estás induciéndolos a que también sigan dependiendo de ti en su vida adulta.* Cuanto más los convenzas de que tú eres quien debe decidir por ellos, más podrás entender su período de dependencia. Si bien esto quizá te haga sentirte importante, evita que tú y tus hijos participéis de un tipo de vida Sin Límites.

Éstos son los dividendos psicológicos más importantes para que enseñes a tus hijos a ser «inculpadores que no eligen». Aunque tú, como es obvio, no lo hagas deliberadamente, los efectos son los mismos. Elimina esos dividendos y pon en su lugar el glorioso y estimulante sentimiento de realización al ayudar a cada niño a que llegue a ser independiente, una persona autónoma, con profundos sentimientos interiores y la maravillosa sensación de ser el capitán de su propio barco, en vez de ceñirse al curso por la vida indicado en una carta de navegación que has preparado tú. Disfruta preparándolo para que sea su propio capitán, y encuentra la alegría de verlo valiéndose por sí mismo. Puedes obtener placer y orgullo en sus sensaciones de poder a medida que crece para convertirse en un ser responsable de su crecimiento interior, y reconocer la culpa como algo tonto, de lo que se valen los débiles a quienes asusta demasiado afrontar sus propios errores Para ayudarte como padre a apoyarle a fin de que tome sus propias decisiones, se aparte de la necesidad de aprobación y erradique de su vida los reproches y las culpas insidiosas, puedes probar alguna de las acciones que enumero en la sección siguiente.

Estrategias para ayudar a los niños a que no culpen ni reprochen, y a que tengan dirección interna

—*En todos tus diálogos con los niños, cualquiera que sea su edad, procura eliminar excusas y escapatorias.* Empieza por decir cosas como «Tú lo has elegido» o «Era algo que ya tenías dentro de ti». Por ejemplo, no digas: «En realidad no podías evitarlo; este año has tenido una maestra muy mala». Intenta decir: «Siempre tendrás maestras con quienes no estarás de acuerdo. ¿Qué clase de mentalización podrías hacer para que las cosas te resulten más fáciles en la escuela?». Pon sobre sus hombros la responsabilidad de todo lo que pase en el mundo de tu hijo, por lo menos hasta el punto en que él la experimente dentro de sí. Enséñale a ser alguien que toma decisiones que condicionan la manera de percibir su mundo, y estarás enseñándole a tener responsabilidad interior. En vez de decirle: «Tu maestra te hace sentir mal», dile, en cambio: «*Tú* te sientes mal por la manera como te trata la maestra». Puede parecer una pequeñez, pero si haces lo contrario y refuerzas en tu hijo la noción de que los demás son responsables de cómo se sienta uno, en última instancia estarás enseñándole a culpar a los demás. A tus niños más pequeños no les digas ni en broma: «¡Vamos a pegarle a esa silla mala por haberte hecho pupa!». En vez de eso, recuérdales que la silla estaba haciendo exactamente lo que se suponía que debía hacer: estar en su sitio. «Supongo que la próxima vez tendrás que fijarte dónde está la silla» es una respuesta que pone la responsabilidad de la pupa donde corresponde; es decir, en la persona que se ha hecho daño, y no en el objeto inanimado contra el que tropezó.

— *Elimina de tu hogar el síndrome «¿Quién es el culpable?», y reemplázalo por la fórmula «Busquemos una solución».*
Descubrir quién es el culpable y atribuir a alguien la culpa es una actividad sin sentido que sólo enseña a los niños a echar la culpa a los demás. En lugar de buscar problemas, busca soluciones. Cuando Fina se quejó ante su madre de que uno de sus hermanos se dedicaba a desordenarle la habitación y a romperle las muñecas, la madre encaró el problema sin buscar al culpable. En vez de tratar de descubrir quién había cometido la falta y hacer una escena, le preguntó a Fina: «¿Qué solución se te ocurre para poner fin a este tipo de problemas?». La propia Fina resolvió dejar cerrada la puerta de su habitación, y también sacó el tema a la hora de la cena, haciendo una petición en vez de intentar descubrir al culpable. «En realidad, no me importa quién haya roto mis muñecas —dijo—, pero me gustaría que nadie entrase en mi habitación. Yo prometo no entrar en el cuarto de nadie sin su permiso, y me gustaría que los demás hicieran lo mismo.» Luego les preguntó a todos si estaban de acuerdo, le dijeron que sí, y el problema quedó resuelto. Su madre la había ayudado a encontrar una solución, en vez de culpar a sus hermanos y dejar que el comportamiento que tanto le disgustaba continuase.

Echar la culpa no resuelve nada, pero las soluciones se pueden encontrar si uno se olvida de la noción de encontrar al culpable. En vez de tener peleas familiares por lo que los niños pequeños les hacen a los mayores y viceversa, enséñales a pensar de manera más creativa, tendiendo a encontrar soluciones, y también estarás enseñándoles una lección mucho más valiosa: a eliminar toda tendencia a repartir culpas, ya que eso no cambia nada.

— *Elimina la inclinación de tus hijos a acusar, dejando de ser la fuente de su comportamiento.* El niño que constantemente corre hacia sus padres para hablarles de otros chicos, es un niño que está aprendiendo a ser un «inculpador» y alguien que no toma decisiones. Al prestar oídos al cotilleo estás reforzando la dirección externa; es decir: «Mamá se ocupará de las cosas por ti. Ya sé que no puedes hacerlo tú, así que cada vez que veas algo que yo deba saber, ven a contármelo». Esta postura también anima a los niños a que se conviertan en fisgones y a que se ganen la aprobación mediante métodos subversivos. A nadie le gustan los delatores, y a quien menos le gustan es al propio delator. Un niño debe aprender a librar sus propias batallas y esto significa ganarse algunos chichones de vez en cuando.

En la piscina he visto padres que veían cómo se les escurría el tiempo de las vacaciones con el constante fuego graneado de: «¡Mamá, Héctor me ha empujado al agua!». «Miguel me ha hundido la cabeza en la piscina!». «Pepe estaba corriendo y tú habías dicho que no corriéramos.» «Mary le ha sacado la lengua al celador.» «Teresa le ha bajado el traje de baño a Carlitos.» Las pequeñas chismorrerías surten efecto si le estropean a mamá un rato de descanso en la piscina. El mensaje inconsciente que reciben los niños es que mamá, en realidad, no tiene derecho a un rato de descanso. Les ha enseñado que su tiempo no tiene valor, y que su papel consiste en ocuparse de los problemas típicos de la edad de sus hijos y rescatarlos de lo que ellos mismos son, con la ayuda de algunos fisgoncillos que todo lo averiguan.

La mejor reacción a los chismes es una afirmación sincera sobre cómo sientes tú esos «cuentos». «No me interesan los chismosos. Si alguien te empuja al agua, resuelve tú misma qué has de hacer. Si Teresa le baja el traje de baño a Carlitos, mirad hacia otro lado si no queréis verlo desnudo.» Unas cuantas afirmaciones que les den a entender a los niños que tendrán que aprender a jugar juntos sin la atención constante de sus padres, los animarán a ser dueños de su propio mundo, en vez de comportarse como fisgones y acusicas.

Es obvio que en este aspecto se han de tomar unas medidas razonables de seguridad. A un niño que esté haciéndole daño a un bebé o arrojándole dardos a su hermana no hay que permitirle tal cosa, pero si este tipo de comportamiento extremadamente peligroso se da con frecuencia en tu hogar, tendrás que buscar con cuidado los motivos. Un niño no debe tener acceso a sustancias peligrosas, y si deliberadamente hace daño a otros chicos o a animales, está demostrando que tiene un problema de personalidad muy grave, que debe ser vigilado y tratado sin demora. Sin embargo, la mayoría de los chismes no caen dentro de esta categoría. Por lo general se trata de una treta para llamar la atención de los adultos, una manera de buscar la aprobación que enseña al delator a buscar fuera de sí las soluciones a los problemas menores, en vez de mirar hacia dentro y aprender a librar sus propias batallas.

— *Enseña a los chicos que tú respetas la «verdad», y que nunca los recompensarás por culpar y mentir.* Si un niño sabe que lo van a castigar por decir la verdad, y que ese castigo lo hará sentirse muy mal, es muy probable que mienta o que le eche la culpa a alguien. Un niño se da cuenta desde muy pequeño si lo aceptarán y lo querrán cuando él reconozca sus errores. Si das una zurra a un niño de tres años cuando te dice: «Le he pegado en la nariz al bebé», y luego le niegas el amor, no tardará en llegar a esta conclusión: «Todo este asunto de la verdad sólo me trae complicaciones, y además sirve para que mamá no me quiera». Así que la próxima vez que el bebé llore y tú le preguntes a tu hijo de tres años: «¿Le has pegado al bebé?», es muy probable que te conteste: «No, ha sido el osito», o «Yo no he visto nada».

A un niño se le puede decir con mucha firmeza que al bebé no se le debe hacer daño; puedes tener con él una reacción muy firme. Pero luego, y esto es lo más importante, debes abrazar a tu hijo de tres años, y hacerle saber que tú entiendes que pueda sentirse frustrado con el bebé, y que lo quieres mucho, pero que pegarle no puede estar permitido. Dar un abrazo y un beso después de disciplinarlo puede parecer un mensaje confuso, pero no es de ninguna manera una reacción conflictiva. Los niños necesitan saber que tú los quieres aun cuando ellos se hayan portado mal. Un abrazo, un beso, pero la firme advertencia de que cierto comportamiento es intolerable, enseña a los niños que reconocer la verdad no es nada malo. Si es necesario castigarlos, hazlo siempre con cariño, el más eficaz de todos los maestros. No les guardes rencor, no te enfades, no dejes de hablarles; simplemente, enseña a tus hijos que la verdad es algo bueno, y que «Os quiero aun cuando hagáis cosas que no se pueden tolerar». Esto se aplica a los niños de todas las edades. Que sepan que todos cometemos errores, que tú no estás ofendido ni sorprendido por algo que hayan hecho, y que de todos modos los quieres mucho; pero no permitirás que culpen a los demás y eludan responsabilidades.

— *Abandona ahora mismo la costumbre de culpar.* Acepta el hecho de que estás precisamente donde has elegido estar en la vida. Deja de culpar a tu cónyuge por tu desdicha, a tus padres por tu falta de motivación, a la economía por tu *status*, a la pastelería por tu exceso de peso, a tu infancia por tus fobias, y a cualquier otra cosa que suelas culpar de algo. Eres la suma total de las elecciones que has hecho en tu vida. Aun cuando pienses que tus padres han cometido errores contigo, acepta el hecho de que eran seres humanos que obraron lo mejor que sabían en su momento, de acuerdo con las condiciones en que vivían. ¿Cómo puedes pedir más de alguien? Perdónalos, haz las paces con las personas de tu pasado, y dales a tus hijos el ejemplo de una persona que no culpa a nadie. Muéstrales que puedes asumir la responsabilidad de ser sincero frente a ellos. «Estoy donde me han conducido mis elecciones» es una buena respuesta a tus hijos cuando te pregunten por tu propia situación en la vida. Y como hay situaciones que te impulsarán a culpar, procura cambiar tú mismo delante de ellos. Deja de achacar tu situación económica a la legislación impositiva. Diles: «No he tomado las mejores decisiones para administrarme, pero ahora estoy ocupándome de cambiar eso». En vez de decirles que cuando eras jovencito no tuviste oportunidad de adquirir una educación sólida, diles: «Cuando era joven he hecho otras elecciones, pero ahora procuro corregir cualquier deficiencia que haya en mi educación, porque nunca es demasiado tarde». Afirmaciones como ésta dan a los niños el ejemplo de una persona que no culpa a nadie, de una persona que puede tomar decisiones para corregir los errores del pasado.

— *Anima a los niños a creer que controlan su propio cuer-*

po, particularmente sus enfermedades. Debes decidir hasta qué punto confiarás en médicos, remedios, medicamentos de venta libre y todo eso. Es importante ayudar a los niños a que se den cuenta de que sus actitudes tienen mucho que ver con la cantidad de veces que enfermen en la vida. Las investigaciones más recientes señalan la capacidad de la mente para generar curaciones. Fíjate en lo que se ha escrito sobre la mente y la enfermedad, pero aunque seas escéptico, es importante que tus hijos sepan que pueden, de hecho, controlar en alguna medida su salud. Cada vez que les digas que se tomen una píldora para calmarse el dolor de cabeza o un calambre, les envías el mensaje de que no tienen poder sobre su propia capacidad para librarse del dolor de cabeza o el calambre. Indúcelos a que examinen sus propias actitudes sobre sus enfermedades.

Los dolores de cabeza y de espalda, los calambres, la tensión sanguínea, los dolores y molestias de toda índole, las úlceras, los problemas de la piel, la fatiga y muchos otros estados se ven afectados por las actitudes. Criar hijos que confíen en que pueden sanar solos, y que eviten los medicamentos, a menos que sean absolutamente necesarios, es enseñarles a evitar la hipocondría que prevalece entre las personas «con muchos límites». No les des una píldora cada vez que se quejen de una molestia común. En cambio, ayúdales a examinar hasta qué punto su propia manera de pensar puede estar contribuyendo a esa molestia. Háblales del poder de la mente en este aspecto, de cómo a veces enfermamos cuando nos conviene. Anímalos a que lean sobre este tema, y familiarízate tú mismo con él. No permitas que tus hijos muy pequeños se acostumbren a «ir al doctor» por cada pequeña molestia. Los niños a quienes siempre se les lleva al médico tienden a seguir yendo durante toda la vida; siempre esperan que el doctor o sus medicinas mágicas los curen, cuando en un gran número de casos ni el doctor ni sus medicinas son la causa de la curación. *El cuerpo sana por sí solo*: esa creación magnífica y perfecta es capaz de curarse sola en muchos, muchísimos casos. El elemento de elección sobre la propia salud es una actitud que puedes cultivar en tus hijos, criándolos de manera que crean en sus propios poderes, y que hagan uso de los milagros de la medicina moderna y de las innumerables y complejas habilidades de los médicos sólo cuando sea necesario, y no como un hábito de vida. (Para un tratamiento más detallado del tema, véase el capítulo 8.)

— *Deja de hacer comentarios que animen a los niños a creer que han heredado tus rasgos y talentos personales o al contrario.* Cuando un niño se comporta de la misma manera contraproducente que su padre o su difunta abuela, señálale el tipo de elecciones que está haciendo, en vez de excusarlo. «Estás fracasando en matemáticas porque has descuidado el estudio. Ni has buscado ayuda adicional, ni te pasas el tiempo estudiando, pero lo más importante es que, en realidad, tú crees que no puedes resolver los problemas de matemáticas. Una vez que alguien cree que no puede tener éxito en algo, hará cuanto pueda para probarse que tiene razón. ¿Qué crees que podríamos hacer *ahora* para que mejorases en matemáticas?» La herencia de ciertos rasgos personales es la mayor excusa del mundo, ya que uno no puede alterar sus cromosomas. Olvídate del padre que fracasaba en matemáticas y de la abuela a quien todo le salía mal, y ayuda a esa criatura a que llegue a ser todo lo que puede ser.

— *Sé lo más útil que puedas* a tus hijos para que se desempeñen solos. Ten presente este consejo cuando te pidan que hagas algo por ellos.

Si en la escuela se meten en líos, enséñales a aceptar las consecuencias de su comportamiento. Si siempre llegan tarde, ayúdales a ser más puntuales. Idead juntos un programa que les ayude a levantarse por la mañana y llegar a tiempo a la escuela, pero si regresan continuamente a sus tendencias, y se niegan a comprometerse a observar mayor puntualidad, deja que sufran las consecuencias de ese comportamiento: tal vez deban estudiar durante el verano porque les ha quedado una asignatura pendiente por llegar siempre tarde. Si te duele ver que son irresponsables, ten presente que sólo a través de sus propias experiencias aprenderán a adoptar comportamientos más provechosos. No importa lo mucho que esto te afecte a ti; ellos han de aprender de todos modos de la experiencia, tal como tú lo hiciste. Y aunque rescatarlos continuamente de su comportamiento indebido quizá te haga sentir un poco aliviado temporalmente, tus hijos acabarán pagando el precio de tu corazón demasiado blando. Recuerdo que cuando yo tenía diez años, mi madre me obligó a volver a la tienda del barrio a devolverle al dueño una pistola de agua que había robado. Yo estaba asustadísimo. Le supliqué que me liberase de esa obligación por esa vez, pero ella fue inflexible. «Robar es inmoral —me informó—, y tú irás a dar la cara por lo que has hecho.» Fui a la tienda, devolví la pistola de agua que había robado, aguanté las consecuencias al tener que trabajar cargando mercaderías gratis, y nunca jamás volví a considerar la posibilidad de robar algo. Esto es válido para las tareas del hogar, las peleas con otros chicos, el trabajo irresponsable en la escuela, y cualquier cosa a cualquier edad. Ayuda a tus hijos a que resuelvan solos sus problemas. Sé afectuoso, interésate por ellos tanto como puedas, y enséñales siempre que son ellos quienes eligen, y que ser una persona Sin Límites implica asumir la responsabilidad de las propias elecciones.

— *No acentúes tanto el tener razón como el ser eficaz.* No des a los niños el ejemplo de una persona que siempre debe tener razón, de una persona que jamás es capaz de admitir que ha cometido un error, o que nunca cambia de idea cuando se ve confrontada con el absurdo o el error de la posición que ha tomado. Tener razón siempre significa no admitir que ignoras algo. Enseña a tus hijos a decir simplemente: «No sé» o «Lo averiguaré». Un niño que no pueda decir «no sé» empieza a exagerar o a mentir cuando se le hace cualquier pregunta. Yo he conocido a niños que han aprendido que inventarse algo es mejor que admitir ignorar la respuesta. Esos niños han vivido con adultos que hacían exactamente lo mismo. Si le preguntas a ese tipo de adultos rígidos en su manera de pensar: «¿A qué distancia está el teatro Rialto?», empezarán a darte instrucciones aunque no sepan dónde está el teatro o jamás hayan oído hablar de él. Para una persona así es mucho más importante la apariencia de saber y de tener razón que limitarse a decir: «No sé». Los hijos de gente así responderán a cualquier pregunta aunque no sepan de qué están hablando. De la misma manera, si un niño así da una respuesta, discutirá interminablemente sobre la exactitud de su posición, aunque para todos los que lo rodean sea evidente que él no tiene idea de lo que está diciendo. A los niños enséñales a decir «no sé», y a admitir que pueden estar equivocados sobre algo. Mediante tu propio ejemplo, enséñales que en realidad tener razón no es tan importante. Muéstrales que puedes admitir tus errores, y que te importa, ante todo, asegurarte que no volverán a repetirse.

Si has dejado que caduque una póliza de seguros, no trates

de demostrar que no ha sido culpa tuya. Comprométete, más bien, a que no vuelva a ocurrir. Olvídate de las excusas para ti y para tus hijos: «No me han enviado la cuenta. Debe haberse perdido en el correo. Tal vez el gato se haya comido el sobre. Deberían habérmelo recordado». En vez de decir algo así, corrige inmediatamente tu error y aprende de él. Admite ante todo el mundo, en especial ante los más jóvenes, que eres responsable de tu propio seguro de vida, y que si no tienes seguro vas a sufrir las consecuencias. Esta manera de pensar te ayudará a criar hijos que hagan lo mismo. Una vez hayan visto que tú no necesitas inventarte excusas ni tener razón, tendrán un ejemplo que emular. No tardarás en ver cómo disminuyen sus excusas y su necesidad de tener razón. Que sepan siempre que estar equivocado y aprender de los propios errores es muchísimo más razonable que aparentar tener razón y ser en realidad un falsario.

— *Cuando los niños están dolidos o se sienten mal debido a las opiniones ajenas, muéstrales de manera lógica que el origen de su malestar se halla en su propio interior, porque ellos han tomado la decisión de sentirse mal.* He aquí un simple diálogo que ilustra lo que quiero decir:

MADRE: Pareces enfadado, David. ¿Ocurre algo malo?

DAVID: Miguel y Antonio me han hecho sentir mal.

MADRE: ¿Cómo ha sido eso?

DAVID: Se rieron de mí porque erré un tiro libre.

MADRE: ¿Estás enfadado por haber errado ese tiro libre, o porque los chicos se rieron de ti?

DAVID: Cualquiera puede errar un tiro libre. Yo me sentí estúpido porque se estaban burlando de mi manera de chutar.

MADRE: Supón que se hayan reído de tu manera de chutar, pero que tú no supieras que se han reído. ¿Estarías enfadado?

DAVID: Por supuesto que no. ¿Cómo podría estar enfadado por algo sobre lo que no sabía nada?

MADRE: Es imposible, por supuesto. Sospecho que en realidad no ha sido tanto la risa de Miguel y Antonio lo que te ha ofendido, como lo que tú te dijiste sobre esa risa.

DAVID: Supongo que, para empezar, no debería haber prestado atención a esa risa estúpida.

MADRE: Siempre puedes elegir, David. Nadie puede hacerte

enfadar a menos que tú lo permitas, y en este caso te has dejado ganar por sus risas.

Siempre que sea posible hay que hacer entender la lógica de las cosas. Los demás reaccionarán ante ti de cualquier manera que elijan, y si tú no supieras nada de sus reacciones, no podrías ofenderte por ellas. Sólo te ofendes cuando te enteras de sus opiniones y les otorgas más importancia que a la tuya propia. Enseña a tus hijos a valorar al máximo sus opiniones y a elegir cómo reaccionarán, en vez de reconocer a los demás ese tipo de poder sobre su vida interior.

Enseña a los niños a que consulten consigo mismos acerca de cómo les gusta disfrutar, y a que olviden lo que piensan y hacen los demás. A la hora de elegirles la ropa, pregúntales qué prefieren, en vez de prestar atención a la moda. Cuanto más consulten sus señales internas para determinar qué les gusta y qué no les gusta, más dirección interna obtendrán. Cuanta más práctica tengan en mirar dentro de sí, más confianza en sí mismos adquirirán. La autoconfianza es el cimiento sobre el que se construye una personalidad dirigida internamente, habituada a tomar decisiones. Cuanto más confíen en lo que hagan o piensen los demás, menos confiarán en sí mismos. Los niños son extremadamente vulnerables a esta manera de pensar en que se tiende a buscar la aprobación externa. Están observando todo el tiempo, y ven claramente lo que hacen los demás. Indúcelos a que observen cuidadosamente, pero haz que elijan basándose en lo que sientan como apropiado para ellos. Comprar algo simplemente porque todo el mundo usa esa marca equivale a una búsqueda de aprobación: consultan a los demás y no a sí mismos en lo que respecta a la ropa. Esta afección insidiosa puede invadir muchos otros aspectos de su vida. Cuando preguntan: «¿Cómo me queda esto?», responde con tu opinión sincera, pero a tu vez pregunta siempre: «¿Cómo crees tú que te queda?». Haz que a lo largo de su vida hagan sus propias elecciones, y cuando son muy, muy jóvenes, apláudeselas. «Te sienta inmejorablemente ese vestido, y lo has elegido tú solita; eres formidable.» Eso se le puede decir a una niña de dos años que ha escogido su vestido para ir a una fiesta. Reforzar positivamente a un niño por tener criterio propio es de crucial importancia en los primeros años. Posteriormente, a lo largo de toda su vida, necesita una práctica continua de ese criterio, en lugar de atenerse al ajeno.

— *Demuestra a los niños que la integridad tiene mucho más valor que tomar el camino fácil para complacer a los demás.* Un niño íntegro, comparado con otro que «adule», tiene mayores ventajas en la vida. La integridad está dentro de uno mismo, tal como la aprobación que surge al vivir la propia vida de esta manera. Tratar siempre de complacer a los demás significa que la aprobación se obtiene de fuera, y es el sendero que conduce a la neurosis y la insatisfacción. Enseña a tus hijos a que vayan por el camino más adecuado para ellos. Si la dirección de la escuela espera de ellos que obedezcan reglas en las que en realidad no creen, insísteles en que hay formas de conseguir que esas reglas cambien, y enorgullécete de sus serios esfuerzos por reparar cosas que siempre han sido de determinada manera. «Haz simplemente lo que se te diga, y deja de estar siempre discutiendo las reglas y las disposiciones. Después de todo, nadie más se queja.» Decirle eso a un niño, equivale a pedirle que renuncie a su integridad. «Sé que te parece estúpido que te impongan un tema de redacción. ¿Cómo te parece que podrías convencer a tu maestra para que te permita decidir tú mismo el tema?» Este comentario, en cambio, le hará al niño un favor mucho mayor.

Adopta con los niños una actitud positiva cuando se oponen a la autoridad establecida y a las reglas sin sentido. Recuerda que *el crecimiento es imposible si una persona siempre hace las cosas como todos las han hecho.* Los niños sienten con tanta intensidad como los adultos la estupidez de las reglas, y si les dices que ignoren su conciencia y sigan adelante y se aguanten, estás enseñándoles a ser esclavos en vez de personas Sin Límites. Hace falta ser muy valiente para oponerse a algo que uno siente como injusto. Ayuda a los niños a hallar maneras de enfrentarse a las reglas y disposiciones que entren en conflicto con sus íntimos criterios, y apoya su deseo de cambiarlas, en vez de recriminarles por tener esas opiniones. Diles: «Estoy orgulloso de ti por defender tus creencias», en vez de: «Cállate, y haz lo que hace todo el mundo», o, aún peor: «Olvídate de todo eso y haz lo que te digan». Ellos quieren sentir que pueden tomar algunas decisiones, y poner de manifiesto algún elemento de control sobre su propio mundo. Tú sin duda no quieres que entren en la edad adulta como personas que sólo toman lo que se les da. Necesitan práctica para hacerse valer y oponerse a las disposiciones anticuadas. Ésto es válido en el hogar, cuando tienen que aceptar una hora irracional para irse a la cama simplemente porque tú quieres perderlos de vista; en la iglesia, cuando les dicen que crean lo que se les obliga a oír sin cuestionarlo; en el patio de juegos, cuando un pendenciero impone su voluntad a todos, o en cualquier otro lugar donde encuentren reglas y leyes que *ellos* sientan injustas.

— *Reconsidera tu manera de entender la disciplina, teniendo presente que no siempre es posible organizarlo todo sobre una base que complazca a todos, especialmente a los niños.*

Si los cuidas como a un rey y ellos te faltan al respeto, debes alterar tu comportamiento hacia ellos. Al ser su sirviente y dejarlos que te insulten, estás enviándoles un mensaje que dice: «Os recompensaré por tratarme de esta manera». Con tu manera de entender la disciplina, debes asumir la responsabilidad de ayudarles a ser responsables. Los niños que se niegan cuando les pides que saquen a la calle la bolsa de la basura seguirán haciéndolo si, por miedo, sigues ignorando que te desobedecen. Una confrontación es inevitable, pero no hace falta que tome la forma de una violenta explosión verbal. Con poner el cubo de la basura en la habitación del niño o incluso en su cama después de varios intentos de hacer que te escuche, es una manera muy eficaz de demostrarle que hablas en serio. De la misma manera, si haces la comida todos los días a tus hijos y ellos son descuidados con sus responsabilidades o impertinentes contigo, puedes limitarte a retirarles ese privilegio y dejarles que se arreglen ellos solos con la comida. Recuerdo haberle oído decir a mi hija más de cien veces: «Me olvidé». Un día, cuando yo «me olvidé» de ir a buscarla al supermercado y ella tuvo que venir a casa caminando con una temperatura de 40 grados, captó el mensaje.

Una vez más debes ser un modelo de lo que estás tratando de enseñar. Puedes mostrarles a los chicos con tu propio comportamiento que no aceptarás insultos, pero no hace falta que discutas el asunto. Sé firme con tu comportamiento; afectuoso, pero siempre firme. Ésto les enseñará que hablas en serio y que no te dejarás enredar en discusiones sin sentido. Si no haces caso del comportamiento autodestructivo de un niño porque tienes miedo de su reacción o, simplemente, tratas de evitar una discusión desagradable, estás haciéndole un pobre servicio como padre. Los niños necesitan aprender a ser personas responsables, e ignorar ese comportamiento irresponsable equivale a reforzar lo que te disgusta. Olvida las discusiones interminables y concéntrate en demostrar qué quieres con tu propio comportamiento nuevo y eficaz.

Unas palabras sobre el lenguaje y el comportamiento tosco y ofensivo que los adolescentes emplean con sus padres son algo obligado. No os sintáis escandalizados cuando vuestro hijo o hija adolescente os trate de una manera que os parezca irrespetuosa. Prácticamente todos los adolescentes pasan por un período de dos o tres años en que hablan de manera ofensiva a sus padres (especialmente a su madre) y les faltan al respeto. Aunque yo no perdono este tipo de comportamiento, ni creo que debas soportarlo porque estén pasando por una fase, creo que es importante que entiendas el origen de todo esto. Por lo general, los adolescentes son más irrespetuosos con aquellos en quienes saben que pueden confiar. Esto tal vez parezca contradictorio, pero es verdad. El adolescente sabe que su madre, pese a estar dolida seguirá queriéndolo cualquiera que sea su comportamiento. Mamá se convierte entonces en la persona segura con quien se pueden probar algunas de las dudas sobre uno mismo y los sentimientos iracundos. El riesgo es mínimo. Si lo intentase con sus maestras, amigas, vecinos o extraños, se encontraría en graves problemas, forzado a sufrir las consecuencias muy reales de haber maltratado a los demás. Pero Mamá, la vieja, tan buena, lo querrá aunque él sea increíblemente basto y revoltoso. Es casi una muestra de amor, aunque esté mal dirigida, y con toda seguridad no durará mucho tiempo. Para resumir: un adolescente ensayará esos comportamientos con las personas en quienes más confíe, que no le retirarán su amor. Mamá es el blanco más fácil, y debe saber que en realidad esa actitud es un cumplido velado. Tu hija confía en ti lo bastante como para probar su peor lado ante ti. Es una muestra de amor al revés, y de todos modos dolorosa. Como madre, tienes dos elecciones, y no hay duda de que no es necesario soportar que te maltraten. Pero primero debes comprender que es normal que durante su crecimiento, el adolescente se sienta como un adulto atrapado en el cuerpo de un niño. Sea lo que sea lo que hagas, no pienses que eso es signo de que has fracasado como padre o madre. En realidad, es precisamente todo lo contrario. Le has dado a tu hijo un modelo de persona en la que puede confiar lo bastante como para exhibir su lado más zafio, sin temer la desaprobación total, ni la desaparición del amor. Una vez que entiendas esto, podrás dar algunos pasos para que te afecten lo menos posible los estallidos de tu hijo adolescente. Puedes evitar ponerte en posición de blanco, negarte a discutir, dar al joven un poco más de espacio. Pero hagas lo que hagas, no tienes por qué interiorizar esos asaltos como reflejo de que has fracasado como padre. Esa es una suposición errónea, que te angustiará todavía más de lo que ya te angustia tu adolescente.

Éstas son algunas sugerencias para lograr cambios importantes, que puedes empezar a poner en práctica hoy, con el fin de ayudar a tus hijos de la edad que sean a convertirse en seres con más dirección interna y más confianza en sí mismos. En todas las etapas de su vida, los niños deben aprender que son responsables de cuanto ocurre en su propio interior. Un niño es el único que puede experimentar su propio mundo interior, y tiene muchas, muchas elecciones en cuanto a cómo será ese mundo para él. Enseña a tus hijos que tienen elecciones, que su manera de pensar tiene mucho que ver con lo que experimentan, y que pueden elegir ser como todo el mundo y amoldarse, o llegar a ser personas independientes, de pleno funcionamiento. Deben estar convencidos de que culpar es un derroche de su energía vital, de que con independencia de quién tenga la culpa, la realidad no va a cambiar por el simple hecho de que le hayan echado la culpa a alguien. Enséñales a que consulten su propia luz interior, en vez de tratar de complacer a todos y vivir como buscadores de aprobación, como «inculpadores» y no como personas responsables. En el siglo XIX, Nathaniel Hawthorne escribió: «Cada individuo tiene un sitio que llenar en este mundo, y es importante en algún aspecto, lo decida o no». Tú eres responsable de ayudar a tus hijos a tomar la decisión Sin Límites de pensar y *ser* importantes. De ti depende la diferencia, y no pienses ni por un momento que no es así. Como siempre, en tu mano está tomar esa decisión.

5

QUIERO QUE MIS HIJOS VIVAN
SIN ESTRÉS NI ANSIEDAD

La persona Sin Límites sabe que preocuparse sólo inhibe su capacidad de acción, y no ve en la vida nada de qué quejarse. Nunca manipula a los demás con la culpa ni deja que la manipulen. Ha aprendido a evitar los pensamientos angustiosos. Es feliz tanto estando sola como acompañada. Le gusta estar sola. Cultiva el arte de la relajación y la recreación. Es experta en alcanzar la relajación total a voluntad.

El mundo es perfecto; no hay ansiedad en él... en ningún lado. Sólo hay personas cuyos pensamientos les producen ansiedad.

EYKIS

Todos los días escuchas a víctimas de la ansiedad. Has visto las estadísticas del fenomenal incremento en el uso de tranquilizantes, estimulantes, sedantes, píldoras para dormir, tabletas antiestrés, antidepresivos y drogas para todo tipo de los llamados estados de ansiedad. Confiamos cada vez más en los remedios externos para sacudirnos de encima algo que ni siquiera existe.

¡La angustia no ataca! La gente opta por pensar con angustia, ansiosamente, en su mundo, y entonces busca una píldora para quitarse de encima esa sensación misteriosa. A nuestros hijos se les cría en una atmósfera angustiada que se cobra víc-

timas de manera impresionante. Los índices de suicidio entre los niños pequeños crecen a pasos escalofriantes. Hay un número cada vez mayor de niños que requieren atención psiquiátrica para poder amoldarse más eficazmente a las «complejidades de crecer en el mundo moderno». Los niños crecen para convertirse en adultos cuya tensión sanguínea es cada vez más alta y que padecen trastornos tales como úlcera, afecciones coronarias y migrañas. Son los participantes de una industria enteramente nueva llamada «manejo del estrés», y muchos de los expertos en estrés le echan la culpa al estrés mismo, y no a la manera de pensar qué lo produce.

Puedes criar hijos para que estén completamente libres de los estragos de una vida angustiada. Tus hijos no tienen por qué formar parte de las estadísticas que acabo de mencionar. Ser una persona Sin Límites significa estar libre de ansiedad en *todo* momento. Criar a tus hijos como personas Sin Límites significa arraigar en ellos la convicción de que tienen control sobre su angustia. Significa enseñarles a asumir la responsabilidad de cómo usan su mente. Significa enseñarles a pensar de manera que no acaben envenenándose con las manifestaciones mentales o físicas de la angustia y el estrés. Observa detenidamente el proceso de crecimiento de un niño para asegurarte de que jamás murmurará estas palabras absurdas: «Estoy angustiado», ni crea siquiera que algo semejante es posible.

A los niños se les puede garantizar una vida libre de ansiedades a condición de que estés preparado para animarlos a crear que controlan cuanto está dentro de ellos. Con pensamientos sanos y una amalgama de sentido común y refuerzos adecuados, tu hijo no acabará consumiendo Valium para hacer frente a los problemas de la vida, ni frecuentará el consultorio de un psiquiatra para hablar de su niñez y de cómo superarla. Tus hijos no se convertirán en neuróticos que recurren a los antidepresivos o a las tabletas sedantes ante el primer indicio de que hay un problema. Con el fin de asegurarte de que estás criando a tus hijos libres de esta neurosis de angustia, primero debes observar precisamente qué significa estar libre de esos tormentos interiores que hemos dado en catalogar como angustia o ansiedad.

¡La ansiedad es una manera de pensar! Sus resultados se sienten en nuestro mundo interior. Con el fin de liberarnos de la ansiedad en nuestra vida interior, hemos de pensar de manera que no propicie ese sentimiento. Quizá el mejor sitio al que podamos llegar como seres humanos sea lo que yo llamo perfección sin esfuerzo o serenidad interior. La cultura japonesa llama *Shibumi* a esta experiencia de total paz interior. Resulta difícil escribir sobre este estado de serenidad porque constituye una experiencia única para cada individuo. Lo esencial para alcanzar este tipo de perfección interior se apoya en una visión del mundo como lugar perfecto. Significa pensar en términos de armonía, paz, amor y perfección, en lugar de considerarlo un sitio hostil, feo y aborrecible. La perfección interior implica estar en paz con uno mismo, hacer voto de no ir contra la vida y vivir, en cambio, acorde con las fuerzas naturales de nuestro universo para disfrutar de cada momento como de un milagro. Significa apartarse del apego a viejas ideas que causan estragos en nuestro interior y en todo nuestro universo; un aceptar nuestro mundo, amarnos a nosotros mismos como seres humanos, respetar todo cuanto está y estuvo vivo, renunciar a los pensamientos hostiles, y comprometerse día a día a hacer de nuestro mundo un lugar mejor. Si bien esto tal vez suene como una filosofía de la vida basada en el idealismo y que no presta atención a las realidades cotidianas de nuestro mundo, sugiero que no se trata de nada de eso. De hecho, estoy firmemente convencido de que la perfección interior está esperando a que cada uno de nosotros la reconquiste. ¡Sí, he dicho *reconquistar*!

Como niños diminutos, inocentes, venimos a nuestro mundo llenos de perfección interior. En nuestros primeros meses no juzgamos. Nos limitamos a existir, y nuestras necesidades básicas para sobrevivir se satisfacen, o simplemente no logramos sobrevivir. Los niños pequeños representan la forma más próxima a la perfección interior. Mira un recinto lleno de niños que corren por todos lados, que se ríen de todo, y que aprecian cuanto hay allí para ellos. Piensa en tu propia infancia y recuerda cómo te fascinaba una oruga, cómo podías pasarte las horas perdidas jugando al borde de un lago o mirando las ranas que saltaban entre los nenúfares. Recuerda cuando te subiste a tu monopatín por primera vez y sentiste la libertad de deslizarte sobre él. Acuérdate de la fascinación de estudiar una colonia de hormigas, de tu primer paseo en bote, del olor de la hierba después de cortar el césped, de una fresca nevada, de vestirte con ropa de tus padres, del sabor del tallo de una planta silvestre, o del aroma arrobador de un árbol de lilas en flor. Virtualmente todo lo que has hecho cuando eras chico te ha demostrado que la vida era un milagro para ti y que todo estaba allí para tu solaz. Tú no lo analizabas, no te preocupabas por ello, no tratabas de clasificarlo en categorías. Simplemente vivías, libre de ansiedad, y libre asimismo de la preocupación por el futuro. Durante una época de tu vida tuviste ese estado mental, y puedes reconquistarlo en cualquier momento que lo desees. También puedes asegurarte de que tus hijos de todas las edades no sólo reconquisten este tipo de paz interior, sino que la retengan durante toda una vida de serenidad, en vez de vivir una ansiedad neurótica.

Lo consecución de la paz interior es un viaje. Es una manera de viajar a través de tu breve tiempo aquí, en este planeta. El sendero que tomas es la elección que haces, y tu manera de pensar mientras te hallas en el sendero es el resultado de cómo ejercites tu libre albedrío. A los chicos les puedes enseñar cómo pensar de maneras que los ayuden a mantener esa capacidad natural de mantener la serenidad interior. Al escribir sobre cómo enseñar a los hijos a conservar su natural paz interior toda la vida, y a vivir en sus propios senderos de la manera más armoniosa posible para ellos, sólo pienso en la palabra *amor*.

Ya he escrito antes sobre la necesidad del amor propio y acerca de cómo ayudar a tus hijos a que lo tengan. En esta sección sobre la paz interior, la respuesta también es el amor. El respeto por sí mismo en oposición al autodesprecio es algo de crucial importancia, y no voy a reiterar una y otra vez este punto, sino que te pediré que vuelvas a leer con cuidado el capítulo 2. No olvides el amor que puedes dar a tus hijos y el que puedes enseñarles a devolver a todas las personas y cosas con que se topen en este mundo. Ese amor no se demuestra necesariamente con besos y abrazos (aunque sean algo excelente), sino adoptando una actitud que tú cultivas en tus reacciones con los niños, y que se puede reforzar todos los días en la manera en que ayudas a tu hijo a relacionarse con su mundo y con la gente que lo puebla.

Estar libre de ansiedad es, pues, una actitud o una forma en que tus hijos y tú practicáis una manera amorosa de ver la vida. Se trata de una aceptación total del mundo y de una manera imparcial de contemplar la existencia; de un compromiso de vivir «al máximo» en vez de quejarse. Es todo lo que se refiere a eso llamado felicidad, que Aristóteles describía así: «La felicidad es el significado y el propósito de la vida, el objetivo y el fin de la existencia humana». Para aceptar este tipo de felicidad has de recordar antes que constituye una experiencia interior que tú mismo aportas, en vez de ser algo que se pueda extraer de la gente y de las vivencias externas. En segundo lugar, esa felicidad o satisfacción interior tan importante ya está dentro de cada uno de nosotros, y sólo necesita que se la fomente sin presiones angustiosas para que dure toda la vida. Estoy hablando de cultivar un *hábito* de felicidad en oposición a un *hábito* de ansiedad. Las maneras en que te dirijas a tus hijos son factores importantes para ayudarles a cultivar este hábito. Los niños sin ansiedad llegan a ser adultos sin ansiedad, y continúan así toda la vida si saben desde el principio cómo liberar de angustia sus pensamientos. Puedes mostrarles la forma de alcanzar el sendero correcto y permanecer en él. Para esto se empieza por eliminar los tres grandes sembradores de ansiedad: la culpa, la preocupación y la tensión paralizadora. Estos son tres monstruos que atenazan a los seres humanos. Debes entenderlos y prometer que te desharás de ellos en tu propia vida y en la de tus hijos.

Basta de culpa

Culpa significa sentirse mal por algo que se ha dicho o hecho en el pasado. En la medida en que es una herramienta para motivar una mejora del comportamiento, *aprender del pasado* sirve a un propósito útil. Pero la culpa no consiste en aprender del pasado. La culpa nos inmoviliza en el presente por algo que ya ha ocurrido. Es una herramienta que usan los adultos para hacer que los niños se sientan mal, y controlar así su comportamiento. Previamente les han enseñado a interiorizar esos intentos de manipularlos mediante la culpa. Cualesquiera que puedan ser las intenciones de un adulto para reforzar los sentimientos de culpa en los niños, sus manifestaciones negativas —súbito terror paralizante, insomnio, temor, introversión, vergüenza, pérdida de autoestima y falta de iniciativa— suelen ser muy a menudo la reacción

Cuando usas la culpa para impulsar a tus hijos de cualquier edad a que se comporten como a ti te gustaría, o para que se sientan mal por algo que ya ha pasado, estás ayudándolos a que lleguen a angustiarse, y sean víctimas de las manifestaciones de la ansiedad. La culpa es una expresión interior del niño. Aunque tal vez te proporcione los resultados temporales que estás buscando, la interiorización de los sentimientos de culpa será un poderoso productor de ansiedad en el niño. Cuando finges llorar delante de tu hija de tres años para forzarla a que te dé un beso porque ella no soporta que te sientas mal, has introducido un fuerte sentimiento de ansiedad en su mente al crear algo que tal vez a ti te parezca un juego inofensivo. Ella ha aprendido muy temprano que no puede elegir a quién besar y que tendrá que abandonar su propia renuencia a darte un beso o un abrazo para hacer que tú te sientas mejor. Así aprende que debe abandonar sus propios sentimientos para calmar los tuyos heridos, aunque tenga que ir contra sus propios deseos en ese momento. Como adulto, ¿te gustaría que te forzasen a besar a alguien simplemente porque esa persona se sentiría mal si no lo hicieras? ¿Te gustaría que las opiniones de los demás fuesen más importantes que la tuya propia, cuando se trata de brindar tu afecto en cualquier momento dado de tu vida? Por supuesto que no. Imagínate lo ansioso que estarías si sintieras que no puedes decidir a quién quieres besar; si eso dependiera de otras personas, que sólo tuvieran que apretar ciertos botones para que, automáticamente, tú le dieras besos y abrazos a quien ellos quisieran. Éste es el efecto productor de ansiedad que una mínima experiencia de culpa le da a un niño pequeño, y es algo contra lo que deberás estar en guardia a lo largo de todos los años de crecimiento de tus hijos.

Al púber convencido de que Dios se disgustará si él no va todos los domingos a misa se le ha enseñado a sentirse culpable cuando va en contra de *tus* valores. No se le permite una elección, ya que se le ha infundido la culpabilidad a través del temor. Si le niegas tu amor a una hija adolescente porque ella no mantiene limpia su habitación o porque ha elegido un novio que tú desapruebas, estás enseñándole a quedar «inmovilizada» y a angustiarse por tus reacciones. Al muchacho a quien se le advierte: «Algún día pagarás por la manera de tratarme», cuando está haciendo sus elecciones normales para llegar a ser independiente, se le está enseñando a experimentar dudas internas y ansiedad por sus propias decisiones. Para él, ser víctima tuya es mucho más importante que convertirse en una persona Sin Límites.

La culpa presenta muchas variedades. Los padres pueden manipular a sus hijos con ella, y los hijos llegan a ser expertos en hacerles lo mismo a sus padres. Al principio, el juego se juega con posturas pequeñas, cuando se manipula a los niños para que lleven a cabo los deseos de sus padres, y se convierte gradualmente en una forma de comunicación que todo lo abarca. Cuando se convierte en una herramienta habitual de comunicación, todos los miembros de la familia pueden experimentar los estragos de la culpa. Los chicos pronto empiezan a desconfiar de sus ideas, y a observar un comportamiento cuyo único fin es evitar que sus padres les impongan su propia culpa. Se dedican a los estudios que otros desean para ellos, en vez de ser personas que ejercitan su capacidad de elegir libremente. Asisten a las ceremonias religiosas que les imponen, pues no quieren que sus padres se ofendan. Eligen los amigos que sus padres quieren, por temor de herir sus sentimientos. En resumen, se convierten en miniaturas de sus padres. Les consume el temor a la retribución en forma de culpa. Se enteran pronto de todo lo que tú desapruebas, y empiezan a vivir no como personas que piensan libremente, sino como miniordenadores programados, mucho tiempo después de que sus padres hayan dejado de controlarles la vida, e incluso después de que ellos hayan muerto.

La culpa es el arma de los débiles. Se usa exclusivamente para manipular a los demás. Su finalidad es conseguir que los demás vivan la vida como nosotros creemos que deberían, o que se sientan mal por la manera de haberse comportado en el pasado, para que podamos controlarlos ahora y en el futuro. Evita cualquier técnica disciplinaria cuyo objetivo principal sea el sufrimiento interior y la angustia de los niños. Un niño culpable es un niño manipulado que aprende pronto a abandonar su propia voz interior, para hacer lo que se supone debe hacer para estar seguro de que tú no reaccionarás mal. Un niño culpable también aprende a convertirse en irresponsable. Piensa un momento en todo este asunto de la culpa. Supón que controlas el comportamiento de un niño a través de los sentimientos de culpa que él experimenta como resultado de tu manera de comportarte con él. He aquí los resultados internos de una estrategia así.

Primero, el niño se siente mal internamente y experimenta ansiedad por la manera como está tratándote. Segundo, agota ese momento presente sintiéndose mal por lo que ha hecho o por cómo te ha defraudado. Tercero, puesto que se siente mal, es incapaz de emplear ese momento presente de ninguna otra manera (queda inmovilizado) para corregir su comportamiento o aprender de sus errores. Recuerda: aprender del pasado es precisamente eso, mientras que sentirse mal por cómo se ha comportado uno se llama culpa. No confundas las dos cosas, porque son reacciones opuestas. Beneficiarse de los propios errores aprendiendo del pasado es una manera de aprender altamente funcional y Sin Límites. Sentirse culpable y verse manipulado por esa culpa te mantiene inmovilizado en el momento exacto en que podrías hacer algo por modificar ese comportamiento. Por lo tanto, la culpa se convierte en una elección irresponsable ofrecida a los niños. Significa que aprenderán a quedarse allí y sentirse mal cada vez que hagan cosas que no les gusten. Significa que en vez de llegar a ser individuos con libre albedrío, se convertirán en víctimas, siempre bajo la influencia de sus reacciones emocionales ante los demás. Y lo peor de todo es que eso significa que no se beneficiarán ni crecerán, sino que se convertirán ellos mismos en «inculpadores».

Si tú infundes la culpa en tus hijos de manera habitual, no pasará mucho tiempo sin que empiecen a utilizarla contigo. «Muchas gracias, mami, por olvidarte de comprarme algo para el almuerzo. Supongo que en realidad no te importo.» «Nunca consigo ir a ningún lado, pero Dany siempre se sale con la suya. Sospecho que siempre te ha caído mejor.» «Nunca piensas en mí. Siempre sois papá y tú quienes lo tenéis todo.» «Sólo he recibido siete regalos, y todos tienen ocho. Ya sabía que ellos te gustan más.» «Yo debo ser un hijo adoptivo; sé que mis verdaderos padres nunca me tratarían de esta manera.» Este tipo de comentarios que generan culpa, surgen habitualmente de niños que se han educado con la culpa como algo cotidiano. Un niño que use esas tácticas está aprendiendo a manipular a los demás, a ser sumamente irresponsable y a vivir angustiado. Llegará a ser un manipulador porque está aprendiendo a usar los sentimientos delicados de los demás para obligarles a comportarse como él quiere. Llegará a ser irresponsable porque se servirá de la culpa (y se sentirá culpable) en lugar de hacer algo constructivo para corregir la situación. Se sentirá ansioso porque interiorizará las opiniones de los demás y hará de ellas la fuente de su propio comportamiento, o contribuirá a que los demás se sientan a disgusto, y ninguna de esas dos cosas es un acto afectuoso. La ansiedad está siempre presente en nuestro interior cuando nos comportamos o forzamos a los demás a que se comporten de maneras que no son afectuosas. Así pues, al hacer de la culpa una parte de tu estilo de vida como padre, te conviertes en un triple perdedor.

Las alternativas a la culpa son notablemente fáciles de llevar a cabo. Implican que tengas el suficiente respeto por tus hijos como seres humanos completos como para no desear nunca que experimenten el tormento interior que originan los sentimientos de culpa. Para evitar las técnicas de la culpa debes recurrir a una interacción constructiva que contribuirá a que tus hijos aprendan de sus errores. Cuando ellos se equivocan, tú debes darles amor en vez de hacer que se sientan estúpidos, torpes o malos. Una vez se hayan propuesto una nueva empresa, no debes recordarles sus errores. En la parte final de este capítulo, ofrezco gran número de ejemplos y estrategias específicas que te ayudarán a abandonar las técnicas de la culpa.

El cambio básico en tu manera de emplear la culpa debe surgir de tu interior. Debes comprender los peligros de criar niños esclavos de la culpa. Puedes asumir el compromiso de «trabajar» con tu propia culpa, y de hacerte valer ante aquellos que te manipularían con sus deseos. Puedes convertirte en un modelo de ser humano para tu hijo; un modelo que no sólo se niegue a ayudar a sus hijos a interiorizar los sentimientos de culpa, sino que también los haya eliminado de su propia vida. Como todas las demás cosas relacionadas con ayudar a los niños a ser personas Sin Límites, debes presentarte como un ejemplo viviente siempre que te sea posible, y demostrarles con toda sinceridad que estás trabajando sobre ti mismo para transformarte a tu vez en una persona Sin Límites. Si no quieres que estén cargados de ansiedad toda su vida, la culpa debe desaparecer. Lo mismo vale para el segundo de esos demonios que producen niños ansiosos, más bien que felices: las preocupaciones.

El segundo componente del repertorio de la persona atormentada por la angustia son las preocupaciones. Al igual que la culpa, las preocupaciones sólo se pueden experimentar ahora, en el momento presente. La preocupación es una forma de agotar ese presente, consumiéndolo en algo que forma parte del futuro, sobre el que no tenemos control. Preocuparse es generar ansiedad. No significa estar confundido con lo que nos interesa en relación con el futuro, ni con la planificación cuidadosa para evitar el trauma. La preocupación no consiste simplemente en pensar en el futuro. La preocupación no es hacer planes, ni detallar tus objetivos para el futuro. La preocupación es pensar en el futuro con ansiedad. Los resultados físicos de la preocupación —alta tensión sanguínea, tartamudeo, angustia, pérdida de autoconfianza y pasividad física— son exactamente los mismos que los de la culpa. Los niños que crecen aprendiendo a preocuparse, están destinados a vivir dominados por la ansiedad.

Puedes hacer muchas cosas para asegurarte de que tus hijos no estén programados para ser personas abrumadas por las preocupaciones. El niño preocupado está consumido por los temores que le inspira su realización en la vida. A los niños que se preocupan se les ha dicho que tienen que ser perfectos, complacer a sus padres, ganar en todo lo que hagan, y ser juzgados por su reputación y no por su forma de ser. Al niño que se preocupa se le obliga a menudo a ser perfeccionista, tiene miedo de fracasar, y cree que la vida no es para disfrutarla, sino que se la debe analizar, estudiar y dividir en compartimientos separados. El niño que aprende a pasarse el tiempo preocupado no abandonará con facilidad este modo de vida. Quienes se preocupan encuentran placer en preocuparse aunque lo tengan todo en orden. En momentos así se preocuparán por no tener nada de qué preocuparse.

Como todos los comportamientos neuróticos, la preocupación es un *hábito*, una reacción aprendida, tomada generalmente de modelos de personas que también se preocupan. El hábito de la preocupación (que en realidad es el hábito de angustiarse por el futuro) se puede trastrocar enseñando a los niños a pensar de maneras más sanas, productivas y Sin Límites.

Imponer en los niños criterios externos, poner énfasis en

la necesidad de que se realicen a toda costa, les anima a preocuparse. Estar constantemente preocupado delante de los niños les propone un ejemplo negativo. Hablar en tono de constante preocupación de cuentas que pagar, de la guerra, de envejecer, del desempleo, del tiempo, del *status* social, de cómo terminará la fiesta, de la pulcritud de tu hogar, del aspecto personal, y todo esto sin parar, les enseñará con exactitud cómo llegar a estar efectivamente preocupados. Adoptarán el hábito aunque a ti no te guste. Promete evitar los comentarios angustiantes delante de tus hijos, y esfuérzate en ser eficaz, en vez de alguien que se preocupa por sistema.

La preocupación también toma la forma de queja. Muchos chicos han aprendido a quejarse de la vida en vez de hacer algo creativo para terminar con sus dificultades. «No quiero hacer ese viaje.» «No me gusta ir a fiestas.» «No voy a elegir esa maestra para ciencias.» «No me gusta ir a casa de la abuela y ver a todos mis primos.» Muchas veces, estos sentimientos, que cabe resumir en un «No me gusta el mundo», son una máscara tras la que se esconden los niños preocupados por el resultado de tales sucesos, u obsesionados por la imagen que brindarán a los demás. El niño que se queja, que encuentra errores en el mundo, en vez de disfrutar de todo lo que la vida le ofrece, con frecuencia ha aprendido a sustituir la verdadera vida por las preocupaciones y las quejas. Si no se corrige o lo refuerzan los adultos de su medio que adopten una actitud similar, este comportamiento persistirá en la edad adulta.

Eliminar la preocupación significa cultivar una actitud más serena y pacífica y de aceptación de la vida. Hay un viejo dicho que he citado muchas veces cuando trabajaba con personas preocupadas: «Soy viejo y he tenido muchos problemas, la mayoría de los cuales nunca han sucedido». La verdad es que casi todas las cosas por las que te has preocupado acaban siendo muy buenas. Preocúpate porque vas a perder tu empleo y tal vez acabes perdiéndolo. Y entonces, ¿qué? La persona casi siempre encuentra otro trabajo que le conviene más, en el que se le paga más, y que resulta más satisfactorio. ¿Y todas las preocupaciones? Han sido un derroche de energía. Prácticamente todas las cosas por las que nuestros hijos o nosotros nos preocupamos, acaban siendo una insensata pérdida de tiempo. Si puedes enseñar a tus hijos que empleen en trabajar en el objeto de su preocupación, el tiempo que habrían usado ordinariamente para preocuparse, estarás ayundándoles a adoptar un estilo de vida mucho más libre de angustia.

Cuando estudiamos a los grandes pensadores e innovadores de todos los campos de la actividad humana, descubrimos que rara vez son gente que se preocupe. Esto es verdad porque una persona que emplee la valiosa moneda de su vida (su tiempo) en preocuparse, tendrá su cuenta en números rojos cuando llegue la hora de hacer algo. Los grandes líderes son activos, no personas que se preocupen. Se pasan el tiempo comprometidos con lo que estén haciendo en la vida, en vez de inquietarse por los resultados. En este momento de mi existencia, cuando estoy aquí sentado delante de mi máquina de escribir componiendo este capítulo, podría estar haciendo otra cosa. Podría estar atormentándome por si le gustará o no al público, por si mis editores querrán que lo modifique todo, por si lo criticarán los llamados «expertos en niños», por si se adaptará bien a todos, por si estoy personalizando demasiado, por si ganaré dinero con el libro, por si se me acabará el papel para seguir escribiendo, por si se me romperá la máquina, por si mis hijos ingresarán en la universidad, por si una explosión nuclear quema mi primer manuscrito, por si mi signo solar está adecuadamente alineado con Urano a fin de que yo tenga buenas vibraciones para escribir, por si se me irá el granito que tengo en la mejilla, o incluso por si me producirá hemorroides el permanecer aquí sentado hora tras hora. Si hubiera elegido cualquiera de estas cosas para preocuparme, no habría escrito nada; me habría limitado a preocuparme.

Precisamente en eso reside la inutilidad de la preocupación. Te mantiene tan ocupado que no puedes hacer ninguna otra cosa, e incluso si te las arreglas para hacer algún trabajo entre las sesiones de preocupación, no puedes disfrutar de ello. En vez de quedarme ocupado con cualquiera de los asuntos que acabo de enunciar, yo lo veo de esta manera. El público decidirá si le gusta o no este libro sobre cómo criar hijos Sin Límites. Si lo compra o lo toma en préstamo de la biblioteca pública, sólo eso determinará lo que piensen. Pero nunca llegaré siquiera a saberlo si no me disciplino para escribir todos los días. Además, todo seguirá su curso normal; el sol se alineará como está mandado, y no surgirán mayores inconvenientes. Yo me obligo a evitar las preocupaciones dirigiendo mis actos hacia *mis propios* sueños y empeños. Y he aprendido hace mucho que la preocupación es un enorme despilfarro de mi vida. Todas las cosas por las que me he preocupado han terminado por seguir su curso previsto, pese a mis momentos de preocupación en el sentido contrario.

Tus hijos tienen derecho a aprender esta valiosa lección sobre las preocupaciones. Necesitan ayuda para organizarse, estrategias a fin de llegar a ser creadores en vez de gente que se preocupa. Te piden a gritos que les enseñes cómo evitar todos esos momentos problemáticos que suscitan inquietudes inútiles. Necesitan que se les quite esa presión de su ser interior para realizarse siempre, para ser ganadores, para ser siempre perfectos y estar siempre pendientes del futuro. *El ahora es lo único que hay y lo único que habrá siempre.* Un momento del ahora que uses para preocuparte es un momento perdido en cuanto a ser feliz y estar satisfecho. Todos esos momentos de preocupación desperdiciados se agregarán pronto a toda una vida de ansiedad que, en última instancia, terminará por destruir a la persona que se preocupa. Tanto la culpa como la preocupación son terribles generadores de ansiedad en los niños, y en combinación con el estrés y la tensión crean personas ansiosas que se pasan el tiempo consumiendo tranquilizantes en lugar de devorar la vida. Un vistazo a ese estrés es algo obligado antes de examinar algunas maneras específicas de desembarazarnos, nosotros y nuestros hijos, y de una vez por todas, de esa ansiedad sin sentido.

BASTA DE NIÑOS TIPO A

Una causa importante de la ansiedad (el pensamiento ansioso) es la tendencia a pensar de manera estresante. Tal vez hayas leído u oído hablar de estudios sobre estrés en los que diversas elecciones en la vida dan como resultado un incremento del estrés. Estos estudios adjudican dosis de estrés a sucesos como mudarse a un nuevo domicilio, un divorcio o separación, un aumento de los impuestos, cambiar de trabajo, tener un bebé, un cambio político y cosas por el estilo. Todos estos sucesos están teóricamente ligados a un incremento del estrés. El hecho es que la gente que experimenta estrés en su vida es la que ha aprendido a pensar de manera estresante. En el mundo no hay estrés. ¡El mundo, simplemente, es!

Las personas perciben el mundo según su propia visión personal, y aprenden a pensar de maneras estresantes, que multiplican sus trastornos interiores. No son los acontecimientos la causa del estrés, sino el pensamiento. Mi viejo amigo el conde Nightingale dijo una vez: «Cada uno de nosotros debe vivir del fruto de sus pensamientos en el futuro, porque lo que pienses hoy y mañana, el mes próximo y el año próximo, moldeará tu vida y determinará tu futuro. Estás guiado por tu mente». Los niños no son la excepción. Ellos también deben crecer creyendo que son la suma de sus propios pensamientos. No pueden culpar a los sucesos externos de ningún estrés que experimenten dentro de sí, ya que estaría causado por su propia manera de percibir su mundo.

En 1974, Meyer Friedman y Ray Rosenman publicaron un libro titulado *Conducta Tipo A y su corazón*. [Grijalbo, 1976]. Nos brindaron una nueva clasificación de un viejo problema. La descripción de una persona de Tipo A corresponde a alguien cuya pauta de vida está marcada por un apremiante sentido de la urgencia, la «enfermedad de la prisa», la agresividad y la competitividad, combinadas habitualmente con un grado variable de hostilidad. Esas personas no son una minoría. Comprenden más del cincuenta por ciento de los varones norteamericanos, y un creciente número de mujeres. La sorprendente estadística contenida en ese libro, que fue muy importante en mi propia vida, señala: «Un varón norteamericano de cada cinco fallece de un ataque cardíaco antes de cumplir los sesenta años. Más del noventa por ciento son Tipo A». Si esto es verdad en nuestra población adulta, estamos preparando a personas de comportamiento Tipo A desde la niñez. Nuestro medio generador de estrés debe cambiarse por una manera menos ansiosa de ver la vida. Examina detenidamente tu forma de tratar a tus hijos para evitar estimularles un comportamiento de Tipo A, al mismo tiempo que los ayudas a adecuarse a nuestro mundo de una manera positiva y Sin Límites. Cito directamente una frase del título indicado, *Conducta Tipo A y su corazón*: «En realidad, un ritmo frenético casi nos garantiza un desastre en todos los campos de nuestra actividad». Es una aseveración, bastante admonitoria, de dos doctores que han estudiado este fenómeno en profundidad. Si se les fomenta esa manera de pensar generadora de ansiedad, que describo en este capítulo, tus hijos están en peligro.

Los chicos pueden llegar a ser personas Tipo A desde muy

temprana edad, y depende de nosotros, como adultos, que estemos en guardia para no contribuir a aumentar el estrés en sus vidas jóvenes. Las siguientes cinco características describen a la persona de Tipo A; las presento aquí para que empieces a introducir en la vida de tus hijos una manera de pensar que les preserve del estrés, independientemente de la edad que tengan.

1. *Esfuerzo intenso.* Este comportamiento se advierte en niños que están esforzándose constantemente por sobresalir y jamás son capaces de disfrutar del momento presente. Los chicos así deben hacer informes adicionales todo el tiempo, y son meticulosos con cada detalle de su vida. No pueden relajarse sin sentirse culpables, o encuentran que es imposible descansar y disfrutar de sí mismos. Procura enseñar tus hijos a relajarse, a jugar y a hacer trabajos manuales. No pongas demasiado énfasis en las tareas para hacer en casa, en los logros, los premios, el ganar siempre y el enriquecerse, pues con ello conseguirás que no sepan disfrutar de la vida. No empujes a tus hijos a convertirse en un Tipo A. Los resultados de intentar sobresalir a costa de disfrutar de la vida se manifiestan en los niños pequeños en forma de problemas del habla, como el tartamudeo y la articulación deficiente, el intenso repliegue a su mundo interior, y una incapacidad para salir de su ensimismamiento y actuar como niños normales. Los niños pequeños a quienes se les empuje más allá de sus límites, dejarán de sonreír, lloriquearán regularmente, y les resultará difícil mostrarse alegres y joviales. Con frecuencia son enfermizos, y contraen dolencias como asma, alergias o dolores de estómago; lloran demasiado, se hacen pipí en la cama, tienen pesadillas, sufren depresión, muestran retraimiento, les salen acné y sarpullidos, se resfrían con frecuencia, vomitan y acusan debilidad.

Los niños de todas las edades necesitan reírse, jugar, disfrutar, y dejar de esforzarse todo el tiempo. Necesitan ser capaces de relajarse, tontear, hacer burlas e imitaciones, ser un poco locos y, en general, no tener una perpetua visión seria de la vida. Los niños que se pueden reír y hacer el payaso, están desarrollando una sana resistencia interna a las fuertes presiones que encontrarán luego. No necesitan que los adultos agreguen más presión adicional a su vida al estar siempre vigilando su comportamiento, dándoles calificaciones por cada cosa que hagan, y exigiéndoles que se esfuercen para alcanzar algo mejor. No tiene absolutamente nada de malo no ser mejor o no proponerse siempre objetivos. Con el solo hecho de vivir y saber disfrutar de la vida, ya es suficiente. Cuanta más presión se ejerza para sobresalir, para esforzarse siempre por algo mejor, más signos internos de ansiedad y manifestaciones externas verás en un niño. Y es que no se le permite ser simplemente un niño de su edad. Aprende de tus hijos. Fíjate en la capacidad natural que tienen para disfrutar, y empieza a aplicar algunas de sus maneras originales de ver la vida Sin Límites, en vez de pedirles que te secunden en la interminable carrera por el éxito, diciendo para justificarte: «Quiero que tengan más». A veces, más es menos, especialmente cuando el precio del «más» toma la forma de una existencia angustiada y del deterioro psicológico.

2. *Competividad*. Una persona del Tipo A es excesivamente competitiva; siempre está vigilando por sobre el hombro, haciendo una evaluación de su rendimiento por el procedimiento de compararlo con el de otra persona. Esto pone el control de su vida en otras manos, y no dentro de sí, donde debe estar. Resulta agradable sentirse competitivo, y comprometerse en una competición sana, pero es una mala manera de determinar hacia dónde va uno en la vida. Las personas demasiado competitivas siempre están pendientes del rendimiento de los demás para determinar su propio valor. Siempre están esforzándose en competir en vez de llegar.

Si para sentirte feliz o valioso siempre tienes que competir, estás condenado a la insatisfacción. Permaneces solo con tus pensamientos y tus sentimientos virtualmente todo el tiempo, y a los niños les pasa exactamente lo mismo. Necesitan aprender a disfrutar de las competiciones sin vivirlas de manera neurótica. Para eso, han de ser capaces de estar solos consigo mismos, libres de la necesidad de medir sus acciones con las hazañas de los demás. Deben aprender a determinar su propio valor y sus proezas basándose en parámetros independientes de las cosas que hagan los demás.

En los negocios, los líderes de mayor éxito saben que, en última instancia, tendrán que consultar consigo mismos. En el mundo competitivo en que el pez grande se come al chico, los verdaderos líderes son los que tienen confianza en sí mismos, y no los que siempre están interesándose por lo que estén haciendo los demás. Cuando un partido de tenis termina, para la persona Sin Límites ha concluido realmente, y por eso no arrastra una victoria o una derrota como si fuera una insignia de su propio valor. En la pista es pura energía, corre para todos lados y compite con entusiasmo, pero cuando el partido se acaba, allí queda todo. Ha disfrutado de la verdadera emoción de aprender a golpear del derecho y del revés, de transpirar y ejercitarse por el puro placer de estar sana, y de mejorar sus habilidades en muchos aspectos de su juego. Cuando pierdes un partido de tenis, ¿qué has perdido, en realidad? Un partido. Examina hasta qué punto inculcas la ansiedad a tus hijos al forzarlos a evaluarse a sí mismos según los barómetros externos de la competitividad, en vez de atenerse a la autovaloración y a los sentimientos positivos sobre el propio rendimiento.

3. *Plazos apremiantes.* Los niños pueden crecer creyendo que cumplir los plazos es más importante que disfrutar de la vida. Pueden convertirse en neuróticos desde muy pequeños si se insiste en que presten demasiada atención a los relojes, los calendarios u otras medidas externas impuestas. Los niños que siempre tienen que comer en un momento preciso, que deben irse a la cama a una hora predeterminada, y a quienes se les recuerda sutilmente que tienen la vida organizada y programada al segundo, están aprendiendo a ser personas ansiosas de Tipo A.

Cuantos más plazos y límites impongamos a nuestros hijos, más probable será que vivan angustiados. Los plazos les niegan la libertad de ser espontáneos, de internarse por lo desconocido, de sentirse libres, porque se ven restringidos por reglas y relojes externos. Los niños necesitan tomar sus propias decisiones si han de ser personas Sin Límites. Dejemos que establezcan sus propios límites temporales, sus calendarios y su criterio en lo que se refiere a qué plazos son importantes y cuáles se pueden dejar de lado. Los niños compulsivos que siempre tienen que hacer las cosas de cierta manera, no son innovadores. Los niños obsesivos quieren saber cuántas horas de sueño han tenido para calcular cómo estarán de cansados al día siguiente. Están aprendiendo a dirigir su vida según medidas externas en vez de poner a punto sus propios controles desde dentro. Cuantas más medidas externas impuestas encuentren, más ansiedad experimentarán. Para evitar pertenecer al Tipo A toda su vida, enseña a tus hijos a examinar con atención sus compromisos, y a fijarse límites de tiempo razonables, pero no a vivir pendientes de plazos, relojes, calendarios y horarios externos.

4. *Impaciencia*. Las personas de Tipo A siempre tienen prisa. No pueden detenerse a disfrutar de una puesta de sol porque están demasiado ocupados calculando a qué hora saldrá el sol a la mañana siguiente. La enfermedad de la prisa siempre está presente en el individuo de Tipo A, y de esto no se escapan los niños, sobre todo si los adultos se comportan de ese modo delante de ellos. Los ejemplos de este comportamiento incluyen la impaciencia por adelantar al coche que tengas delante, comer deprisa, expresar irritación en las colas, impacientarse con quienes no se mueven deprisa (la gente mayor y los niños pequeños), interrumpir una conversación de otras personas para hablar uno, y la incapacidad de escuchar sin interrumpir.

Las personas de Tipo A siempre tienen que llegar a una reunión social a una hora determinada, y se agitan cada vez más si tú no puedes salir a esa hora preestablecida. Esta impaciencia puede causarte prejuicios a ti como adulto, y si les das el ejemplo a tus hijos, verás el mismo comportamiento expresado por ellos. Se pondrán impacientes con sus amigos, lo interrumpirán todo constantemente, y exigirán que los más jóvenes estén más avanzados de lo que corresponde a su edad, o les harán sufrir las consecuencias gritándoles y pegándoles. Debido al modelo que les han ofrecido, hablarán de manera brusca, observarán una actitud apresurada en sus juegos y actividades, serán impacientes con quienes tengan menos o más talento que ellos en los juegos, y no estarán dispuestos a ver una película entera o a sentarse y quedarse tranquilos leyendo un libro apropiado.

Toma medidas para asegurarte de que tus hijos no estén siempre ansiosos debido a una impaciencia tuya. Enséñales la importancia de ser más pacientes, tanto entre ellos, como con los demás. Ayúdales a relajarse, a meditar en la belleza del mundo, a ayudar a los demás en vez de criticarlos por ser lentos, y a detenerse a disfrutar del breve tiempo con que contamos. La impaciencia, tal como la describo aquí, es una causa muy habitual de ansiedad en los niños. En las escuelas, la importancia que se otorga a realizar rápidamente las tareas y a ganar a todos los demás contribuye en gran medida a formar niños y adolescentes de Tipo A.

Deja de lado la noción absurda de que no se puede avanzar ni tener éxito sin ganarles a los demás y sin ir siempre aprisa. Enseña a tus hijos que una persona con prisa no está relajada, y que rara vez se acaba una tarea eficazmente cuando se siente presionado para ser el primero, el mejor y el más rápido. Los que «llegan últimos» son, irónicamente, quienes están más relajados en lo que hacen. Hank Aaron hace que parezca fácil. Bjorn Borg hace que parezca sencillo. Los atletas olímpicos parecen relajados, y lo que hacen parece divertido. Pablo Casals tocaba casi sin esfuerzo. El individuo impaciente, que siempre está esforzándose, que padece la enfermedad de la prisa, sólo está perjudicándose a sí mismo. Ayuda a tus hijos a alcanzar la capacidad de relajarse internamente, a aminorar la marcha y a disfrutar de lo que estén haciendo, en lugar de pelearse consigo mismos y con su mundo y acabar como perdedores de Tipo A.

5. *Organización excesiva.* La gente de Tipo A muchas veces sufre la necesidad de organizarse y compartimentarse la vida. Siente que cualquier cosa que no esté en su sitio representa una exigencia personal ponerla en orden. La casa de la gente así está inmaculada, perfectamente ordenada, y su vida es un auténtico modelo. Sin embargo, tales personas experimentan graves angustias como resultado de esa neurosis de la pulcritud. Juegan obsesivamente según las reglas, y su ansiedad aumenta cuando los demás no hacen lo mismo. Casi siempre están pensando en qué hay que hacer, cómo ha de hacerse y qué normas han de observarse para mantener todo en orden. Esta fijación y organización genera ansiedad simplemente porque el mundo no está vallado ni subdividido de ninguna manera clara y previsible. Sin embargo, pese a la naturaleza espontánea de nuestro mundo, en el que no todas las cosas tienen un sitio lógico, las personas de Tipo A tratan constantemente de poner orden a su alrededor. Quieren clasificar las razas de pájaros en vez de disfrutar de su vuelo y sus colores hermosos. Quieren contar y catalogar las estrellas en vez de quedar maravillados por su majestuosa perfección. Quieren tener la casa limpia en vez de vivir en ella. Un cenicero en un sitio que no le corresponda puede desencadenar un escándalo familiar. Una blusa sucia puede dar lugar a una indecorosa pelea. Un vaso de zumo de naranja

derramado es una catástrofe, y no un incidente normal. Cuando este tipo de neurosis organizativa se apodera de los niños, empiezan a sentirse ansiosos cada vez que hacen algo. Empezarán a decir mentiras para preservar el orden. Falsificarán las notas y mentirán con tal de no afrontar las consecuencias de una reprimenda. Temblarán ante la idea de cometer un error. Eso es ansiedad, y la gente de Tipo A crea un medio fértil para que prospere.

Esa clase de gente tiene hogares inmaculados, mientras que la gente Sin Límites tiene hogares para vivir en ellos, pues sabe que la finalidad de la vida es disfrutar de ella, en vez de dedicarse a catalogarlo y clasificarlo todo. Ayuda a tus hijos a que sean pulcros y organizados en la medida en que esa organización les sirva a ellos y a sus necesidades, pero no hasta el punto de que se conviertan en esclavos del método. Asegúrate de que te comportas con ellos de manera que acentúes su humanidad y su felicidad, en vez de enseñarles a ser organizadores obsesivos. Una vez escuché decir: «La vida es lo que te sucede mientras estás haciendo otros planes». No dejes que la vida pase por alto a tus hijos dentro de tu esfera de influencia, y no hagas todo lo posible para que la vida los derrote, por haberles enseñado a contar las estrellas, en vez de contemplar y apreciar el universo.

A los jóvenes se les inculca la ansiedad y se les impide experimentar la serenidad, cuando en su vida proliferan los mensajes de culpa, pensamientos de preocupación y comportamientos de Tipo A, que ponen el énfasis en los esfuerzos externos y no en los logros interiores. Antes de examinar algunas estrategias específicas para criar hijos libres de ansiedad, ofrezco un vistazo a algunos comportamientos típicos que, de hecho, contribuyen a inducir una ansiedad innecesaria.

Algunos comportamientos típicos que producen ansiedad

Los niños crecen con ansiedad y llegan a ser personas angustiadas como resultado directo de las elecciones que hacen a lo largo de su vida. Esas elecciones se ven fuertemente influidas por las cosas que tú, como adulto con ascendiente sobre ellos, les das y les refuerzas. Las pautas de comunicación, el tipo de ejemplos que les des, y los diálogos espontáneos y cotidianos, todo contribuye en sus elecciones. ¿Ser ansioso o no ser ansioso? Ésta es una pregunta que tú puedes ayudarles a responder de una manera positiva y Sin Límites.

A continuación recuerdo *algunas* de las acciones más comunes entre adultos y niños, que impulsan a los niños a elegir la ansiedad como estilo de vida. Examínalas con cuidado. Luego, una vez que hayas reparado en los dividendos neuróticos, de persistir en esos comportamientos, estarás en una posición más ventajosa para eliminarlos. Al final de este capítulo, ofrezco algunas estrategias específicas para ayudarte a criar hijos libres de ansiedad, cualquiera que sea su edad. Sin embargo, primero has de considerar los comportamientos descritos en la siguiente-te lista.

— Negarte a reconocer los méritos de una forma de vida libre de ansiedad. Ridiculizar cosas tales como la meditación, la relajación, el pensamiento contemplativo, el yoga, el control mental, las publicaciones sobre paz interior, la autohipnosis y cosas por el estilo.

— Llevar una vida llena de presiones, no relajado. Tener prisa para todo, y exigirles a los niños la perfección y los mejores rendimientos en todas las actividades. Imponerles exigencias que no estén de acuerdo con la realidad desde el principio, y obligarlos a que caminen desde muy pequeños, a que controlen los esfínteres antes de estar físicamente preparados, a leer desde muy temprano, a resolver precozmente problemas de matemáticas, y en general, tratar de acelerar el proceso normal de crecimiento, que es algo específico para cada niño.

— No dar a los niños la posibilidad de estar solos y obrar por sí mismos. Interferir constantemente en su vida y vigilar todo lo que hagan.

— Insistir en que tienen que crecer más y ser más rápidos, fuertes y listos que los demás. Quitar importancia al crecimiento interior en favor de aquellos logros que se pueden medir con parámetros externos, que son éxitos evidentes.

— Dar más importancia a las notas que a lo que estén aprendiendo o al hecho de que se encuentren a gusto en la escuela. De la misma manera, exigir trofeos, recompensas y otros signos externos en vez de reparar en lo que todo ello simboliza.

— Comparar a tus hijos con otros niños, o entre sí.

— Mencionar errores pasados. Recordarles que «no se puede confiar en ellos después de lo que han hecho» al cabo de mucho tiempo. Recordarles sus descuidos y errores, en vez de atender a sus logros y su capacidad de aprender de tales errores.

— Emplear la culpa o las amenazas con tus hijos. «Debería darte vergüenza.» «Espérate a que tu padre descubra lo que has hecho.» «Dios te castigará por lo que me has dicho.» «Has vuelto a herir los sentimientos de mamá.» «¿Cómo puedes hacer eso después de todo lo que nos hemos sacrificado por ti?» «Algún día pagarás lo que has hecho.»

— Sacar partido del desprecio por sí mismo de un niño y desvalorizarlo regularmente con comentarios pensados para que no se guste. «Siempre cometes torpezas.» «Eres tan gorda, y tienes un aspecto tan espantoso con esa ropa...» «Nunca podrás hacer nada en música.»

— Ser una persona que se siente culpable, que se lo recuerda a los chicos y que también a ellos los carga de culpabilidad. «Me siento fatal; me he olvidado de empujar cuando pasábamos por la puerta giratoria». «Sé que las cosas no se me solucionarán.» «Debería haber ayudado a esa ciega a cruzar la calle.»

— No permitir que tus hijos crezcan con independencia. Hablarles de lo mucho que te deben, y de lo mal que deberían sentirse por abandonar el nido. Deprimirte y ponerte de mal humor cuando ellos prefieren la compañía de sus amigos a la tuya. Fomentar la dependencia en vez de la independencia.

— Ser para tu hijo un ejemplo de persona preocupada. Recurrir a las píldoras para cada dolorcito o tensión. Ser un padre enfermizo que siempre acude a la consulta del médico. Llevar a los hijos al médico por cualquier tontería. Enseñarles a enorgullecerse de sus «pupas» y dedicarles dosis excesivas de compasión cuando se raspan las rodillas, se queman los hombros al sol o cualquier cosa de las que les pasan todos los días a los niños.

—Enseñarles a preocuparse. «Harías bien en empezar

a preocuparte por tu examen de mañana.» «Tienes mucho de que preocuparte, por la manera en que te has portado últimamente.»

— Preocuparte demasiado por lo que haga tu bebé. Clasificar demasiadas cosas como calientes, punzantes, peligrosas, sucias o capaces de causar daño. Ser un manojo de nervios con tu hijo, y enseñarle que el mundo es un lugar peligroso y hostil.

— Emplear un lenguaje que fomente el miedo, la culpa o los juicios externos. «Nunca hables con extraños.» «No te metas en el agua mientras no hayas aprendido a nadar.» «Deberías haber estado en casa a las tres.» «Es tu cachorro y tú le dejas que se escape.» «¿Qué pensaría tu abuela si te viera hacer eso?» «¿Qué dirá la gente?»

— Establecer para tus hijos normas y objetivos que no estén acordes con la realidad.

— Negarte a aceptar el comportamiento típico de tus hijos según su edad. Insistir siempre en que se comporten como si fuesen mayores y castigarlos por no responder a tus expectativas.

— Imponer castigos a los niños sin explicarles por qué.

— Quejarte de la vida delante de los niños. Animarles a que se quejen y se lamenten, en vez de tomar alguna iniciativa constructiva para corregir sus problemas.

— Decir «sí» cuando en realidad quieres decir «no». Enseñar a tus hijos a esconder sus verdaderos sentimientos y «fingir», particularmente cuando discrepan de personas a las que se atribuye autoridad, incluido tú, su padre.

— Aceptar las excusas de tus hijos sabiendo que están eludiendo responsabilidades, y en consecuencia, enseñándoles a mentir y a distorsionar la verdad.

— Corregir constantemente a tus hijos delante de otras personas y criticarlos como si eso formara parte de tu papel de padre. Usar siempre refuerzos negativos en vez de positivos.

— Hacer de los objetos, las adquisiciones y el dinero las cosas más importantes de su vida.

— Poner siempre énfasis en el futuro y en lo que llegarán a ser algún día.

— Enseñarles a competir siempre con los demás y a encontrar ridícula la cooperación. Mostrarles que compartir no es propio de gente lista.

— Poner demasiado énfasis en la puntualidad. Dirigirles la vida con el calendario y el reloj.

— Ser excesivamente organizado en el hogar y en la vida de ellos. Hacer que siempre estén limpios, pulcros y peinados. Enseñarles a tenerle miedo a la suciedad, los microbios, los animales, etcétera.

— Ser impaciente con su modo de avanzar en la vida. Esperar siempre que se muevan más deprisa, y presionarlos para que lo hagan todo más rápido.

— No hablar con ellos sobre su propia vida, sus inquietudes, sus temores y sus cosas personales. Ser su juez, crítico, guardián y calificador, en vez de su persona de confianza, su amigo y consejero.

Éstas son algunas de las maneras más habituales de generar ansiedad, que los adultos emplean con sus hijos. El niño al que angustian sus pensamientos, no tarda en sentirse abrumado y comportarse como una persona atormentada por la ansiedad. Con frecuencia tiene miedo de ser espontáneo, y encuentra dificultades para dar amor porque siente que no vale nada; sin embargo, cumple compulsivamente sus obligaciones. Empieza a actuar de forma negativa, se deprime, presenta síntomas de debilidad física. Puede ser un niño «pesado», que busca constantemente la confianza y siempre trata de caer bien. También verás signos de retraimiento, tanto físicos como mentales, que serán otras tantas pruebas de concentración deficiente. En última instancia, aparecerá la tendencia a evitar a las personas que provoquen o recuerden sus errores. Los niños ansiosos pueden tener dolores de cabeza, sudores, trastornos estomacales, y una tendencia excesiva a alergias, resfriados, gripes y también afecciones asmáticas. A menudo tienen pesadillas o insomnio y poco apetito, cosa que, por supuesto, contribuye a debilitar su resistencia y conduce a la enfermedad.

Los niños Tipo A, que crecen sometidos a presiones excesivas, muestran desde muy temprano ciertas características que conservan generalmente el resto de sus días. Desde el principio, manifiestan un interés limitado por comidas, ropa y juguetes. No toleran a los extraños y evitan mostrar mejor talante, como no sea con figuras autoritarias. Es fácil que los cambios del medio los trastornen en exceso; pierden espontaneidad, se vuelven solemnes, reservados y, por lo general, impacientes consigo mismos y con los demás. Tienen propensión a los estallidos, sus allegados los consideran «hipersensibles», y les falta sentido del humor y buena disposición para experimentar. A menudo les repugna la naturaleza y les desagradan las arañas y los insectos, y cualquier cosa que los pueda ensuciar. Se quejan con frecuencia de que hace demasiado calor, frío, viento o cualquier otra cosa, de modo que nunca están a gusto. Se forman prejuicios, se vuelven insensibles, y se les hace imposible «ponerse en el pellejo del otro». Crecen respetando a las figuras autoritarias y los símbolos del poder, incluyendo los uniformes, la bata del médico, el frac y las condecoraciones del presidente, y a cualquiera que tenga un revólver. Pueden llegar a ser adoradores de los héroes y aprender a encariñarse con sus juguetes de poder y destrucción.

Estas características generales no siempre son completamente observables en todos los niños que crecen con una mentalidad de Tipo A, pero tienen el suficiente peso específico como para que se consideren señales de advertencia. Puedes convertirte en una influencia muy constructiva ayudando a los niños a crecer como seres humanos Sin Límites, pero primero debes tener bien claro cuáles son los dividendos que obtienes al elevar el nivel de ansiedad en tus hijos. Luego debes dar pasos específicos y constructivos para asegurarte de que tienen oportunidad de recorrer la vida y disfrutar de ella, sin sentirse siempre como si estuvieran corriendo una carrera interminable.

El sistema de ayudas para seguir presionando a los niños

Nadie admitiría de buena gana que disfruta elevando el nivel de ansiedad de los niños. Sin embargo, esta forma de reaccionar de los padres es contraproducente, pese a que no lo parezca. Una vez entiendas los motivos subyacentes, podrás cambiar las pautas de comunicación. A continuación, algunos de los dividendos neuróticos más evidentes.

Quizá sientas que la ansiedad de tus hijos está justificada si andan siempre en pos de algunos objetivos. Tal vez hayas aprendido que no vales nada si no estás todo el tiempo ocupado. Un niño ansioso es, de hecho, un niño ocupado, aunque tal vez esté muy ocupado simplemente preocupándose, sintiéndose culpable y siendo un neurótico. Quizá sientas que estás haciendo un buen trabajo como padre porque los niños preocupados, asustados y ansiosos están actuando como tú crees que deben hacerlo, aunque el precio que paguen por ello sea demasiado alto.

— *Puedes sentirte decididamente superior cuando los niños te tienen miedo.* Posees el poder de apretar los botones que envían a tus hijos en un «viaje» de culpa, o de protegerte de cualquier compromiso potencial, al tenerlos tan consumidos con la preocupación de no decepcionarte que, por miedo se conformarán. Los chicos se convierten en tu audiencia cautiva. Es un viaje de poder que quizá no puedas realizar en ningún otro aspecto de tu vida, y un niño ansioso hará que sigas sintiéndote poderoso en tu propio pequeño reino.

— *Quizá hayas crecido en la creencia de que los médicos saben qué es lo mejor para ti, y que si te recetan píldoras tendrás que tomártelas.* Si se tiene en cuenta que se despachan unos cien millones de recetas por año en los Estados Unidos sólo por tranquilizantes, y que todas las recetan los médicos, algo quiere decir. Las píldoras se convierten en el instrumento que te hace tener razón. Te sientes mejor al saber que estás tomando alguna medicina, ya que no eres capaz de curarte tú solo. Así, transmitirás esa mentalidad a tus hijos, y sentirás que estás haciendo lo correcto. Incluso si ellos llegaran a ser pequeños adictos a los medicamentos, te sentirías cómodo al saber que todo el mundo hace lo mismo; así pues, ¿por qué iban a ser ellos diferentes?

— *Un niño a quien se le enseña a sentirse culpable o a preocuparse mucho, es un niño que está aprendiendo a no asumir responsabilidad por los cambios, sino sólo por sentirse mal y ayudar a los demás a hacer lo mismo.* Esta clase de niños es mucho más fácil de manejar que los niños creativos y que escuchan sus propias voces interiores. Tal vez tu objetivo sea un niño fácil de manejar. Para algunos padres, mantener a sus hijos a raya, asegurándose de que hagan lo que se les dice, merece el precio de tenerlos ansiosos por causa de la culpabilidad, la preocupación, la tensión y el estrés. (Excepto en el caso de los centenares de miles que intentan suicidarse, se vuelven adictos a sus píldoras, o se deprimen y se sienten avergonzados como resultado de la ansiedad excesiva.)

— *La ansiedad es una técnica para evitar hacer algo*. Sólo puedes sentir ansiedad en este momento particular, ya sea culpa, preocupación, estrés o cualquier otra cosa. Así, ser productivo es literalmente imposible. Cuanto más invalidante sea el comportamiento que engendres en tus hijos, menos probable será que lleguen a convertirse en creadores o innovadores, o que participen de modo positivo en esta vida. Así, el riesgo de que tu familia y tus amigos te critiquen, se reduce cuando tú los mantienes ansiosos. Los niños pequeños a quienes no se escucha, a quienes no se trata como seres humanos completos, y que saben cuál es su lugar, hacen que tengas buen aspecto a los ojos de tus familiares y amigos.

— *Puedes estar convencido de que tu hijo aprende a tomar el camino seguro en la vida*. Se muestra ansioso, es cierto, pero no hay duda de que ese es el precio de la seguridad. J. Krishnamurti, en su libro *Tú eres el mundo*, dijo: «Una mente que esté a salvo, segura, es una mente falsa. Sin embargo, eso es lo que todos nosotros deseamos; estar completamente seguros. Y psicológicamente tal cosa no existe». Los niños nunca caerán en ninguna trampa inesperada si se preocupan absolutamente por todo. Nunca se llevarán ningún chasco si están totalmente organizados y obsesionados por su vida. Nunca se harán daño si se acostumbran a ser perfectos. Y tú los ayudarás a hacer todo eso y así te sentirás mejor al saber que están completamente a salvo. Por supuesto, el precio que paguen será muy alto, pero a ti te servirá para mantener la ilusión de que estarán eternamente seguros y a salvo.

Tus hijos pueden crecer para ser como todos los demás, y para ti, como padre, esto tiene su gratificación intrínseca. Se amoldarán. Tendrán buen aspecto haciendo las mismas cosas que hace todo el mundo. No se podrán en evidencia ni llamarán la atención. Puesto que casi toda la gente en nuestro mundo está abrumada por el estrés, en última instancia se sentirán como parte de la mayoría. (Y casi todos están así porque la mayoría de los padres piensan de esa manera, cosa que quizá quieras considerar cuando estudies algunas de las estrategias de la próxima sección.)

— *La autocompasión es una importante gratificación que la gente recibe por sus pensamientos angustiados.* Apiadarse de sí mismos por estar tan ansiosos es el juego, y no hacer nada constructivo para acabar con la ansiedad es la estrategia. Los niños pueden aprender este método desde temprano, y lo que tú ganas es sentirte cómodo por no tener que verles correr los riesgos que implica evitar la ansiedad.

— *Quizá también pienses que un poco de ansiedad será buena para ellos, que todas esas tonterías de la paz interior en realidad constituyen una ilusión, y que nadie en nuestro mundo moderno puede estar libre de la ansiedad y el estrés.* Así, los crías para que usen la culpa, las preocupaciones y la ansiedad, creyendo en tus buenas intenciones y enseñándoles a que se manejen eficazmente en el mundo moderno, que no deja en modo alguno de generar ansiedad. Es cierto que una cuidadosa ojeada a ese mundo revela que es un lugar perfecto, un sitio hermoso y milagroso donde vale la pena vivir. Sin embargo, quizá tu no lo veas así. Tal vez creas que el mundo es un lugar monstruoso, un lugar donde todos son malos, donde la gente se aprovechará de ti. En ese caso, tu estilo generador de ansiedad se ajustará a tu visión del mundo.

Algunas estrategias para ser padres libres de ansiedad

A continuación brindamos algunas sugerencias para tratar con niños víctimas de la ansiedad. Estas estrategias han sido escritas con la firme convicción de que todos tenemos derecho a sentir una serenidad interior, y que la felicidad y la realización son un derecho de nacimiento de todo ser humano. Pruébalas. Fíjate si funcionan en tus esfuerzos con tus hijos, cualquiera que sea su edad, e incluso contigo, ya que también dentro de ti hay un niño que quiere aflorar y disfrutar de la vida.

— *Da a tus hijos la oportunidad de descubrir la serenidad y la paz interior a lo largo de sus vidas.* Déjalos que lean lo que han dicho todos los grandes pensadores sobre un tipo de existencia interior más tranquila. Habla con ellos de lo que esté pasando en su interior. Haced ejercicios juntos que los ayudarán de vez en cuando a mirar en ese interior. Toma clases de yoga e invita a un niño que te interese a que asista contigo. Practicad meditación juntos, con un casete y material de instrucciones que podrás conseguir en una librería o en un instituto de yoga. Haced los ejercicios juntos en casa, y verás que al cabo de unas pocas sesiones te sentirás más relajado y sano interiormente. En otras palabras: procura no alejar a los chicos de actividades sobre las que tú sabes muy poco.

Aprende algo de autohipnosis y descubre que es una manera natural y eficaz de aliviar el estrés. Examina los prejuicios que te inspiran las actividades que podrían ayudarte a ti y a tus hijos a libraros de la ansiedad. Cuando practiques alguna de las estrategias y técnicas profesionales disponibles para ayudaros a que os sintáis menos tensos, tal vez descubras que son mucho más válidas de lo que habías imaginado. Actividades como el yoga, la meditación, la apreciación musical, el zen, el control mental y la lectura de libros sobre el despertar interior, les ayudarán a desarrollar desde muy temprano una mente tranquila. Una mente que sabe cómo descansar y no estar siempre ocupada, tendrá significativamente menos ansiedad, y también mejores probabilidades de conducirse bien en ocasiones de gran despliegue de actividades.

— *No exageres en tus esfuerzos por hacer que los niños pequeños sean los primeros desde muy temprano en la vida.* No es necesario pasarse horas interminables enseñándoles a leer, matemáticas, idiomas y cosas por el estilo, mucho antes de que empiecen la escuela. Si bien es absolutamente maravilloso y útil dejar que lo exploren todo cuando son tan pequeños, la presión para que se superen, para que lleguen más allá que los otros chicos y memoricen símbolos incomprensibles, todo en nombre de que estén adelantados y sean los primeros en lo que hagan, equivale a exponerlos a la presión de la ansiedad cuando apenas han dejado de usar pañales. Los niños necesitan desarrollarse a su propio ritmo. Caminarán cuando estén listos para ello. No necesitan que tú los empujes. Si en la universidad ya no llevan pañales no será porque tú les hayas enseñado a controlar los esfínteres antes de lo que lo aprenden otros niños. Ya aprenderán. Relájate. No los fuerces. Déjalos que disfruten de sus primeros años. Está *con* ellos en vez de estar *por* ellos todo el tiempo. Aprende de ellos en vez de tratar de condicionarlos para que progresen más. Les encanta explorar, curiosear, reírse, hacer el tonto, mirar libros, jugar y, simplemente, hallarse en su mundo nuevo. Cuando empiezas a forzarlos a que tomen actitudes Tipo A desde bebés, ellos lo aceptan, y durante toda su vida llevan consigo ese tipo de presiones para descollar y ganarle a todo el mundo. Si bien es agradable estar vigorosamente motivado, no lo es menos mantenerse bien equilibrado. Ser capaz de relajarse y disfrutar de la vida es por lo menos tan agradable, si no más, que hallarse en el primer puesto de la clase y estar siempre nervioso debido a una necesidad excesiva de ser el primero.

— *Enseña a los niños que el estrés se origina en la manera de pensar de ellos, y no en la gente ni en las situaciones de la vida.* No les des excusas por tener estrés diciéndoles: «La maestra te presiona demasiado» o «Ahora tenemos poco dinero, así que tú debes estar sintiendo estrés». Éstas son escapatorias que permiten a los niños practicar la ansiedad cada vez que surge una situación nueva. Enséñales a practicar el control mental. Cuando descubras que una niña está ocupada con una pauta de pensamiento estresante, trata de ayudarla para que la deje a un lado durante un período de sesenta segundos. Enséñala que cada vez que ese pensamiento empiece a invadir su mente, se niegue a prestarle atención en ese preciso momento. Esto puede parecer simplista, pero es la base para eliminar los pensamientos contraproducentes: momento a momento, con la práctica. El estrés que los niños experimenten desaparecerá pronto cuando ellos se nieguen a pensar de manera estresante, pero deben empezar con lapsos breves, y acostumbrarse paulatinamente a prolongar esos períodos.

— *Busca en tu propia vida el estrés que quizá sea el modelo que muestras.* Deja de tratar de ser madre, padre, esposa, padre o madre solteros, ama de casa, maestra, tía, consejero o lo que sea, pero perfecto. La gente perfecta no existe; así pues, ¿por qué no renunciar a esa ilusión fantasmagórica a favor de ser una persona feliz, libre de estrés? Nunca serás apreciado por todo el mundo por cuanto hagas, y por poco que te aflijas porque la gente no te aprecie, estarás desperdiciando el presente.

Haz las cosas porque has elegido hacerlas, y no para que te vean como alguien perfecto. Y libera a los chicos de la presión por la perfección. Enseña a los demás a ocuparse de sí mismos desde una edad temprana, y estarás haciéndoles un gran favor. El mejor ejemplo que puedes dar consiste en ser una persona feliz, libre de estrés, que se siente bien consigo misma. Si te decides por cualquier otra cosa, y te sientes tenso y trastornado por no ser perfecto, entonces la ironía es que eres menos perfecto cuando tratas de ser perfecto, y más perfecto cuando te tratas bien a ti mismo. Recuerda siempre que tu familia no se merece un esclavo, y que lo mejor que puedes hacer por cualquiera es ayudarle a que se valga por sí mismo. Tus hijos se beneficiarán, tanto como tú, de tu reducido nivel de estrés; así pues, si no puedes hacerlo por ti porque todavía lo ves como algo egoísta, hazlo por ellos. Pero sea quien sea por quien lo hagas, trabaja todos los días en ello.

— *Ocúpate día a día de cultivar una atmósfera de paz.* Cualquier cosa que estés haciendo, que dé lugar a trastornos o disputas, ya sea en ti o en tus hijos, debe ser examinada y eliminada. Todo el mundo sale beneficiado de vivir en paz, particularmente de reducir los niveles de ansiedad en los niños. Si eres remilgado, fastidioso, demasiado ansioso por hacerte notar, arrogante, temperamental, o en tu personalidad hay algún rasgo que a los demás les desagrade, ponte a trabajar para cambiarlo. Practica morderte la lengua para postergar un estallido durante unos minutos. Si mediante esta técnica eliminas un escándalo espantoso, habrás evitado un momento de estrés. Haz lo que puedas para que tu ambiente sea divertido, agradable, nada hostil. Si los demás no cooperan, y se comportan de manera desagradable, no tardarán en recibir el mensaje de que a ti no te interesa su mal genio porque te niegas a comprometerte en cualquier diálogo disonante.

— *Así como los fármacos no solucionan los problemas a los niños, tampoco te los resuelven a ti.* Es imperioso que visites a un médico interesado en ayudarte a reducir cualquier dependencia de los fármacos, y no a uno que te mande tomar antidepresivos y tranquilizantes como antídotos para el estrés. Si tu médico no coopera contigo en tus esfuerzos para depender menos de esos productos, busca a otro facultativo que pueda ayudarte a alcanzar ese objetivo. En cualquier caso, ten presente que tú quieres librarte de esas «píldoras de la ansiedad» y hacerte cargo de tu vida, en vez de estar aturdido por drogas que te alteran la conciencia hasta el punto de que sin ellas no eres capaz de conducirte en los problemas normales de la vida. Debes dar a los niños el sólido ejemplo de una persona que no piensa ansiosamente, en vez de mostrarles el de alguien que se traga una tableta ante el primer signo de que surge un problema. Si ahora no puedes resolver ese hábito tú solo, recurre a la ayuda de alguien. Todos os beneficiaréis.

— *Da a tus hijos la oportunidad de permitirse el lujo de disfrutar estando solos, sin sentirse presionados a permanecer todo el tiempo con otras personas.* Los niños necesitan aprender a estar solos. Enséñales desde temprano a entretenerse con los libros. Un niño a quien le gusten los libros nunca sentirá luego en la vida que no tiene nada que hacer. Ser capaz de escaparte a tu propio espacio privado a leer (y a nadie se le acabarán nunca los libros para leer) da a una persona ventaja sobre quienes no pueden hacer eso.

Muchos niños se quejan constantemente de que están aburridos, de que no tienen nada que hacer, de que no les gustan los ratos de ocio. Esos son los sentimientos de niños que se han criado creyendo que los demás tienen la obligación de mantenerlos entretenidos. Siempre han desplegado algún tipo de actividad, y si se aburren, alguien se ocupará de llevarles al circo, o de encender el televisor, o de comprarles un juguete nuevo, o lo que sea. Es un tipo de niño que crece esperando acción todo el tiempo. Esto se traduce en ansiedad cuando debe quedarse solo. Deja a tus hijos que jueguen solos; de hecho, anímalos a que lo hagan. Muéstrales libros, periódicos y revistas desde que son muy pequeños. Déjalos que tengan un lugar adonde puedan ir a estar solos, sin sentir que hacen algo malo. La capacidad de estar solo es sumamente importante como forma de evitar la ansiedad, y el niño que la experimente desde muy pequeño y aprenda a no sentirse amenazado por la soledad, tendrá la gran ventaja de no experimentar angustia cuando «no tiene nada que hacer». Esto es válido para meditar tranquilamente, para hablar con los juguetes o inventarse fantasías. Se trata de juegos sanos que los niños tranquilos y confiados emprenderán por su cuenta si se les deja. Los niños se benefician de los ratos tranquilos de soledad. Si pueden jugar ininterrumpidamente, o se les permite que miren tranquilamente un libro con láminas y dibujos, o si se inventan sus propios juegos con sus juguetes, están liberando energía que tal vez, de no ser así, podrían dedicarla a ser llorones, insolentes o exigentes. Más adelante en su vida, también descubrirán que no necesitan hablar de ello con un terapeuta, ni consumir tranquilizantes. Estarán preparados para la tranquilidad al ser tranquilos por su propia voluntad, en vez de recurrir a productos de farmacia.

— *Considera a cada niño como un ser humano único, completo, distinto, que jamás debe ser comparado con nadie, y menos aún con sus hermanos.* Tú sabes muy bien la poca gracia que te hace que te comparen con tus hermanos o hermanas. Sabes cómo te ofende que alguien diga: «En realidad no eres tan guapa como Margarita», o «Tú no eres tan listo como Pablo», ni cualquier cosa que se parezca siquiera a semejantes tonterías. Tú eres tú, y punto. Lo mismo se aplica a los niños. La tentación de compararlos es casi irresistible. Tú has visto al mayor cuando empezaba a caminar, a hablar, a tomar conciencia de sí. Naturalmente, adviertes los mismos comportamientos en tus hijos más jóvenes, y tu primer impulso es hacer comparaciones. ¡Detente! Reduce ese natural impulso, y considera a cada uno de tus hijos como un ser único. El niño a quien se lo compara se siente enormemente presionado a vivir según las expectativas que se pongan en él. Eso desencadena una ansiedad innecesaria. Si un niño no habla hasta los tres años y su hermano mayor ya hablaba a las cinco semanas, todos lo que se puede decir de ellos es que empezaron a hablar a edades distintas. Einstein no habló hasta los cuatro años. Supongo que resolvió que todavía no tenía nada que decir. Quizás estuviese aprendiendo todo lo que había que saber, y decidió que luego hablaría de ello.

Un niño que oye compararlo con uno de sus hermanos, siente inmediatamente que ahora tiene que vivir de acuerdo con esos logros pasados. Todos los niños hacen las cosas cuando están listos para llevarlas a cabo. A algunos les gustan las mariposas; a otros les encantan las locomotoras. Unos son pulcros, otros descuidados. A algunos les gusta hacer los deberes, a otros no. Lo que importa es que debes aprender a evitar las comparaciones, sobre todo porque en general van acompañadas de un juicio. Un niño limpio es mejor. Un niño estudioso es superior. Caminar desde pequeño es mejor que empezar a caminar tarde. Aunque no haya nada de absolutamente cierto en los centenares de juicios que puedas hacer, éstos serán algo cierto para el niño, y así se inician las presiones que generan ansiedad, a las que él mismo se someterá.

Ama a tus hijos por lo que son. Trata a cada uno de ellos como a alguien especial. Quiérelos mucho sin que importe que sean limpios o sucios, estudiosos o no, que les guste pescar o tocar la armónica, y esfuérzate todos los días para no caer en la trampa de las comparaciones. Si evitas las comparaciones, luego no oirás a los niños hacer comentarios inspirados en la lógica de la culpa, cuando se sientan tentados a decirte: «Siempre has preferido a Miguel más que a mí». Si van a usar esas excusas frívolas, por lo menos no les des las municiones cuando son tan pequeños.

— *Procura librar a los niños de la presión por adquirir gratificaciones externas a lo largo de su vida.* Ayúdales a concentrarse en el simple placer de practicar un deporte, en vez de ganar un trofeo. Enséñales que les guste el deporte durante toda su vida, en lugar de aprender a evitarlo por no estar superdotados para ello. No les des razones para evitar nada en la vida, que es precisamente lo que haces cuando pones énfasis en el logro de premios externos, en lugar de otorgar importancia a la realización interior, por cualquier cosa que hagan. Libéralos de la presión de la libreta de calificaciones, ese indicador de nada realmente importante. Habla con ellos de los temas que estén estudiando, de cómo pueden aplicar luego esos conocimientos en la vida, de si están contentos consigo mismos en la escuela, de qué les gusta más estudiar, qué importancia tienen para ellos esos temas ahora y en el futuro. Crear toda esa presión para que ganen premios, notas, trofeos y cosas por el estilo, es en realidad una de las cosas más neuróticas y generadoras de ansiedad que puedes hacerles a tus hijos. Como ya he recalcado antes, las notas sólo son garabatos en una libreta. Pueden parecer terriblemente importantes en ese momento, pero a medida que vas internándote en la vida ves lo insignificantes que son.

De hecho, las notas, las recompensas, los trofeos y todas las medallas al mérito que repartimos, realmente rebajan la motivación de un niño. Si sólo se afanan por la recompensa, una vez que la hayan alcanzado ya no querrán dedicarse a esa parte de las actividades. Yo daría por supuesto que tú quieres que a tus hijos les guste el atletismo, la lectura, la poesía, la música, y todo lo que les pueda enriquecer la vida. No te interesa en cambio que obtengan un sobresaliente en literatura y que luego lo dejen todo, hartos. No se trata de que pongan un trofeo en la repisa de la chimenea y que luego engorden como cerdos por falta de ejercicio. No es cuestión de aprobar la música como asignatura obligatoria y luego no poner ningún interés en la música durante toda la vida. Enséñales a experimentar la alegría interior de aprender y aplicar por sí mismos esos conocimientos. Ayúdales a que se disciplinen al emprender cualquier tarea, pero no con el fin de imponerse como el número uno, o para que enseñen una medalla, sino por la verdadera alegría de sentirse interiormente positivos en un logro maravilloso. Puedes ayudar mucho más a los niños al enseñarles a sentirse libres de presiones en relación con la adquisición de símbolos externos, y contentos de sentir esa maravillosa serenidad que surge de participar en la vida. *Cuantas más cosas puedan hacer, mayores oportunidades tendrán de ser felices a lo largo de la vida.* La consecución de notas y recompensas reduce sus opciones y les enseña sólo a participar en las cosas en que pueden sobresalir, y a evitar todo lo demás, no ya por el momento, sino para siempre.

— *Una vez se le ha recordado a un niño un error y se le ha corregido o castigado, hay que dejarlo en paz.* No recuerdes a los niños una y otra vez lo que hicieron y lo mal que te sientes todavía por ello. No pueden volver atrás y hacerlo de nuevo (esta vez bien, se entiende). No pueden borrar la experiencia para beneficio tuyo. Lo que sí *pueden* hacer es aceptar las consecuencias de un error y cambiar. Es tarea tuya como persona Sin Límites no convertir la culpa en una droga que puedas seguir imponiendo al niño mucho tiempo después de que el incidente ha terminado.

Toto, un adolescente, me contó el error que había cometido una vez. Invitó a varios amigos sin el permiso de sus padres y cuando éstos se hallaban fuera, organizaron una fiesta con cerveza. Los padres le castigaron durante tres semanas. Prometió no volver a hacer algo así, a menos que ellos le dieran permiso. Siempre había sido un muchacho responsable, y en seguida admitió su error y afrontó las consecuencias de su momentánea falta de responsabilidad. Dos años más tarde, cada vez que Toto quería ir a algún lado o hacer algo independientemente de sus padres, ellos le recordaban su antiguo error. Su padre le echaba en cara los problemas que le había causado, y lo defraudados que se habían sentido esa vez tanto su madre como él. Simplemente no se lo perdonaría ni lo olvidarían. Querían sacar un poco más de culpa del error de Toto. Resultado: Toto se apartó de sus padres, particularmente de su padre. Perdió el respeto por ellos porque, en realidad, no quería que estuvieran recordándole constantemente todo el dolor que les había causado hacía dos años. Cuanto más le recordaban a Toto su comportamiento y el daño que les había hecho, más deseoso estaba él de apartarse de ellos. La culpa funciona de esa manera. Nadie quiere estar cerca de alguien cuyo objetivo consiste en hacerle sentirse peor echándole en cara sus errores.

Cuando algo ha terminado, deja que acabe, y recuerda que el amor es tanto dar como olvidar. No uses recordatorios para hacer que los niños se sientan culpables. Cuanta más culpa interioricen, más resentimiento estarán formando. Además, estarás enseñándoles a hacer exactamente lo mismo en sus propias relaciones. De hecho, verás que algo de todo eso se vuelve contra ti. Toto pronto se dio cuenta de que su padre estaba empleando la culpa contra él, y empezó a devolverle el mismo trato. Se acostumbró a recordarle un romance que él había tenido seis años antes, y que casi acabó en divorcio. «¿Cómo puedes esperar que yo sea perfecto cuando tú has estado engañando a mamá?», le decía para desquitarse. La culpa engendra culpa, y la única manera de asegurarte de que no te la devolverán es evitar usarla tú mismo.

Procura evitar el uso de expresiones que engendren culpa con tus hijos. A continuación tienes cinco ejemplos de expresiones que producen culpa, a la izquierda; y frases razonables, a la derecha, que ayudarán a los niños a asumir la responsabilidad por su comportamiento en vez de limitarse a sentirse culpables.

CULPA	AUTORRESPONSABILIDAD
Deberías avergonzarte de ti mismo.	Te has comportado de una manera tonta y tendrás que atenerte a las consecuencias.
Cuando haces eso estás hiriendo los sentimientos de mamá.	No me gusta ese tipo de comportamiento. Cuando dices insolencias pareces un delincuente, y a nadie le gustan los delincuentes, incluido tú mismo.
Dios te castigará por eso.	Tal vez quieras mirarte por dentro y ver si realmente te gusta eso de ti.
¿Cómo pudiste hacer esto después de todo lo que me he sacrificado por ti?	¿Cómo te sientes cuando tratas de esa manera a la gente que te quiere?
Esto lo pagarás algún día.	Debes estar realmente alterado para hablar así. ¿Por qué no te tranquilizas y volvemos a hablar cuando te halles más en tus cabales?

— *Ten presente que a nadie le gusta que lo insulten, independientemente de lo joven que sea*. A ti no te gusta que nadie te señale tus deficiencias ni que te diga lo poco atractivo que eres. El propósito de ese tipo de insultos es ganar cierto grado de control o poder sobre el otro haciendo que se sienta mal interiormente. Esto no sólo es una desconsideración, sino algo insano, ya se haga con adultos o con niños. Demasiado a menudo, los adultos se olvidan de lo sensibles que son los niños a las críticas. En el trato cotidiano con ellos a lo mejor te olvidas de que pueden tomar a pecho uno de tus insultos, aunque tú lo hayas dicho sin ánimo de ofender, e interiorizarlo para toda la vida. *Tu amor por ellos es un escudo enorme que los protege de los estragos de la ansiedad, de modo que procura no debilitar ese escudo enviándoles mensajes contradictorios.*

— *Apéate del autobús de la culpa y esmérate en ser ejemplo de alguien que opta por mostrarse responsable de sí mismo en vez de limitarse a sentirse culpable*. Elimina de tu vida tu propia tendencia a ser víctima a través de la culpa que los demás te atribuyan. Si tus padres te manipulan, hazles ver que no te interesa que te recuerden los errores que hayas cometido en el pasado. Sé firme, pero amable, en tu reacción a sus esfuerzos para hacer que pienses mal de ti mismo. Toma alguna medida correctiva para evitar que se repitan los mismos viejos errores, en vez de decir simplemente delante de tus hijos lo mal que te sientes. Sé un ejemplo para ellos. Muéstrales que no te adaptarás a los esfuerzos de los demás por hacerte sentir culpable, sin que importe de quién puedan provenir. Si eres padre o madre separada, lleva bien tu paternidad o maternidad en vez de quejarte de la mala suerte que has tenido en la vida. No hables mal de tu excónyuge, aunque te tiente hacerlo y te sobre razón. Los niños tienen dos progenitores, y en nada les beneficia odiar a alguno de los dos. Tus hijos no se han divorciado de ninguno de vosotros. Tus hijos necesitan todo el amor que se les pueda brindar, particularmente el de sus padres. No mezcles a tus hijos en vuestras disputas a menos que quieras que se sientan ansiosos, culpables, preocupados y, generalmente, tensos ahora y también más adelante. Sofoca cualquier tentación de hablar mal de alguien delante de ellos. Tus hijos necesitan un modelo de adultos amables y encantadores, contentos de estar vivos y que no se sientan víctimas de sus propias elecciones. Necesitan ver a gente altamente efectiva, feliz, y no a personas amargadas, enfadadas y hostiles, que les demuestren lo podridos que están el mundo y sus habitantes. Una forma de ser positiva es una barrera para la ansiedad, mientras que una forma de ser negativa la intensifica. Sé positivo y procura no intensificarles la ansiedad. Una separación es un problema, y los interesados pueden afrontarlo con eficacia. Pero los padres que están amargados y expresan su amargura haciendo sufrir a sus hijos están haciendo una elección extremadamente irresponsable, al contribuir a que sus hijos sientan más ansiedad todavía de la que deberían. «Odia el pecado y ama al pecador», dijo Mohandas Gandhi.

— *Anima a tus hijos en sus iniciativas hacia la independencia.* Tu rol de adulto en el crecimiento del niño no consiste en tenerlo pegado a ti, sino en liberarle de cualquier dependencia en su vida. Cada paso que des hacia su propia independencia se dirige a convertirlo en una persona Sin Límites. Apláudelo mucho cuando sea bebé y dé sus primeros pasos. Dale a entender lo orgulloso que estás de que te muestre que puede montar en bicicleta. Esos son logros magníficos para él. Recuerda los días en que te diste cuenta por primera vez que podías nadar solo, sin que te sujetasen a tu lado, o cuando fuiste a la escuela solo por primera vez. Esos son pasos gigantescos hacia la independencia. Y cuando tus hijos den pasos aún más largos para alejarse de ti, fuera del nido, debes aplaudirles mucho, y alegrarte de su despegue. En eso consiste la aventura de ser padres. Dales soporte para su independencia, muéstrales que no te sientes intimidado porque crezcan para alejarse de ti, y siempre estarán cerca de ti. Muéstrales lo contrario —que deberían sentirse culpables por abandonarte después de todo lo que has hecho, que estarás solo y vacío sin ellos— y te garantizo que tu única «recompensa» será que cuando hayan abandonado el nido querrán verte cada vez menos. A nadie le gusta sentir ansiedad, y si saben que tú quieres que se sientan culpables por su elección natural de cambiar, de alejarse de ti, entonces harán lo posible para evitar esa ansiedad.

Ten tus propios objetivos independientes de tus hijos. Ocúpate de cualquier cosa que te interese. Apúntate en cursos, dedícate a nuevas empresas, prueba a estudiar alguna carrera, ponte a escribir o a trabajar de electricista, pero mantente activo, como una persona que no vive su vida a través de sus hijos, sino que tiene la suya propia, independiente de la de ellos. Cuanto más te veas a ti mismo como un ser humano realizado e importante, menos probable será que llegues a sentir el síndrome del nido vacío, que tanto produce esta culpa de la que estoy hablando. Llegaréis a ser amigos de toda la vida si todos tenéis vuestros propios intereses peculiares, o lucharéis entre vosotros por quién debe qué a quién, si optas por el sendero de la culpa.

— *Enseña a tus hijos, mediante tu propio ejemplo y ayudándolos, a que tengan más confianza en sí mismos en vez de ser personas que se preocupen.* Cuando una niña tenga algún dolorcito, pregúntale si cree que podrá deshacerse de él sin recurrir inmediatamente a una píldora o sin acudir a la consulta del doctor. Recuerda a los niños su gran capacidad curativa, situada en su propia mente. Háblales de no sentirse enfermos todo el tiempo. Deja de reforzar sus inclinaciones en este sentido negándote a darles grandes dosis de conmiseración cada vez que se hagan daño. Puedes estar animándoles a ser más enfermizos de lo que serían, al prestarles atención y cuidados por su enfermedad. Diles con toda claridad: «Procura no pensar en tu resfriado. A ver si puedes evitar hablar de ello. Quizá puedas hacer que se te cure no diciéndole a nadie lo mal que te sientes». Los niños tienen cierto grado de control sobre su propia salud, y necesitan aprenderlo de ti. Deja de quejarte ante tus hijos de lo mal que te sientes. Esfuérzate constructivamente para estar sano, cambia tus hábitos de nutrición, haz ejercicio con regularidad, y te sentirás mejor. Luego, promete no quejarte nunca ante nadie de lo mal que te encuentras. Piensa en ti mismo como en alguien capaz de sanar, y tus hijos harán lo mismo. Si hablas constantemente de la enfermedad, y les enseñas que es algo que sólo una píldora o una visita al doctor puede curar, estarás enseñándoles a preocuparse.

El niño que no se siente enfermo y cree firmemente que no tiene por qué seguir estando enfermo si trabaja sobre sí mismo y deja de tenerse compasión, eliminará la necesidad de preocuparse. Estará demasiado ocupado pensándose sano y fuerte como para malgastar el momento presente en preocupaciones inútiles sobre su salud. Sé el ejemplo de una persona que confía en su propia capacidad para estar sana, que sólo toma medicamentos como último recurso, y que no acude al consultorio del médico por cada pequeña molestia o dolorcito, y quitarás esa costumbre a tus hijos. No sólo se preocuparán menos, sino que también estarán más sanos. Yo puedo dar testimonio de la validez de esta propuesta. Desde que empecé a practicarla regularmente y dejé de sentirme enfermo, no he vuedto a tener resfriados, gripe, ataques de alergia, ni enfermedad alguna que valga la pena mencionar desde hace casi diez años. Me limito a confiar en que tengo dentro de mí la capacidad de estar sano, y también a mis hijos les hablo de ello. Ahora, cuando me empieza a destilar la nariz o tengo algún dolorcito, lo trato como si fuese un error, y no hablo de ello. Lo tomo como una señal de que necesito descansar más o de que me faltan vitaminas, y el dolorcito o la pequeña infección desaparecen antes de que me dé cuenta. Pensar sanamente y enseñar a tus hijos a hacer lo mismo es algo que alivia mucho la ansiedad, además de educar su control sobre su propio cuerpo.

— *Cada vez que veas señales de que tus hijos están tomando el hábito de preocuparse, detenlos con esta afirmación: «Quiero que te sientes aquí y que te preocupes por mí durante los próximos diez minutos».* El absurdo en seguida se hará evidente. No hay cantidad de preocupación que vaya a ayudarles a pasar los exámenes de la escuela, ni que les ayude a resolver una discusión, ni a entrar en los partidarios de un equipo de fútbol. Cuando hayan terminado, pregúntales si estudiar no sería más productivo, o hacer planes, o practicar los vítores de los partidarios, y entenderán el mensaje. Preocuparse es una pérdida de tiempo, y cualquier cosa que hagas para ilustrar eso será útil.

— *Con los bebés procura ser razonable en vez de preocuparte, y eso os liberará a ti y al bebé de vuestra angustia.* Las recomendaciones de que cierres y pongas a buen recaudo las cosas demasiado peligrosas para tus hijos pequeños se toman como maneras de prevenir accidentes trágicos, y también como una forma de evitar tus constantes mensajes negativos como adulto «preocupado». La previsión, en lugar de la preocupación, puede conducirte a tomar medidas que reduzcan la tensión, tanto física como mental, de adultos y niños. Si eres una persona nerviosa y no alguien confiado, verás los resultados de tu comportamiento reflejados en los bebés. Cuando estás preocupado no puedes alcanzar el grado óptimo de eficacia. La preocupación te hace cometer más errores, verificar constantemente cada movimiento, y volverte paranoico por la seguridad, la higiene y la estabilidad emocional del bebé, y cosas por el estilo. Cuando estés relajado, y confíes en que usarás tu propio sentido común para tomar las precauciones necesarias a fin de dar a tu bebé un medio ambiente adecuado y seguro, no te comportarás como un manojo de nervios con la gente menuda. Serás capaz de disfrutar con ella, en vez de estar permanentemente preocupado. Y no hay suficiente cantidad de preocupación que pueda evitar una tragedia. De hecho, la preocupación hará que un accidente sea mucho más probable. Precaución, sí; preocupación, no. Un interés razonable, sí; preocupación, no. Sólo conseguirás hacer que un bebé se angustie y se vuelva temeroso si ése es el ejemplo que le das.

— *Ayuda a los niños pequeños y a los preadolescentes enseñándoles lecciones razonables de seguridad personal, sin inculcarles temores antinaturales.* La persona temerosa es mucho más propensa a convertirse en víctima, que la confiada. Cuando piensas un poco, «Nunca hables con extraños» es una frase bastante estúpida. Todo el mundo es extraño hasta que llegas a conocerlo. Si nadie hubiera hablado nunca con extraños, nadie conocería a nadie fuera de su círculo familiar inmediato. Es importante recalcar aquí que debes usar un poco de sentido común para hablar con los niños de los peligros de que los secuestren, cuando sean capaces de entender ese concepto. Pero un niño temeroso que siempre se siente intimidado por los extraños, está aprendiendo una lección terrible: que el mundo es sórdido y feo, y que todos quieren hacerle daño. Ése no es el caso. El mundo está lleno de gente, y la gran mayoría es buena y no quiere hacer daño a los niños. No se deben sofocar las cualidades sociales naturales de los jóvenes a favor de enseñarles a preocuparse por cada persona con quien se encuentren. Debes combinar el sentido común con las precauciones razonables. A un niño muy pequeño se le debe supervisar todo el tiempo, y punto. No puedes perderlo de vista cuando pueda salir corriendo hacia la calle o meterse en el coche de un extraño. Sin embargo, no tienes por qué gritarle para prevenirle de esos peligros. Tú conoces los peligros, y también sabes que preocuparse no ayuda. Vigílalo, sé extremadamente cuidadoso en una época de secuestros de niños y robos de bebés, pero no pongas a tus hijos los nervios de punta por cada persona que conozcan. Recuerda: tu preocupación no evitará una tragedia; las precauciones razonables, sí.

A medida que tus hijos van haciéndose mayores y se vuelve literalmente imposible vigilarlos todo el tiempo, puedes decirles que no salgan con extraños, que no paseen ni caminen solos, que sean prudentes, sin asustarlos hasta que se conviertan en jóvenes neuróticos que tienen miedo de todo el que se encuentren, y empiezan a ver a todos los extraños como potenciales pervertidos. Deben aprender a protegerse y a tener confianza en su propia capacidad de evitar problemas graves, pero no deben volverse tan ansiosos como para perder su magnífica alegría y temer al mundo. Cuando les expliques qué tienen que hacer para protegerse, sé claro, e insiste en que te llamen por teléfono para decirte dónde están. Explícales los peligros potenciales, pero no los asustes como para que lleguen a convertirse en personas que le tienen miedo a la vida. El hecho es que aprender a tener confianza en uno mismo y conducirse con seguridad, al tiempo que se toman precauciones razonables, son maneras mucho más eficaces de no convertirse en víctima que simplemente estar asustado, lleno de ansiedad y preocupado.

— *Deja que los niños se fijen sus propios objetivos, y man-*
tente apartado de sus sueños magníficos excepto para estimu-
larlos poderosamente. La mayoría de los niños tienen miedo
de su propia grandeza y se proponen unas expectativas muy
bajas, o son el producto de una interferencia de los padres.
Éstos, con la mejor intención del mundo, les dicen a sus hijos
qué han de perseguir en la vida. Si una niña de once años
quiere ser médico, estimula sus sueños en esa dirección, aunque
ella no haya mostrado lo que tú creas que son las aptitudes o
actitudes adecuadas. Si no va a terminar siendo médico, irá haciendo los ajustes sobre la marcha, y no hay ningún problema
en tener que ajustar los propios objetivos.

Hablando con una jovencita que quería ser piloto civil, pero
que tenía muy mala vista a sus trece años, recuerdo que le
dije que de todos modos lo intentase. «De aquí a los exámenes
para la licencia, el mundo habrá progresado y dejarán que los
pilotos usen lentillas», le aseguré. El súbito destello de sus ojos
valió la pena. Me dijo que su padre le había dicho que pensase
en alguna otra cosa, porque, desdichadamente, tenía mala vista.
Y, como era de esperar, hoy es instructora de vuelo. Usa gafas
y disfruta confiada de su ocupación. Si los requisitos no hubieran cambiado, yo la habría animado a que participase en campañas destinadas a modificar la regulación vigente, en vez de
maldecir su mala suerte. Cuando les dices a tus hijos que no
pueden hacer algo, o que tienen que ser más realistas, sólo estás
enseñándoles a no confiar en sí mismos y a estar innecesariamente ansiosos en relación con algo que, seguramente, se solucio-
nará solo.

— *Ten presente la edad del niño cuando tratas con él.* Si
llevas a un niño de cuatro años a un restaurante, comprende
que no se comportará como si tuviera doce, igual que tú no eres
capaz de actuar como si fueses una jirafa. Mantén contacto con
la realidad de la edad del niño, y procura no infundirle ansiedad
esperando de él lo que no puede ser. Los niños de dos años
se portan como si tuvieran dos años todo el tiempo, sin excepciones. Lo mismo vale para cualquier otra edad. Deja de insistir
en que los niños sean mayores y más maduros de lo que están
capacitados para ser. Si no quieres que los pequeñines se paseen
por todos lados en un restaurante de lujo, quédate en casa, déjalos con una niñera, o ve a un restaurante familiar. Si de todos

modos vas a un restaurante de categoría y te pasas toda la noche enfadado porque el bebé llora y molesta, o el nene de cuatro años les hace muecas a los comensales, tú, y no el niño, necesitas atención psiquiátrica. Pedirle a los niños que sean mayores de lo que son equivale a introducir angustias irreales en su vida. Esto no es abogar por un comportamiento anárquico excusándolos; es simplemente recordarte que todos los niños observan comportamientos típicos de su edad, y que tú no los vas a eliminar haciendo el papel de su guardián. Los niños de dos años se harán pipí encima de vez en cuando. Los niños de tres años dirán «na na na na», y te llamarán de vez en cuando con nombres estrafalarios. Los de cuatro querrán pelearse con todo el mundo; los de nueve lloriquearán y se quejarán y tendrán alguna rabieta de vez en cuando; los preadoiescentes serán taciturnos, y a veces te hallarán imposible. Así son las cosas. Tú has pasado por lo mismo, así que refréscate la memoria y aprende a reírte con ellos, bromea, lucha con ellos jugando, ignora sus momentos taciturnos, olvídate de sus rabietas y deja que tengan el comportamiento típico de su edad. No durará eternamente. A su jefe no le dirán tonterías en su primer día de trabajo. Simplemente superarán todo eso, y tú les ayudarás y te ayudarás a ti mismo a vencer la ansiedad si sonríes interiormente y te ocupas de otras cosas más importantes.

— *Si castigas a un niño por el motivo que sea, asegúrate de que él sabe por qué lo castigas.* Los niños se angustian si no saben por qué te has enfadado. No basta con que *tú* sepas por qué los castigas. *Ellos* son quienes reciben el castigo, y aunque no estén de acuerdo con él, por lo menos asegúrate de que te han oído decir por qué razón los castigas. Si es posible, pídeles que te repitan el motivo, para estar seguro de que te han entendido bien. «No puede ser que cada vez que te irrites tengas un berrinche y estropees a los demás el derecho a vivir en paz. Te quedarás en tu habitación hasta que dejes de hacer escándalo y de molestar a todo el mundo.» Con esto es suficiente. Incluso si la niña sigue gritando, por lo menos ya sabe por qué la has enviado a su habitación. «Has violado el convenio que los dos habíamos acordado. Te retiraré el carnet de conducir durante diez días porque has llegado tarde sin avisarnos, y luego te quitaré todos los privilegios como conductor durante un mes. Quiero que aprendas a aceptar la responsabilidad por tus promesas.»

De este modo, la razón del castigo queda clara, y no tienes entonces que recordarles una y otra vez que tienen que ser responsables. Pero, cualquiera que sea la edad que tengan, deben entender de qué se trata. Si te limitas a quitarles los privilegios sobre cualquier cosa, o estás buscando razones para estar enfadado con ellos, a fin de poder ejercer tu autoridad paterna, harás que la convivencia contigo les resulte más angustiosa, les enseñarás a desconfiar de tu salud mental, y les apartarás cada vez más de ti.

El castigo es algo que forma parte del ámbito de las relaciones padre-hijo. Pero se debe recurrir a él sólo muy rara vez, y para lograr algún beneficio es necesario que ambas partes lo entiendan. Para todas las edades, independientemente de tus opiniones sobre el castigo, soy un firme partidario de que se recurra a él únicamente con fines didácticos. Nunca lo emplees para hacer daño, y no olvides que debe ser siempre algo razonable. Si quitas el derecho a conducir durante un año por una infracción menor, sólo conseguirás quedar como un ogro. Cumple con lo que hayáis acordado, pero no hagas declaraciones que sean imposibles de cumplir. Si amenazas con un castigo disparatado, retráctate cuando te hayas calmado. «En realidad no voy a tenerte inmovilizado el resto de tus días sólo porque hayas suspendido, pero deberás quedarte en casa a estudiar todas las noches hasta que los dos estemos convencidos de que tomas la escuela en serio.» Resulta muchísimo más razonable admitir que has reaccionado desproporcionadamente, que seguir adelante con una disciplina que no habías pensado emplear en un primer momento.

— *Deja a tus hijos hablar con toda franqueza, aunque digan cosas que para ti sean intolerables.* Los niños que tienen miedo de hablar están interiorizando sus sentimientos y alejándose de ti. Empezarán a ocultártelo todo si saben que no toleras sus ideas. Interésate por su vida en lugar de negarte a escucharlos. Habla con ellos de la música que les gusta, en vez de criticarla. Pregúntales su opinión sobre temas importantes del mundo, en vez de tratarles como a personas cuya opinión no tiene importancia. Sí que importa, y si saben que aunque tú no estés de acuerdo con ellos en muchas cosas, por lo menos respetas su derecho a opinar, estarás aliviando su ansiedad, además de darles ocasión de que hablen con libertad de lo que piensan.

Cuando he aconsejado a adolescentes embarazadas y les he sugerido que se lo dijeran a sus padres, casi siempre replicaban: «¿Lo dices en serio? Me matarían; nunca podría confesárselo». Esto es muy revelador sobre su relación con sus padres. Si tus hijos no quisieran recurrir a ti cuando se hallaran en graves problemas, sería porque tienen miedo de que los juzgues o los rechaces. ¿A quién, si no a sus padres o a las personas que lo hayan criado, recurrirá un niño cuando se encuentre en dificultades? ¿Por qué habrían de recurrir a sus padres sólo cuando las cosas van sobre rieles? ¿Qué tipo de relación unilateral se ha creado cuando los adultos sólo pueden escuchar buenas noticias? Cuando todo va bien, apenas te necesitan; no así cuando cometen errores, se meten en líos o dan traspiés. Con tus hijos debes crear una relación tal, que consideren normal acudir a ti con las buenas noticias y con las malas, sabiendo que tú les ayudarás y les confortarás cuando cometan un error, de la misma manera que cuando te hacen sentir orgulloso.

Es fácil amar a la gente cuando huele bien, pero a veces uno cae en el estiércol de la vida y huele fatal. Debes quererlos tanto como siempre cuando huelan mal. Eso sólo puede ocurrir en una interacción abierta y sincera, en la que sepan que pueden hablar sin obstáculos, en la que sus opiniones se respetarán, sin que importe hasta qué punto pueden entrar en conflicto con las tuyas. Yo quiero que mis hijos sientan que siempre podrán recurrir a mí, por más confundidos que estén, y no que busquen ayuda en cualquier otro sitio porque yo les haya enseñado a temer mi desaprobación, o porque nunca les permití tener una mente abierta. Ten eso presente en tus relaciones con los chicos, y ellos sabrán que eres alguien en quien pueden confiar, que les ayudará y los guiará tanto en los buenos momentos como en los malos.

— *Evita corregir a los niños delante de los demás, y pídeles que hagan lo mismo contigo*. Si hay algo que tengas que decirles, llámalos aparte, en vez de dar ocasión a que se sientan en aprietos delante de otras personas. Mantén su nivel de ansiedad tan bajo como puedas, respetando su derecho a que no se les corrija en público.

— *Dedica a tus hijos el ahora. Está con ellos ahora*. Los niños no tienen la misma visión de futuro que tienes tú. Harás mucho mejor si compartes este momento con ellos, que si siempre les hablas de lo que serán algún día. ¡Está con ellos *ahora*! Juega con ellos a la pelota ahora. Llévalos a la playa hoy. Tenlos en tu regazo en este mismo momento. Ésas son cosas que los niños recuerdan, que les confortan en vez de enseñarles a sentirse angustiados por el futuro. Para un niño, el futuro es algo que ni siquiera entiende, de modo que no malgastes esos preciosos momentos presentes haciendo que se sientan ansiosos por lo que estudiarán en la universidad, cuando todavía están en segunda enseñanza. Quieren que estés con ellos, y no que les eches sermones sobre el mañana, y ésa es una manera magnífica de reducir la ansiedad. Creo que este tema es tan importante, que le he dedicado el capítulo 7.

— *Procura liberar en cierto grado a tus hijos de los horarios, como para que puedan experimentar alguna espontaneidad.* Si bien es evidente que no puedes estar preparando comidas durante todas las horas del día, a veces es importante dejar que coman cuando tengan hambre, particularmente si son capaces de prepararse su propia comida. La idea de que todos han de tener hambre al mismo tiempo es absurda, pero no hace falta que tú seas víctima de eso. La hora de comer se convierte con frecuencia en un momento de gran ansiedad en el hogar. Los niños se pelean con los adultos por lo que tengan que comer, permutan una zanahoria por un helado, y cosas por el estilo. ¡Déjate ya de tonterías! Por regla general, el cuerpo les dirá lo que necesitan. Si no les das «porquerías» (pastelitos, caramelos, chocolates y todo eso a lo que tanto se aficionan los chicos) no tendrán la opción de comerlas. Si les das buenos alimentos y ellos no quieren cenar esa noche, intenta ignorar ocasionalmente la situación. Procura evitar las permutas y los regateos por el sencillo procedimiento de no darle mucha importancia a la comida. Si te preocupas con cada bocado, ellos te manipularán volviéndose remilgados con la comida. No comerán mejor porque tú te preocupes, pero si empleas un poco de sentido común, tal vez sí. Procura no hacerles caso cuando se nieguen a comer; no les digas nada, ni les dejes comer «porquerías» después de cenar. Mantén los estantes más bajos del refrigerador bien provistos de fruta, yogur y hortalizas.

El mismo razonamiento se aplica para la hora de acostarse. Líbrate de la presión, y líbrales también a ellos. Diles que se queden despiertos en su habitación hasta la hora que consideréis razonable para sus necesidades de descanso, y luego olvídate del asunto. No sigas vigilándolos. Déjalos que jueguen, lean, piensen o que hagan lo que quieran en su cuarto, y si al día siguiente amanecen cansados, a la otra noche haz que se acuesten un poco antes. Puedes evitar todas esas ansiedades innecesarias por esas rutinas quitándoles importancia, enseñando a tus hijos que ya no darás lugar a peleas que provoquen ansiedad.

Si te deshaces de algunas de tus propias reglas e ideas rígidas sobre lo que los niños necesitan, y en cambio determinas sus necesidades observando simplemente su comportamiento, descubrirás que la vida es mucho más agradable tanto a la hora de cenar como a la de irse a dormir. No todos los niños necesitan la misma cantidad de sueño. No todos precisan beber leche cuatro veces al día. Cada cual es único. Lo que es casi seguro es que ninguno necesita que lo regañen ni que le angustien por cosas tan simples. Olvídate de tus reglas sobre lo que deben hacer, no discutas con ellos por esas cosas, y deja de preocuparte porque puedan volverse enfermizos o fatigarse demasiado. Los niños son absolutamente sorprendentes. Cuando se cansan, duermen, y si no están cansados a las nueve, no fingen estar cansados porque el reloj diga que es hora de irse a la cama. Si necesitan más potasio en el cuerpo, se comerán un plátano si hay, aunque hayan dejado la comida que habían planeado para ellos. Permite que se autorregulen un poco más, usando el sentido común, y como recompensa, todos sufriréis menos ansiedad.

— *Lleva a tus hijos a conocer la naturaleza tanto como sea posible.* La naturaleza es un gran alivio tanto para la ansiedad de tus hijos como para la tuya. Estar al aire libre es una magnífica manera de enseñarles a librarse de la ansiedad para toda la vida. Hacer *camping* o jiras sin atenerse a reglas. Hacer una caminata sin tareas asignadas para organizarlo todo. Sentarse en un bote a disfrutar de la majestuosidad del lago, el estanque, el río o el océano. Esfuérzate por salir al aire libre tan a menudo como sea posible. Una caminata por el parque de la ciudad, o por las calles de tu vecindario, es una gran manera de aliviar cierta tensión. Con mis propios bebés yo he notado que lloran mucho menos cuando los saco a pasear. Sonríen mucho más sobre el césped que en casa, sobre la alfombra. Los niños pequeños suspiran por la naturaleza, y tú puedes educarlos para que la aprecien esforzándote por inculcarles un amor y un sano respeto por el magnífico milagro que hay en todo lo natural.

Los niños Sin Límites han aprendido a reaccionar de manera diferente ante los mismos estímulos porque saben ser amistosos con el mundo. Su comportamiento tiende a ser «para mejor», o al menos sus errores son «sin querer». Por lo tanto, si algo les sale mal, eso no da lugar a sentimientos de culpa. Las posibles reacciones son en cambio, el arrepentimiento, el aprendizaje, el volver a hacer las cosas y la mejora. En vez de preocuparse, un niño Sin Límites ve los sucesos futuros como aventuras emocionantes, oportunidades de crecer, ocasiones de superar divertidos obstáculos y experiencias nuevas. Dado que la autovaloración no va ligada a la realización, la preocupación por «hacerlo bien» queda eliminada. Las preocupaciones por si el avión se estrella o por si «¿estará esperándome el abuelo cuando aterricemos?» no afectarán al niño Sin Límites, porque sabe que el piloto está a cargo del avión, y que la cabina es un lugar muy interesante. Si al abuelo se le hace tarde, se quedará charlando con las azafatas y les hará un montón de preguntas. Los niños Sin Límites son «creadores», y la culpa y la preocupación no *crean* nada. Así, es muy improbable que se molesten con pensamientos nefastos o comportamientos destructivos.

El niño Sin Límites aprende a estar aquí, en esta vida, en vez de clasificarlo todo en categorías. Se interesa por las perspectivas de cada momento de todos los días, en vez de tratar de encontrar algo que esté mal y de quejarse de cada pequeño detalle de la vida. Ésta es alegría, algo que ha de compartirse y disfrutarse, y no una carga para todos. La ausencia de ansiedad es lo que distingue a la gente Sin Límites. Esto significa hallar una gratificación en la serenidad interior, abandonar la culpa y la preocupación, librarse del hábito de quejarse, y aprender a aminorar la «marcha» para disfrutar de la vida. La vida no es una carrera, sino un viaje, algo de lo que hay que disfrutar cada día. Puedes hacer mucho para ayudar a tus hijos a comprender esta verdad tan importante, y tú también obtendrás la gran ventaja de soportar mucha menos ansiedad como parte del convenio.

6

QUIERO QUE MIS HIJOS LLEVEN
UNA EXISTENCIA PACÍFICA

En vez de inmovilizarla, el enfado más bien moviliza a la persona Sin Límites. Se mantiene calma mientras lucha por encontrar una solución creativa, constructiva. Trabajar con ella y estar con ella es un placer. Va a favor de la corriente en vez de luchar contra la vida. Piensa, siente y se comporta según sus propios cánones.

El enfado lo echa todo a perder.

STADIUS

En nuestra vida hay pocas o ninguna ocasión en que hayamos estado enfadados o hayamos perdido los estribos, y que podamos recordar sin arrepentirnos.

ASHLEY MONTAGUE

¡Tú quieres vivir en paz! Ésta es una afirmación que puedo hacer casi con absoluta certeza. Todo el mundo desea una vida pacífica. Lo mismo vale para los niños. Todos los niños desean una vida pacífica. Paz externa y también paz interior. En el primer capítulo te ofrecí algunas sugerencias para que ayudes a tus hijos a que crezcan con serenidad interior. El hecho de estar libres de angustia mental contribuirá mucho a que tus hijos lleguen a ser personas Sin Límites. Como ya he dicho en el capítulo 5, puedes ayudarles a convertirse en seres humanos que se nieguen a abrigar pensamientos angustiosos. También puedes ayudarles a vivir en un medio pacífico y sereno. Puedes hacer mucho para asegurarte de que no se vean enredados en violentas peleas familiares, ni tengan que ser testigos de ellas. Puedes ayudarles a que vivan en un medio desprovisto de furias y hostilidades inmovilizadoras, y darles simultáneamente la oportunidad de que se disciplinen de tal manera que hagan de su propio medio un ámbito civilizado y no turbulento.

Un ámbito positivo es de crucial importancia si te has decidido a educar a tus hijos como personas Sin Límites. No puedes exponerles todo el tiempo a los caprichos del enfado y la hostilidad, y esperar que cultiven la serenidad interior. No puedes estar siempre gritándoles y chillándoles y esperar que no adquieran características violentas. No puedes educarlos en el desasosiego y esperar que sean pacíficos. Tienes que decidir qué medio proporcionarás a tus hijos. Independientemente de lo que puedas haber llegado a pensar, o de lo duras que hayan podido ser las circunstancias de tu vida, todavía puedes elegir cuál será su ambiente emocional. Si el enfado es el rasgo principal de ese ambiente, tus hijos vivirán enfadados. Si las peleas están a la orden del día, verás cómo tus hijos también pelean. Si no ejerces cierta disciplina sobre tus propias reacciones emocionales con tus hijos, verás crecer niños indisciplinados.

Las personas Sin Límites desean erradicar la violencia de su vida y de este mundo. Comprenden que en el mundo hay demasiada ira y hostilidad. Ven los resultados de odiar a los demás, de luchar constantemente contra el otro, de un mundo que se ha vuelto loco con la proliferación de armas que amenazan nuestra supervivencia. Y la gente Sin Límites es la que va a hacer algo para borrar de nuestro planeta esta terrible conflagración de ira. No sólo anhelamos la paz; es absolutamente necesario que la creemos si queremos legar a las generaciones venideras un planeta habitable. La familia del mundo exige la paz. La familia norteamericana pide paz y tiembla ante la excesiva cantidad de ira y odio que hay en Estados Unidos. Todo debe comenzar por nuestra propia unidad familiar. Tu familia, sean quienes fueren quienes la integren, y cualquiera que fuesen sus condiciones, debe tomar la iniciativa de crear un ambiente pacífico. Si los niños de tu unidad familiar (y muchos otros millones más) reciben una educación acorde con la paz y la serenidad, llegarán a ser personas Sin Límites que vivirán una vida pacífica y contribuirán a que los demás hagan lo mismo. Finalmente, empezarán a interesarse por la causa de proporcionar una paz definitiva al mundo. Si se les cría sin la ira inmovilizadora y libres del estrés de las continuas peleas familiares, no buscarán anular a los demás. Si se les cría en paz, no sabrán cómo ser belicosos. No atacarán si no se les ha criado en la cultura de la ira. Tendrán libertad para atajar los problemas de nuestro mundo de forma creativa, en lugar de luchar con sus vecinos y sus hijos en este ciclo aparentemente interminable de amargura y animosidad de unos contra otros.

Puedes cambiar la manera de ser del hijo que estés criando. No importa que seas padre o madre soltera, o que seáis una pareja no casada. No importa lo mayor que seas ni lo mayor que pueda ser tu hijo; de todos modos puedes lograr cambios importantes. No importa cuál sea tu nacionalidad, ni lo que tus propios padres te hayan inculcado de pequeño. Si en tu corazón, en el rincón más sincero de tu ser, crees que la ira, las peleas, la beligerancia y la guerra son errores graves, entonces también podrás hacer algo por las actitudes de tus hijos. Detente un momento a pensar y ponte en la situación de la gente que es víctima de la violencia en nuestro mundo. Date cuenta de que tanto los perpetradores como muchas de las víctimas son seres humanos individuales que, por una u otra razón, han decidido emplear la violencia como forma de expresión de sus deseos. Quienes deciden matar o herir a otros han sido criados en una sociedad violenta, sea su familia, su ciudad, su nación o su universo. Tuvo que empezar en algún lado, donde los individuos aprendieron simplemente a manifestarse de forma hostil.

Tus hijos no tienen por qué ser de esa manera. No es necesario que crezcan viendo la ira como un modo natural de expresión. No hace falta que recurran a la violencia para salirse con la suya. Hay otros métodos mucho más eficaces para resolver nuestras diferencias, y la verdad es que todo debe empezar por ti, en tu propia unidad familiar. No hay excusas. Si quieres que el mundo cambie, debes empezar por ti mismo y es ese el único lugar por donde puedes empezar: asumiendo el compromiso de que tus hijos crezcan en un medio en el que se condene la violencia y se gratifiquen las maneras civilizadas. Eso ahorrará a tus hijos una vida penosa. Puede contribuir a salvar el mundo de la extinción prematura. Todo esto empieza a partir de ti.

La persona que crece con valores Sin Límites asigna un gran valor a la resolución de los problemas, como contrapartida a formar parte del problema. El individuo Sin Límites es alguien que tiene el control absoluto de su propio mundo interior. La ira y la hostilidad surgen del interior de la persona. Por lo general esa persona es alguien que no está acostumbrado a controlar sus propios impulsos agresivos, y que se limita a echarle la culpa de su enfado al mundo. Pero en realidad las cosas no son de esa manera.

Si presionas a alguien y él reacciona enojándose, esa ira estaba dentro del individuo que la expresó. Nadie más que tú puede hacerte enfadar. No hay suceso que pueda obligarte a reaccionar de manera hostil. Si estas emociones surgen de ti o de tus hijos, es porque, para empezar, estaban dentro de vosotros. Si no tienes almacenados pensamientos iracundos, es imposible que surjan. Acuérdate de la analogía de la naranja: Cuando exprimes una naranja y ves que le sale zumo es porque eso es lo que contienen las naranjas. Es muy sencillo, pero cierto. E igualmente sencillo y cierto es en el caso de los seres humanos. Exprime a una persona, y cualquier cosa que le salga es que la tenía dentro, y no porque perteneciera a la persona que la esté exprimiendo.

La gente habituada a resolver problemas (personas Sin Límites) es la que no almacena iras ni enfados en su interior. En cambio, sabe cómo manejar sus pensamientos de manera que la conduzcan a resolver los problemas. Tú quieres ayudar a tus hijos a que lleguen a un punto en la vida en el que sepan cómo manejar sus ideas de forma beneficiosa, en vez de volcarse hacia la ira y el odio. Este proceso comienza por el detenido examen que debes hacer de tus propias actitudes hacia la ira y las peleas, y por el esfuerzo para crear un ambiente libre de peleas donde criar a tus hijos.

PUEDES DEJAR DE TENER LAS MISMAS VIEJAS
DISPUTAS FAMILIARES

Lo habrás oído una y otra vez: «Las peleas son algo muy natural». «Es saludable una buena pelea de vez en cuando para mantenerse en forma.» «Es normal que la gente discuta entre sí en familia: eso despeja el aire.» Pero tú sabes que pelear no es una actividad placentera, y que cada vez que hay una discusión, tú te sientes mal, quedas detrozado. Sabes que los niños son quienes más sufren cuando estalla una disputa familiar, y que surge una gran cantidad de resentimiento y perversidad a los que tú preferirías no verlos continuamente expuestos.

Ha llegado el momento de cuestionar la creencia de que las peleas y las disputas sean inherentes a las relaciones humanas. De hecho, pelearse casi siempre acaba con una ruptura de la comunicación, un distanciamiento entre quienes se han peleado y reacciones físicas intensificadas: un aumento de la presión sanguínea, dolores de cabeza, insomnio, e incluso úlceras producidas por la tensión. Echa una ojeada a los hechos antes de justificar la vieja escena de la disputa familiar. Las peleas en forma de discusiones acaloradas, el enfado y la cólera en especial son terriblemente destructivas para todos los afectados, y comunican angustia a la vida de la familia.

Si encuentras que te disgustan las escenas violentas en tu familia, y sientes que la repetición constante de «las mismas viejas peleas» te inmoviliza de alguna manera, confía en tu propio juicio de que eso no es divertido, ni de ninguna manera útil para ti ni para tus hijos. Defender las peleas y las discusiones como si fueran un fenómeno natural es una auténtica tontería. Resulta evidente que las personas que viven juntas tendrán muchos desacuerdos, y a todos les asiste el derecho a hacerse valer y a defender sus propios derechos humanos, pero las discusiones y las reyertas que se experimentan no sólo son molestas, sino claramente destructivas. A nadie le gusta estar continuamente en una pelea. A nadie le gusta que le griten o, peor aún, que lo agredan verbal o físicamente. Una disputa familiar es algo que debes tratar de eliminar, en lugar de justificarla como una parte natural de la vida en común. Desacuerdos sí, pero basta ya de peleas.

Cuando uso las palabras *disputas familiares* quiero estar seguro de que entiendes a qué me refiero. Las peleas y las disputas pueden tomar muchas formas. Significan participar en intercambios verbales que ponen en juego ira intensa, cólera y, a veces, malos tratos físicos. También implican agredir oralmente al otro repitiendo las mismas cosas de siempre hasta que uno de los dos esté tan frustrado que quede emocionalmente inmovilizado. La pelea, tal como la entiendo aquí, se refiere a cualquier intercambio entre personas unidas por una relación estrecha, que sea improductiva y en cualquier sentido perjudicial para cualquiera de los participantes, sobre todo cuando hay niños de por medio, ya sea como participantes o como observadores. Si los intercambios están directamente relacionados con reñir o intimidar a los demás, entonces, quieras admitirlo o no, eres un participante en disputas familiares. Y ten muy presente lo que he subrayado a continuación, mientras buscas maneras de deshacerte de las escenas de peleas familiares: *Las peleas te hacen sentir muy mal, producen muchísimo dolor innecesario, son irritantes, dejan cicatrices profundas en tus hijos, les enseñan a usar las mismas tácticas para resolver sus diferencias, y jamás merecen que se las justifique si quieres que tus hijos lleguen a ser personas Sin Límites, o si estás mínimamente interesado en tener tú mismo una vida Sin Límites.*

ALGUNAS PELEAS FAMILIARES TÍPICAS

Las peleas tienen lugar en el seno de muchas familias, pese a que a nadie le guste que la atmósfera esté tan cargada. Cada persona de la familia tiene su propio conjunto de «viejas peleas de siempre». Cuando se las examinan desde un punto de vista objetivo, no tienen otra finalidad que trastornar a todos. Las mismas viejas discusiones cansinas, los sentimientos heridos, los portazos, el marcharse de casa enfadado, las agresiones verbales y las obscenidades desconsideradas se suceden. Y cuando todo eso ha terminado, se puede pronosticar que volverá a ocurrir una y otra vez, porque el proceso de la disputa no hace más que intensificar la hostilidad, sin resolver nada.

A continuación detallamos una breve lista de las «viejas peleas de siempre»:

la cuenta bancaria	tu habitación no está limpia
sacar la basura a la calle	hacer tareas domésticas
las visitas de los parientes	lavar los platos
dinero, dinero, dinero	¿adónde iremos de vacaciones?
nunca me hablas	otra vez se te ha hecho tarde
tu comportamiento anterior	rasgos de personalidad (perezoso, temeroso, ansioso por hacerse notar)
quiero más libertad	
no me tienes consideración	no eres la persona que solías ser

nadie me aprecia

me avergüenzo de ti

quiero poder aislarme

cállate

éste es el toque de queda

tú no me comprendes

hábitos personales (fumar, beber, comer)

bebes demasiado

tus amigos no me gustan

me enferma que me digas lo que tengo que hacer

deja de tratar de controlarme

Esta lista podría continuar indefinidamente, pero sirve para ilustrar las «viejas peleas de siempre» más comunes.

Si realmente quieres eliminar las escenas de discusiones en tu hogar, debes tomar tú mismo la decisión. Sí, ¡tú mismo! No es cuestión de esperar que los niños cambien, ni que tu cónyuge acabe aceptando tu punto de vista. Significa tomar la decisión de que pelear será cosa del pasado. Significa hacer votos de que no vas a seguir criando a tus hijos en una atmósfera de violencia, ya sea verbal o física. Significa empeñarte en darles la oportunidad de estar libres de la ira y la cólera, de las heridas que acaba por causarles el estar expuestos a peleas y a la guerra doméstica. A continuación hallarás siete principios guía que puedes adoptar para ayudarte a eliminar el estilo belicoso familiar. Al final del capítulo encontrarás algunas técnicas específicas que puedes emplear para ayudarte a vivir pacíficamente, pero examina primero estos principios, que pueden convertirse en la base de tu propio tratado de paz familiar.

PRINCIPIOS BÁSICOS PARA ADOPTAR COMO PAUTAS A FIN DE ELIMINAR LAS «VIEJAS PELEAS DE SIEMPRE»

1. *Prácticamente todas las peleas giran en torno a la idea absurda de que «si al menos fueras un poco más como yo, yo no tendría por qué enfadarme».* Ésta es una suposición errónea sobre la gente de tu mundo. La gente, incluso tu cónyuge, tus hijos, tus padres o cualquier otra persona no será nunca como tú quieres que sea. Cuando te enfadas con otra persona, en realidad estás diciéndote: «Ojalá tú pensaras de la misma manera que estoy pensando ahora, y entonces yo no tendría que enfadarme». «¿Por qué no puedes hacer las cosas como yo quiero que se hagan?» Una vez que elimines esta noción de que los demás deberían ser como tú quieres que sean, y los aceptes tal como son (no digo aprobarlos, simplemente aceptarlos), ya no

sentirás la tentación de pelearte con ellos. ¿Por qué ibas a pelearte con alguien para que sea lo que tú esperas que sea? La gente no va a ser distinta simplemente porque a ti te gustaría que así fuese. Si reduces tus expectativas respecto a los demás, y dejas de evaluar tu propia felicidad personal sobre la base de lo que los demás hagan, piensen, digan o sientan, te resultará casi imposible pelearte. Tal vez quieras acabar con una situación en que alguien se aprovecha de ti, y enseñar a tus hijos a hacer lo mismo; entonces descubrirás que no es necesario enfadarse porque los demás decidan ser como son.

2. *Se te trata de la manera en que enseñas a la gente a que te trate.* Debes enseñar esta lección básica a tus hijos y aceptarla tú mismo como un principio fundamental. Tu disposición a participar en disputas familiares proviene de tu interior. Puedes tomar otras decisiones, y tienes que dejar de culpar a los demás por la manera en que te tratan, y mirar en cambio en tu interior. Tus hijos también deben aprender que la manera en que los demás los traten es el resultado de lo que ellos estén dispuestos a tolerar. Si sientes que la gente se desquita contigo y te trata de manera desconsiderada, en vez de culparla, debes preguntarte: «¿Cómo les enseñé a tratarme de esta manera?». En lugar de enfurecerte con los demás por la forma en que se comportan contigo, recuerda que si no quieres ser víctima suya, debes dejar de hacer el papel de víctima. Decídete a interrumpir las señales que envías a los demás pidiéndoles que te traten de formas que tengas que resolver peleándote.

3. *El mejor de los maestros es el comportamiento, no las palabras.* Puedes hablar hasta ponerte verde, y por lo general no conseguirás más que enfadarte y frustrarte más. Si quieres enseñar a alguien de tu familia a no dejar la ropa tirada por allí, invéntate recursos de comportamiento, no verbales. Una vez que hayas hablado del asunto, y hayas descubierto que tus palabras no dan resultado, ensaya métodos nuevos. Arroja la ropa a un lado de la máquina de lavar, déjala donde la hayan dejado tirada o, simplemente, no laves más que la ropa que esté en el cesto. Haz cualquier cosa en vez de tener otra larga discusión sobre el aprendizaje de las responsabilidades, con lo que sólo conseguirías que se te ignore inmediatamente, o comenzar una nueva disputa familiar. ¡Comportamiento, no palabras! Cuando

es obvio que el niño no te está escuchando, puedes dejar a un lado la conversación, y decidirte a enseñarle con actos. Una vez que enseñes a alguien con tu comportamiento que no tolerarás que te maltrate, verás que el comportamiento insultante se apacigua. Pero si sigues hablando interminablemente de ello, no sólo seguirás soportando las «viejas peleas de siempre», sino que estarás enseñando a los niños que pueden librarse de sus responsabilidades hablando. Tú quieres que tus hijos aprendan maneras de comportarse Sin Límites, no que eviten ser personas responsables. Tu comportamiento es la técnica didáctica más eficaz con que cuentas.

4. *Las personas son más importantes que las cosas.* Si tienes presente este principio, acabarás con muchas de las mismas viejas peleas de siempre, ya que muchas de ellas giran en torno a los objetos y el dinero. No hay *nada* en este mundo más importante que una persona. Cuando te peleas por los muebles, la tapicería, los coches, el dinero, la ropa, los platos, la basura, etcétera, estás elevando todas esas cosas a una posición de predominio sobre la gente. No hay cosa por la que valga la pena pelearse. El sentido de la vida consiste en que la gente sea feliz.

Cuando ves que se da más importancia a las cosas que a las personas y el resultado es que éstas se vuelven desdichadas, puedes impedir que eso ocurra. Cuando tropieces con esta mentalidad de «las cosas antes que las personas», detente. Si los demás no hacen lo mismo, no importa; no podrás detenerlos luchando contra ellos. Pero tú puedes negarte a permitir que cualquier *cosa* de este mundo sea la fuente de tu propia desdicha, y cuando des a los miembros de tu familia el ejemplo de esta actitud, comprenderás que ellos también reciben el mensaje. Imagínate gritándole a un niño pequeño porque ha roto un objeto. Imagínate el disparate que sería enfurecerse porque ha perdido un juguete. Piensa en lo absurdo de pegarle a un niño por haberse roto la ropa. Todo eso son cosas que se pueden reemplazar. Pero el dolor interior de un niño, el que comprenda que sus sentimientos son menos importantes que un objeto, todo eso no se puede reemplazar como un juguete perdido. La gente importa; ¡las cosas no!

No te sorprenda que tus pequeños empiecen a pegarse entre ellos si ese es el tratamiento que reciben. Como he señalado antes, los niños que han recibido malos tratos físicos casi siempre tratan a sus hijos (y también a otros personas) maltratándolos, particularmente cuando los malos tratos que ellos recibieron eran el resultado de dar a las cosas y a los objetos más importancia que a los seres humanos. Si bien no tienes por qué abogar por el comportamiento destructivo, tampoco has de quedar inmovilizado cuando encuentres que otros tratan los objetos de una manera que a ti no te guste. Ten presente que lo único que importa en la vida es la vida misma. Un objeto nunca podrá amarte. No puedes acariciar un objeto y recibir algo a cambio. Y aunque tú quieras disfrutar de los objetos, y enseñar a tus hijos a respetar las cosas bonitas, recuerda que tales cosas no tienen valor sin las personas que les dan un significado.

5. *Quizá la pretensión más neurótica sea el deseo de que todos los que te quieran tengan que comprenderte todo el tiempo.* Una vez más, tú eres único en el mundo. Eso significa que nadie podría entenderte todo el tiempo, porque para eso, la otra persona tendría que convertirse en ti. Cuando te encuentres con gente que no te entienda, en vez de esforzarte inútilmente para «hacerte entender», será mucho mejor que te digas: «No me entienden, y es probable que nunca me entiendan, y está bien, porque en realidad eso no me afecta». Una vez que hayas dejado de esperar que la gente te comprenda todo el tiempo, estarás adquiriendo el billete para salir del círculo vicioso cuando las viejas peleas de siempre empiecen a aflorar. La mayor comprensión que puedes alcanzar es que ambos no os comprendéis, pero que no importa. Los niños viven en su propio mundo. Cada niño ocupa su cuerpo que es único. Vive en un espacio muy diferente del tuyo. Tú no puedes entender por qué tus hijos hacen las locuras que hacen, y lo creas o no, ellos te ven tan «raro» como tú a ellos. Aceptar el hecho de que no entiendes a todo el mundo es un buen comienzo para empezar a formar un medio libre de disputas. Déjalos que sean únicos en vez de ser como tú. Déjalos que sean «raros», en vez de esforzarte todos los días tratando de entender y de que te entiendan. ¿Por qué alguien que es único en todo el mundo iba a esperar que otra persona igualmente única la comprenda todo el tiempo? ¿Y por qué has de renunciar a tu condición de ser único, exigiendo que se te entienda, por el simple hecho de ser padre, madre, esposa o marido? Una vez que aceptes el hecho de que jamás te en-

tenderán todas las veces, también dejará de hacerte daño la enfermiza exigencia de la comprensión mutua en todos los asuntos de la vida. Más de la mitad de las peleas que se centran en la noción de que «tú no me entiendes», desaparecerán. Enseñarás a los niños a renunciar a que los entiendan todo el tiempo, cosa que en sí misma es una misión vital importante.

6. *Las personas que confían en sí mismas rara vez participan en las viejas peleas de siempre.* Cuando estás en paz contigo mismo y te quieres, es virtualmente imposible que te hagas cosas destructivas. A la gente que amas quieres tratarla con amor, no con odio; tú debes ser una de esas personas a quienes amas, y ello tiene doble validez para tus hijos. He dedicado todo el capítulo 2 a explicar la importancia de que un niño aprenda a quererse. Tener que pelearse es una manera segura de reducir ese amor propio. ¿Por qué alguien que se quiere a sí mismo habría de hacer algo que le causaría daño? Las peleas son destructivas y perniciosas. Si te tienes por una persona importante, no te permitirás excederte en tu peso normal, aficionarte a sustancias extrañas y tóxicas, estar colmado de culpas ni preocupaciones, ni estropearte con el dolor de peleas habituales.

El amor propio implica tratarse afectuosamente. Si muestras a los otros que tu te quieres, y que en consecuencia te vas a tratar con respeto, descubrirás que no se sorprenderán cuando tú simplemente te niegues a hacerles caso cuando intenten enredarte en una pelea. No tardarán en darse cuenta de que tienes un concepto demasiado bueno de ti mismo como para llenar los preciosos momentos de tu vida con la angustia que generan las peleas, cuando en realidad son sólo una pérdida de tiempo, y lo único que se consigue con ellas es sentirse afligido. Muestra a tus hijos que te respetas demasiado como para rebajarte a gritar, pelearte, o incluso enfurecerte. Estarás transmitiéndoles un mensaje importante sobre ti mismo, además de darles un ejemplo para regir su vida: el ejemplo de una persona pacífica en vez de alguien que se halla a merced de los caprichos y la falta de consideración de los demás.

7. *Toda participación en una pelea familiar es una elección.* Nadie puede hacerte pelear si tú te niegas a hacerle caso. Cuando estés enredado en la misma vieja pelea de siempre, debes acordarte de que tú mismo te lo buscaste, y que tienes la ca-

pacidad de eludir esa actividad estresante. Es muy, pero
difícil pelearse con una persona racional, juiciosa. Al mantene..
te racional reduces las oportunidades de pelear, y en consecuencia, también de estar enfadado o inquieto. Cuando te encuentres en una pelea y te disguste la situación, recuerda el mensaje
que estás transmitiéndoles a tus hijos: «No tienes control sobre
ti mismo». Asimilarán este mensaje neurótico. Simplemente culparán a algún otro de haber empezado la pelea porque tienen
padres que también creen las mismas tonterías. Si mantienes la
compostura y recuerdas que el comportamiento de cualquier otro
es asunto de esa persona, y que no puede alterarte a menos que
tú lo permitas, no te convertirás en una víctima involuntaria.
Cuando tus «oponentes» vean que no tienes ningún interés en
participar con ellos en su neurótico empeño por pelearse, y que
te niegas a optar por una experiencia desagradable, te hallarás
fuera del «juego de la pelea» con todos los pendencieros con
que te topes. Todo constituye una elección, y evitar peleas sin
sentido es algo excelente para practicar si quieres más serenidad
para ti mismo.

La mayoría de las disputas familiares son hábitos que se
pueden perder si uno está dispuesto a hacerlo. Antes de estudiar todos los dividendos para pelearse y las diversas estrategias
para eliminar las peleas de tu vida y de la vida de tus hijos,
debes también examinar con cuidado la emoción llamada enfado.

Se ha escrito mucho sobre el enfado. Algunos sostienen que
es normal; otros, que siempre es destructivo. Independientemente de tu posición, la máxima de Stadius al principio de este
capítulo tiene vigencia también en tu caso: «El enfado lo echa
todo a perder». Sabemos que las personas enfadadas no son tan
eficientes como las calmadas. Sabemos que el enfado induce a
comportarse de maneras destructivas, y que no podemos tolerar mucho más enfado en nuestra gente, o nos quedaríamos sin
nadie por quien interesarnos. Para reducir esas peleas familiares,
debes atajar eso que llamamos enfado, y ayudar a tus hijos y a
ti mismo a cambiar los procesos intelectuales que dan lugar al
enfado incontrolable. Puedes contribuir a cambiar y a reorien-
tar esa energía del enfado. Puedes enseñar a tus hijos que no
serás víctima de sus enfados, y que también puedes enseñarles
a eliminarlos. A nadie le gusta estar con una persona insoporta-

na ira explosiva, así que dejemos de suponer que
l, y dediquémonos a reemplazarlo por algo más
ovechoso, por el interés de todos.

COMPRENDAMOS EL ENFADO

Tú no quieres que tus hijos se críen con ira y odio en su interior. Sabes lo desagradable que es estar cerca de una persona que monta en cólera. Sabes lo mal que te sientes cuando ves a los niños tener un berrinche. Y, peor todavía, sabes lo mal que se sienten ellos. Ves el enfado en su cara y el dolor que les invade cuando se enfurecen. Sabes que para ellos estas explosiones —o «implosiones»— no son buenas, y que si continúan así en la edad adulta, serán tan víctimas como aquellos a quienes conviertan en sus víctimas.

Para ayudar a tus hijos a que lleguen a ser personas Sin Límites, has de hacer todo lo que puedas a fin de asegurarte de que no se convertirán en esclavos de su propio personalidad iracunda. Serán mucho más productivos y felices, y sabrán apreciar más la vida si pueden eliminar de su vida esa zona de enfado, pero primero tu debes entenderlo, y entonces deberás esforzarte en enseñarles que no lo tolerarás.

El enfado es el resultado del pensamiento. Esas mismas viejas peleas de siempre se originan en el pensamiento. Lo mismo ocurre con el enfado. Los niños recurren a los estallidos coléricos porque casi siempre dan resultado. Rara vez provienen de algún profundo trastorno patológico. Una rabieta sirve para conseguir que se les preste atención negativa, que en última instancia hará que tú, o alguna otra persona, ceda para no convertirse en el receptor de esa demostración ofensiva de ira. Los niños aprenden desde muy temprano que expresar enfado es una manera muy eficaz de obtener lo que quieren. Desde llorar histéricamente cuando no se le toma en brazos en seguida cuando es un bebé, hasta la rabieta en la tienda porque se le ha negado un chicle, este comportamiento sólo persiste en la medida en que da resultados. Es decir, si el niño consigue así que le compren el chicle. Cuando cedes ante un estallido de furia en cualquier momento, lo que estás enseñando a tu hijo es: «Todo lo que tienes que hacer para conseguir tus deseos es actuar de forma incivilizada e iracunda, y entonces obtendrás lo que desees». No importa cómo lo llames tú: esto es modificación del comportamiento. El único comportamiento que resulta modificado por la influencia negativa del enfado es el tuyo. Los niños aprenden a hacer eso desde muy pequeños, y depende de ti que te asegures que no refuerzas ese tipo de comportamiento en ellos cuando son tan pequeños. De no ser así, podrían crecer convencidos de que pueden atropellar a los demás con la excusa de que «soy una persona muy temperamental. No puedo evitarlo; es algo que está grabado en mis genes».

Debes adoptar un estilo que no admita excusas para ayudar a tus hijos a que aprendan que el enfado no va a ser la forma de relacionarse contigo, ni con nadie. No debes tener miedo de afrontar ese enfado, y debes asegurarte de que no estás reforzando involuntariamente lo que procuras hacerles eliminar de su vida. Cuando cedes ante el enfado, los estallidos iracundos, las rabietas o las discusiones irracionales, estás enseñando a los niños a usar esas estrategias durante toda su vida. Cuando digo «un estilo que no admita excusas», estoy hablando de no perdonar un comportamiento revoltoso con comentarios como: «En realidad no puede evitarlo; es igual que su padre». «Siempre ha sido muy temperamental.» «En realidad es una niña muy dulce; lo que pasa es que tiene ese demonio metido dentro, que se le escapa de vez en cuando.» «Todos los niños tienen rabietas; forma parte de la naturaleza humana.» Estas excusas han de desaparecer si quieres ayudar a tus hijos a que sean racionales y no irracionales a lo largo de su vida.

Si tus hijos han de ser personas Sin Límites, deben aprender desde pequeños que lo serán gracias a su cerebro. Deben aprender a hacerse cargo del control de su propia mente y a asumir responsabilidad de sus reacciones emocionales. A los niños a quienes se cría en el enfado se les enseña todo lo contrario. Acaban creyendo que en realidad no es culpa de ellos, que no tienen control sobre esos estallidos, y que mamá y papá les perdonarán de todos modos. Tienes muchas opciones para enseñarles a tener más control sobre su manera de pensar.

El enfado no proviene de otras personas o cosas en el mundo; se origina en la manera en que la gente decide ver el mundo. Éste es un discernimiento importante que los niños deben hacer. Primero piensan en ideas enojosas, y luego sienten dentro de sí los resultados físicos de esa manera de pensar. Si un niño está enojado porque alguien ha estado jugando con uno de sus juguetes, no ha sido el juguete lo que lo ha hecho enfadarse, ni ha sido quien haya estado jugando con ese juguete. Todo eso podría haber ocurrido sin que él se enterase, si el juguete estuviera en el sitio donde lo había dejado. Pero cuando descubre que alguien ha movido su juguete favorito, empieza a pensar cosas que le hacen enfadarse, como por ejemplo: «¿Cómo se han atrevido a tocar mi juguete? Le pegaré al culpable o iré a llorarle a mamá». Los pensamientos enojosos dan lugar a reacciones iracundas. Los pensamientos enojosos provocan el enrojecimiento de la cara, el incremento de la tensión sanguínea, la tensión en las mandíbulas, los puños apretados. Y precisamente en esos pensamientos los niños deben trabajar con tu ayuda, para erradicar la ira, el enfado.

No me opongo al enfado que moviliza a la gente a la acción. Deja que los niños se enojen con sus bajas notas y se decidan a mejorarlas. Deja que se enfaden ante el hambre y la pobreza, y se esfuercen por acabar con ambos. Déjalos enfadarse por las injusticias del mundo, y que se movilicen para hacerlas desaparecer. Déjalos si se enfadan por su propio descuido al dejar los juguetes para que los otros los estropeen, y se dedican entonces a guardarlos como corresponde. Eso es lo que yo llamo uso constructivo del enfado, y cuando los pensamientos iracundos llevan a los niños a acciones correctivas, los aplaudo.

De todos modos, casi ningún enfado funciona de esa manera. El enfado inmoviliza por lo general a la persona que alimenta pensamientos iracundos, y convierte en víctimas a quienes tengan que estar expuestos a los resultados del pensamiento enojoso. El enfado inmovilizador es malsano y peligroso, e implica una limitación grave para llegar a ser un individuo Sin Límites. Surge de una falta de convicción interior sobre el derecho de los demás a estar libres de los pendencieros. Deriva de una persona que básicamente no está contenta consigo misma, o que quiere que el mundo sea diferente de como es.

La persona de temperamento fuerte (sea niño o adulto) confía plenamente en el temor con el fin de manipular a los demás para que sean la clase de gente que ella espera. Esas personas saben muy bien que su desazón no le gusta a nadie de los que tienen a su alrededor. De hecho, confían en las reacciones típicas de los demás con el objeto de emplear sus estrategias de la manera más eficaz. Saben que todo el mundo se siente incómodo cerca de alguien que estalla ante el menor incidente, y entonces usan su hostilidad para alimentar su necesidad de poder y reconocimiento, a expensas de la tranquilidad de los demás. Los adolescentes que saben que puede acabar en trifulca familiar una discusión sobre el programa de televisión que pretenden ver, por lo general consiguen lo que desean, sólo para que se calmen las cosas. Con frecuencia el joven temperamental pondrá mala cara, o chillará, o arrojará objetos, y todos cederán para mantener la paz y no tener que aguantar esas explosiones.

La situación inversa también es válida. Los niños que pueden hacer que te enfades tienen mucho que ganar. Aunque deban quedarse un rato en su habitación, piensa en los enormes dividendos que consiguen. «Vaya, sí que he conseguido que mamá se enfadase; ¡cómo se ha puesto! Ahora la controlo por completo, y todo lo que tengo que hacer es quedarme unos minutos en mi cuarto.» Si a tus hijos les respondes con un enfado incontrolado, no estás haciendo más que darles el control sobre tu comportamiento. Te manipularán con tu propio enfado por el precio de algunas medidas disciplinarias. Los beneficios a largo plazo que obtienen son más valiosos que las molestias menores de los castigos. Si te controlan con el enfado que despiertan en ti, seguirán haciéndolo siempre. La ira es un arma neurótica de doble filo. Si dejas que los demás la empleen contigo, al tratar de evitar sus estallidos te dejarás manipular. Si te permites pensar en ideas iracundas a consecuencia del comportamiento de los demás, sufrirás el trauma interno de esa ira. ¡Hay sólo una salida! Has de enseñar a tus hijos que no vas a pensar en ideas enojosas sin que importe lo que ellos quieran que tú hagas. Y debes ayudarles a elaborar reacciones emocionales más maduras ante sus frustraciones, durante todos los días de su vida.

Aunque gran parte de los estallidos de cólera tan típicos de cualquier situación de la vida familiar pueda parecer una molestia menor, en realidad no es así. Cuando el enfado se vuelve algo desenfrenado y se deja convertir en una forma de manipulación, los niños están aprendiendo algunas estrategias muy básicas para ir de manera prepotente por la vida, y evitar la responsabilidad de ser ciudadanos racionales, responsables, respetuosos de la ley. Casi todos los estallidos de violencia se cometen en un súbito rapto de cólera, al que sucede inmediatamente un dolor infinito. Demasiados crímenes pasionales se explican diciendo: «En realidad no es ese tipo de persona. Tuvo un momento de arrebato. Estoy seguro de que no volverá a repetirse». Este tipo de excusas garantiza que las explosiones de ira que acaban en tragedias de la vida real seguirán siendo algo desenfrenado. Ayuda a tus hijos a que vean el desatino de recurrir a la ira como un medio de expresarse para obtener lo que desean. Deben aprender a usar la energía mental, y no la física, para conseguir lo que quieran, porque en última instancia todos en nuestra sociedad sufriremos las consecuencias de aquellos a quienes se ha permitido enfadarse sin tener que aplacar la ira desde el principio.

Ser capaz de expresar el propio enfado es muchísimo mejor que tragarse los sentimientos, que a la larga acabarán resurgiendo de una forma u otra. No cabe duda de que a los niños se les debe permitir los pensamientos coléricos, y que expresen sus sentimientos. Pero *jamás a expensas de otro ser humano*. Ésta es nuestra moral fundamental. Ninguna cosa que hagamos ha de interferir los derechos de realizarse de alguien. El derecho de tu hija a usar los puños limita con mi derecho a decidir qué perfil quiero que tenga mi nariz. Y punto. No hay excusas. Expresa tu enfado en vez de reprimirlo. Deja que tus hijos desahoguen sus frustraciones hostiles a voluntad, pero no a expensas de otro ser humano. Enfurrúñate durante una hora, aporrea una almohada o dale un puntapié a la pelota de fútbol. Pero chillar, vociferar, pegar, manipular, mostrarte prepotente, blasfemar, insultar, o cualquier otra cosa que vaya dirigida a otra persona, sin que importe quién pueda ser, resulta sencillamente intolerable en una sociedad en la que todos debemos aprender a convivir.

Hay un nivel más elevado por el que aboga la gente que aspira a una vida Sin Límites cuando se topa con este asunto del enfado. Expresar el enfado que sientas de modo que no resulte dañino ni inconveniente para nadie es mucho más sano que acumularlo para acabar estallando más tarde. Y convertir el enfado en un recurso de movilización, en vez de dejar que te inmovilice, es todavía mejor. Pero la posición más elevada que se puede alcanzar es que, para empezar, dejemos de tener esas ideas enojosas. Aprender a aceptar a la gente distinta es una posición muy superior a la de enfurecerse porque es como es. Aprender a no frustrarse por haber perdido las llaves es mucho mejor que expresar la frustración interior. Aprender a usar la mente de manera creativa, a evitar el dolor interior del enfado, a pensar por uno mismo de la manera más sana posible, es la forma de actuar de las personas Sin Límites. Lo que estoy sugiriendo es que puedes ayudar a tus hijos a renunciar a esta escalada del enfado: desde usarlo sencillamente para manipular, a verse movilizados, expresarse de una manera que no sea ofensiva y, en última instancia, estar de tal modo en paz con uno mismo como para no perderse en pensamientos enojosos. Un poeta de gran talento, Isaac Watts, escribió estos versos tan agudos, que parecen un monumento a lo que estoy tratando de expresar en este capítulo:

> Deja que los perros se deleiten ladrando y mordiendo,
>   porque Dios los ha hecho así;
> deja que los osos y los leones gruñan y luchen,
>   porque esa es su naturalesa.
>
> Pero nunca permitas que los niños
>   alimenten pasiones tan furiosas;
> sus manitas no han sido hechas
>   para sacarle los ojos a nadie.

Canciones Divinas (1715)

Tú quieres que tus hijos crezcan considerando el mundo como un lugar milagroso, y no un lugar donde alimentar odio. Quieres que tengan control sobre su propio destino, y no que vivan en constante desorden (o que lo generen) a causa de su incapacidad para pensar de maneras no agresivas. Quieres que ejerzan sobre sí mismos la disciplina mediante el uso eficaz de inteligentes medidas disciplinarias. También has de considerar eso mientras los asistes a lo largo del sendero de la paz interior. Nada de ira interna, sino paz interior.

Disciplina para la vida Sin Límites

Los niños crecen aprendiendo que disciplina es una palabra negativa. «Si no haces lo que se supone que debes hacer, voy a tener que castigarte.» «Lo que necesitas es más disciplina para que te portes bien.» La palabra *disciplina* ha terminado por asociarse en la mente del niño con el concepto de castigo. Naturalmente, de la misma manera que uno desea evitar que lo castiguen, los niños aprenden a evitar la disciplina. Creen que es algo que tú, su padre, les impones. Piensan en ella como en un castigo, y por eso procuran evitar la disciplina siempre que sea posible. Si ese es el caso de tus hijos, no debería sorprenderte que sea indisciplinados. Se han esforzado mucho para eludir la disciplina, de modo que es comprensible que les falte lo que han estado esquivando toda la vida.

La disciplina puede adquirir un significado totalmente nuevo. Se la puede ver como algo divertido, y no punitivo. Cuando la disciplina adquiere un cariz positivo, los niños se vuelven disciplinados desde el único rincón que realmente cuenta: desde dentro de sí.

He corrido más de diez kilómetros diarios o más durante estos últimos nueve años sin saltarme ni un día. Durante la última década he evitado ingerir demasiado azúcar y sodio. He escrito centenares de artículos y siete (con este ocho) libros desde 1976. Me he cepillado los dientes todos los días desde que tengo memoria, sin saltarme un solo día. ¿Acaso eso es un castigo? ¿He hecho todas esas cosas, y tantas otras, por temor a lo que pudiera hacerme una persona mayor si yo no escribía, hacía gimnasia, cuidaba mi alimentación o me cepillaba los dientes? ¡Por supuesto que no! Me encanta hacer todo eso. Disfruto con el ejercicio diario. Me siento muy bien conmigo mismo cuando me obligo a sentarme delante de la máquina de escribir. Cada vez que termino de cepillarme los dientes tengo una sensación de orgullo interior por haberme tomado un momento para hacer algo que es sano para mis dientes. La disciplina es un atributo positivo, no negativo. Los niños necesitan aprender a disciplinarse por las recompensas internas que experimentarán como resultado de su propia disciplina. Ésta puede ser divertida, gratificante, estimulante, y puede arraigar en tus hijos el sentimiento de que controlan sus vidas.

La disciplina interior, el tipo de disciplina al que estoy refiriéndome aquí, no se practica mucho en nuestra cultura. En las escuelas se habla de la necesidad de maestros que impongan una fuerte disciplina. Por lo general, esos maestros pueden motivar a los estudiantes para que se comporten como es debido mientras estén en el aula, pero cuando el maestro autoritario se va de la clase, se arma el caos. Un auténtico maestro es alguien cuya ausencia del aula provoca muy poca diferencia en el comportamiento de los niños. Queremos que éstos mantengan la compostura sin que importe que el maestro esté o no en la clase. Los maestros no siempre están presentes en la vida. Mucho después de que se hayan terminado los días escolares, la importancia de la autodisciplina será algo muy claro. Si les hace falta un supervisor que esté encima de ellos todo el tiempo, sólo guardan la compostura por temor, y no por disciplina. Y siempre necesitarán que alguien les diga cómo han de comportarse si se les enseña que la disciplina la imponen las figuras autoritarias. No sabrán qué hacer cuando el jefe un día no vaya a trabajar. Perderán el tiempo cuando no se les vigile cuidadosamente. En esencia, serán indisciplinados durante toda la vida si han aprendido a comportarse por temor.

Los niños a quienes sus padres han impuesto la disciplina sufren el mismo dilema. ¿Cuándo y por qué han de comportarse? La disciplina estricta impuesta por los adultos no da a los niños ninguna razón para cultivar la autodisciplina. Entonces, cuando salgas durante un fin de semana, descubrirás que se vuelven salvajes. Mientras estés por allí, se portarán bien, pero no les quites los ojos de encima ni por un momento, porque tendrás un caos tremendo. «Nuestros padres han salido, así que ahora podemos hacer locuras. Bebámonos el whisky; no se darán cuenta. Volvamos tarde a casa; no se enterarán. Podemos hacer lo que queramos, porque no están aquí para vigilarnos.» Eso es lo que sienten los niños a los que se somete a una disciplina impuesta a la fuerza. Cuando abandonan el nido no están más preparados para asumir responsabilidades con madurez que cuando tenían siete años. ¿Por qué? Porque no han aprendido que la disciplina es un código ético interno, algo que se interioriza y se emplea para ser una persona eficaz, inteligente, honrada, Sin Límites. En cambio, han aprendido a eludir la disciplina porque está asociada con el castigo, y nadie en su sano juicio quiere que lo castiguen. Así, han aprendido a mantenerse apartados de la disciplina, y eso se ve cada vez que no se les vigila.

Piensa en la disciplina como en una ayuda para que los chicos adopten un código ético interno que les guíe a lo largo de su vida. Hay muchas acciones que las personas Sin Límites no podrían llevar a cabo, las mire alguien o no. Siempre devolverán el dinero de más que les den accidentalmente con el cambio en una tienda, no porque los puedan descubrir si no lo hacen, sino porque ser honrado constituye una regla disciplinaria interna que no pueden violar. Para violar esta regla tendrían que violar su propia condición de persona. Algo totalmente imposible. Además, esa misma persona Sin Límites se compromete en actos que otros hallarían imposibles. Puede advertir que todo el mundo a su alrededor va a cazar por practicar el deporte de la caza, pero para él eso sería violar su propio sentido de los valores internos, y por lo tanto se conduce basándose en sus principios, en lugar de hacer lo que hace todo el mundo. Los niños necesitan adoptar una disciplina interna para formarse sus valores, y tú puedes ayudarlos o impedírselo. Todo depende de que obligues a disciplinarse o de que les ayudes a adoptar la autodisciplina como forma de vida. En este último caso, no tendrás que inquietarte por su comportamiento cuando te marches de la habitación, el barrio, la ciudad o, incluso, el país. Sabrás que han aprendido a usar sus propios valores internos, en vez de confiar en que tú tomes las decisiones por ellos, basándose en tener miedo de ser disciplinados si no consiguen hacer lo que tú les has dicho que hagan.

La autodisciplina eficaz se puede aprender desde muy pequeño. Obviamente, a un niño muy pequeño has de decirle: «¡No! No debes pegar al bebé», y luego darle una explicación razonable sin atemorizarlo. «El bebé es muy pequeño para decirte que no le pegues. A nadie le gusta que le peguen; ya sabes el daño que hace. No quiero que le pegues al bebé aunque yo no esté por aquí cerca. Nosotros nos queremos, y eso es mucho mejor que pegarnos.» Enseñarle a interiorizar la nación de que no pegue es una disciplina eficaz. Decirle que la próxima vez que lo veas haciendo eso se ganará una bofetada, en el niño se registra de la siguiente manera: «Tengo que asegurarme de que mamá no me vea la próxima vez que le pegue al bebé para que ella no me vuelva a pegar.» Cuando te vales del temor, o impones la disciplina porque eres mayor, estás enseñando a los niños a ser hipócritas y a portarse mal a tus espaldas. Cuando les ayudas a comprender el porqué, e insistes en tu deseo de que asimilen esa información, y que no tiene nada que ver con que se los pille, ni con el enfado, sino que es algo que deben interiorizar, estás enseñándoles una disciplina eficaz. Esto es válido para los niños de todas las edades. Conducir sin peligro y usar el cinturón de seguridad no es algo que haya que hacer como consideración al padre preocupado, ni por temor a no respetar las leyes de tráfico, sino que ha de enseñarse como la única manera de evitar accidentes o de protegerse si se producen. La disciplina debe ser interna. Tú no corres, y no porque te puedan imponer una multa, sino porque es peligroso e inmoral arriesgar tu vida y las vidas inocentes de los demás. Tú no consumes cocaína, y no porque yo te diga que no lo hagas, sino porque tu cuerpo es precioso y quieres cuidarlo siempre. Si tus hijos evitan las drogas porque tú estás presente, las buscarán cuando tú no estés. Pero si aprenden a tener respeto por su propio cuerpo, si se les permite hacer preguntas, si no tienen miedo de decirte lo que hayan probado, y adoptan su propio criterio en lo que se refiere a las drogas, entonces, con el tiempo, no importará que estés por allí cerca o no.

Sí, los niños necesitan pautas de comportamiento, e incluso algunas prohibiciones cuando son pequeños, pero todo ello siempre con una explicación razonable y, lo más importante, siempre con la noción de que son ellos, y no tú, quienes deben adoptar su propia disciplina en todo lo que hagan. No puedes estar supervisándoles a cada momento ni vigilándoles todo el tiempo. Excepto en sus primeros años, a todas las edades pasarán más tiempo solos, lejos de ti, del que pasaréis juntos. La manera de pensar y las cosas que hagan cuando estén lejos de ti, y no lo que hagan cuando se les esté vigilando y supervisando, indicará el nivel de disciplina que hayan adoptado. Si están imbuidos de un código ético bien afirmado, siempre se conducirán con el fin de autosuperarse, de una forma Sin Límites, pero si la ética con que cuentan es la que les has impuesto, sólo se portarán bien en consideración a ti. Y luego, cuando necesiten más que nunca de la disciplina y no estés tú para imponérsela, se mostrarán revoltosos, igual que cuando la maestra autoritaria salía por un momento de la clase. Las maestras pueden contribuir a que sus alumnos sean fiables cuando ellas no están en clase, con sólo cooperar para crear en la clase un ambiente democrático, haciendo a los alumnos partícipes de las razones para contar con un ambiente propicio para el aprendizaje. Esto también es válido en el hogar. Enseña a tus hijos por qué les ayudas a aprender lo que están aprendiendo, por qué se aplican las reglas y, más adelante, cuando más necesiten la disciplina, buscarán las pautas dentro de sí

La disciplina impuesta por el enfado, la frustración, el temor o el simple recurso de la fuerza, sólo funciona en presencia del que la impone. Las disputas familiares se suceden sin parar cuando se aplica este tipo de estrategias para conducirse en el hogar.

Cómo podemos, inadvertidamente, dar lugar a actitudes indisciplinadas, a enfados y disputas

A continuación, te propongo algunas de las iniciativas más comunes para contribuir al uso regular del enfado, y a que impongas a tus hijos una disciplina externa. Estúdiate esta lista, y luego examina los dividendos contraproducentes que puedas estar recibiendo por conducir tu vida familiar de esa manera. Por último, fíjate si alguna de las alternativas que se ofrecen en la última sección de este capítulo te serían útiles para cambiar el curso de los enfados y las peleas.

— Buscar problemas en vez de soluciones. Insistir en lo que se ha hecho mal. Chillar vanamente por lo que ya está hecho.

— Elevar el nivel de frustración de los niños al atormentarlos, espiarlos, molestarlos demasiado y discutir mucho por cuanto hagan.

— Mantener una atmósfera de discusiones y competición en casa.

— Hablar «a» los niños, no «con» ellos. Tratarlos como seres humanos inferiores porque son más jóvenes y más pequeños que tú.

— Dejar que los niños vean demasiada violencia en el cine y la televisión.

— Valerte de agresiones verbales, golpes, chillidos, bofetadas y alaridos como forma de reforzar tu código de comportamiento.

— No hacer caso de violentos estallidos iracundos o excusarlos como algo normal.

— Tomar todas sus decisiones por ellos y no permitirles la menor iniciativa. Sobreprotegerlos o no demostrarles confianza.

— Pensar por ellos y no permitirles que emprendan nada nuevo.

— Exigirles más de lo que son capaces de dar de sí. Estipular por ellos sus objetivos sin consultarles.

— Comparar a tus hijos contigo cuando eras chico, o entre ellos.

— Reverenciar el poder, la violencia, el asesinato y la guerra, y estimular esta manera de pensar en tus hijos.

— Dar a las cosas y al dinero más valor que a las personas y al amor.

— Ser un dictador en tu familia.

— Reforzar de manera positiva la tendencia de tus hijos a ser pendencieros, a pelearse, a hacer daño a los animales, a no tener respeto por los derechos de los demás.

— Justificar una desfachatez que hayan llevado a cabo los niños o un comportamiento hostil.

— No hacer caso de la rabieta o del ataque de histeria de un niño con el fin de evitar una escena.

— Dejar que los desplantes iracundos y las peleas se conviertan en una forma de vida.

— Usar la disciplina como un castigo que tú impones.

— Valerte de amenazas como tácticas para atemorizar y obligar al buen comportamiento.

— No ser coherente con las consecuencias del comportamiento de un niño, o establecer castigos que no estén acordes con la realidad y negarte a hacer las paces.

— Usar el odio y la ira para acompañar las acciones disciplinarias.

— Ser un modelo de persona que recurre al enfado para conseguir lo que quiere.

— No permitir períodos de tregua entre tus hijos y tú.

— No enseñar a tus hijos la verdadera fuente del enfado.

— Ser remilgado. Buscar siempre algo que esté mal o fuera de lugar.

— Usar a los niños como chivos expiatorios de tus propias frustraciones. Aprovecharte de ellos porque son más pequeños.

Éstas son algunas entre los centenares de acciones que llevan a los niños a adoptar el enfado y la hostilidad como forma de vida. Éstas y otras como éstas crean una atmósfera que conduce más a las peleas que a la cooperación. Al usar tácticas de ese tipo, criarás hijos que tal vez te tengan miedo y se porten bien mientras tú estés cerca, pero a quienes les faltará disciplina interna para vivir su vida de una manera Sin Límites. Antes de examinar algunas ideas determinadas para eliminar este tipo de actitudes y actos en tus hijos y en ti mismo, en la próxima sección de ofrezco los que creo dividendos principales, tan contraproducentes, que hacen que mantengas esa atmósfera y dejes que las peleas y los enfados se conviertan inevitablemente en algo desenfrenado.

Tu sistema de apoyo psicológico para el enfado y las disputas familiares.

He aquí algunos de los dividendos que sugiero que debes estar recibiendo de la práctica de algunos de los comportamientos que acabo de enumerar. Aunque no te sirvan de una manera positiva, tal vez uses esas razones o excusas para no criar a tus hijos de una manera autodisciplinada, libre de enfados y de peleas.

— Al seguir participando continuamente en las mismas viejas peleas de siempre, puedes sentir pena de ti mismo. Puesto que nadie en la familia te comprende ni te aprecia, tienes una razón ideal para autocompadecerte. Resulta mucho más fácil apenarse de uno mismo que hacer algo activamente para corregir la situación.

— Al convertir un incidente en una pelea, al valerte de tus accesos de cólera o perder los estribos, puedes manipular a los otros miembros de la familia para que hagan lo que tú crees que deben, o para que se sientan culpables por atreverse a cuestionar tu posición.

— Es más fácil no asumir la responsabilidad de uno mismo o enseñar a los niños a hacer lo mismo participando en continuas peleas. Cuando te peleas, empleas el momento y la energía en el proceso de la pelea. Evidentemente, si estás tan ocupado regañando, sintiéndote mal y luego recuperándote, no te queda tiempo para adoptar una actitud constructiva para eliminar en primer lugar la escena de la disputa. Así, tus continuas peleas te mantienen prisionero de la angustia y te dan la excusa perfecta para eludir el difícil esfuerzo de cambiar.

— Puedes evitar los verdaderos riesgos que implica ser diferente, y aceptar a todo el mundo tal como es por el sencillo procedimiento de pelarte con todos. Pelearse es mucho menos arriesgado que ser una persona abierta, o cambiar, o esforzarte por aceptar las diferencias que pueda haber entre tú y los otros miembros de la familia.

— Al comprometerte en disputas inútiles para crear chivos expiatorios a quienes acusar de las desgracias que sufras, puedes llegar a convertirte en un inculpador más bien que un creador.

— Puedes sentirte muy heroico y muy en tu papel, e incluso conseguir que tus amigos estén de acuerdo contigo, participando en peleas y yendo luego a quejarte a alguien por la falta de consideración de tu familia.

— Las peleas familiares pueden ser una táctica útil para incrementar tu autovaloración. Si tienes muy poco de qué enorgullecerte, por lo menos puedes sentirte orgulloso de tu capacidad para pelearte. Éste es un nítido pero destructivo jueguecito de sustitución para no tener que orientar tu vida hacia actividades productivas. ¿Cómo podrás crecer nunca si estás siempre tan alterado o angustiado a causa de tu familia?

— El enfado es una herramienta útil para desplazar los propios sentimientos; una manera de cambiar el énfasis de un blanco inseguro a otro más seguro. «No puedo enfurecerme con mi jefe, así que me desahogo con los niños.» De la misma manera, tus hijos no pueden expresar hostilidad ante un amigo o un maestro, y entonces se la endosan a mamá, con quien saben que estarán a salvo. Mamá los querrá aunque ellos estén enfadados con ella.

— El enfado es un magnífico manipulador. Se trata, sencillamente, de una manera de conseguir que otras personas cedan ante los deseos del que está enfadado. Los niños pueden recurrir a una rabieta para hacer lo que quieren con tanta eficacia como tú cuando te enfadas para conseguir que limpien su habitación. Además, una persona que tiene un berrinche, no está en condiciones de hacer la maldita tarea.

— Los efectos físicos de expresar enfado son catárticos para el cuerpo. Aunque todos los que te rodeen puedan estar sufriendo, tú te sientes mejor interiormente después de haber exteriorizado toda esa hostilidad.

— Imponer la disciplina a los niños, en vez de enseñarles todos los días a observar autodisciplina, es una manera de controlarlos. Hacer que le teman al castigo, que tú llamas disciplina, te sirve para mantener el control, y hace que no quieras admitir que tus hijos no te necesitan. Queremos que ellos nos sigan necesitando porque eso nos hace sentir importantes, y entonces decidimos cómo los castigaremos por romper las reglas que hemos dictado como padres.

— La ira y la hostilidad son ideales para romper la comunicación entre familiares o íntimos. La persona que se sienta amenazada por la intimidad o el compromiso puede, simplemente, recurrir a la excusa de enfadarse, y desplazar la atención desde el problema real al enfado.

— Cuando tu forma de criar a tus hijos les provoca muchos enojos, tienes una escapatoria perfecta: «Todo el mundo se enfada de vez en cuando; mis hijos son sólo seres humanos, como todos nosotros». O sea que para ti es inherente a la condición humana estar enojado, mostrarse hostil y participar en esas repugnantes disputas familiares.

ALGUNAS TÉCNICAS ÚTILES PARA ELIMINAR ESAS VIEJAS PELEAS FAMILIARES Y CREAR UNA ATMÓSFERA ARMONIOSA PARA TODOS

En el trato con tus hijos busca soluciones, y no problemas. A continuación te propongo algunas reacciones contrastadas. Las de la izquierda son de un padre que busca problemas para generar enfado y eludir la solución del problema. Las de la derecha, de un padre que busca soluciones.

BUSCA PROBLEMAS	BUSCA SOLUCIONES
Tú nunca me ayudas. Siempre eres muy desconsiderado.	¿Qué harías tú en mi caso? Si tu hijo te hablase irrespetuosamente, ¿harías algo?
Nunca haces nada para ayudar un poco. Eres totalmente irresponsable.	Éstas son las responsabilidades que has estado de acuerdo en aceptar. No toleraré que salgas a jugar cuando tienes cosas que hacer. Tu trabajo es tan importante como tus juegos.

Eres un perezoso, y eso lo sabemos todos.	Esta tarde podrías dedicarla a hacer los deberes que has estado eludiendo toda la semana.
No puedo soportar verte tan desaliñada. No tienes amor propio.	Tienes un aspecto magnífico cuando te tomas unos minutos para ponerte elegante. Creo que estás muy bonita con cualquier cosa que te pongas. ¿Te sientes guapa?
Eres un cochino. Tu habitación es un desastre.	¿Puedes tomarte el trabajo de recoger toda tu ropa sucia hoy? He cerrado la puerta de tu cuarto para no tener que mirar más dentro.

Siempre hay soluciones, y sin embargo es muy frecuente que los enfados y las peleas familiares sean resultado de conducirte con tus hijos de manera tal que el problema se intensifica. Cuanto más insistas en lo malos que son y en cómo te molestan, más estás desafiándolos a pelear. Piensa en cuál sería la posible solución, y empéñate todos los días en hablarles de una manera que haga que la vida sea más positiva y agradable para todos, en vez de hablar dando a entender que «estoy dispuesto a pelearme contigo».

— *Esfuérzate activamente en quitar importancia a puntos potencialmente irritantes en lugar de exagerarla.* Cuando insistes en tener siempre razón, cuando tomas cualquier discusión normal como una competición casi siempre el resultado acaba siendo disputas y enfados. Deja que tus hijos tengan sus propios puntos de vista, y si se niegan a permitirte el mismo derecho, ignora sus esfuerzos por molestarte. Simplemente, niégate a ser una persona que se enfade, que se pelee y discuta con los niños. Tu enfado surge de la manera en que eliges pensar y reaccionar. Si tus hijos envían señales de que en ese momento se muestran intolerantes, eso es lo que han decidido ahora. Tu reacción a esa señal es tu decisión de ese momento. Puedes decidir que reaccionarás enfadándote, y caerás en la trampa, o puedes sustraerte a la tentación y hacerla desaparecer. Una técnica muy efectiva es la práctica de «devolver la pelota» de lo que te estén ofreciendo. He aquí unos ejemplos. «La maestra te ha hecho pasar un mal rato en la clase de matemáticas, y ahora tú quieres pelearte con tu hermano por ese juguete.» «Estás asustado por el examen de mañana, y por eso ahora te metes conmigo.» «Cuando los otros niños se han ido a algún lugar y tú has tenido que quedarte en casa, te sientes defraudado.» «Te pones de mal humor porque te he dicho que estás eludiendo tus tareas. Habrías preferido que lo pasara por alto y que, en cambio, hiciera las cosas por ti.» Todas éstas son técnicas para «devolver la pelota». Ponen el énfasis en la palabra *tú*, como para centrar la atención donde corresponde. Si es el niño quien está enfadado, asegúrate de que se entere de que no vas a caer en su trampa. Lo opuesto a «devolver la pelota» es hacerse cargo del enfado *de ellos*. He aquí las mismas situaciones con réplicas al enfado. «No te aproveches de tu hermano porque la maestra te haya hecho pasar un mal rato.» «No entiendo por qué me organizas este escándalo por ese examen. Yo no tengo nada que ver.» «No me gusta oír tus lamentaciones. Haz tus tareas y deja de quejarte.» «No puedo llevar a todos conmigo cada vez que salgo de viaje, así que compórtate de una vez como un chico mayor.»

Todos éstos son importantes mensajes de reflejo. Piensa en ello un momento. Cuando alguien trate de hacerte caer en la trampa de su enfado, empieza diciendo *Tú* en vez de *Yo*. «Tú estás muy enfadado porque no te he lavado la ropa.» Cuando empiezas diciendo *Tú*, estás poniendo efectivamente el enfado donde corresponde: en la persona que está de veras enfadada. También estás enseñando a los niños que te das cuenta de qué están tratando de hacer, y que conoces y clasificas sus sentimientos, en vez de defenderte con respuestas que empiecen diciendo *Yo*, y dejándote caer en la misma vieja trampa de la pelea familiar. Cada vez que alguien esté enfadado, recuérdale que ha sido él quien ha decidido estarlo, y que tú tienes derecho a no mostrarte de acuerdo con él. Casi todas las veces, empezar la frase con la palabra *Tú* es un método eficaz para desanimar una pelea potencial. Cuando describes los sentimientos de alguien, sin compartir el enfado o la frustración, te presentas como una persona sensata, que controla sus emociones, y con quien, en consecuencia, resulta casi imposible pelearse.

— *Simplemente abandona durante un momento la habitación cuando sientas que está a punto de empezar una de esas peleas de siempre.* Es una técnica muy eficaz tomarte un momento para tranquilizarte, para que puedas estar solo y tu antagonista también piense en el asunto sin que le recuerdes su enfado. Una vez te hayas dado cuenta de que ganar una discusión con un niño es imposible, descubrirás qué fácil es ausentarte y dejar que la otra persona recupere su propia dignidad. Cuando el enfado hace su aparición, nunca hay un ganador en una pelea familiar. La gente sigue discutiendo por el solo hecho de demostrar que tiene razón, y todo lo que pasa es que la atmósfera enojosa se carga todavía más. El simple hecho de dar la posibilidad de recapacitar a las partes interesadas a menudo alcanza para que la pelea se diluya antes de haber empezado. Es una estrategia particularmente eficaz cuando sientes que empiezan a surgir asuntos muy viejos y muy trillados. Si ves que te están haciendo hacer lo que no quieres, y sabes que no hay solución posible, ir a un espacio neutral sofocará el encuentro antes de que empiece. Esto no es huir de los problemas, sino una forma razonable de eliminar las interminables discusiones que generan tantos enfados.

— *Toma la decisión personal de que en tu casa ya no habrá una atmósfera familiar hostil; después, empéñate todos los días en esta empresa.* No puedes mantener una disputa familiar si tú te niegas a participar. Perfecto. El hecho de negarte a tomar parte en un ambiente hogareño de tinte belicoso es la mejor manera de eliminar los juegos de guerra. Procura posponer tu enfado durante períodos breves. Apártate para contar hasta diez, y dejar ver a tus hijos que ya no vas a seguir participando en esos rituales, son lecciones maravillosas que los chicos pueden observar. Cuando tú desinfles tu enfado, ellos aprenderán de tu ejemplo. Concédete unos sesenta segundos. Durante ese tiempo, habla contigo mismo y recuérdate que el comportamiento de tus hijos ya no es una razón aceptable para que te enfades o pierdas el control. Si después de sesenta segundos todavía tienes ganas de explotar, hazlo, pero lejos de cualquier ser humano. De todos modos, este procedimiento probablemente desinflará tu enfado hasta el punto en que no te será necesario estallar. Al proceder así, aprenderás una lección vital para llegar a ser una persona Sin Límites y ayudar a tus hijos a serlo también. La lección es que *tú controlas tus emociones*, y no tienes por qué enfurecerte cada vez que a alguien se le ocurra comportarse de manera iracunda. No se trata tampoco de asustarse y callar lo que uno piense o sienta, sino de posponer estallidos que te conducirían a verte envuelto en peleas que sólo sirven para generar más tensión. Este proceso de demora te da tiempo a considerar si realmente quieres pelearte por determinado asunto, y brinda a tus hijos el maravilloso ejemplo de una persona que asigna más valor a la coexistencia pacífica que a las discusiones destructivas y al enfado.

— *Procura dar la razón a tu hijo adolescente, en vez de seguir discutiendo con él.* ¡Sí, he dicho darle la razón! La adolescencia se ha descrito como la época en que los hijos te retribuyen lo que sienten que les has hecho cuando eran menores. Están siempre dispuestos a discutir, y la lógica nunca serviría para discutir con un adolescente. Si tú crees que tu hijo debería colaborar más para mantener la casa limpia, nunca, y lo digo literalmene, se mostraría de acuerdo si discutieses con él. Tiende a ver tu imposición de un código higiénico como un «decirme qué debo hacer», y no cederá porque a esta edad no puede soportar que le mandes. Cuanto más discutas, más probable será que te frustres, y él se alejará emocionalmente de ti cuanto más se intensifique la discusión. Trata de decir algo como: «Tienes razón, Pili. He sido un viejo cascarrabias, y no he tenido la sensibilidad suficiente como para comprender tus deseos en este aspecto. A ti no te gusta limpiar, y yo simplemente me he negado a aceptar esa característica tuya. Tienes derecho a tu opinión, y yo sólo he estado irritándote. Lamento haber sido tan exigente contigo.» Esto pondrá a Pili en un estado de *shock.* ¡Es imposible discutir contigo! Más tarde, yo le preguntaría: «Oye, Pili, ¿cuáles crees que deberían ser tus responsabilidades en este asunto de limpiar lo que ensucies?». Casi siempre te saldrá con un plan de acción más estricto del que tú habrías ideado, si le das la libertad de que piense por sí misma. ¡Haz la prueba! Pronto te darás cuenta de que lo único que necesitaba era tener razón. Una vez que hayáis reconocido sus derechos, ella hará más por todos los interesados, las discusiones disminuirán, y tu hogar será un lugar más limpio y más feliz. Muchas veces, hablando con jóvenes que se quejaban de sus padres o sus maestros, he dejado de discutir con ellos, y les he dicho en cambio: «Tienes razón. Tus padres no te aprecian. Son unos desconsiderados y unos pesados, y tus maestros son tan malos como tú dices». Después de un rato, me decían: «¡Espera un momento! Mis padres no son tan malos. En realidad, se preocupan por mí. Lo que pasa es que me pongo impaciente. Y mis maestros han sido realmente tolerantes conmigo». Cuando les das la oportunidad de tener razón sin discusiones, es frecuente que encuentren una alternativa propia a ser desagradables.

— *Ten presente que los bebés no han nacido con el enfado dentro.* Todo lo aprenden de su entorno. Nunca, pero nunca, le grites ni le chilles a un bebé. Esto provoca un miedo enorme en él, y le enseña en última instancia a reaccionar de la misma manera cuando está frustrado. Los bebés necesitan que se les ame *todo el tiempo.* Tienen una necesidad imperiosa de afecto, y cualquier alarido que le dirijas a tu bebé quedará registrado en su cuerpecito. Se han hecho muchos estudios en los que se verifica que los niños que viven en ambientes violentos se vuelvan introvertidos y temerosos, o bien adoptan ellos mismos las características violentas. Para la mente de un ser humano diminuto y frágil, una disputa familiar a su alrededor, con agresiones verbales dirigidas a él, crea una atmósfera realmente violenta.

A veces, los niños pueden ser terriblemente exasperantes. Se echan a llorar sin ningún motivo aparente, y a veces te fastidian y te hacen la vida imposible, pero eso no justifica que reacciones violentamente con ellos. Mientras están desarrollando su propia personalidad, se hallan desvalidos. El amor y las palabras amables son los mejores maestros que puedes darles para que lleguen a ser personas Sin Límites. Si te sientes enojado y exasperado, retírate un momento para no oír el llanto, en vez de dirigir tu enfado hacia tu bebé. Créeme, es muy importante para el crecimiento de ese ser humano que reprimas tu enfado cuando trates con él.

— *Para evitar que tus hijos crezcan angustiados, procura verlos como seres humanos completos, y no como personas en miniatura.* Cuando los veas como seres que tienen el mismo valor que tú y los otros adultos, tenderás a evitar estallidos iracundos y escenas desagradables delante de ellos. Te sorprenderá lo perceptivos que son en realidad estos críos si los escuchas todos los días. Son tan sensibles como tú. Mírate en un espejo, haz la mueca más espantosa que te salga, y chilla fuerte ante tu propia imagen. Luego pídele a un amigo que te mire directamente a la cara, con el aspecto más amenazador posible, y que te chille. Fíjate en lo intimidatorio y atemorizador que puede ser, y date cuenta de cómo te desagrada la experiencia. Es tan desagradable y atemorizadora para ti como para los niños pequeños, con la salvedad de que tú eres dos o tres veces más corpulento que ellos. Tú necesitarías un gigante de cinco o seis metros de altura que te hiciera lo mismo para causarte sentimientos equivalentes. Ten presente esta imagen cuando elevas la voz o actúas tumultuosamente ante los más pequeños. Cuanto más reprimas esta inclinación, mejor estarás ayudando a los niños a educarse sin el enfado interno y la consiguiente ansiedad que lo acompaña. Enséñales desde el principio a ser racionales dándoles esa clase de ejemplos.

— *¡Recuerda que las imágenes perduran toda la vida!* Esto vale tanto para las imágenes positivas como para las negativas. La violencia que se ve diariamente en el cine y en la televisión enseña a la gente a ver la violencia como un entretenimiento. Vivimos en un mundo muy confuso donde se deja que los niños vean cómo se corta en rebanadas un pecho de mujer en una película, y se les prohíbe, en cambio, que vean en otra película cómo se acaricia cariñosamente el pecho de esa mujer. Sin embargo, tú significas una gran diferencia en la manera en que tus hijos ven la violencia. Si se la venera en las pantallas, se la idolatra internamente. Si los niños ven suficientes imágenes de violencia —asesinatos, mutilaciones, balas que destrozan cuerpos humanos, ojos reventados y efectos cada vez más sangrientos— interiorizarán esas imágenes para siempre. Ciertamente, son capaces de distinguir entre la fantasía y la realidad en un nivel consciente. Suponemos que conocen la diferencia entre personas que se disparan unas a otras en la pantalla y aquellas que lo hacen en la vida real. Pero los efectos persisten, y muchos niños no pueden hacer estas distinciones como corresponde, o se convierten en adultos que veneran la violencia como modelo de su existencia. Cada vez que se estrena una película de un asesinato en masa, se repite invariablemente la proeza en la vida real. Se trata de alguna persona de incierta salud mental que tenía demasiadas imágenes violentas como para conducirse racionalmente.

Necesitamos enseñar amor a nuestros hijos, y no odio. Necesitamos ayudarles a aborrecer la violencia en lugar de que la emulen en sus juegos y traten de reproducirla en su vida. Debes ser cuidadoso en lo que les permites ver a tus hijos, no desde el punto de vista sexual, sino desde la violencia. Supervisa sus selecciones y discute con ellos los programas. Déjalos que vean a una pareja dándose un beso en vez de contemplar cómo degüellan a alguien. Las escenas eróticas, cuando no van acompañadas de pugnas por el poder, son preferibles a las escenas de malos tratos. La televisión, la industria cinematográfica y todas las formas de entretenimiento reaccionarán de manera positiva ante tus esfuerzos por evitar que tus hijos tengan tendencia a ser violentos, si tú te muestras selectivo en lo que se refiere a lo que ellos vean, y dejas bien claro que aborreces la violencia. Las compañías sólo producirán lo que la gente quiera ver. Si hay bastantes personas que dejan de ver ciertos programas, reaccionarán en consecuencia. Esas imágenes mentales son motivadores enormemente poderosos; y más todavía cuando los niños son muy pequeños. Tú, como padre, puedes ayudar a tus hijos a tener imágenes más positivas eliminando meticulosamente todos los programas demasiado violentos. No creo que mostrarles policías y ladrones y algunos revólveres de utilería sea necesariamente perjudicial. Los niños tienen muchas fantasías en su vida. Se les ha de exponer a las fantasías para que aprendan a diferenciarlas de la realidad. Pero la línea que separa lo real de lo extremado es cada vez más incierta. Mantente alerta ante las imágenes que reciban tus hijos cuando son muy pequeños y recuérdales siempre que «es una película. No es real. Los monstruos están sólo en la película».

— *No te excedas en el empleo de los castigos corporales.* Debes tener mucho cuidado de no estar todo el tiempo pegándoles a tus hijos. Personalmente, no estoy a favor de pegarles a los niños, y nunca he hecho tal cosa con mis hijos, por ninguna razón, con una sola excepción. Una palmada en el trasero —no para hacer daño, sino para dar énfasis— es la única excepción de mi vida. Cuando mi hija pequeña salió corriendo hacia la calle, poniendo su vida en peligro, después de una reprimenda, le di una palmada en el trasero, para hacerle ver que papá estaba hablando en serio. No creo que pegar a los niños y hacerles daño sea una buena manera de castigarlos, pero sé que muchos de vosotros no estáis de acuerdo. Para mí, el castigo corporal no tiene cabida en la crianza de niños Sin Límites, y punto. Si de todas maneras vosotros sentís que debéis administrar zurras periódicas, o incluso verdaderas palizas, sugiero que antes de empezar, respondáis a dos preguntas con sinceridad.

1. *¿De quién son las necesidades que estoy satisfaciendo?* Es decir, ¿estás de hecho satisfaciendo tus propias necesidades de sentirte poderoso, de demostrar que eres mayor y más fuerte, o incluso de recibir cierto placer por repartir bofetadas a los más pequeños? Si es definitivamente por su bien, el castigo corporal se ha de aplicar raramente, y sólo por las transgresiones más graves. Los azotes y las bofetadas regulares enseñan a los niños a ser obedientes delante de ti, a mostrarse temerosos y, lo peor de todo, a dar ellos mismos bofetadas y azotes. Si realmente respetas a los niños como personas cuyo valor es igual al tuyo propio, pregúntate si el castigo físico es el recurso digno que esperarías de cualquier otro adulto. Hace mucho que ya no azotamos a los prisioneros. ¿No deberíamos tratar a los niños de la misma manera?

2. *¿Estoy dándoles esta paliza para ayudarlos a cambiar, o simplemente para que les duela?* Cuando se recurre a ellos de manera rutinaria, los golpes no sirven para hacer cambiar a la gente. De hecho, a los niños a quienes se les castiga rutinariamente se vuelven más recalcitrantes. Cuanto más les pegas, más se deciden a pelear contigo y a demostrarte que no puedes asustarles. Parece que la violencia engendra violencia, en vez de acabar con ella. Los niños pueden enterarse de que hablas en serio sin necesidad de estar pegándoles.

Sugiero que consideres con mucho cuidado los efectos que el castigo corporal tiene sobre tus hijos, sobre ti y sobre el resto de tu familia. Ese tipo de atmósfera puede crear niños ciegamente obedientes, pero no por mucho tiempo, y desde luego es la forma menos eficaz de cambiar de modo permanente su comportamiento. Los padres que abofetean a sus hijos parecen tener que hacerlo continuamente. Si funciona tan bien, ¿por qué se ha de recurrir al castigo todo el tiempo? Sugiero que los padres que pegan a sus hijos pequeños, lo hacen por su propia necesidad de afirmar su poder, y que si realmente considerasen lo que es mejor para esos niños, les darían más afecto y más abrazos y se esforzarían en sorprenderles haciendo bien las cosas, en vez de pegarles cada vez que los sorprenden haciéndolas mal.

— *Ten cuidado y no pases por alto ningún estallido de violencia de tus hijos, por temor a que haya una escena.* Debes ser firme, enseñarles qué toleras y qué no consientes, y no puedes desentenderte de la violencia de ellos, ya que eso les enseñaría a seguir haciendo exactamente lo mismo en el futuro. Si tus hijos tienen un «temperamento muy fuerte», primero puedes mostrarles con palabras, y luego con tu comportamiento, que sus estallidos no van a obtener los resultados deseados, sin que importe lo mucho que griten y pataleen. Una afirmación tan simple como: «Tengo demasiado respeto por mí mismo como para dejar que te comportes de esa manera. No tienes derecho a maltratarme a mí ni a nadie simplemente porque no puedas controlar tu temperamento. Si sigues así te irás a tu cuarto y te quedarás allí hasta que te hayas tranquilizado. Además, volveremos a estudiar tu derecho a ver ciertos programas de televisión, y no saldrás de casa durante dos días si no te ocupas de dominar tu temperamento». Sé firme y cumple todas tus promesas; no dejes pasar por alto el incidente. Después, cuando a él se le haya pasado el enfado, te sugiero vehementemente que tengas una charla con tu hijo. Procura que esas charlas sean poco amenazadoras y estén libres de prejuicios. Sal con el niño a caminar, o llévalo a un restaurante donde podáis estar solos. Dile con sinceridad cómo te sientes cuando él estalla de ese modo. Explícale que sabes que no le gusta tener semejante temperamento, pero que en realidad se trata de una elección que él está haciendo, y no del resultado de algún rasgo hereditario de la personalidad. Hazle saber que estás dispuesto a ayudarle en su esfuerzo si realmente quiere cambiar. Dale apoyo y amor, incluso después de un estallido, pero *no cedas a sus deseos.* Hay una gran diferencia entre mostrarle a alguien que lo quieres cuando está enfadado, y ceder a sus deseos como recompensa por ser una persona iracunda.

— *Da a los niños tanto control sobre su propia vida como sea posible.* Cuando tomas por ellos todas sus decisiones, los induces a sentirse frustrados. También evitas que aprendan una de las habilidades más importantes: tomar decisiones. Dales más control sobre su propia vida y descubrirás que experimentan menos frustración. Me he referido a este punto en todos los capítulos de este libro. Los niños necesitan ejercitar tanto control sobre su vida como sea posible, sin que ellos ni nadie más corra ningún peligro. A nadie le gusta que le digan qué ha de hacer ni cómo. ¡Y a ti tampoco! Ya sabes lo mal que te sientes cuando alguien te dice cómo hacer algo, comportándose como un experto que dirige tu vida. Tus hijos sienten lo mismo en todas las etapas de su existencia. Un niño de dos años protesta: «Puedo hacerlo yo solito». Un niño de cinco años dice: «Mira, papá, cómo me hundo en la piscina». Una niña de diez años: «Oh, mamá, sé cómo se hace una tarta de café». Y una niña de quince: «Estoy segura. Apuesto a que piensas que no tengo cerebro». En todos los casos el mensaje está siempre muy claro: «Quiero ser yo mismo, y tengo mis propias ideas». Cuando les quitas ese control, elevas su nivel de frustración, y les enseñas a enfadarse cada vez más contigo, el tirano que no les dejará hacer nada. Dales una oportunidad de probarse antes de hacerte cargo de ellos. Háblales sobre cómo hacer las cosas, en vez de aconsejarlos. Cuanto más control les des sobre sí mismos, más te respetarán por dejarles descubrir su propio genio. E inversamente, cuanto más te hagas cargo innecesariamente de ellos, más amplia será la grieta que se forme entre vosotros. Ellos simplemente se enfadan y, como decía Stadius, «el enfado lo echa todo a perder».

— *Procura estar siempre alerta para ayudar a los niños a reducir sus niveles de frustración, y ayudarlos a actuar más racionalmente cuando la experimentan.* La frustración casi siempre va asociada al enfado y a las disputas familiares. Cuando a tus hijos les exiges cosas que no son capaces de llevar a cabo, incrementas enormemente su nivel de frustración. Insistir en que un niño integre el equipo de baloncesto, o baile un solo en un recital de danza pueden parecer objetivos maravillosos, pero los niños deben tomar parte en la elección de sus propios objetivos, y tu participación ha de limitarse a apoyarlos, en vez de imponérselos. La niña tal vez no quiera bailar ese solo, pero a lo mejor siente la responsabilidad de hacerlo por ti. Debe en cambio experimentar la necesidad de hacerlo por ella misma, con tu bendición y tu orgulloso apoyo como maravillosa recompensa. Pero sólo como una recompensa. El impulso de un niño debe surgir de su interior si ha de tener una sensación de logro y valor personal. Puedes guiar a los niños para que se propongan sus objetivos y puedes ayudarlos a establecer programas de autodisciplina y animarlos durante todo el camino, pero asegúrate siempre de que están haciéndolo por ellos mismos, por sus propias razones personales, y no exclusivamente para complacerte a ti ni a nadie. Cuando vives a través de las realizaciones de tus hijos, invariablemente te impones presión a ti mismo y también a ellos. Ellos querrán complacerte, y cuando no quieran, se sentirán dolidos, incómodos, contrariados y, con el tiempo, enfadados. No consigo mismos, sino contigo, que siempre les dices hacia dónde han de apuntar. Dorothy Canfield Fisher decía: «Una madre no es una persona en quien apoyarse, sino una persona que hace que sea innecesario apoyarse». Ten tus propias ambiciones y tus propósitos en la vida. Ayuda por todos los medios a tus hijos para que hagan lo mismo. Pero insiste siempre en que han de ser ellos la fuente de sus propios objetivos. Que se enteren de que pueden alterar sus objetivos en cualquier momento, sin ningún reproche por tu parte.

— *Recuerda que nada irrita más la frustración de un niño, que sentirse comparado con otro.* Cada niño es único, como he afirmado tantas veces en estas páginas. Lo que tú hayas hecho treinta años antes significa para ellos tanto como puede significar para ti lo que hayan hecho los centuriones romanos hace dos mil años. Tu infancia es historia antigua para ellos. Si bien tal vez les guste escuchar tus batallitas, de todos modos no pueden establecer paralelismos entre tú y ellos. «Sí, por supuesto, papi; estoy seguro de que la guerra del Vietnam fue muy dura, pero ahora corren otros tiempos. Tenemos la amenaza de la guerra nuclear.» «¡Otra vez tus historias de "cuando yo tenía tu edad"! Mamá nos larga las suyas un par de veces por mes.» Habrás oído a tus hijos decir cosas así, o por lo menos dirigirte «esa mirada» que comunica el mismo sentimiento. Para ellos, estos tiempos no tienen nada que ver con los tuyos, y están totalmente en lo cierto. Seguro que dadas exactamente las mismas condiciones que tú has afrontado de chico, y teniendo que recibir exactamente la misma educación que tú has recibido, ellos habrían resuelto mejor sus problemas. Ya ves: tus hijos han evolucionado más allá de donde has llegado tú, de la misma manera que tú has superado a tus padres y a tus abuelos. Son más altos, más listos, más rápidos y más capaces de casi todo de lo que eras tú a la misma edad. Los récords de atletismo imbatibles cuando tú eras chico ahora los baten los estudiantes más jóvenes de las universidades. Si realmente necesitas comparar a tus hijos contigo, ten cuidado, porque están en niveles más altos en casi todas las categorías, aunque no hayan tenido el mismo estilo de vida. No es culpa de ellos haber nacido en esta época, ni que tú hayas tenido que sufrir en diversos períodos. Así son las cosas. Y eso no se puede cambiar. De hecho, eso es precisamente lo que tú quieres. Tú quieres que se ahorren las épocas duras, que lo pasen mejor que tú. De eso se trata precisamente, de hacer que el mundo sea mejor para quienes dejemos. Procura tratar a los niños como seres únicos, y no compararlos con nadie, y menos aún contigo, que has vivido en esas épocas antiguas, que son para ellos tan distantes como la Edad de Piedra.

— *Procura quitar importancia a la violencia en tu vida.* Cría a tus hijos en el amor y no en el odio. No dejes que vean en ti una personificación de la ira, el rencor, la devoción del poder. Recuérdales que no han de odiar a nadie, cuando expresen animosidad hacia alguien. Los sermones interminables son innecesarios; mucho más eficaces resultan las afirmaciones sencillas, como ésta: «En realidad, no es necesario odiar a alguien por el solo hecho de que no esté de acuerdo contigo». Nada más. Simplemente, un pequeño recordatorio en el momento adecuado. Si eres miembro practicante de cualquier religión, procura vivir según sus preceptos. No seas un cristiano más; sé como Cristo. Si no, te comportarías como un falsario ante tus hijos y ante ti mismo. Siempre les pregunto a los que se dicen cristianos, y que sin embargo odian a los demás: «¿Sentiría Jesucristo lo mismo que tú? ¿Juzgaría Jesús a otra persona como alguien inferior?». Esa es la pregunta clave, sin que importe que seas católico, judío, budista, mahometano o lo que sea. ¿Se comportaría de esa manera tu Dios o tu santo? No hables de ser católico practicante y luego conduzcas tu vida, para que sirva de ejemplo a tus hijos, de una manera contraria a las enseñanzas de tu fe. Pregúntate: «¿Qué me exige mi ética religiosa?». Sé totalmente sincero contigo, y empieza luego a comportarte de acuerdo con eso. No te pongas simplemente un pequeño rótulo que hará que te sientas bien, y luego te comportes de manera totalmente opuesta. Si hemos de dar una oportunidad a la paz, al amor y a la tolerancia mundial, habrá de surgir de seres pacíficos, afectuosos y tolerantes. No puede provenir de quienes veneran el poder y la violencia y viven enfadados. Podemos solucionar este problema universal si les damos un ejemplo verdaderamente pacífico a nuestros hijos, y luego les animamos a seguir nuestros mismos pasos. Antes de que te hayas dado cuenta, cambiaremos el mundo entero, pero debemos empezar por nosotros mismos y por nuestros familiares inmediatos si queremos ser parte de la solución, y no uno más que contribuye a complicar las cosas.

— *Enseña a los niños a ser autodisciplinados en todos los aspectos de su vida.* Cuando estén haciendo los deberes, pregúntales cómo se sienten en relación con sus progresos y con las notas que obtienen. Esfuérzate a toda costa para no equiparar el comportamiento de tus hijos con tu propio valor personal como ser humano. Si obtienen notas bajas, no hagas de eso la fuente de la misma disputa monótona de siempre, al comenzar una confrontación desde la posición de enfadarte por la falta de motivación de tus hijos. Considéralo como la elección de ellos. Ayúdales a comprender que van a tener que sufrir las consecuencias de su comportamiento, y sé firme a la hora de explicarles de qué consecuencias estás hablando, pero nunca permitas que el comportamiento de ellos te haga daño con ninguna emoción inmovilizadora como el enfado o la depresión. Trabaja con ellos, pero no te enfurezcas. Déjalos que tengan su propio comportamiento y esfuérzate para ayudarles a que lleguen a tener motivaciones propias, sin hacer de esto la causa de un colapso nervioso para ti. Habla con ellos sobre las consecuencias que sus acciones tendrán sobre *ellos*, en vez de decirles lo que te están haciendo a *ti* al no ser mejores alumnos. Y si se niegan rotundamente a ser mejores estudiantes, te quedan dos opciones:

1. Enfádate, enfurécete, y haz de esto un problema para ti y para tus hijos.
2. Acepta el hecho real de que el niño todavía no está listo para automotivarse, y deja de juzgarte a ti mismo. Enséñale a aceptar las consecuencias, y sé firme al respecto, pero niégate a hacer de ello una catástrofe emocional.

No hay otras elecciones. No puedes forzar a nadie a hacer algo a lo que se niegue rotundamente. Tu hijo cambiará cuando esté preparado.

En mi adolescencia, yo no era el mejor estudiante del mundo. Me mostraba muy holgazán, faltaba a algunas clases y, por lo general, me limitaba a cumplir con el mínimo estricto para poder ingresar en la universidad y acabar de una vez. Mi madre habló de eso conmigo, me explicó las reglas, y luego siguió viviendo su vida. En esa época yo trabajaba como dependiente de comercio para contribuir en algo a los gastos de la casa (pobre de mí; ¿tienes ganas de enterarte de mi historia?), pero no estaba internamente motivado para ser el estudiante que habría sido con la debida aplicación. Mi madre no quería pelearse conmigo ni con mis hermanos por nuestro rendimiento en la escuela. Sabía que su vida era demasiado preciosa como para malgastarla preocupándose o enfadándose por nuestra falta de motivación. Muchas veces nos decía: «Se trata de vuestra elección, y sois vosotros quienes pagaréis el precio, y no yo ni nadie más». Pues bien; años más tarde, cuando estuve preparado, después de pasarme cuatro años en las fuerzas armadas, llegué a ser un alumno distinguido durante ocho años en la universidad, y culminé mi carrera doctorándome con premio extraordinario.

Lo que importa es que lo hice cuando estuve listo. Ni los enfados, ni las ultrajantes disputas familiares, ni la hostilidad habrían significado ninguna diferencia, como no fuera desmembrarnos como familia, incrementar la tensión y, muy probablemente, obstaculizar mis estudios cuando estuviera listo para afrontar el esfuerzo necesario. El enfado, las peleas y la hostilidad crean una atmósfera que disminuye la motivación. A veces tienes que esperar pacíficamente a que pasen los períodos de baja motivación de un niño o una niña, siendo una persona afectuosa que no esté demasiado encima de ellos, y que los apoye. Luego, cuando tu hija sienta una profunda necesidad dentro de sí, no habrá nada que la detenga. La verdad es que nada que mi madre o cualquier otra persona pudiera haberme dicho habría conseguido hacerme cambiar de actitud en esa época. Pero cuando me vi rodeado, en cuarteles y barcos de todo el mundo, de gente que carecía de educación, y viví enfrentándome a la ignorancia todos los días, me di cuenta, porque lo experimenté yo mismo, de que ser instruido era muchísimo mejor que ser obstinado. La lección de la vida es muchas veces el mayor de los motivadores. Hay personas que deben experimentar lo que no quieren antes de darse cuenta de qué quieren, y no hay enfado del padre que vaya a cambiar ese hecho.

— *Cumple las promesas de castigos que les hagas a tus hijos.*

Si dices que vas a hacer algo, antes de hablar asegúrate de que no te retractarás y les mostrarás que en realidad no tienes intenciones de cumplir lo que dices. De cualquier manera, empéñate en hacer promesas realistas, y no profieras amenazas atroces que, de todos modos, no llevarás a cabo. Procura comprometer a tus hijos en la búsqueda de un castigo aceptable que contribuya a encontrar una solución al problema. Un niño que se quede sentado en su cuarto durante tres horas porque le pega a su hermana, no está aprendiendo nada del castigo que le han impuesto. Pero si se le compromete en el castigo, aunque sea mínimamente, aprenderá a abandonar ese comportamiento agresivo. «Te he dicho varias veces que no voy a tolerar que le pegues a tu hermana. Ahora bien; ¿qué sugerirías que hiciera yo para que entiendas lo que te digo? Podría devolverte el golpe, pero eso sería una estupidez, porque ya te he dicho que pegar está mal. Vete a tu habitación a pensar un rato en esto, y después podemos hablar sobre una manera mejor de hacerte entender por tu hermana, sin recurrir a pegarle cuando estés frustrado. Lo hablaremos luego, cuando te hayas calmado. Mientras tanto, quiero que te vayas a tu cuarto y te mantengas apartado de tu hermana. Cuando estén listo para hablar, consideraremos opciones, como la de no salir a pasear en bici o no ver a ningún amigo el resto de la semana. Debes aprender que pegar es sencillamente intolerable.» Una admonición breve, precisa, que permite un lapso para tranquilizarse, y que compromete a tu hijo de diez años en el proceso de castigo en vez de quedarse en una simple orden —«Vete a tu cuarto y no salgas de allí hasta que cumplas dieciocho años»— será eficaz. Si prometes castigos atroces que sabes disparatados, admítelo cuando te hayas serenado y, una vez más, compromete a tu hijo en el asunto. «Te he dicho que te quedes en tu habitación hasta que tengas dieciocho años, pero, claro, tendrás que salir algunas veces en los próximos ocho años. ¿Qué podemos hacer juntos para lograr que no le pegues a la gente porque haga algo que a ti no te guste en ese momento?» Este tipo de propuestas contribuye a que los niños entiendan por qué los castigos, y también sirven para ilustrar que tú eres humano, y a veces dices cosas exageradas que no piensas cumplir.

— *No administres castigos cuando estés enojado.* El enfado paraliza. No puedes ser razonable y estar enojado al mismo tiempo; por lo tanto, debes concederte un período de calma antes de tratar de ayudar a tu hijo a que corrija su mal comportamiento. Si vas a discutir con un niño, hazlo en un momento en que no haya ansiedad. Si el niño acaba de desparramar una caja de clavos por toda la alfombra, es el momento menos adecuado para soltarle un sermón echándole en cara su torpeza. De la misma manera, cuando tu hijo adolescente llega tarde a comer, es inútil y contraproducente lanzarse a una perorata sobre la importancia de la puntualidad. Resulta mucho más eficaz darle a entender cuáles son tus sentimientos con una simple mirada o, en el caso de los clavos, ayudarle a recogerlos; luego, cuando no haya necesidad de defenderse, tener una charla sobre la torpeza o la puntualidad. Espera hasta la hora de acostarse, o incluso hasta el día siguiente. Al dejar pasar un tiempo antes de cada charla para que nadie tenga que ponerse en una postura defensiva, ayudas a tus hijos, y también puedes eliminar muchas de las viejas peleas de siempre.

— *Un recordatorio del síndrome del árbitro que he mencionado antes: niégate a ser árbitro en las discusiones cotidianas de tus hijos.* Si es necesario, vete a leer al baño hasta que dejen de pedirte que resuelvas discusiones por pequeñeces. Haz esto regularmente durante dos semanas, y descubrirás que ya no te bombardean continuamente con súplicas para que resuelvas cualquier pequeño desacuerdo que surja en tu familia. La mayoría de las exigencias de que clarifiques una disputa por tonterías no son más que intentos de reclamar tu atención. Para tener una vida propia, debes enseñar a los demás que te consideras demasiado importante como para pasarte el día entero resolviendo pequeñeces. La única manera de enseñar esta lección es a través del comportamiento. Y el comportamiento más eficaz consiste simplemente en dejar que los niños resuelvan por su cuenta sus diferencias. La mayor parte de las veces no sólo resolverán las cosas y aprenderán a pensar por sí mismos, sino que habrás evitado una de esas situaciones insoportables de ser árbitro cuando todas las partes interesadas esperan que falles a su favor. La gran mayoría de este tipo de disputas está montada para que des un fallo favorable a una de las partes, y te convertirás en la primera víctima si caes en la trampa. Haz ver a todos los interesados que te consideras demasiado importante para estar pendiente de los niños pequeños, vigilando todas sus correrías para dictaminar tus sentencias. Yo he descubierto que cuando me niego decididamente a hacer de juez y me limito a decir: «No me interesa; tendréis que arreglarlo vosotros mismos», y me voy, la pelea se termina. No tienen audiencia para pelearse, y no les gusta pelearse si no va a intervenir nadie, porque así podrían hacerse daño. En un instante la pelea queda resuelta, casi siempre de forma más justa y eficaz de lo que podrías haber soñado.

Una vez mi hija Tracy, que tenía nueve años, y su amiga Robin estaban discutiendo escandalosamente en la habitación de motel que compartíamos los tres. La pelea era sobre quién dormiría de qué lado de la cama. Tracy dijo: «Yo dormiré del lado que da a la cama de mi papá; tengo todo el derecho». A mí me pareció razonable. Robin replicó: «Sí, pero yo estaba aquí primero, y no pienso moverme». Eso parecía igualmente lógico. Cuando empezaron a discutir, yo decidí irme al baño a leer el periódico. Les anuncié que no saldría hasta que hubieran resuelto su problema. Desde el otro lado de la puerta pude oír cómo llegaban a un acuerdo. Cuando se dieron cuenta de que yo no iba a intervenir, y que era cierto que no estaba interesado en el caso lo más mínimo, Tracy sugirió: «Pongamos dos números en trocitos de papel. La que saque el número más alto decidirá dónde duerme». Sentado en el baño, me sentí sorprendido de que llegaran a un acuerdo, y de la simplicidad de la solución. Sin embargo, si yo hubiera intervenido, habría oído un coro de «Eso no es justo», «Pero yo tengo que decidir», «Pero yo estaba aquí primero», y ese tipo de cosas. Los niños tienen dentro de sí las respuestas o las soluciones para casi todas las disputas. Muchas veces se pelean para ganarse tus preferencias, así que si escabulles esa gratificación, la pelea cesará casi milagrosamente.

— *Para tratar con cualquier individuo «temperamental» en tu casa o en tu vida, es importante hablarle con firmeza, en términos que no den lugar a equívocos.* En un momento tranquilo, cuando el individuo temperamental no tenga desplegada la artillería pesada, dile lo violento que te sientes cuando se te agrede verbalmente. No lo hagas como para iniciar una discusión. Di simplemente lo mal que te sientes cuando se te trata de esa manera, y después cambia en seguida de tema. No te interesa ganar una discusión, sino informar a la persona y causarle cierto impacto. No te lo guardes todo dentro y te pongas a temblar de miedo cuando estés a punto de presenciar otra explosión. Si quieres una atmósfera libre de peleas, dile al individuo cómo vas a reaccionar en adelante, y luego procede a cumplir lo que hayas anunciado. Di algo como: «Me paso demasiadas horas temiendo cómo irás a reaccionar, y así me siento como un prisionero en mi propia casa. De ahora en adelante, cuando pierdas el control conmigo, no voy a quedarme aquí aguantándote. Después de eso me siento mal por haber sido tan débil, y no pienso pasarme la vida sintiéndome mal. Sé que tú después siempre me pides perdón, pero en realidad no me interesan tus disculpas. La próxima vez que ocurra algo así, no me quedaré aquí sentado. Te preguntaré qué derecho tienes a actuar de ese modo, y si persistes en tu comportamiento, me iré. No me interesa seguir siendo tu víctima».

Este tipo de propuesta hará ver al individuo temperamental que estás hablando en serio, y que eres tan sincero como puedes. Si las agresiones verbales persisten, por lo menos has defendido tu postura, y ahora tienes que decidir qué acciones y actitudes tomarás. Si es una niña (de la edad que sea) quien se comporta de esa manera, sugiero que te niegues a atenderla, a servirla, y que en esos momentos le hagas saber qué estás haciendo. Si es necesario, niégate a servir a cualquier miembro irrespetuoso de tu familia. Nada de comidas, ni de lavarle la ropa, ni de dinero, ni ningún servicio. Cada vez que te digan algo, advierte: «No pienso lavarle la ropa a alguien que me maltrata. Yo no te odio, pero tampoco me ocuparé de ti. Hoy tendrás que lavarte tu propia ropa». Luego dale un abrazo, un beso o una palmada, para que la persona sepa que el afecto que le tienes es verdadero, pero que no servirás a quienes se comporten de manera ofensiva e irrespetuosa. Tal vez esto parezca una exageración, pero es importante que aprendan esta lección vital. Habrá muchos menos victimarios en el mundo cuando la gente deje de hacer el papel de víctima. Tus hijos te respetarán por tu fuerza, no por tu debilidad. Y sabrán que hablas en serio si eres coherente con lo que dices, si tus advertencias no quedan en meras bravatas.

La siguiente lista es un breve resumen de estrategias efectivas que puedes desplegar cuando tus hijos se comportan con ira y hostilidad en casa. Ya he hablado de casi todo esto en detalle, pero tal vez quieras grabarte en la conciencia esta lista abreviada.

— Cuando un niño haya perdido el control, no trates de razonar con él.

— Levanta en brazos a una niña para calmarla, o envíala a un lugar tranquilo.

— Deja que los niños descarguen su enfado contra cosas inanimadas; que pateen la almohada o que arrojen dardos a una diana. La gente no ha de ser jamás blanco de esas descargas.

— Cuando el niño esté tranquilo, estipula un sistema y cíñete a él. «Te lo diré una vez; la próxima te irás a tu habitación.»

— No los amenaces con cosas que no harás.

— Estipula condiciones por adelantado. «Si no eres amable conmigo, no te llevaré en coche a tu entrenamiento de fútbol.»

— No lo premies por tratarte mal. «Tengo que darte de comer, pero no tengo por qué llevar a los restaurantes a los chicos que están de mal humor. Me voy. Tú te quedas aquí, comiendo pan con mantequilla.»

— Reflexiona con tu hijo para que pueda clarificar qué lo molesta. «Tu amiga no te ha invitado a su fiesta, y ahora quieres hacérselo pagar a los demás.»

— Cuando los dos estéis tranquilos, habla con la niña de lo que puede estar consiguiendo con sus rabietas. Explícale por qué en realidad no le servirán para nada, y que sólo pueden causarle problemas a ella y también a los demás.

— Usa el humor, ten buena disposición, y no te molestes cuando tus hijos traten de hacerte enfadar.

— No des el ejemplo del enfado como solución a una situación. El tráfico, los impuestos o cualquier cosa de tu vida que te disguste no debe pasar a ser una lección negativa.

— Identifica lo que esté ocurriendo. «Estás gritando y portándote mal porque crees que yo me resignaré a dejarte hacer lo que quieras sólo para que vuelvas a ser agradable. Ya te he dicho por qué no puedes hacer lo que quieras. Puedes ir a tu habitación a comportarte de esa manera si crees que eso te servirá de algo, porque yo ya te he visto y oído bastante.»

He aquí algunos consejos que quizá te sirvan para ayudar a tus hijos a sustituir su enfado inmovilizador por algo mucho más provechoso: una forma de ver la vida pacíficamente, Sin Límites. Nada seguirá funcionando siempre. Habrá veces en que todo cuanto intentes se negará a funcionar. Pero no olvides que estás construyendo «equipos de conciencia interna» en esos niños. Los recordatorios cotidianos, los esfuerzos regulares para aliviar su propia angustia, el ser un ejemplo vivo siempre que te resulte posible, y el genuino intento de vivir en un ambiente pacífico (donde cada persona aprenda, día a día, a ejercitar la autodisciplina) son las verdaderas técnicas que tendrán un efecto positivo de largo alcance. Siempre he apreciado las palabras que escribió William Blake sobre el enfado y cómo resolverlo:

> Estaba enfadado con mi amigo:
> le hablé de mi ira, y mi ira desapareció.
> Estaba enfadado con mi enemigo:
> no se lo dije, y mi ira aumentó.
>
> WILLIAM BLAKE

Hoy día, por cada dólar que gastamos en la paz gastamos dos mil en la guerra. Si el mundo ha de cambiar, debemos invertir este presupuesto. Puedes empezar este proceso de reconversión invirtiendo dos mil pensamientos y dos mil técnicas en el amor y la paz de tu medio, por cada uno que dediques a pelearte y enojarte. Si somos bastantes los que actuamos así, de este mundo enojoso y violento haremos un lugar lleno de amor y paz para todos. O sea, que nuestra ira debe desaparecer.

7

QUIERO QUE MIS HIJOS DISFRUTEN DEL MOMENTO PRESENTE

La persona Sin Límites ve el pasado en función de lo que se le enseñó sobre cómo vivir ahora, y el futuro como momentos presentes que serán vividos cuando lleguen. Vive total y exclusivamente en el momento presente. Es capaz de alcanzar experiencias cumbre en casi todas las actividades. Prefiere, si es posible, no tener «un plan», para que haya cabida para la espontaneidad.

> Cada elección, cada acto, pensamiento, ambición, temor, sueño o lo que sea, debe ser un evento *ahora* para ser algo. El *ahora*, simplemente, es la unidad de trabajo de tu vida.
>
> JOHN KILEY

Una pregunta importante para que te hagas a ti mismo es: «¿Puedo enseñar a mis hijos a vivir todos sus momentos presentes de la manera más beneficiosa posible?». Pero no: «¿Puedo enseñarles a estar en el momento presente?». Porque esto último no lo decides tú. El momento presente es aquel en el cual ellos y tú estaréis siempre, os guste o no. El momento presente es todo lo que cualquiera de nosotros puede alcanzar en esta vida. Nadie puede vivir en el pasado, y hacerlo en el futuro es totalmente imposible. Sin embargo, es muy posible que las personas empleen sus momentos presentes en entregarse por completo al pasado, o en anticiparse al futuro. Pero todo se hace en el presente. Te sientes culpable sólo en el presente. Experimentas ansiedad sólo ahora. Te sientes feliz, esperanzado, alborozado, temeroso, nervioso, y te embarga toda clase de emociones humanas, sólo en el momento presente. La clave para ser una persona Sin Límites está en aprender a usar todos los momentos presentes Sin Límites, a pleno rendimiento. Aprender a dejarse absorber por el ahora. Vivir apreciando profundamente cada momento que tengas. Puedes influir en los niños para que aprendan a vivir sus momentos presentes con intensidad, o puedes enseñarles a estar preocupados siempre por el pasado o el futuro.

En efecto, de cualquiera de las dos maneras, vivirán en el presente, pero la forma de hacerlo se verá afectada sin la menor duda por tus propias percepciones e intervenciones en la vida de tus hijos.

La forma más pura de sensatez

«El ahora es la forma más pura de sensatez.» Conserva junto a tu corazón este trocito de sabiduría a medida que leas cómo enseñar a los niños a vivir plenamente el *ahora*. Cuanto más próximo estés a vivir cada uno de tus días por completo en el presente, más cerca te hallarás de alcanzar la esencia del estilo de vida Sin Límites. Piensa en ello por un momento. Si estás deprimido en el momento presente, por lo general malgastas todo tu *ahora* dejándote consumir por algo que ya ha tenido lugar o que todavía no ha ocurrido. Sea lo que fuere, en ese momento dedicas tu energía interior para sentirte mal. Si estuvieras totalmente inmerso en tu momento presente, haciendo cualquier cosa en la que te hallaras comprometido, no serías capaz de sentir depresión en ese preciso momento. No puedes estar enfermo en un momento en el que te hallas totalmente inmerso. No cabe duda de que habrás tenido la experiencia de encontrarte tan ocupado o entusiasmado con un proyecto que literalmente se te curó un resfriado, o estabas tan comprometido en una actividad, que olvidaste tu cansancio y viviste durante días con tu entusiasmo natural. Sencillamente, estaba demasiado ocupado o comprometido en la vida como para ser capaz de tener ninguna enfermedad ni fatiga. Si te entrenas para vivir de esa manera, en tu interior hallarás la capacidad de entregarte por completo en cualquier proyecto. Los niños tienen esa misma habilidad.

Fíjate en la gente que experimenta depresiones en su vida, incluso en los internos de hospitales psiquiátricos. Cuanto más lejos están de este preciso momento y de su propia realidad, más perturbados se encuentran. Cuanto más absortos estén con lo que debería o no debería haber pasado, o con lo que podría ocurrir en el futuro, más imposible se vuelve para ellos estar cabalmente vivos. El ahora es un lugar mágico donde eres peculiarmente capaz de estar tan inmerso que no hay cabida para ningún pensamiento triste ni debilitador. Cuando aprendes a vivir con plenitud todos tus momentos, tratándolos como milagros que se han dispuesto para que los disfrutes, conocerás la esencia de lo que muchos filósofos orientales aparentemente esotéricos han estado explicando y experimentando durante siglos. Los niños tienen en sí esta magia desde el principio. Forma parte de su herencia humana. Vienen equipados con la capacidad de vivir cada momento con intensidad, de la misma manera que un pájaro viene equipado con la capacidad de volar. Es algo que está ahí, dentro de cada uno de nosotros. Nuestra tarea consiste en asegurarnos de que no sofocamos esa capacidad en los niños antes de que tenga oportunidad de materializarse naturalmente.

Si bien es imposible vivir algo que no sea el presente, en la dimensión interna se está haciendo todo el tiempo. Uno puede escabullirse a voluntad de este momento: autocompadeciéndose por algún golpe de mala suerte o angustiándose por cosas que ocurrirán en el futuro. Éstas son dos elecciones que los adultos deciden con frecuencia, y otro tanto hacen los niños si sus maestros y sus padres les inducen a ello. Vivir en el momento presente tanto física como mentalmente, y considerarlo como un milagro, es una manera de ver la vida que tal vez te resulte extraña, y que sin embargo tendrás que examinar con atención si quieres enseñar a tus hijos a vivir el momento presente. Un niño que aprenda a vivir con plenitud cada momento será un niño sano. Saber apreciar cada momento, ser una persona vital en todas las circunstancias, y quedarse maravillosamente absorto con el más simple de los sucesos de la vida, es una forma pura de la salud y la cordura. Esto no significa ausencia de planificación ni de objetivos. Lejos de eso, es el *ticket* para que tus hijos lleguen a ser grandes realizadores, y que, libres de las incapacidades debilitadoras de los neuróticos, viajen por el sendero de la vida de una forma que les enseñe a estar plenamente vivos, en vez de luchar con la vida en todo momento. No tienen mucho que aprender de ti en lo que se refiere a vivir de esa manera tan sensata; necesitan más bien que no les obstruyas el camino y que no los desvíes de su sendero natural hacia la verdadera comprensión. Es decir, no has de hacer sombra al niño, y evitar a toda costa convertirte en un obstáculo en el sendero que conduce a su nivel más elevado de la vida Sin Límites. Esto significa aceptar a tus hijos tal como son. Niños plenos, completos, ahora; no «yendo» a ningún lado.

ACEPTA A LOS NIÑOS EN EL NIVEL EN QUE ESTÉN

Los niños se ven investidos con una serie de expectativas por parte del mundo de los adultos. Al niño se le bombardea constantemente con esta pregunta: «¿Qué vas a ser (cuando seas mayor)?». Dicha pregunta lleva implícita el siguiente presupuesto: «Todavía no eres un ser humano completo». Un niño que respondiera diciendo: «No voy a ser nada; ya soy», sería considerado como mínimo irrespetuoso o insolente. Sin embargo, la serie de expectativas adultas que asume el niño en su aprendizaje merece tal respuesta. A menudo olvidamos que todos somos miembros activos que participamos en la sociedad durante toda nuestra vida, incluido este período que suele denominarse «infancia». Los jóvenes, con independencia de su edad, son igualmente «significativos» en este sentido, y es preciso que todos nosotros les consideremos como personas vitalmente «maduras» y no como seres que viven un período de preparación para la vida. Por decirlo de otra manera: no es que estén preparándose para la vida, sino que de hecho ya la están viviendo día a día.

Quizás éste sea un punto de partida demasiado radical para ti. Los niños son pequeños; tú eres mayor. Ellos saben muy poco; tú, mucho. Por lo tanto, se les ha de enseñar a que sean como tú. Tal vez hayas interpretado tu tarea como la transformación gradual de unas personitas indefensas en adultos que rindan plenamente, y creas que algún día apreciarán tus esfuerzos. Pero hay otra manera de considerar a esta gente menuda. ¡Están completos ahora! No luchan para llegar a ningún lado; ya han llegado. Son puros y están enteros, igual que tú, aunque ellos, también igual que tú, estén cambiando todos los días. En el capítulo 3 me he referido extensamente al aprendizaje y aceptación del cambio. De hecho, esto significa aprender a aceptarse uno mismo, ya que todos cambiamos continuamente. Los cambios que tienen lugar en ti tanto psicológica como físicamente, son tan dinámicos como los que se operan en tu hijo. Si vas a vivir rodeado de niños Sin Límites, has de revisar ese presupuesto de que los niños están en cierto modo incompletos.

Reflexiona sobre lo mucho que podemos aprender de los niños y entenderás lo que quiero decir. En nuestra vida familiar podríamos ahorrarnos muchos pesares y sufrimientos si considerásemos a los niños como compañeros de los adultos en el proceso vital, como personas que pueden enseñarnos tanto como nosotros les enseñamos a ellos: los adultos con su experiencia y los niños con su espontaneidad y entusiasmo por cuanto les rodea. Ciertamente, todos tenemos mucho que ganar si dejamos de considerar a los niños como meros «sujetos» de nuestras enseñanzas y, abandonando esta miope perspectiva, les vemos como una especie de «milagro» cotidiano con toda su magnitud y complejidad.

Esta visión de los niños como seres completos y totales es el primer paso para ayudarlos a sintonizar con el ahora. Si logran mantener esa fascinación infantil con todo el mundo, si pueden conservar la capacidad de ver lo positivo en todo, lo divertido de todo, y la alegría en cuantas cosas ofrece la vida, estarás haciéndoles un favor mucho mayor que si los entrenas para un mundo cruel, duro, que llaman real, y que un día tendrán que afrontar solos. Han de procurar no perder esa postura, en la que su llama *interior* no vacile aunque les ocurra lo peor. Para asegurarte de esto, debes aceptarlos ahora como una totalidad, en vez de idear estrategias a fin de prepararlos para la vida. En cambio, emplea el tiempo que les dediques en ayudarles a que sigan apreciándolo todo al máximo, y en fomentarles la disciplina interna que conducirá su vida de una manera provechosa para ellos.

No nos resulta demasiado fácil aceptar que los niños estén donde están. Los padres, particularmente, siempre estarán tentados de considerar que su rol consiste en preparar a sus hijos para la vida. Y en muchos sentidos es muy difícil aceptar cualquier noción opuesta sobre la paternidad o la maternidad. Después de todo, sabes qué necesitan los niños; tú has vivido más, y quieres impartirles tu conocimiento. Pero eso no es posible, y cuanto antes reconozcas este hecho, más angustias te ahorrarás como padre o madre. Fíjate en tu propia vida. Piensa en lo inútiles que se han sentido otras personas tratando de enseñarte algo que te negabas a aprender. ¿Cómo puedes hacer que un niño aprenda biología si se niega? ¡Es imposible! Aunque creas firmemente que algún día necesitará esa información que tú quieres que aprenda con tanta desesperación. Quien ha decidido aprender todo lo que sabes has sido *tú*, y esto es igualmente aplicable a los niños. Si aprenden es porque han tomado la decisión de aprender. Si no quieren aprender, no hay presiones que puedas imponerles que vayan a influir en lo que resuelvan. Así, tu rol consiste en ayudarles a decidir qué resulta más saludable y provechoso para ellos.

Ten en cuenta que la disposición para aprender cualquier cosa es la variable más importante en todo el proceso de aprendizaje. ¡Disposición para aprender! Disposición significa que ahora, en este momento, por fin, estoy dispuesto. El niño que sabe nadar no sabía más el día que aprendió a nadar de lo que sabía el día anterior, cuando todavía no nadaba. Ese día estaba dispuesto a apartarse de la orilla y nadar. Tenía la confianza necesaria, o la voluntad, o el impulso, y se lanzó «al toro». Tú puedes haberle proporcionado la atmósfera adecuada, el equipo, la piscina, las lecciones, incluso el deseo de aprender a nadar, pero el momento preciso en que él decidió probar lo eligió él. Éste es el punto principal de esta sección. Cuando más ayudas a los niños es cuando reconoces que están en todo su derecho cuando se niegan a zambullirse o a hacerte caso en cualquier otra cosa que quieras proponerles, y que debes aceptar esas negativas como parte de su condición humana. Están igualmente completos cuando su momento de nadar *está* allí. Debes aceptarlos como seres completos en todos los momentos, y dejar de querer que sean diferentes de como son. Necesitan tu apoyo y tu amor en cada momento de su vida. Tal vez tú les des las llaves, pero son ellos quienes tienen que abrir las puertas. No importa hasta qué punto podría gustarte que fuese al revés; no importa lo desesperadamente que puedas querer que sean algo más. Ni lo son ni lo serán mientras no tomen la decisión de serlo. Así como debes procurar ver a tus hijos como seres humanos completos en todo momento, tú has de verte de la misma manera. Tú no quieres que el amor que anhelas de tus seres queridos dependa de que cambies. La prueba del amor más fiable lo ofreció Robert Frost con su famosa frase: «Amamos lo que amamos por lo que es».

Acepta a tus hijos como seres perfectos, completos, y trátalos como si ya fueran lo que pueden llegar a ser. Envíales siempre mensajes de que son fenomenales, de que ya son nadadores magníficos, pero de que realmente no tienen que nadar mientras no lo decidan, y sacarás partido de lo que estoy diciendo aquí. No emitas juicios ni les envíes refuerzos negativos para que te complazcan; quiérelos por lo que son y trátalos como si ya fueran lo que pueden llegar a ser. Esta combinación les permite controlar su vida, y hace que sigan teniendo sentimientos positivos hacia sí mismos en cada momento en que se encuentren. Les brinda objetivos por los que esforzarse, pero les da amor incondicional y aceptación en cualquier etapa de la consecución de cualquier objetivo que se hayan propuesto. Lo creas o no, ellos tienen mucho más que enseñarte sobre cómo vivir con plenitud en el presente, que tú a ellos. Tú puedes haber perdido tu fascinación infantil por el milagro que es la vida, pero si los miras con atención (deja de tratarlos como aprendices de personas que están en camino de ser alguien, y disfruta de ellos tal como son), todo lo demás ocupará su lugar con naturalidad. Sí, ellos conocen este asunto del momento presente, así que deja de sermonearlos y aprende tú. Este mismo momento estará bien.

LA ALEGRÍA DE VIVIR EL MOMENTO PRESENTE

Se pueden hallar rastros de la tendencia a evitar el momento presente en numerosas admoniciones, como : «Posterga tu satisfacción». «Ahorra para las malas épocas.» «Ten mucho cuidado.» «No pongas todos los huevos en la misma cesta.» «Ya sé que la escuela es aburrida, pero algún día te será muy útil.» «Si sienta bien, no lo hagas.» «Espera a que hayas crecido.»

Vamos a aclarar las cosas ahora mismo, tanto para los niños como para los adultos. El placer es algo excelente, y debes tratar de llenar tu vida con él tanto como puedas. Sin condiciones ni excusas; un simple hecho. La vida es para disfrutarla, y si a los niños no les enseñas eso, estás perjudicándolos tanto a ellos como a ti. ¿Te enfureces con tus plantas porque se estiren hacia la luz del sol? ¿Por qué hacen eso? Porque la luz del sol las hace sentirse bien y es necesaria para su supervivencia, así que la buscan instintivamente. ¿Castigas a tus cachorros cuando quieren que los acaricies o quieren juguetear? Por supuesto que no. ¿Por qué? Porque simplemente está bien que los cachorros busquen el placer y eviten el dolor. Bueno; pues a tus hijos y a ti mismo debéis concederos al menos los mismos privilegios.

Esto no es abogar por que te lances al placer a expensas de otros. Abandona de una vez por todas la idea de que es malo animar a los niños a que busquen el placer. Su vida debe ser divertida, y la tuya también. Las actividades escolares tienen que resultar agradables para que los estudiantes las disfruten, y no el ejercicio farragoso de afanarse por cumplir un plan de estudios laborioso y aburrido. No hay necesidad de considerar la vida como una serie de percances, sufrimientos, grises rutinas ni constantes desdichas. No hace falta mostrarse serio ni tener aire grave para ser importante. Los niños tienen derecho a tantas experiencias vitales agradables como sea posible, y tú debes hacer todo cuanto esté a tu alcance para proporcionarles esas experiencias. Deben aprender que ver la vida como una experiencia penosa es un disparate, y que disfrutar de la existencia y de todo lo que hacen en el momento presente es la actitud más sana que pueden adoptar para ser personas Sin Límites. Incluso las tareas que no les gustan particularmente pueden llegar a ser divertidas si ellos aprenden esa actitud de disfrutar en el momento, encontrando placer en cada experiencia que les salga al paso y olvidándose de las penas y sufrimientos que atormentan a tantos otros. Su camino hacia su maestría personal ha de estar cada vez más sembrado de actividades de las que disfruten genuinamente; si no fuera así, se formarían una personalidad melancólica y amarga que, con el tiempo, rezumaría pesimismo. Aunque no hace falta que lleguen al punto de formarse un falso sentido del entusiasmo por sacar la bolsa de la basura a la calle, deben aprender a no quedar paralizados ante esas tareas rutinarias y a buscarle el lado bueno a todas las cosas que hagan. Si no hubiera basura, no habría habido comida. Y sin comida, hambre. Por lo tanto, hay que saber apreciar la basura. No le des demasiada importancia, pero siéntete privilegiado por tener basura que tirar.

Vivir el momento presente es, en esencia, una actitud. Es

la manera en que una persona considera todo lo que hace. Vivir
con plenitud el presente significa escudriñar este momento, apar-
tar las distracciones y los pensamientos negativos, y estar totalmente comprometido con lo que ocurre ahora mismo. Significa
no decir a los niños que deben aprender a posponer su satisfacción con el fin de acceder a algo mejor más adelante. Ellos,
en cambio, deben aprender a encontrar placer y diversión en lo
que está sucediendo en este mismo momento y en momentos
futuros. Significa fijarse objetivos, pero no hacer que la consecución del objetivo sea más importante que cada momento que
pasen trabajando por conseguirlo. Un título de bachiller es un
buen objetivo, pero hacen falta muchos días y años para conseguirlo. Disfrutar del tiempo empleado en estudiar y en participar
en las actividades escolares es la crucial actitud a la que estoy
refiriéndome aquí. Los niños pueden aprender a ver la asistencia
a clase como una diversión en y por sí misma, y no necesariamente como un mal que hay que soportar para recibir luego un
diploma. Tanto el esforzarse por las gratificaciones externas como
el conseguirlas ofrecen momentos importantes, dignos de ser
saboreados. Una vez que los niños aprendan que cada momento
de su vida les ofrece un milagro apasionante, dejarán de estar
pendientes de los milagros, y empezarán a vivir uno. Nunca me
olvidaría de citar esta pequeña afirmación, hecha supuestamente
por alguien mucho mayor. Encierra una lección para todos los
que estamos interesados en ayudar a los niños a estar plenamente vivos.

> Primero me moría por terminar
> el bachillerato y empezar la universidad.
> Y luego, me moría por terminar
> la universidad y empezar a trabajar.
> Y después, me moría por casarme
> y tener hijos.
> Y más adelante, me moría porque mis hijos
> crecieran lo bastante como para ir a la escuela,
> para que yo pudiese volver a mi trabajo.
> Y entonces, me moría por retirarme.
> Y ahora, que estoy muriéndome… me doy cuenta
> de pronto: me olvidé de vivir.

Hay mucho de cierto en este paradigma. A los niños se les
cría para que, en vez de vivir ahora, se preparen para un futuro

mejor. El problema es que, como dice la canción, el futuro nunca llega; todo lo que alcanzamos son momentos presentes. El condicionamiento de estar pensando en lo que vendrá nunca abandona a la persona, y en consecuencia, la gente condicionada de esa manera nunca aprenderá a aminorar la marcha para aceptar el placer inherente a casi cada cosa que ve. Un niño así se convierte en un adulto que pensará en el postre mientras toma el aperitivo, que será incapaz de saborear la primera taza de café porque estará pensando en la segunda, y que se perderá la experiencia de hacer el amor por estar anticipando el orgasmo. El círculo vicioso se puede romper con sólo aceptar la idea de que sentirse bien es magnífico, de que el placer no es nada malo, de que uno puede disfrutar de su propia vida, incluyendo la planificación para el futuro y los recuerdos del pasado.

Hay adultos que se especializan en no permitir a sus hijos que disfruten de su niñez. Consideran que ésta no es más que una época de preparación. La escuela es un mal necesario que todos los niños deben soportar. Ser pequeño es el precio que ha de pagarse por hacerse mayor. El placer es algo que llegará más adelante si uno ahora sufre lo bastante. Pero para esa gente, el ahora no llega jamás. Esta actitud crea niños pesimistas que pronto verán en la vida un terreno de pruebas donde nada está hecho para disfrutarlo tal como es. Si quieres que tus hijos aprendan a disfrutar de la vida, que sean felices y se sientan realizados no sólo ahora, sino siempre, debes comprender que éstas son actitudes internas que un niño aporta a sus tareas en la vida, en vez de ser algo que recibirá de ellas. Esa actitud interna le permite estar exactamente donde está en la vida, sin prepararse para algo más importante que vendrá luego. La alegría de vivir el momento presente, entonces, es un concepto interior que se origina en las suposiciones de que el placer en la vida no tiene nada de malo, de que más vale alegría que sufrimiento, de que todo en la vida es un milagro, y de que vivir plenamente en el ahora resulta infinitamente superior a planificar, planificar y planificar algo que tal vez no lleguemos a hacer nunca.

Echa una ojeada a nuestra cultura y advertirás numerosos reforzadores para postergar la satisfacción. En un curso de ciencias políticas que di, estudié cada uno de los discursos electorales de los presidentes desde la formación de los Estados Unidos. En todas las elecciones figuraban estas consignas: «Debemos apretarnos el cinturón. Son tiempos difíciles, y todos debemos sacrificarnos para legar a nuestros hijos un futuro mejor». Estos sentimientos han estado presentes en todas las elecciones desde hace más de doscientos años. Imagínate: han pasado dos siglos y todavía no hemos llegado; aún no podemos aflojarnos el cinturón y hemos de seguir sacrificándonos por el futuro. Nunca llegamos en nuestras elecciones, y nunca llegaremos si tenemos que creer que el momento presente es una época para sacrificarse por un futuro que no llega nunca. En las clases de religión, a los niños se les enseña que han de sufrir en esta vida con el fin de tener una vida mejor en el más allá. En la escuela se les enseña que tienen que sufrir ahora para poder disfrutar luego de los frutos de la educación. Recomendamos a todos que no disfruten de lo que coman, que sufran tomando algas y zumo de cactos para estar sanos, y que hagan ejercicio hasta quedar doloridos si quieren obtener algún beneficio. «Quien algo quiere, algo le cuesta.» Resulta muy raro escuchar que hacer gimnasia y los frutos de la gimnasia sean cosas igualmente satisfactorias, que la nutrición sana sea en sí misma algo magnífico, que ser honrado sea una hermosa actitud, y no un castigo para recibir una recompensa en el futuro. Nunca oímos que hayamos llegado, que podamos finalmente aflojarnos los cinturones para disfrutar de los resultados del sufrimiento de nuestros antepasados.

Pesimismo, dolor, sufrimiento y un ojo puesto en el día que nunca llega parecen ser los lemas de nuestra cultura, y se les pegan a nuestros hijos a medida que se ponen a repetir los mismos viejos errores a los que han venido sucumbiendo todas las generaciones. Ayuda a los niños a que aprendan a disfrutar de cada momento de su vida. Evita el pesimismo en lo que se refiere a cualquier cosa que tenga que ver con ellos. Ayúdalos a que adopten actitudes internas que les den una sensación de alegría, de ser capaces de vivir con plenitud en todos sus momentos presentes. Este tipo de actitudes no darán lugar a un niño egoístamente hedonista y descuidado con respecto a su futuro o al futuro de los demás. De hecho, es mucho más probable que ocurra todo lo contrario, y que el niño optimista, que busca el lado bueno de las cosas, quiera ayudar a los demás a que vean las posibilidades de cualquier momento, en lugar de deprimirse. Se convierte en un modelo de esperanza y no en otro generador de desesperanza. Contribuirá a que los demás busquen algo positivo en su condición de vida, en vez de darse por vencidos.

No hace falta que hagas gran cosa para ayudar a los niños a que tomen conciencia de la alegría ilimitada que pueden encontrar en el momento presente. Es algo que les corresponde por herencia humana, igual que a ti, con sólo que vuelvas a hacerle sitio en tu vida. Los niños encuentran gran placer en una tormenta de nieve. Fíjate en la cara de asombro y los ojos enormes que ponen cuando contemplan la magnífica escena de una nevada reciente. El adulto que hay en ti diría: «Tendré que apartarla, poner cadenas a las ruedas del coche, chapotear en el barro», y cosas por el estilo. Y ese adulto puede ser muy convincente con sus argumentos: «Los chiquillos pueden permitirse que les guste la nieve; no tienen que conducir ni aguantarse todas las complicaciones». Pero detente allí mismo. Tu actitud amarga hacia las nevadas no cambiará nada, excepto cómo las experimentes tú. Poniéndote furioso no conseguirás que desaparezcan. El hecho de que tengas «razón» no cambiará nada. Lo único que consigues sintiéndote desgraciado porque nieve es tu malestar. Imagínate que eres capaz de disfrutar conduciendo más despacio hacia tu trabajo. Imagínate que te diviertes más apartando la nieve para hacer un sendero hacia el garaje que maldiciendo tu suerte. El niño que hay en ti quiere hacer precisamente eso, pero por lo general siempre sale ganando el adulto, que sabe lo que le espera por culpa de la maldita nieve. Todo se retrotrae a la forma de pensar en el momento presente, que estoy tratando de ayudarte a cultivar en ti y en tus hijos. Olvídate de lo que te espera, y *está aquí y ahora*. Tu pesimismo alimenta una experiencia desgraciada con la nieve, pero lo más importante es que no cambia el hecho de que la nieve siga estando allí, ahora.

Cuanto más momentos tengas en tu vida en los que te halles completamente inmerso en el presente, y no pensando en dónde tendrás que estar más tarde, más será la tuya una vida Sin Límites. Ésto también es válido para los niños. Cuanto más fomentes en ellos el aprecio del ahora, tendencia que ya poseen por naturaleza, más positivas serán sus experiencias y las que ayuden a tener a los demás. ¿Y la vida no debería ser siempre así? ¿No deberíamos hacer que fuese más positiva y agradable para todos? Se trata, en suma, de que la vida constituya una experiencia cumbre.

El término *experiencia cumbre* lo empleó Abraham Maslow en un trabajo en el que fue pionero: *Toward a Psychology of Being* (Hacia una psicología del ser). Habrás notado que no se habla de psicología del *llegar a ser*. El énfasis está puesto en el ser, y esa ha sido la gran contribución de Maslow: una psicología del logro en lugar de una psicología del esfuerzo. Ahora, las experiencias cumbre no son una novedad para quienes están familiarizados con las filosofías orientales. Las palabras pueden haber cambiado, pero el concepto es tan antiguo como la especie humana. En *El cielo es el límite* escribí, refiriéndome a la cultura japonesa, sobre la experiencia del *muga*, y sobre cómo aprender a adiestrar la propia mente para experimentar una cosa en un momento en toda su totalidad. Deshacerse de todos los pensamientos y concentrarse en una idea, en un objeto, una persona, un oponente o una tarea física forma parte del entrenamiento de quienes se convertirán en maestros Zen. Mi propósito al citar estos temas es animarte a que comprendas que un monje budista que puede deshacerse del dolor mediante la concentración intensa y la meditación, no es un ser caprichoso con poderes mágicos. Es un estudioso de los grandes poderes de la mente. Cada uno de nosotros tiene la capacidad de vivir una experiencia cumbre en cualquier momento que lo decida, con la única condición de que reconozcamos nuestros poderes y orientemos más nuestra vida hacia el momento presente. No estoy pidiéndote necesariamente que te dediques a la meditación, ni que busques un guru que te instruya en el arte del *muga*. Lo que te pido es que sintonices con tu propia y peculiar capacidad de disfrutar de la vida, que retrocedas un paso para observar a los niños incontaminados y ver cómo se hace, y que luego, en vez de desanimarlos, los animes —y te animes— a convertir toda la vida en una experiencia cumbre.

Una experiencia cumbre no es más que estar intensamente ocupado en una actividad del momento presente. Nada de distracciones ni de pensamientos, sino una mente tranquila que no juzga, que sólo «está» en la experiencia. Las mujeres me han hablado del llamado parto natural, y de cómo se entrenan mentalmente para abstraerse de todo y sentir solamente lo que esté diciéndoles su cuerpo. Nada de dolor, ni de pensamientos; sólo el puro deleite que les da el haberse ejercitado para respirar y vivir la experiencia. Yo he tenido mis propias experiencias cumbre cada vez con mayor frecuencia en estos últimos años, desde que estoy más dispuesto a abandonar el tradicional estilo de vivir mi vida ateniéndome a la opinión de los demás. He descubierto que cuanta más libertad me permito experimentar que sea importante para mí pero que no haga daño a nadie más en el proceso, mayor parece la frecuencia con que tengo períodos de compromiso total con el momento presente en mis actividades.

He sido capaz de experimentar sentimientos cumbre mientras corría mis diez o más kilómetros por día, mientras dejaba que el compromiso y la entrega se hicieran más absorbentes a medida que abandonaba cada vez más los prejuicios acerca de mi actividad deportiva. En vez de pensar que estoy cansado, que me falta el aliento, que hace demasiado calor o cualquier cosa desagradable, cedo el control y la responsabilidad a mi cuerpo, y me concentro simplemente en éste y en la máquina maravillosa que es. Muy pronto fui capaz de correr kilómetros sin tener conciencia del tiempo ni de ninguna sensación desagradable. Mi mente está descansada y mi cuerpo, totalmente absorto, y yo no hago juicios. No pienso cuándo terminaré ni dónde he estado; simplemente corro y me dejo ir. Esto también me sirve para escribir, y las horas se esfuman mientras me hallo totalmente abstraído en la experiencia de escribir. No hay dolor, ni angustia, ni deseos de estar en ningún otro lugar; tampoco pienso en lo que haré cuando termine; me limito a vivir el momento y dejarme llevar.

Tú mismo habrás tenido casi con certeza experiencias cumbre en el momento presente. Quizás estabas tan inmerso en un proyecto que te olvidaste del tiempo, del hambre y del cansancio. Disfrutabas de lo que hacías, y trascendiste cualquier otro juicio. Mucha gente relata momentos de deleite puro en los que pierde la noción del tiempo, en experiencias sexuales, en las que el tiempo se detiene y ellos quedan completamente absortos en el amor hacia el otro ser humano. Muchos refieren haber vivido momentos así cuando participaban en encuentros de atletismo (pérdida de la noción del tiempo, acción al margen del pensamiento consciente). En momentos así, por raros que puedan ser en tu vida personal, la enfermedad suele desaparecer. Un amigo me contaba que había estado entrenándose para saltar en paracaídas un día que sufría destilación nasal porque estaba ligeramente resfriado. Mientras estuvo escuchando al instructor, mientras permaneció suspendido en el aire y concentrado en la técnica del aterrizaje, se sintió totalmente inmerso en la experiencia. Luego, cuando conducía de vuelta a su casa, pensó de pronto en su resfriado, y se reanudó la destilación nasal. Pero durante todo el tiempo que duró el plegado del paracaídas, la instrucción, el salto y el aterrizaje, literalmente no había estado resfriado. Al dejarlo en suspenso durante varias horas había tenido la experiencia cumbre sobre la que estoy escribiendo aquí. Yo he vivido experiencias similares de «perderme en el momento presente», en las que no he sentido cansancio y mis ligeras dolencias han desaparecido mientras yo jugaba con mis hijos, caminaba por la playa, me hacían una entrevista para la televisión, leía una novela, e infinidad de otras experiencias; una vez que me permití tener una mente tranquila, dejé de juzgar la vida y empecé a ser parte de ella.

Los niños poseen esa asombrosa capacidad de tener experiencias cumbre, y la ejercitan todo el tiempo, hasta que se les enseña a ser diferentes. ¿Cuántas veces has dicho a tus hijos que «piensen en lo que están haciendo», y entonces hacen un estropicio? Por naturaleza, los niños están dotados de una fuerza intelectual extraordinaria para vivir la vida en forma de experiencias cumbre en el momento presente, tal como estoy explicando aquí. Saben cómo perderse en un momento para disfrutarlo por completo. Un niño puede pasarse toda una tarde en una colchoneta inflable en el agua y estar allí por completo durante todo el tiempo. Una niña puede llegar a estar totalmente absorta en una casa de muñecas, creándose su propio mundo de fantasía y perdiendo la noción del tiempo y del juicio. Los niños son capaces de dejar a un lado su ser pensante y suspender todos los juicios, con el propósito de vivir por completo en el momento presente. Esa ausencia de pensamiento, esa quietud mental y esa capacidad no sólo para disfrutar de lo que hacen, sino de *ser* realmente lo que están haciendo, constituye la principal característica de un niño inocente. Debes poner mucho empeño en aprender de los niños en vez de obligarles a pensar en lo que estén haciendo. No les enseñes a juzgarlo, a calificarlo; aprende de ello y haz tú la prueba. A ellos, en cambio, se les debe permitir que sean lo que estén haciendo, y tú puedes empeñarte en lo mismo con sólo seguir sus ejemplos. ¡Sé de nuevo un niño! Eso es lo que significa volver a ser un niño. No se trata de comportarse de manera infantil, sino de ser como un niño. Es cuestión de estar totalmente comprometido con el momento, en vez de pensar en las cosas que tienes que hacer antes de poder disfrutar de una actividad, como una clase de aerobic. Luego, durante la clase ya no te diviertes tanto, pensando en todas las cosas que te aguardan cuando llegues a casa, y nunca te abandonas a tu programa de ejercicios hasta el punto de «convertirte» realmente en el ejercicio.

Los niños saben cómo entregarse a una experiencia hasta que tú empiezas a quitarles ese instinto. Todo lo abordan en la vida como una experiencia cumbre, hasta que se les programa para que piensen en lo que estén haciendo, y entonces olvidan cómo disfrutar totalmente de la vida: convirtiéndose de hecho en la diversión misma. Aprenden a mirar hacia fuera de sí mismos, a practicar hasta perfeccionarse, a autocalificarse, a comparar su tarea con la ajena, a esforzarse por perfeccionarse, y pronto ya no son capaces ni están dispuestos a realizarse. Aprenden a aborrecer el fracaso en una tarea concreta, puesto que lo equiparan con el fracaso como persona, de modo que eluden aquellos trabajos en los que no pueden desempeñarse en un nivel de acuerdo con sus expectativas. Aprenden a organizar sus actividades en lugar de «ser» esas actividades, sin juzgar, y desafortunadamente desaprenden lo que, en principio, les hacía supremamente humanos.

Fíjate en los niños en sus actividades cotidianas. Gran parte de lo que hacen es fruto de la simple alegría de hacerlo, y qué proporción de cosas hacen con el fin de obtener por ello algún tipo de reconocimiento. Cuanto más jóvenes sean (es decir, cuanto menos condicionados estén), mejor podrán entregarse al momento presente y tener experiencias cumbre. A medida que van haciéndose mayores, empiezan a aburrirse de la vida. Les preocupa su aspecto, las calificaciones que obtendrán, qué pensarán sus amigos, qué dirán los adultos, y cosas por el estilo. Lo que estoy pidiéndote es que cambies tu actitud sobre los niños y sus momentos presentes. Los grandes pensadores que han tratado de ayudar a otros sugieren el retorno a aquellas experiencias *muga* infantiles. Podemos aprender de nuestros hijos y escuchar al niño que hay en nuestro interior. No se trata de ser irresponsables, sino de asumir nuestras responsabilidades *siendo* de hecho esas responsabilidades y viviendo cada momento de esa manera. No se trata de pedirle a Dios que lo haga, sino de ser como Dios. No es cuestión de pedir a nuestros maestros que nos enseñen, sino de convertirnos en la experiencia del aprendizaje. Se trata de trascender los juicios externos y tener cada vez más experiencias cumbre, y no cada vez menos, a medida que nuestros hijos se hacen mayores.

Cuando digo que todo en la vida ofrece la oportunidad de una experiencia cumbre, no estoy exagerando. Cuando armonices con cualquier momento dado, y veas lo que siempre has ignorado, descubrirás todo un universo ante ti. Examina una gota de agua de un charco con un microscopio potente, y allí mismo, delante de tus ojos, descubrirás todo un universo que contiene infinidad de pequeñas formas. Aunque una vez haya sido conceptualizada sólo como una gota de agua, cuando te vuelves parte de ella y fijas en ella toda tu atención, puedes perderte en la experiencia de todo lo que está ocurriendo en esa gota de agua. Todo en la vida es así. Cuando te abras a ella, cuando animes a tus hijos a que experimenten la vida en toda su riqueza, cuando te detengas a ver y experimentar realmente, descubrirás todo un mundo que había estado ausente en tu vida por causa de las anteojeras que tú llevabas. Fíjate con qué atención estudia una telaraña un jovencito. Observa cómo pueden pasar las horas mientras él explora cuidadosamente un hormiguero. Advierte cómo los niños se convierten literalmente en lo que están viendo. Eso es lo que yo llamo una experiencia cumbre. Frena, aminora la marcha, y en vez de decir a tus hijos que «sigan con sus tareas», recuerda que esa fascinación infantil por el mundo es la clave para que sigan siendo personas Sin Límites.

Antes de pasar a una información más práctica y concreta para ayudaros a ti y a tus hijos a orientaros mejor hacia las experiencias cumbre y comprometeros más con el momento presente, quiero ofrecerte un hermoso poema sáncrito que resume todo lo que he dicho sobre el tema de las experiencias cumbre. Cuando afirmo que cada día en sí es, en su totalidad, una experiencia cumbre para cada uno, con la condición de que tú te lo permitas, estoy diciendo precisamente eso. Este poema lo pone en contexto tanto en el plano físico como en el filosófico.

> Pon atención en este día,
> porque es la propia vida de la vida.
> En su breve lapso está todo,

las verdades y realidades de tu existencia:
la gloria de la acción,
el deleite del crecimiento,
el esplendor de la belleza,
pues ayer no es más que un sueño
y mañana es sólo una visión;
pero el hoy bien vivido hace
de cada día un sueño de felicidad
y de cada mañana una visión de esperanza.
Pon atención, por lo tanto, en este día.

¡Léelo otra vez! Ahora, mientras estás leyéndolo, trata de *ser* las palabras y el mensaje sobre ese día. Hay mucho de cierto en esas palabras. Este día es en realidad todo lo que tienes. Conviértelo en tu experiencia cumbre más rica, y haz todo lo que esté a tu alcance para practicar, practicar y practicar lo mismo con los niños. Ellos lo saben mejor que tú, simplemente porque no han tenido tanto tiempo para olvidarse de lo que ya son.

ALGUNAS ACCIONES TÍPICAS QUE IMPIDEN QUE TUS HIJOS Y TÚ VIVÁIS EN EL MOMENTO PRESENTE

En la siguiente lista hay algunas de las cosas más comunes que puedes estar haciendo para impedir que tus hijos crezcan inmersos en el momento presente, y que tengan esas deliciosas experiencias cumbre que caracterizan a la gente Sin Límites. Cuanto más capaces sean de estar aquí y ahora, y de revolcarse en la total apreciación de cuanto piensen y hagan, más estás conduciéndolos hacia una vida de pleno funcionamiento Sin Límites.

— No pasar el tiempo con tus hijos; encargar a varias niñeras de que los cuiden.
— Tratarlos como a seres incompletos, como si tuvieran que vivir en la sala de espera de la vida hasta que fueran mayores .
— No jugar nunca con ellos.
— Tener objetivos para tus hijos y mantenerlos ocupados en la consecución de *tus* objetivos para el futuro.
— Recordarles sus errores pasados.

— Poner más énfasis en sus roles y en las reglas apropiadas que en los simples hechos.

— Insistir siempre en que pongan «lo mejor de sí» en todo lo que hagan.

— Ser el ejemplo de una persona que nunca se detiene a oler las rosas.

— Enseñarles a tener obligaciones a expensas de apreciar la vida.

— Precipitarlos desde temprano en la vida; enseñarles a leer a los dieciocho meses, matemáticas a los dos años, ortografía a los tres.

— Recordarles lo que «deberían haber» hecho.

— No atenerte a tus promesas sin una explicación razonable.

— No alabarlos nunca directamente.

— Poner énfasis en los objetivos de largo alcance como la finalidad de la vida: «Piensa en el mañana».

— Hacer del ganar dinero la finalidad más importante de la vida.

— Lanzar precipitadamente a los niños a experiencias como el cine, la comida, las vacaciones y las reuniones familiares.

— Sentirte molesto por las demoras y quejarte de ello.

— Negarte a descender al nivel de tus hijos.

— Decirles que «algún día» las cosas serán distintas y ellos las entenderán.

— Hablar de «cómo solían ser las cosas».

— No dar explicaciones a tus hijos.

— Ceder a sus presiones para que «crezcan deprisa».

— No dejar que hagan las cosas por sí mismos y, en cambio, hacerlo todo por ellos.

— Animarlos a que estén pendientes de las modas y las campañas publicitarias.

Éstas son algunas de las categorías generales de acciones que impiden que los niños vivan con más plenitud el presente. Es frecuente que contribuyan a crear niños impacientes que van corriendo por la vida para acabar siendo adultos que se pasan la vida pendientes de lo que va a ocurrir o pensando en lo bien que se vivía antaño. Esta capacidad para disfrutar genuinamente del momento actual y hallarse totalmente absorto en las experiencias de la vida como sensaciones cumbre, se ve sofocada por muchas de esas acciones. Si bien ninguna de tales prácticas tiene por finalidad sabotear deliberadamente las expectativas de los niños por las experiencias cumbre y la mayor alegría en los momentos presentes de su vida, es frecuente que sea el resultado.

ALGUNOS DE LOS DIVIDENDOS QUE SE OBTIENEN POR DESANIMAR LA VIDA EN EL MOMENTO PRESENTE

Antes de brindarte algunas alternativas a las acciones que inhiben el placer que acabo de enumerar en la sección anterior, piensa en las razones por las que tal vez estés conduciéndote de esa manera con tus hijos. Si entiendes esas razones más a conciencia y haces votos para deshacerte de esos dividendos contraproducentes, descubrirás que es mucho más fácil adoptar estrategias alternativas.

— *Quizá hayas aprendido hace mucho que el hedonismo o el placer por el placer en sí es algo malo.* Al enseñarles a tus hijos a ser siempre serios, a estar continuamente en acción y a olvidarse de disfrutar de la vida, pones de manifiesto que la manera en que tú fuiste criado es la correcta. Evitar el momento presente te sirve para sentirte bien con respecto a tus propios errores en la vida, y te permite olvidarte de que tal vez hayas cometido un error en tu propia manera de ver la vida.

Tal vez tus padres te inculcaron una mentalidad según la cual hay que ahorrar siempre, en previsión de las malas épocas, sacrificando a ello cualquier satisfacción. Tal vez estés inculcando a tu vez esas nociones en los niños de hoy, sin darte cuenta de que partes de suposiciones erróneas. Habla con gente que haya vivido en épocas de depresión o escasez. Muchos te dirán lo difíciles que fueron esos tiempos, pero otros muchos recordarán con agrado cómo trabajaban todos juntos, y lo buenos que fueron esos días para ponerlos a prueba y formar el carácter. El momento presente les ofrecía mucho, pero quizá ellos no quisieron admitirlo.

— *Quizá creas que vivir nada más que en el presente sea egoísmo, una tontería o esté mal.* Al desalentar a los niños para que estén completamente vivos en el momento presente, mantienes viva tu suposición de que es posible vivir en cualquier otro momento que no sea el presente, y que cualquier cosa que siente bien tiene que ser mala.

— *Puede ser que te hayas convencido a ti mismo de que a un niño se le ha de ver pero no se le debe oír, que debe ser obediente, y que no debe hablar nunca, a menos que se le pregunte.* Si te han criado de esa manera, tal vez te resulte difícil admitir que no es la mejor para criar niños. Entonces para ti se ha vuelto más importante estar convencido de tus creencias que llegar a cuestionarlas a fin de averiguar qué pueden haber inhibido en ti para que no alcanzaras la totalidad de tu potencial.

— *Cuando insistes en que los niños se comporten de manera de evitar el momento presente y las experiencias cumbre, tienes una excusa ideal para no cambiar.* Si estás descontento con tu capacidad de obtener más alegría de la vida, puedes eludir el examen de tus valores y tu comportamiento, y evitar también los riesgos y las dificultades al insistir en que tus hijos sean iguales que tú.

— *Si tu vida se ha convertido en una rutina y no te diviertes como te gustaría, puedes perder la capacidad de disfrutar y reaccionar volviéndote perezoso y temeroso.* Las reglas y las pautas para los niños se pueden justificar poniéndote tú mismo como ejemplo. Si no dejas que los niños disfruten de su vida en actividades interesantes por naturaleza, insistiendo en que sean serios y estén pendientes del futuro, justificas tus propios sentimientos de incomodidad sobre tu propia vida. La falta de alegría en los niños se convierte en tu justificación para ser el tipo de persona que has decidido llegar a ser y que tus hijos imitarán.

— *Puedes abdicar de tu responsabilidad como padre que les proporcionará a sus hijos una niñez variada y llena de experiencias con el simple recurso de hacer de ellos adultos pequeños en vez de dejarlos ser lo que son hoy.* Si están trabajando para obtener algo más, puedes evitar estar con ellos de manera que eso les enriqueciera más la vida.

— *Al recordarles sus errores pasados y al guardar rencores, puedes manipular a los niños para que piensen de la manera que tú creas que deberían, en vez de dejar que tengan sus propias ideas.* Estar refiriéndote constantemente al pasado y a lo que deberían haber hecho te da cierto poder sobre ellos, que tal vez no tengas en ningún otro aspecto de tu vida.

Estos son algunos de los dividendos neuróticos que tal vez estés obteniendo al criar a tus hijos de manera que eludan el ahora y todas las posibilidades de disfrutar que ofrecen las experiencias cumbre.

ALGUNAS ESTRATEGIAS PARA VIVIR EN EL MOMENTO PRESENTE

Las que siguen son algunas tácticas específicas que puedes ensayar si te interesa ayudar a tus hijos a vivir de lleno en el presente. Las mismas tácticas también te ayudarán a ver a tus hijos como seres completos ahora, no en vías de llegar a serlo.

— *Trata de ver a tus hijos con ojos nuevos durante unos pocos minutos por día.* Di para tus adentros: «Ella tiene tres años, y punto. Hoy la apreciaré por los tres años que tiene. No la consideraré como alguien que deba convertirse en adulto. No pensaré en lo que llegara a ser algún día. Procuraré en cambio estar con ella en su mundo de tres años. Ahora estaré con ella todo el rato en vez de juzgarla por no ser de otra manera». Éste es un ejercicio mental muy importante para ti, independientemente de la edad de tus hijos. Están completos y son totalmente iguales como seres humanos a ti y a los demás adultos. Son más pequeños y más jóvenes, pero de todos modos son tan completos como tú. Quiérelos por lo que son: personas siempre cambiantes, como todos.

Esta manera de pensar te ayudará a ser cada día más comprensivo con tus hijos. Regocíjate con los ojos de fascinación que pondrán ante el mundo en vez de buscar la manera de malograrla. Diviértete con las tonterías que digan en vez de corregirlos todo el tiempo. Admírate de la capacidad que tienen de jugar con tanta energía, en vez de procurar que sean más serios o más sumisos. Hazte a la idea de que tienen los mismos derechos que las personas mayores, que se les debe tratar con dignidad y respeto, aunque tú y los demás adultos tengáis muchos más años que ellos en ese momento. Si te hablas a ti mismo de esa manera, comprenderás que *todos estamos siempre cambiando*. Aunque los cambios físicos son mucho más evidentes en los niños, los adultos también se están transformando constantemente. Tú no ves a los adultos como seres incompletos porque una vez alcanzan sus dimensiones físicas definitivas conservan un aspecto muy parecido, aparte el proceso de envejecimiento. Sin embargo, los adultos están cambiando todo el tiempo. A los treinta son más maduros que a los veinte. Por lo general son más estables emocionalmente a los cuarenta que a los veinticinco. Los adultos tienen grados variables de energía, actitudes e intereses siempre cambiantes, estilos y maneras de hablar asimismo cambiantes. Sin embargo, a los adultos se les suele tratar como si estuvieran completos y tuviesen toda la razón ahora mismo.

Los niños serán mucho menos problemáticos si dejamos de *prepararlos* para la vida y recordamos que *ahora* son tanto parte de la vida como cualquier otro. Este cambio de actitud te mantiene concentrado en ellos ahora, y apreciándolos por su condición de seres únicos. Una madre que perdió a su hija en un accidente de tráfico me confesaba que el mayor error que había cometido como madre había sido tratar a su hija como incompleta. Me decía: «Dígale a los padres con quienes trabaje que aprecien a sus hijos por lo que son cada día, porque si alguna vez les tocara perder a uno, sabrían que son especiales exactamente donde están, y que es insensato prepararlos para algo que, a lo mejor, nunca alcanzan». Según mi parecer, ella estaba totalmente en lo cierto. Ninguno de nosotros sabe si tenemos futuro. El mañana no está garantizado para nadie. Así pues, aunque quieras dar a tus hijos sólidas pautas y ejemplos magníficos, también quieres estar agradecido por el milagro que son ahora, y apreciar hoy las cosas típicas de su edad.

— *Pásate más tiempo con los niños en el mundo peculiar de sus juegos.* Si te limitas a jugar con tus hijos en sus términos, descendiendo a su nivel, pronto te darás cuenta de por qué juegan tan a menudo. Desprenderte de tu manera de ser «de adulto» para jugar con tus hijos puede constituir la experiencia más gratificante de tu vida. Jugar al escondite puede ser tan divertido para ti como para ellos, y cuando os reunís estás enviándoles un mensaje que dice que los reconoces como seres humanos totales cuando hacen cosas como jugar al escondite, en vez de juzgarlos «sólo como niños» que se pasan todo el día jugando. Eso puedes hacerlo con tus hijos todos los días, a todas las edades de su vida. Cuando a un bebé le dices «ajo» mientras juegas con él, estás enseñándole a relacionarse contigo como persona. Una niña que te pide que cierres los ojos y la busques tras los vestidos que mamá tiene colgados en su armario está haciendo lo más natural y necesario para una criatura: jugar. Al jugar con él, estás aceptando al niño. Cuando te burlas de él, o simplemente decides que siempre leerás el periódico, estás ignorando al niño y dándole a entender esto: «Cuando crezcas, te reconoceré como ser humano completo, pero ahora para mí no cuentas». No tienes que estar jugando todo el día con los niños, pero un rato diario es una magnífica manera de mostrarles que son importantes para ti. Jugar a la pelota, sentaros juntos en el columpio, ir al parque, salir a caminar, inventar vuestros propios juegos, forcejear y hacer el tonto juntos son actividades sumamente importantes para ellos y para ti. Pásate un rato con ellos, sé tú mismo un niño sin normas, y tendrás hijos mucho más felices. Así como quieren que juegues con ellos, también necesitan que los dejes jugar solos. El tiempo es cuestión vuestra. Pero si nunca juegas con ellos, estás tratándolos de incompletos e insignificantes. Si no consigues darles independencia en sus juegos, estás enseñándoles que no confías en ellos como para dejarlos solos. Lo importante es que jugar un rato con ellos es muy gratificante para todos vosotros y constituye una manera magnífica de ponerse a su nivel. Pero, como todo en la vida, cualquier exceso anularía los efectos beneficiosos.

— *Tómate un día para estar con un niño de una manera totalmente distinta a como hayas estado antes.* Procura llegar a estar totalmente comprometido en la experiencia. Un día en la playa puede ser una experiencia maravillosa para compartirla, inmersos en el ahora, o puede ser una manera más de pasar el día. Lo que obtengas de cada día depende de ti y de la actitud que adoptes en relación con el momento presente. Por ejemplo, un día en la playa en que tú y tus hijos (la edad no importa) os convirtáis en parte de la playa puede ser algo más o menos así: Podéis examinar conchas y caracolas durante horas, y podéis hablar de las formas, las medidas, las texturas y el lugar de procedencia de esos moluscos. Podéis experimentar con la arena en toda su cambiante magnificencia. Podéis quedaros en la orilla mirando cómo se os van enterrando los pies en la arena. Levanta un puñado y di a los niños que hay más estrellas en el universo que la cantidad de granos de arena de todas las playas de nuestro planeta. La fauna marina que abunda en la orilla del mar es un milagro incesante: tortugas, peces, cangrejos, algas, mosquitas, gaviotas y pelícanos son otras tantas maravillas que podéis contemplar juntos. Podéis experimentar juntos, asimismo, las olas que se os acercan como si fueran un milagro, ideal para reflexionar sobre él. Podéis sentir el viento, y ver las formas que va dibujando en la arena. Construir un castillo de arena o lanzar el disco juntos pueden llegar a ser experiencias cumbre del momento presente. Hacer una jira a la playa es divertido para niños de todas las edades, incluso el que vive en lo más profundo de tu ser. Pescar un par de peces para comer puede formar parte de las aventuras en la playa. Los ajetreos de un día de playa pueden llegar a ser un milagro para los niños, o pueden ser simplemente una manera de pasar el día. La playa seguirá estando allí para que tú hagas lo que quieras, y lo que tú hagas depende de lo dispuesto que estés a sumergirte por completo en el momento presente con tus hijos.

Esta misma actitud para estar con niños es aplicable virtualmente a todo lo que emprendas. Lleva implícito frenar, contemplar la naturaleza milagrosa de cada momento con los ojos dilatados y el corazón abierto. Conlleva examinar el momento, vivirlo con plenitud, apoderarse de todo cuanto nos ofrezca, y suspender cualquier pensamiento que tenga que ver con volver a casa, ir a la oficina, dormir una siesta o cualquier otra cosa. En vez de eso, vives cada día en su momento, disfrutando con tus hijos de las experiencias cumbre. Escoge tu ámbito; la playa es sólo un ejemplo. Las oportunidades para la realización en el momento presente están allí, en cada centímetro cúbico del espacio. Puedes encontrarlas en una caminata por el parque, en un rato jugando a la pelota, en el ballet, en una comida todos juntos, en un espectáculo deportivo, en un paseo en bicicleta por los alrededores, o dando puntapiés a una lata por la calle; tú eliges. Si tienes la buena disposición de estar allí por entero, experimentarás la riqueza del momento con una fascinación infantil. También puedes limitarte pasar de largo, atravesando la vida como un observador apresurado, en vez de participar. Donde más disponible está la oportunidad de llegar a comprometerse realmente en la vida es en los niños, puesto que ellos ya saben cómo hacerlo. Sitúate junto con ellos y notarás un cambio en ti y especialmente en tu relación con tus hijos.

— *Los niños necesitan tanta libertad de ti como la que tú necesitas de ellos, pero tienen derecho a que les des una explicación sincera cuando los dejes solos, particularmente cuando son muy pequeños.* Tal vez tengas un trabajo que te obligue a estar fuera mucho tiempo. Esto jamás debe ser motivo para que te sientas culpable. Pero trata de explicarles con tanta sencillez como sea posible por qué deben tener una niñera o asistir a una guardería. «Mamá tiene que trabajar para traer a casa el dinero con que pagar todas las cosas que tenemos. También me gusta trabajar y estar con mis amigos, igual que vosotros os divertís con vuestros amigos. Pienso en vosotros durante el día, y volveré temprano a casa para que cenemos juntos.» Cualquiera que sea la verdad de tus propias circunstancias, tus hijos tienen derecho a una explicación sincera de por qué los dejas solos.

No les digas que debes trabajar si trabajas porque quieres y no por necesidad. Sé sincero, déjalos que sepan por qué los dejas solos. Cuando los dejas constantemente solos sin ninguna explicación, les enseñas que en realidad no cuentan como seres humanos completos. Puedes pedirles explicaciones, y sin embargo tú nunca se las ofreces. Ellos quieren saber dónde estás, que no corres peligro, y cuándo volverás, de la misma manera que tú esperas la misma cortesía de ellos. Deja que mediante este proceso aprendan, sin culpa, que son importantes, que tú aprecias sus sentimientos y su interés, tanto por ti como por ellos, y explícales por qué haces las cosas que haces, aunque salgas por tu propia necesidad de estar solo, cosa por lo demás muy saludable. Diles algo así como: «Cuando quieres estar solo, puedes irte a tu habitación y cerrar la puerta. Yo no puedo hacer eso porque debo cuidar al bebé, o estar dispuesta cada vez que alguno de vosotros necesite mi ayuda. A mí me gusta salir para estar a mi manera, igual que a vosotros, así que me voy a caminar por la alameda un par de horas. Cuando vuelva pasaré un rato jugando con vosotros». Ésta es una propuesta sincera en la que muestras a los niños que tienes en cuenta sus sentimientos, pero que tú también tienes derecho a tomarte un rato para ti, y que eso es lo que harás. Cuando les concedas la consideración que estás exigiendo de ellos, descubrirás que te la retribuirán de mejor disposición que si tuvieras un código moral para ti y otro distinto para ellos.

— *Quita importancia a cualquier objetivo de largo alcance que puedas tener para tus hijos, y concéntrate más bien en tener objetivos mutuos, que se puedan alcanzar a corto plazo.* Cuando dices a tus hijos que quieres que sean algo mucho más adelante en su vida, en realidad estás tratándolos como si hoy no te importaran demasiado. Los niños deben tomar parte activa en la determinación de sus objetivos. Si le dices a un niño de seis años que tiene que estudiar mucho con el fin de ingresar en la universidad, estás ignorando sus seis años de edad e imponiéndole un parámetro que para él no tiene absolutamente ningún significado, aunque tus intenciones puedan ser muy honorables, según tus pautas. Sin embargo, no lo son si se trata de aceptar a tu hijo por lo que es ahora. Ir a la escuela es algo que ha de hacerse por el beneficio interno que significa para los niños, no por alguna recompensa externa como la admisión en la universidad. Tus hijos, y no tú, decidirán (tal vez) algún día si quieren ingresar en la universidad. Si acuden será resultado de su propia manera cotidiana de ver la escuela, de los hábitos de estudio que hayan ido desarrollando, de sus propias percepciones de dentro de doce años, de las condiciones económicas del mundo dentro de una década, y de centenares de factores diversos que serán el resultado de vivir de cierta manera en el momento presente. Serás de mucha más ayuda a tus hijos si estás con ellos en su primer grado, hablándoles sobre las cosas que estén haciendo *ahora* en la escuela, y ayudándoles a cultivar actitudes positivas hacia el acontecimiento escolar y las cosas divertidas y alegres de la educación. Deja que los objetivos de largo alcance vayan acomodándose solos. Quédate con tus hijos donde estén, y ellos aprenderán a resolver cualquier situación que se les presente. Los objetivos que tú les has fijado sólo intensificarán la distancia que hay entre vosotros si no están de acuerdo contigo en esos objetivos. Imagínate cómo te sentirás si yo te dijera de pronto cuáles han de ser tus objetivos. A pesar de tus objeciones de que tú sabes lo que es bueno para tus hijos, y que ellos son demasiado pequeños para saberlo mejor que tú, sienten precisamente la misma indignación que sentirías tú.

— *No asignes roles ni rótulos a tus hijos.* Decirles que sólo pueden hacer ciertas cosas y que están limitados en ciertos aspectos, les induce a no intentar nuevos comportamientos ahora, hoy, en el único momento con que cuentan. Si tu hija ha aprendido que no puede jugar al fútbol porque es niña, perderá la ocasión de muchos momentos presentes en que podría divertirse, por causa de esa percepción limitada. Anímala para que juegue al fútbol, enséñale cómo parar la pelota y cómo chutar y llévala a ver un partido de fútbol. No dejes que el rótulo de lo «no femenino» la inhiba a lo largo de su vida cada vez que se encuentre con actividades «masculinas». La posición inversa también es válida. ¿Por qué no podría tu hijo de nueve años aprender a preparar tortas? ¿No disfrutará tanto como tu hija de actividades así? No es necesario eliminar ninguna de las actividades de la vida de un niño a causa de ningún rótulo. Cuanta mayor cantidad de cosas puedan elegir en cualquier momento dado, mejor partido podrán sacar de esta experiencia maravillosa que llamamos vida. Elimina todas las etiquetas estúpidas como: «Eres demasiado pequeño para eso», «Eres muy pequeñita», «Los niños nunca hacen esas cosas», «No nos gusta ese tipo de cosas en la familia», «No tienes talento para eso», «Nadie de nuestra familia hizo eso jamás», «Eres demasiado delicado para hacer ese tipo de cosas». Debemos abandonar todos estos rótulos y muchos otros. En vez de decirles cosas así, a los niños se les debería animar para que experimentaran con la vida. «Nadie en la familia ha tratado nunca de esquiar; así pues, ¿por qué no ser el primero?» «Nunca había visto antes una chica corredora, pero si quieres probar suerte, hazlo.» «Aunque seas bajito, apuesto a que serás un gran jugador de baloncesto si realmente quieres serlo.» «Apuesto a que eres lo bastante fuerte para levantar las dos bolsas del supermercado.» Anímalos y elógialos, en vez de hacer todo lo contrario, y delante de ti tendrás a una persona que sabe vivir experiencias cumbre en el momento presente.

— *Quítate la costumbre de decir: «Pon siempre lo mejor de ti».* Nadie puede estar siempre en su mejor forma. Tener que poner siempre lo mejor de sí hace que los niños sólo hagan aquellas cosas que saben que les saldrán bien siempre. Si quieres que disfruten de la vida y que estén totalmente vivos en el momento presente, anímalos a que simplemente *hagan*.

«A algunas cosas querrás dedicarles el ciento por ciento de esfuerzo, particularmente las que quieres conseguir con todo tu corazón, pero con respecto a las otras, limítate a ir haciendo.» «No te preocupes si fracasas ahora. Aunque te caigas, serás mejor que la persona que se sienta al margen de la vida y no fracasa jamás.» «Por supuesto, puedes correr con más rapidez, pero eso no es lo más importante. El hecho de que estés haciéndolo es lo que más me impresiona. Si esto llega a ser muy importante para ti más adelante, mejorarás tu marca; por ahora, disfruta de tus carreras.» «No me importa si eres realmente fantástico haciendo velas. Lo que me importa es que las hayas hecho tú. Las conservaré siempre.» «Claro que puedes envolver todos tus regalos de Navidad. Cualquiera que sea el aspecto que quieras dar a los paquetes, será magnífico.»

Confío en que hayas captado la esencia del mensaje. Sé una persona que hace cosas. Prueba virtualmente cualquier cosa, y no te preocupes por lo que les parece a los demás. Lo mejor de ellos surgirá luego en algunas áreas —y si no, por lo menos están haciendo algo más que quedarse allí sentados. Ya he hablado de esto en partes anteriores del libro, y viene al caso que lo repita aquí: el niño que debe poner siempre lo mejor de sí (o que aprendre que si no lo hace todo bien no debe hacer nada) en realidad está aprendiendo a restringir sus esfuerzos a aquellas áreas en las que destaca. Está aprendiendo a evitar el fracaso, a temer la desaprobación de los demás, y a ser un osbervador en vez de un participante en la vida. No tiene nada de malo dar un paseo sin más por el parque, o ser un ciclista mediocre. Es muchísimo mejor que mirar cómo los demás pasean o van en bici, y si algún día uno quiere dedicarse a la competición por lo menos sabrá pedalear. Por ahora, hacerlo es más importante que alcanzar determinado nivel.

— *Sé el ejemplo de una persona que vive en el momento presente y que aprecia todo lo que la vida tiene para ofrecerle.* Procura no refunfuñar por tu mala suerte delante de tus hijos (o delante de ti mismo, para el caso), y trata en cambio de encontrar algo positivo en cada día. Examina las telarañas; enseña a tus hijos cómo las arañas capturan insectos y los dejan envueltos para comérselos después. Mira junto con ellos un programa de televisión interesante, y luego coméntalo con ellos. Id juntos al zoológico, pero en vez de pasarte la tarde pensando a qué hora volveréis a casa, procura mantenerte en el momento presente ante cada animal que visitéis. En otras palabras, frena un poco y enseña a los niños el ejemplo de una persona que lo aprecia realmente todo en la vida. Aunque crean que es aburrido o estúpido, diles lo interesante que es para ti. Cuéntales historias de lo que hacías tú cuando eras chico, y de lo que hacían ellos mismos cuando eran más chicos. A los niños les encanta participar en las historias, y cuando son los personajes principales, aún mejor. Esos momentos en que envías a los niños señales de que eres una persona que ama realmente la vida en toda su magnificencia, les enseñan a estar más orientados hacia el momento presente, y en última instancia, a disfrutar de todo lo que les presenta la vida. Cuanto más tiempo tomes para estar con ellos y apreciar el momento presente, sin que importe dónde estéis ni lo que hagáis, más les brindarás la capacidad de que disfruten de los preciosos momentos de su vida. Incluso una actividad tan sencilla como ir a la peluquería puede llegar a ser una experiencia de aprendizaje divertida si la encaras con vigor, y no como una rutina aburrida por la que hay que pasar a la fuerza.

— *Quítate la idea de que los niños que hacen cosas precozmente están más adelantados en el juego de la vida.* Enseñar a tus hijos a leer a los dos años, y ponerlos a practicar cosas para las que todavía son demasiado pequeños, a menudo intensifica sus niveles de ansiedad en vez de hacerles algún efecto positivo. Tal vez te interese un breve resumen de un informe estadístico, que hallarás más detallado en el trabajo de David Elkind, *The Hurried Child* (El niño acelerado):

> — Los adolescentes que aprendieron a leer tardíamente eran lectores mucho más entusiastas y espontáneos que quienes habían aprendido a leer desde muy pequeños.
>
> — La mayoría de los niños puede, sin embargo, aprender a leer con facilidad si no se ven empujados a ello.
>
> — Por lo general es una necesidad de los padres, y

no el auténtico deseo del niño, lo que impulsa a los niños a ingresar en equipos deportivos a una edad temprana. Los niños en edad escolar necesitan la oportunidad de jugar sus propios juegos, establecer sus propias reglas, atenerse a sus propios horarios. La intervención de los adultos interfiere con el crucial aprendizaje que tiene lugar cuando los niños se inventan sus propios juegos.

El mensaje está claro cuando estudias los hechos. Urgir a los niños a practicar prematuramente ciertas actividades representa la necesidad de los adultos de tener un niño precoz, y no el mejor interés del niño. Déjalos ser bebés, déjalos ser niños pequeños. Permite que elaboren sus propias reglas, que discutan entre ellos, y que resuelvan las cosas por sí mismos, sin la intervención de los adultos. En todo caso, únete a ellos y participa sin interferir ni imponerles tu mentalidad de adulto. Recuerda: el niño inocente es el ejemplo más cercano que encontrarás de una persona completamente Sin Límites. No pongas límites a los niños así. Sitúate «como espectador», aprende de ellos y deja que disfruten del sendero de la vida, en vez de empujarlos a paso redoblado.

— *Si tienes que romper una promesa que le has hecho a un niño, dale una explicación razonable.* Si bien quizá se enfade contigo, por lo menos dale a entender que él es importante para ti, al decirle por qué has tenido que cambiar de planes. Evita prometer algo que tú sepas que no podrás cumplir. Las disculpas se gastan muy pronto. Si aparecen con demasiada frecuencia, los niños empezarán a verte como indigno de confianza y falso, y tendrán razón. Es mucho mejor que mantengas la boca cerrada, y no hagas continuas promesas que no serás capaz de mantener. Es importante que les propongas un modelo de integridad si esperas que ellos sean íntegros. El niño que crece continuamente defraudado por los adultos aprende a ver el mundo como un lugar donde nada es cierto, que promete mucho pero da poco. Las disculpas en seguida se convierten en mayores fuentes de displacer.

Es verdad que a veces hará falta cambiar los planes. Cuando llegan estas ocasiones, una explicación inteligente, sincera, hará mucho para mantener la confianza que un niño te tenga, así como para ayudarlo a enfrentarse con eficacia a las decepciones.

«Sé que te he prometido que iríamos a pescar el sábado, pero no voy a poder porque debo asistir a una reunión imprevista. Preferiría que fuéramos a pescar, y no tener que ir a esa reunión, pero no puedo faltar. Tendremos que dejarlo para la semana que viene.» Esto no son disculpas vacías; es una declaración sincera que da a tu relación con el niño la prioridad que se merece. Sé una persona íntegra, y ofrece a tus hijos la misma cortesía que quisieras que todo el que rompa una promesa importante tuviera contigo.

— *Asegúrate de que elogias a tus hijos en cada oportunidad.*
Quiero recordarte una vez más en este capítulo que el elogio es el mejor maestro del mundo. Contribuye a que los niños aprecien los momentos de su vida, y resulta esencial en la educación de niños Sin Límites. Tú sabes lo bien que sienta que alguien te diga algo positivo, y cuánto te desagrada que te hagan objeto de alguna crítica negativa. Los reforzamientos negativos han demostrado ser la peor forma de motivar a un niño. Cuanto más los critiques, más probable será que los deseos de superarse de tus hijos se extingan, y que dejen de confiar en sí mismos y en ti. Sé que habrás oído el viejo comentario un millón de veces, y probablemente lo habrás hecho tú mismo una y otra vez: «Si te critico es por tu propio bien». Pues no te creas eso ni por un momento. Virtualmente todas las críticas, y en especial las que van dirigidas a los niños, llevan en sí este mensaje: «Creo que deberías hacer lo que estás haciendo *a mi manera.* Yo sé más que tú». Y desafortunadamente, esto no funciona. Los niños son únicos, y no van a emularte en tu manera de hacer las cosas por mucho que los fuerces. Harán las cosas a su modo, y si tú quieres ayudarlos a que se superen, procura motivarlos con elogios más bien que con críticas. Recuerda: a nadie le gusta que lo critiquen.

Cuando estén haciendo algo que tú desapruebas, ensaya una estrategia como la siguiente como alternativa a las críticas. Cuando un niño de dos años acaba de arrojar un corazón de manzana al suelo en vez de tirarlo a la basura:

CRÍTICA	ELOGIO
¡Cómo te atreves a hacer eso! ¡No tienes derecho a ser tan cochino! Recoge eso y luego	Tú sabes dónde está el cubo de la basura. Yo sé que a ti te gusta que la sala esté limpia, como a

vete a tu habitación por haber sido tan sucio.

todos nosotros. Pon eso en su sitio; sé que puedes hacerlo. (Después déjalo solo y dale la oportunidad de pensar él mismo en todo eso.)

En este pequeño guión, la crítica simplemente logra que el niño se afirme con más determinación en su acto, aunque tenga que soportar un castigo. En la estrategia del elogio, el niño aprende a comportarse como es debido sin necesidad de decirle que es una mala persona a causa de su comportamiento.

Si le das orientación y elogio, y luego dejas que el niño considere unos minutos lo que le has dicho, estando tú ausente, lo más probable es que recoja el corazón de manzana y lo tire a la basura. Un niño desea y necesita tu elogio con el fin de construirse una autoimagen de persona fantástica. Las críticas hacen del momento presente algo desagradable y entorpecen el crecimiento, mientras que los elogios casi siempre tienen el efecto contrario. Busca siempre la parte buena de los niños, y refuérzala. «Eres hermosa. ¿Realmente quieres estropear tu belleza natural no peinándote ni arreglándote?» «Habitualmente eres muy cuidadoso y no estropeas las cosas. ¿Qué te ha pasado esta vez?»

Empieza con algo positivo y loable y verás cuánto más agradables serán para tus hijos y para ti los momentos presentes de la vida. Rígete por el sistema de las críticas, y les enseñarás a mentirte y a tenerte miedo. Y lo peor de todo: reducirás su motivación por mejorar y superarse, que es precisamente lo opuesto a tus intenciones.

— *Da a los niños muchas oportunidades de que estén con los amigos que hayan elegido.* El momento presente se vuelve más grato con la compañía de los amigos. Convierte tu casa en un lugar donde los niños se sientan cómodos con sus amigos. Déjalos que se «traigan un amigo» cuando hagas un viaje corto, cuando vayas de compras, o en cualquier ocasión especial. He descubierto que los niños son mucho más felices cuando pueden tener a sus amigos cerca. Además, rara vez necesitan que se les recuerde cómo han de comportarse, y todos lo pasan mejor. Si tu hogar es un sitio donde tus hijos no se sienten tan cómodos como para traer a sus amigos, harías bien en examinar por qué es así. Los niños tienden a congregarse donde se sienten menos presionados, donde tienen la libertad de ser ellos mismos, donde «se está bien». Si evitan estar en tu casa, algo de eso falta, y por mucho que insistas en que traigan a sus amigos a casa, nada cambiará. La propia atmósfera debe conducirlos a que quieran estar en tu casa. Eso quiere decir tener menos prejuicios y mostrarse más abierto con ellos. Significa dejarlos que jueguen o que se congreguen en un lugar que sea de ellos, para que se diviertan. La mayoría de los vecindarios tienen algunos hogares donde los niños de todas las edades se sienten bien recibidos. Fíjate en los padres de esos hogares: encontrarás a personas con las que a los niños les gusta estar, y que también se han ganado el respeto de aquéllos. Esos padres se sienten más cómodos cuando hay niños. A menudo los tratan como si fuesen sus propios amigos personales (porque eso es precisamente lo que son), y sin embargo la casa de gentes así no es un lugar donde los jóvenes puedan ser irresponsables o destructivos. Cuando los niños quieren traer a sus amigos a casa para estar contigo y sus amigos, para que se queden a dormir y jueguen hasta tarde, o para que salgáis a comer pizza juntos, contigo, a fin de que disfrutes con ellos, es porque has creado un ambiente hogareño que deja que los niños sean precisamente eso: niños en el momento presente. En cuantas más actividades se puedan incluir los amigos, más amistoso se sentirá todo el mundo, y además estarás criando a los niños en el momento presente.

— *Quita importancia al dinero y al coste de las cosas delante de los niños.* Obviamente, has de tener en cuenta que vives dentro de las posibilidades económicas a las que puedes acceder, pero no hace falta que concentres tu vida en ello. Procura hacer el mínimo de referencias al dinero, y pon énfasis en las cosas que puedas hacer en el presente y que requieran muy poco dinero. No hace falta dinero para tener una actitud positiva. No cuesta un céntimo salir a caminar juntos, o hablar de un buen libro, o ir un día a un museo. Cualquiera que sea tu situación económica en casa, no es necesario recordar constantemente a los niños el coste de las cosas. Haz que aprendan a respetar el dinero, pero no los conviertas en sus sirvientes. Un niño puede pasarse la vida preocupado por lo que cuestan las cosas y no llegar a estar completamente vivo si siempre se le está recordando el coste de las cosas. Procura quitar la etiqueta del precio a la vida de tus hijos; disfruta, en cambio, de lo que os podáis permitir.

— *Anima a una niña a que se gane la vida a su manera y y que haga de ello una experiencia agradable.* Una niña que ayude a repartir pedidos para un supermercado, o que trabaje de *canguro* (cuidando niños más pequeños que ella) no sólo lo pasa muy bien en el momento presente, sino que también está aprendiendo una valiosa lección en cada uno de esos momentos. A los niños les encanta ser independientes, y eso también vale para el aspecto económico. Se sienten importantes cuando se han ganado su propio dinero. Cuando participan en un equipo de lavado de coches para juntar dinero con destino a alguna actividad escolar, pueden trabajar, divertirse y también sentir que están contribuyendo. Anímales a que descubran por sí mismos maneras de ganar dinero, y eso eliminará la molestia de que estén siempre hablando de que no lo tienen. Los chicos de todas las edades son capaces de inventarse maneras de ganar algo por sí mismos. Les gusta hacerlo, y les da la oportunidad de aprender un poco de contabilidad, matemática, operaciones bancarias, tipos de interés, ahorro, y otras lecciones importantes de la vida. Una explicación sobre los tipos de interés no significa nada comparada con que un jovencito o jovencita vaya al banco a abrir su propia cuenta, y entienda por sí mismo todo eso de los intereses. Ayuda a los chicos a que encuentren maneras de sentirse responsables e importantes, a que reconozcan que trabajar en cualquier cosa por pequeña que sea, contribuirá a que se sientan importantes. Los niños tienen la capacidad de fundir la dicotomía trabajo-juego. Cuando están ganando dinero en lo que estén haciendo, el trabajo se les convierte en juego, como debería ocurrirnos a todos. Preparar limonada para vender, estarse todo el día al sol, contando las ganancias, todo llega a ser divertido. Pero recoger la ropa que han dejado tirada por la casa puede ser un «trabajo» que acompañan de quejas y lamentos. ¿Por qué? Muy sencillo: porque el puestito de limonada es idea de ellos, y que recojan su ropa es idea tuya.

El mensaje que debemos transmitir es dejar que los niños tengan una sensación interna de que son importantes por las tareas que hacen. Si tienen esa sensación, entonces los lamentos serán reemplazados por una manera de experimentar la vida como un trabajo y como un juego simultáneamente.

— *Procura tener más espontaneidad en la convivencia con tus hijos.* Elimina los planes tanto como sea posible, y haced cosas juntos. Salid de vacaciones y no hagáis otros planes que no sean de viaje. Detente cada vez que tengas ganas de mirar algo, acampa donde te dé la gana, tómate un rato para contemplar el paisaje, y disfruta de una comida en cualquier lado, sin haber reservado mesa, sino preguntando a la gente del lugar dónde le gusta ir a comer. Hay un fragmento de una canción de Jackson Browne que dice mucho de cómo disfrutar de la vida. «Cuando más felices fuimos, fue cuando menos lo intentábamos.» No estar tratando de pasarlo bien es muchas veces la mejor manera de que eso ocurra. Tenlo presente cuando hagáis cosas juntos. La espontaneidad —simplemente, hacer algo sin tener que pasar la mitad del tiempo preparándote para ello— es uno de los ingredientes más importantes de la vida Sin Límites. Enseña a los niños con tu propio ejemplo que ser espontáneo no sólo está permitido, sino que es algo que está muy bien. Di cosas como «¿Por qué no? Nunca hemos hecho eso antes», en vez de: «Eso no podemos hacerlo; no sabemos cómo saldrá». No saber cómo saldrán las cosas es exactamente lo que hace que una cosa divertida sea divertida. También hace que la vida lo sea.

Éstas son algunas estrategias que puedes emplear contigo y con tus hijos para empezar a vivir con más intensidad en el momento presente de vuestra vida. Criar chicos en el momento presente significa que a medida que vayan creciendo no pensarán en todas las cosas que les hubiera gustado hacer ayer; en vez de eso las harán hoy y disfrutarán de todos los momentos de su vida. Los momentos presentes no son ni más ni menos que el inapreciable capital de la vida. Kay Lyons nos recordaba: «Ayer es un cheque caducado; mañana, una promesa de pago; hoy es el único efectivo con que cuentas, así que gástatelo sabiamente». Los niños hacen bien en aprender esta valiosa lección. Pueden planear todo lo que quieran, pero sólo pueden hacerlo en este momento, y lo mismo cabe decir de hablar plácidamente del pasado. Toda la vida está presente en este día. Ayuda a tus hijos a que sigan estando aquí.

8

QUIERO QUE MIS HIJOS TENGAN
UNA VIDA SANA

La persona Sin Límites se esfuerza continuamente por alcanzar la «supersalud» física recurriendo lo menos posible a los médicos y las píldoras, con la convicción de que está dentro de su poder preservarla y fortalecerla por sí misma. Le gusta su naturaleza fundamentalmente animal, y está maravillada ante la perfección con que funciona su cuerpo. Hace gimnasia por el puro placer físico, y aprecia el proceso de maduración como el medio universal de la vida y el crecimiento. Reconoce que el sentido del humor es vital en todos los aspectos de la vida.

El arte de la medicina consiste en distraer al paciente mientras la naturaleza cura la enfermedad.

VOLTAIRE

Créase o no, a la mayoría de los niños se les cría en la enfermedad, y no en la salud. Como padre o madre tienes la maravillosa oportunidad de contribuir a que tus hijos vivan relativamente libres de enfermedades. Tal vez tú pienses todo lo contrario. Lo más probable es que hayas llegado a creer que el estado general de tus hijos está en manos de una autoridad mucho más importante que tú. Quizá creas que la salud de tus hijos es una cuestión de suerte, o que depende de la genética, y que tu posibilidad de intervención es mínima.

Sugiero que examines un concepto relativamente nuevo en

el campo de la medicina, que actualmente se empieza a introducir en la formación de los médicos en todo el mundo. Se llama medicina de la salud o del comportamiento, y se fundamenta en la creencia de que la práctica de la medicina debería consistir en ayudar a la gente a que llegue a ser tan sana como sea posible, en vez de ayudarle a eliminar enfermedades. Imagínate eso: un enfoque de la medicina en el que la función principal del médico es ayudar a cada persona a llegar a estar supersana y a mantener esa supersalud a lo largo de la vida. El concepto de salud abarca algunas nociones sencillas que me gustaría pedirte que considerases con seriedad. Se trata, básicamente, de un enfoque de la salud que comprende la creencia de que tenemos mucho control sobre nuestro cuerpo y su estado habitual de salud. Comienza con la premisa de que todos somos capaces de mantener un máximo de salud por medio de nuestros hábitos cotidianos, y que estar bien es un estado natural de nuestro cuerpo. La enfermedad en sí misma recibe muy poca atención por parte de una persona orientada hacia la salud. El sistema interno de una persona orientada hacia la salud adopta la creencia de que encontrarse bien es el estado normal para todos, y que estar supersanos constituye nuestro destino. La enfermedad en sí misma se ve como algo no natural, y siempre es inesperada, no está planificada ni recibe reforzamiento. Se refuerza en cambio una actitud positiva y saludable hacia el milagro del propio cuerpo y la creencia de que los niños no enfermarán. Lo que más importa considerar en la enseñanza de un enfoque saludable para los niños es la formación de una actitud, y eso significa deshacerse de todas las creencias que apoyan la idea de que la enfermedad es una condición normal del ser humano.

LA FORMACIÓN DE UNA ACTITUD SANA EN LOS CHICOS

Para contribuir a que los niños crezcan en la salud, primero debes hacer que la enfermedad deje de ser tan atractiva. Puedes ayudar a niños muy pequeños a que se formen una actitud de total bienestar desde el principio. Puedes reducir la cantidad de atención que prestes a la enfermedad y ayudar a los niños a que adopten la actitud de tener mucho más control sobre su propia salud que lo que puedas haber imaginado nunca. A continuación te ofrezco algunos ejemplos de cómo la enfermedad resulta reforzada, y una visión de cómo se podría introducir la salud como un sustituto viable en cada ejemplo.

ORIENTACIÓN ENFERMIZA	ORIENTACIÓN SANA
Si no usas bufanda te enfriarás y enfermarás.	Eres demasiado fuerte para resfriarte, pero aquí tienes una bufanda con la que te sentirás cómodo y elegante en la calle.
Hace frío; abrígate.	Eres tan fuerte y sano, que seguramente no te resfriarás, aunque los otros niños se resfríen.
Si te quedas despierto hasta tarde, te cansarás mucho, y no sería raro que contrajeras una gripe.	No vas a caer enfermo porque de vez en cuando te acuestes tarde.
Si no duermes una siesta, más tarde estarás cansado y te pondrás de mal humor.	Ya sabes lo bien que se siente uno después de haber descansado.
Siempre te dan esos dolores de cabeza cuando tienes demasiados deberes para hacer.	Apuesto a que podrías enviar a paseo esos dolores de cabeza si dejases de preocuparte tanto por los deberes.
Siempre tienes dolores en esta época del mes. Es normal.	Apostaría a que puedes lograr que no te duela, si prestas menos atención a la parte desagradable de tener la regla.
Para esta época del año necesitas tu antihistamínico todos los días.	Estoy seguro de que podrías quitarte tus alergias sin tantos medicamentos.
No salgas. Estás demasiado enfermo para corretear por ahí.	Tienes un aspecto magnífico. Estás expulsando tú mismo todos esos gérmenes. Salgamos un rato a caminar.

Presta atención a las actitudes que se transmiten a los niños en los dos enfoques antagónicos de lo enfermizo y lo sano. Si crees que los niños tienen la capacidad de mantener su bienestar y refuerzas esa creencia en ellos todos los días, estás ayudándolos al eliminar el trato innecesariamente inhibidor implícito en el enfoque enfermizo de la vida. Cuanta más pena sientas por un niño, y le des a entender que está enfermo y que debe quedar inmovilizado tomando medicinas, más estarás enseñándole que no tiene control sobre su salud, y más lo animarás a que siga enfermo. Su razonamiento es más o menos así: «Cuando estoy enfermo me atienden mucho más. Escuchan mis quejas. Se preocupan y lo dejan todo para prestarme atención a mí. Me llevan al médico y me compran medicamentos. No tengo que ir a la escuela. Puedo quedarme aquí acostado reclamando toda su atención. Estoy realmente en primer plano. Creo que optaré por mantener esta enfermedad para recibir más de eso tan bueno que llaman atención». Esto es en realidad lo que ocurre en la mayor parte de los casos de enfermedades «normales», y cuanta más atención les prestes, más probable será que los niños desarrollen y mantengan ese tipo de actitudes enfermizas toda la vida.

Estúdiate con mucho cuidado las respuestas de la columna derecha. Puedes dejar de prestar atención a la enfermedad y, lo más importante, ayudar a los niños a no seguir teniendo expectativas de estar enfermos. Puedes dejar de dar importancia a los resfriados, los dolores de cabeza, las gripes, los dolores menstruales, las alergias, el asma, el frío, los dolores de barriga, las «pupas», y cosas por el estilo, y adoptar una nueva actitud que ponga énfasis en estar bien y en dejar que el cuerpo sane por sí solo.

Eso es lo que yo llamo una actitud saludable hacia la vida. Tiene que ver con hablarles a los niños como si mantuvieran control sobre lo que ocurre en su cuerpo. No significa ser irresponsable y actuar como si el niño no tuviese nada de fiebre. Significa hablar con él y explicarle qué es la fiebre, y luego decirle: «Esto se te irá. No te sentirás mal por mucho tiempo. Además, puedes hacer que se te pase antes si reposas y bebes mucho jugo de frutas, y te imaginas cómo se te va el malestar». El bienestar se origina en la suposición de que cada persona tiene la capacidad de expulsar de su vida la enfermedad, y que recurrir lo menos posible a la medicina es mucho mejor que enseñar a un chico a que se vuelva un adicto precoz a las píldoras y a los medicamentos, anticipándose a su propia capacidad interna para sanar. Este enfoque de la salud destaca la firme creencia individual de que se puede estar bien, de que los resfriados y la gripe no son males necesarios, y que estar enfermo resulta inaceptable en un estado normal de cosas.

Cultivar una actitud de saludable bienestar implica tomar una posición en contra de las maneras de pensar enfermizas. R. William Whitmer, autor de *Whitmer's Guide to Total Wellness* (La guía Whitmer para la salud total), un libro que recomiendo con mucho entusiasmo para un estudio más en profundidad sobre este tema, destaca cinco puntos principales que diferencian la salud de la enfermedad. He aquí los cinco puntos de Whitmer y un breve comentario en lo que se refiere a la función de los padres.

1. *«Estar sano es actuar de manera positiva, agresiva, en vez de aceptar un rol pasivo, para dirigir el destino de tu salud.»* Esto significa que debes ayudar a tus hijos a que se conviertan en los directores de sus propios hábitos de vida. Refuérzales la creencia de que controlan su propia salud. Con una nutrición adecuada, el firme propósito de hacer gimnasia con regularidad, y la creencia de que pueden estar supersanos en vez de sólo carecer de síntomas, pueden tener expectativas de que nunca enfermarán. Las esperanzas en este sentido y el hecho de que no les des más importancia porque enfermen, hará más que ninguna otra cosa para ayudarlos a que sean personas sanas. Eso es algo que puedes enseñarles a cultivar, no sólo con tu propio ejemplo, sino cambiando tus expectativas sobre ellos. Como ya es habitual, te daré muchos ejemplos específicos sobre esto hacia el final de este capítulo.

2. *«Estar sano es comprender y aceptar tu propia responsabilidad de estar bien.»* Pon la responsabilidad por estar bien en tu hija, independientemente de la edad que tenga. Hazlo diciéndole: «Veo que has decidido sentirte mal», en vez de: «ya estás otra vez con la regla». Nada de reproches, ni de culpas; simplemente, ayuda a la niña a que llegue a creer que su salud y cómo se sienta cada día es fundamentalmente asunto de ella. Tú no quieres que los niños piensen que sentirse mal sea «algo que está en el ambiente», signifique eso lo que sea, sino que constituye una elección. Cuanta más responsabilidad sientan por estar enfermos, más se inclinaran a eliminar de su vida la enfermedad. La mente es un instrumento poderoso en los procesos de la salud y la curación, y cuanto más aprendan los niños

a usar los milagrosos poderes de su mente, más estarás ayudándolos a que crezcan sanos, y también a que vivan más.

3. *«Estar sano es reconocer y eliminar sistemáticamente todos tus estilos de vida negativos.»* Los chicos pueden aprender que los estilos de vida negativos son elecciones que contribuyen a su enfermedad. El consumo excesivo de dulces es algo que tienen que aprender a ver como conducente a un modo enfermizo de ver la vida. Desde que son muy pequeños debes mantenerlos apartados de los dulces, o dárselos sólo en contadas ocasiones, pero más adelante han de ser ellos quienes entiendan que están destruyendo sus dientes, que los dulces les afectan el metabolismo, que pueden provocarles dolores de cabeza, y cosas así. A medida que se hacen mayores deben comprender que fumar cigarrillos es una elección en la que se opta por la enfermedad, y no algo de lo que hayan de privarse porque tú se lo prohíbas. El alcohol y las drogas han de considerarse inhibidores de la salud y el bienestar, y no lacras sociales. Se ha de poner énfasis en el estilo de vida negativo de los propios chicos y en cómo perjudica su salud, no en cómo choca con las normas que tú les impongas. Enseña a los chicos desde el principio, pero desde ahora mismo, que cualquier acto negativo es algo que eligen ellos. A los niños muy pequeños mantenlos apartados de las cosas negativas que afecten su salud. De todos modos suelen rechazarlas ya que son animales perfectos que optan instintivamente por la salud. A ningún niño le gusta el sabor del whisky escocés, pero a todos les encanta el agua pura y fresca. A medida que van haciéndose mayores y adquieren hábitos negativos impuestos a través de tus propios hábitos y creencias, pronto adoptan enfoques de la vida enfermizos. Tú puedes ayudarles dando siempre importancia a la salud, y también enseñándoles a que eviten tomar decisiones sociales que les conduzcan a adoptar un estilo de vida negativo a expensas de su propia salud y bienestar.

4. *«Estar sano es un modo de vida que da como resultado un máximo de longevidad y una mejor calidad de vida.»* Resulta evidente que la vida de un niño mejorará en proporción directa al reducido número de horas y días que se pase enfermo. Cuanto más aprendan los niños de ti a librarse de actitudes que fomenten la enfermedad, mejor estarás enseñándoles a disfrutar

todos los días de la vida. Vivirán una existencia realmente más larga y productiva si aprenden desde pequeños a estar sanos. La formación de una úlcera está directamente relacionada con la preocupación y el estrés que un niño aprenda a asumir por sí mismo. Aprender a no preocuparse equivale a eludir una vida orientada hacia la enfermedad. Esto también es válido para las molestias menores llamadas resfriados, dolores, calambres, malestares y cansancio. Cuanto menos se piense en esa dirección, y menos expectativas hayan de tener esas molestas enfermedades, más mejorada se verá la calidad de vida. Las últimas investigaciones sobre las enfermedades graves y las actitudes sugieren que incluso en el cáncer y los problemas cardíacos hay una estrecha relación con las actitudes internas que la persona tenga hacia la salud. Independientemente de lo que nos digan las investigaciones, en el fondo sabemos que si no nos sentimos enfermos, es menos probable que lo estemos, y que tener la *voluntad* (actitud) de vivir constituye un vigoroso indicador de los buenos resultados con que saldremos de cualquier ataque grave de una enfermedad. Saber eso es razón suficiente para enseñar a los niños a cultivar convicciones sanas desde el momento más temprano posible.

5. *«Estar sano es sentirse mejor y vivir más.»* Todos los adultos que se ocupan de cuidar niños quieren que éstos se sientan mejor, y no peor. Al ayudarlos a mantener actitudes de salud como niños, estás mejorando su capacidad de disfrutar de la vida. Y si vuelves a examinar lo que he dicho en el capítulo 1, te darás cuenta de que el deseo de virtualmente todos los padres es que sus hijos se sientan mejor, sean felices y vivan una vida más larga, plena y productiva. Una saludable forma de pensar logra precisamente eso. Pero debes dar a los chicos el ejemplo brillante de alguien que cree firmemente en esos principios.

CÓMO SER UN MODELO DE SALUD

Más que para cualquier otro componente de la vida Sin Límites tratado en las páginas de este libro, convertirse en un ejemplo de salud es de importancia absolutamente crucial si tus hijos han de familiarizarse con este punto de vista. Si bien yo abogo con firmeza para que des el ejemplo de todos los comportamientos de la persona Sin Límites, éste en particular es el más importante. Si eres una persona hipocondríaca, lo más probable será que tu hijo tenga las mismas actitudes que tú. Si le refuerzas su carácter enfermizo complaciéndolo y compadeciéndolo, y si tú mismo piensas y te comportas de manera enfermiza, quejándote todo el tiempo de lo mal que te sientes, estarás enseñándoles —involuntariamente, tal vez, pero enseñándoles de todos modos— que en vez de formarse una actitud de salud deben cultivar una actitud que tienda a la enfermedad.

Hazte el propósito de tomar a tu cargo tu propia salud. Esto significa considerarla como un estado normal, y demostrar a tus hijos que tu autoestima te induce a estar lo más sano posible. Cuando te vean comportándote de esa manera y viviendo una vida sana, adoptarán para sí actitudes similares con naturalidad o, en el peor de los casos, no tendrán la excusa de decirte: «Tú no lo haces; así pues, ¿por qué tengo que hacerlo yo?». Un propósito de salud para uno mismo implica pensar en la salud bajo una nueva luz. En vez de pensar que todo está bien si uno no tiene síntomas de enfermedad, se ha de cambiar y poner énfasis en «¿cómo puedo alcanzar la supersalud absoluta y mantenerla?».

Cuando piensas en función de la salud, no te satisface la simple ausencia de síntomas. Quieres estar mucho más allá de ese punto en la vida. Por ejemplo, a lo mejor normalmente te sientes bien, pero te cansas y pierdes el aliento después de subir dos pisos por las escaleras. Aunque no tengas síntomas de enfermedad, eso indica a las claras que tu sistema cardiovascular no está en forma, que no haces bastante ejercicio, que quizá debas ajustar tu dieta, que probablemente estés excedido de peso, y que para alcanzar la supersalud habrás de trabajar denodadamente sobre ti mismo. De la misma manera, quizá no te sientas enfermo, pero descubras que si te tomas el pulso tu ritmo cardíaco sea demasiado alto. Tal vez tu corazón trabaje al doble de lo que debería. También en este caso tendrías que trabajar sobre ti mismo. Quizá sea difícil caminar deprisa durante una hora, o tal vez seas capaz de reducir más de un par de centímetros de gordura de tu silueta. Los exámenes médicos acaso muestren que tienes un nivel de colesterol demasiado alto y que te faltan vitaminas y minerales. Si tienes eccemas o psoriasis, tu piel podría mostrar síntomas de estrés. A lo mejor consumes demasiado alcohol o fumas cigarrillos, y no es necesario que te sermonee sobre lo nocivas que son esas sustancias para la salud.

Adoptar una actitud saludable y dar ejemplo de ella a tus hijos supone el compromiso de tu excelencia como ser humano. No requiere arduos esfuerzos ni penosas series de ejercicios todos los días. No significa comer algas marinas, beber extractos exóticos, ni privarse de todo lo que sienta y sepa bien en la vida. Significa simplemente estar tan sano como te sea posible, y mostrarse decidido a no dejar que tu maravilloso cuerpo, el lugar donde reside habitualmente tu persona, se deteriore innecesariamente. Una vez que te formes el propósito de alcanzar la supersalud de que estoy hablando, descubrirás que eso se convertirá en una enorme fuente de alegría y placer. Cuando tu cuerpo esté tan delgado y atractivo como sea posible, te preguntarás cómo te permitiste alguna vez que perdiera tanto la silueta. Cuando empieces a tener presentes tu dieta y tus hábitos de nutrición, te sorprenderá lo que solías meterte en el cuerpo. Todo empieza por el tipo de compromiso con la salud que estoy presentando en este capítulo. Cuando queda establecido y se cumple diariamente, dicho compromiso se convierte en una forma de vida en vez de ser otra dieta más y un programa de ejercicios para lograr objetivos a largo plazo. Y teniendo presente los propósitos de este libro, todo eso se reflejará en tus hijos como nunca hubieras soñado.

Suponiendo que quieras asumir el compromiso de tu propio bienestar y que decidas dar ejemplo a tus hijos, ¿cómo lo harás? La respuesta es que simplemente lo harás, y empezarás ahora mismo. Si quieres, puedes ponerte en contacto con un centro de nutrición o con un médico, a fin de informarte sobre dietética. Eso te será de gran ayuda. También puedes empezar tu propio programa regular de ejercicios, fijándote objetivos diarios si ese es tu estilo, pero lo más importante es que ya empieces a trabajar sobre ti mismo. Nunca te lamentarás por poner todo tu mecanismo humano en la mejor forma en que te hayas encontrado nunca. Aunque no quieras hacerlo por ti mismo, tus hijos necesitan ese sacrificio tuyo. Es responsabilidad tuya criarlos para que sean tan sanos como sea posible. Es tu deber como persona que ha traído un niño a este mundo. Y ese deber empieza por ti. La necesidad de salud y bienestar de tus hijos es mucho mayor de lo que imaginas.

A medida que sigas leyendo sobre la salud y consideres las diversas sugerencias que te ofrezco al final de este capítulo, ten presente que los niños necesitan empezar a pensar en su salud ahora mismo. Resulta mucho más fácil educarles con esta manera de pensar y de comportarse que conseguir que los adultos cambien después de haber fijado sus costumbres. Si bien creo que cualquiera puede cambiar en cualquier momento de su vida si está dispuesto a asumir el compromiso diario de su propia excelencia, es mucho mejor adquirir el hábito de la salud mientras se es joven. Si tu hijo llega a estar convencido desde muy temprano en que debe evitar los malos hábitos de salud y mantenerse apartado de los estilos de vida que puedan debilitarlo, esa convicción arraigará en él definitivamente.

Algunos estudios recientes sobre la falta de una actitud saludable en los jóvenes revelan que casi la mitad de los que cuentan diecinueve años son bebedores entre moderados y considerables. Los adolescentes llegan a ser alcohólicos con mucha más facilidad que los adultos, y no es raro que al cabo de seis meses de haber bebido su primera copa ya sean alcohólicos consumados. Otros estudios revelan que el veinticinco por ciento de los hijos de padres fumadores empiezan a fumar regularmente desde los ocho años. Además, cuatro de cada siete niños en los Estados Unidos son obesos. Muchos estudios indican que los jóvenes no tienen hábitos regulares de ejercicio, y que el nivel de colesterol en los niños que habitualmente ingieren «comida basura» es la causa de problemas cardíacos prematuros por lo menos en un cuarenta por ciento de los casos. Hay infinidad de datos estadísticos, pero lo importante es que tú recibas el mensaje con claridad. Tal vez seas el mejor padre del mundo. Quizás enseñes a tus hijos a tener una alta autoestima, a vivir con intensidad, a estar libres de culpa y preocupaciones, a formarse un vigoroso sentido del propósito y la finalidad, y a apreciar los más altos valores de la humanidad, y sin embargo estarás causándoles un enorme perjuicio si no enfocas su crecimiento desde el punto de vista de la salud. La mente más enérgica sucumbirá en un cuerpo enfermo y que no reciba el tratamiento adecuado. Para dar cabida a tu mente prodigiosa necesitas una casa fuerte, resistente, y tus hijos también. Es de esperar que nuestras escuelas empiecen a ver la necesidad de enseñar una actitud saludable además de las asignaturas básicas y el auto-control.

Los niños necesitan que se les eduque en la salud y el bien-estar. Echa una ojeada a los cuerpos que veas la próxima vez que vayas a la playa. Fíjate cuántos hay excesivamente gordos, que adopten una postura lamentable, y que están consumiendo venenos en forma de alcohol y cigarrillos. Tú no quieres que tus hijos crezcan con unos hábitos tan detestables en relación con esa creación perfecta llamada cuerpo humano. Si crees que eso es importante, puedes transformarlos literalmente en mo-delos de salud. Aunque yo no haya incluido aquí todos los datos médicos sobre cómo influye una actitud sana en partes del cuer-po como el corazón, el hígado, el páncreas, el estómago, los pulmones, la vejiga, los intestinos y demás, tú mismo hallarás las pruebas si te tomas el trabajo de buscarlas. En su libro *The Mind/Body Effect* (El efecto mente/cuerpo, Grijalbo, 1980) el doctor Herbert Benson da pruebas abundantes de la conexión entre la manera de pensar y el cuerpo físicamente sano. El doc-tor John Harrison, que ha escrito un libro titulado *Love Your Disease* (Ama tu enfermedad), lo expresa así: «Aquellos que por lo general están felices de ser ellos mismos y que resuelven satis-factoriamente los conflictos de la niñez, SERÁN SANOS». El cre-ciente número de pruebas sobre las que se apoya una actitud de salud ante la vida como herramienta para ser un individuo más feliz, más productivo y menos neurótico está a tu disposición a fin de que las examines. No tengo intenciones de suminis-trarte datos detallados sobre las últimas investigaciones, sino so-lamente de ayudarte a adoptar una actitud nueva ante tu salud y la de tus hijos, e informarte de que han sido publicadas mu-chas investigaciones, por si te interesa el tema. Escribo sobre esto porque lo creo de crucial importancia para convertirse uno en persona Sin Límites.

Hace algunos años yo pesaba trece kilos y medio de más, hacía una dieta que habría sido la pesadilla de los expertos en nutrición, y no tenía idea del significado de la palabra *salud*. Ahora he cambiado mi vida en todos los sentidos —empecé a hacer ejercicio regular, me acostumbré a ir caminando a casi to-das partes en vez de sacar el coche hasta para ir a comprar el pan, hice una terapia vitamínica y tomé conciencia de mis há-bitos alimentarios— y puedo decir con sinceridad que nunca me he sentido mejor en la vida. Mi peso ha bajado hasta los

77 kilos (mido 1,88), corro entre 12 y 15 kilómetros todos los días, y camino otros 8 o 10. He eliminado de mi dieta casi toda la sal y el azúcar, y sin embargo sigo disfrutando de cada comida que tomo. Hacer ejercicio no es para mí una tarea, sino una forma de vida. Nunca me digo que estoy demasiado ocupado para salir a caminar o a correr. En lugar de eso, me digo que estoy demasiado ocupado para enfermar, de modo que tengo que tomarme tiempo para hacer ejercicio. Hace ocho años que no me resfrío, por ahora las epidemias de gripe parecen no afectarme, y la fatiga forma parte del pasado de mi vida. No puedo imaginarme volviendo a tener exceso de peso, a fumar y a estar cansado. Me he olvidado de cómo sienta estar resfriado, y no puedo imaginarme volviendo a estarlo nunca más. Pero lo que para mí resulta más gratificante es el impacto que ha tenido mi actitud de bienestar en personas próximas a mí, y particularmente en mis hijos. Cuando me ven haciendo ejercicio todos los días y tomándome un rato para salir a correr, ellos también quieren empezar a hacer ejercicio. Incluso los más pequeños imitan a papá y mamá. Mis hijos han tomado más conciencia de la importancia de los buenos alimentos y de los buenos hábitos de nutrición porque yo mismo los he adoptado. La «comida basura» no entra en casa, y ellos buscan con toda naturalidad una manzana o un melocotón.

Si pones en práctica hábitos saludables, todos tus seres queridos se beneficiarán, especialmente tus hijos. Esas son razones esenciales para hacerlo: primero, porque te beneficia a ti, y tú has de cuidarte bien puesto que nadie lo hará en tu lugar, y luego, por el beneficio adicional que representa para tus hijos. La mínima obligación que tienes con ellos es enseñarles a estar bien para el resto de sus días. El doctor Harrison nos dice en *Ama tu enfermedad*: «Las predisposiciones a la enfermedad muchas veces no se heredan en un sentido físico, sino más bien a través de los mensajes que los padres transmiten a sus hijos, y los hábitos de vida y de nutrición que les inculcan». A medida que leas sobre esta nueva manera de ver la salud y su influencia en la educación de tus hijos, ten eso presente. Los hábitos de vida son algo sobre lo que tú tienes control. Si piensas en esos hábitos de manera más positiva, puedes dejar un legado de salud y bienestar, y hacer de ello el compromiso más importante, para ti y para toda tu familia.

Los elementos obvios de salud y bienestar que todos los

médicos que practican esta especialidad tienen en cuenta son la dieta y la nutrición, el ejercicio y el buen estado físico, la eliminación de los hábitos negativos (tabaco, alcohol, drogas, etc.), y la toma de conciencia de lo que hace uno por el propio cuerpo. Pero un aspecto igualmente importante de la salud y el bienestar se centra en dos elementos que se refieren a la actitud, que ayudarán a los niños tanto como el más obvio de los componentes físicos que acabo de mencionar. Se trata de la capacidad de usar la visualización en su actitud de estar sanos, y de la importancia de tener sentido del humor y ser capaz de reírse con regularidad. Para mí, estos dos aspectos son tan importantes como la dieta o el hábito de hacer ejercicio.

El empleo de la visualización para la salud

Ya he hablado de la imaginación positiva y la visualización, particularmente en lo que se refiere a ayudar a tus hijos a formarse una fuerte imagen mental de un ser humano valioso, capaz y atractivo. El uso del poder de la imagen es una de las estrategias más vigorosas y eficaces para hacer que ocurra algo. Cuanto más ayudes a un niño a que tenga realmente en la cabeza una secuencia imaginada sobre cómo le gustaría ser, y actúe luego como si esa secuencia fuese realidad, más difícil es que esa imagen no se convierta en realidad.

La práctica de la imaginación es particularmente útil para ayudar a cualquiera, niños incluidos, a pensar en términos de salud y bienestar para el resto de su vida. Que te imagines tan sano como sea posible es tan útil para ti como un arduo programa de ejercicios o un régimen alimentario equilibrado. De hecho, es aún más importante. La imagen en tu cerebro es lo único que te forzará automáticamente hacia un estilo de vida más sano. Fórjate una imagen de ti mismo como alguien sano, pulcro, internamente perfecto, atractivo, muy enérgico y poderoso, y esa imagen no tardará en hacerse realidad. No falla. La imagen queda acumulada en tu subconsciente automático (tu espejo interior, si prefieres) de la misma manera que tu imagen externa se refleja en un espejo. Cuanto más te visualices a ti mismo tal como quieres ser, más empezarás a actuar de manera que te parecerás más a la imagen que tienes acumulada. Es una ley del universo. Albert Einstein solía decir: «La imaginación es más importante que el conocimiento, porque el conocimiento es limitado, mientras que la imaginación abarca al mundo entero».

Usar la visualización creativa no es más que poner a trabajar para ti tu imaginación, a fin de que te ayude a lograr lo que deseas. En la manera sana de enfocar la vida, se trata simplemente de imaginarte sano, y de no desviarte nunca de esa imagen. En el caso de los niños, es cuestión de ayudarles a mantener siempre esas imágenes de saludable bienestar en el lugar más predominante de sus ideas, y de no dejar nunca que crean que son menos que supersanos o, por lo menos, capaces de ser tan sanos como quieran. Shakti Gawain, cuyo libro *Creative Visualization* (Visualización creativa) es el texto más lúcido que he leído sobre el tema, dice lo siguiente sobre el proceso de visualización para el bienestar y la salud:

> La imaginación es la capacidad de crearse una idea o una imagen mental. En la visualización creativa, usas tu imaginación para crear una imagen nítida de algo que te gustaría manifestar. Entonces sigues concentrándote con regularidad en la idea o en la imagen, otorgándole energía positiva hasta que se convierte en una realidad objetiva ... En otras palabras, hasta que alcances realmente lo que has estado visualizando.

Este asunto de la visualización y la imaginación tal vez te resulte extraño, hasta el punto de mostrarte muy escéptico como para poner en práctica tú mismo semejante teoría. Hace muchos años yo también tenía muchas reservas para usar la imaginación con el fin de lograr que algo ocurriese, pero ya no me caben dudas. Sé que cuando practico con imágenes puedo mejorar cualquier tarea que emprenda. Me he enseñado a mí mismo a devolver un revés en tenis mediante la imaginación. Me he visualizado a mí mismo antes de un encuentro, alerta, en guardia, y pasándolo muy bien con todos, y siempre que lo que hago me da resultado. Me he visualizado sin resfriados rebeldes, creándome una imagen en que esa afección desaparece y nunca le permito ni un resquicio, y a mí esa técnica me funciona. Déjame contarte un interesante experimento ideado por el doctor O. Carl Simonton, especialista en cáncer que ha escrito mucho sobre cómo pueden alterar los procesos mentales el crecimiento de ese mal en el organismo. De hecho, ha enseñado a grandes grupos de pacientes de cáncer fotografías de cómo operan las células cancerígenas en el cuerpo. Ha mostrado cómo esas células atacan a las sanas y las vencen. Luego mostraba una dramatización de cómo las células sanas luchan contra las cancerígenas. Instruyó entonces a sus pacientes para que visualizasen sus células sanas esforzándose para vencer a las cancerígenas, y no viceversa. Estoy presentando una visión fragmentaria de ese experimento notable, pero el doctor Simonton informa sobre importantes índices de curación entre las personas que practican este proceso de visualización. Así funciona la actitud de salud en las investigaciones de laboratorio, y está convirtiéndose en una estrategia cada vez más viable para tratar pacientes con enfermedades graves. El inspirado superventas de hace unos años de Norman Cousins, *Anatomy of an Illness* (Anatomía de una enfermedad), explica claramente los poderes de la mente y de la visualización en el proceso de curación de las que se tenían por enfermedades incurables. Es un libro que recomiendo con entusiasmo.

Si la imaginación y la visualización se pueden usar con éxito en el tratamiento de enfermedades graves (y hay muchas pruebas que apoyan esta creencia), parece evidente que ese mismo proceso se puede emplear en la *prevención* de la enfermedad, y es hacer que la gente tenga más conciencia de su propia capacidad para alcanzar elevados niveles de salud. Piensa en la imagen que tus hijos tienen de sí mismos como seres humanos capaces y sanos. Piensa en todas las maneras en que han llegado a verse en términos de enfermedad, y exactamente con qué tipo de imágenes cuentan en lo que se refiere a su propia capacidad para estar supersanos. Piensa también en todas las maneras en que puedes haberlos inducido a tener imágenes enfermizas más bien que sanas. Ábrete luego a la posibilidad de convertir esas imágenes enfermizas en imágenes de pura salud.

Aunque seas escéptico, léete las últimas secciones de este capítulo con una mente abierta. En las páginas que siguen te ofreceré algunas alternativas específicas a la actitud enfermiza. Además de la visualización, me gustaría que también considerases la risa y el sentido del humor como un imán potencial que atrajera la actitud sana para tus hijos y tú. Sí, la risa puede ser una de las herramientas más poderosas con que cuentes para este propósito, y tal vez no le hayas prestado atención hasta ahora.

A la gente le gusta que te rías. ¡Todos necesitamos reír! Sí, he dicho *necesitamos* reír. Mantener una actitud amarga es una forma de asegurarte de que tu cuerpo conservará un estado constante de desazón. Fíjate en los niños cuando juegan entre ellos. Toma nota de cuántas risas y tonterías se oyen. Es algo instintivo y necesario para su bienestar, tanto físico como emocional. Pregunta a tus hijos quién es su maestra favorita, y casi siempre te hablarán de alguien que tiene sentido del humor, que se puede reír y tomar la clase con un poco menos de seriedad. Si tú eres una persona que se toma la vida demasiado en serio, que rara vez se ríe y que no puede divertirse con sus hijos a su nivel, es muy probable que estés influyendo negativamente en su salud física en mayor medida de lo que podrías creer.

La risa es algo que cura. En el tratamiento médico de hoy en día estamos descubriendo eso una y otra vez. En la famosa obra *Anatomía de una enfermedad*, de Norman Cousins, se ilustra cómo una dosis diaria de humor y carcajadas forma parte de su tratamiento para una enfermedad que se consideraba como fatal. Nos dice lo siguiente:

> Funcionaba. Había descubierto alborozado que diez minutos de carcajadas tenían un efecto anestésico y me daban por lo menos dos horas de sueño sin dolor ... Me sentía muy contento con el descubrimiento de que hay un fundamento psicológico para la antigua teoría de que la risa es un buen remedio.

Cuando los chicos se ríen, liberan en su torrente sanguíneo ciertas sustancias químicas necesarias para la prevención y cura de las enfermedades. Cuando pasan por la vida creyendo que todo es serio, que no hay que reírse, sino estar siempre en acción, no sólo disfrutan menos de la vida, sino que también contribuyen a su propia degradación física.

Ayuda a los niños a que mantengan su inclinación natural a reírse y a pasarlo bien. Puedes juguetear con ellos y dejar que te gasten una broma en vez de no prestar atención a sus esfuerzos por ser graciosos. Sabes muy bien cómo les gusta agarrarte cuando jugáis al escondite, y cómo se ríen cuando tú simulas que nunca habían oído el chiste que acaban de contarte. Ya sabes cómo se divierten cuando se esconden y tú finges que no los ves, y entonces saltan cuando te «asustan», arremetiendo contra ti desde detrás de la cortina. Ya sabes cómo les gusta jugar y forcejear contigo, y hacerte creer que te van a aplastar. Sabes cómo les gusta revolcarse por el suelo y darte puñetazos y jugar bruscamente, y reírse cuando tienen la oportunidad de demostrarte lo fuertes que son. Toda esa risa y esa diversión son necesarias para que mantengan su propia salud. Un niño que se ríe y tiene sentido del humor, que vive en una familia donde la risa es frecuente, y que es capaz de reírse de sí mismo, tiene posibilidades mucho mayores de conservarse sano. Crea tú ese tipo de ambiente no hablándote a ti mismo con demasiada seriedad y haciendo el esfuerzo deliberado de aportar más risas a tu casa.

E. T. (*Cy*) Eberhart, un capellán del hospital de Salem, Oregón, ha estado empleando con éxito el humor con los pacientes desde hace cinco años. «El sentido del humor evita que tomemos las cosas trágicamente —asegura—. Es decir, nos mantiene apartados del sentimiento trágico de la vida, y evita que pensemos demasiado en el infortunio.» El doctor Rufus C. Browing, un psicólogo de Silver Spring, Maryland, nos dice: «La risa nos ayuda a sobrellevar lo peor de nuestra existencia. Y eso hace que tenga un valor unificador, al buscar deliberadamente las ridiculeces de la vida, las contradicciones disparatadas, y el lado cómico de las situaciones cotidianas».

Son palabras que vale la pena recordar cuando decides educar a tus hijos en la salud. Sé un poco loco, haz tonterías de vez en cuando, ríete todo lo que puedas, y hazlo a toda costa con tus hijos todos los días. Juega a sus juegos. Sé un «monstruo», déjalos que te asusten, persíguelos por el patio, juega bruscamente con ellos, y juega a la pelota. Aunque creas que es algo contrario a tu naturaleza, trata de cambiar tu naturaleza en vez de abandonarte a una visión amarga de la vida. Sabes que es bueno para ellos, y sabes que te sientes mucho mejor cuando te ríes, así que hazte el propósito de ayudarles a que se rían tanto como sea posible. Cada verdadera carcajada, cada vez que los oyes reírse realmente con ganas, están ayudándose a estar más sanos físicamente. Es la salud en acción, la medicina más barata y más fácil de encontrar.

Los niños a quienes no se ha animado a cultivar el sentido

del humor, a reírse de sí mismos y de la vida, muchas veces se sienten incómodos con el buen humor, las tonterías o la guasa. Les falta la capacidad de hacer reír a los demás, y es muy frecuente que sean los que no le ven la gracia al chiste. Tienden al sarcasmo con comentarios que degradan o insultan, y se enojan cada vez que la broma va con ellos. Presta atención a esa capacidad de hacer reír y de hacer chistes sobre uno mismo y sobre las cosas absurdas de la vida. Los niños incapaces de apreciar el humor, que parecen inmunes a él, con frecuencia son candidatos a más enfermedades de las que deberían contraer en la vida. Alguien que se ría no puede estar enojado ni cultivarse una úlcera al mismo tiempo. La risa y la alegría son los actos humanos más naturales. Jugar y divertirse son maneras de aprender interacción y habilidades físicas. Hacer versitos jocosos o juegos de palabras son complicados pasatiempos mentales que ayudan a los niños a desvelar las complejidades de nuestro lenguaje.

Fomentar el sentido del humor y reírse y divertirse jugando y haciendo bromas es una fuerza poderosa para unirte a tus hijos en un vínculo que trasciende la actividad más seria ante la vida. A los niños les gusta que se burlen de ellos si se les permite burlarse a su vez. Lo hacen para divertirse, y eso les ayuda a pensar y a comportarse de maneras que contribuyen a su propia salud y bienestar. No subestimes el valor de esta responsabilidad, que tantas veces se deja de lado, de ayudar a que tus hijos se formen una capacidad de reírse mucho en la vida, a ver el lado divertido de todo, y a ser un poquito locos de vez en cuando. Cuando una vez terminé un trabajo en una institución de enfermos mentales, con un grupo de personas a las que se consideraba que «les faltaba un tornillo», se reunieron y me entregaron un regalo. El hombre que tomó la palabra me dijo: «Nos gustas más que los otros doctores». Cuando les pregunté por qué, recibí uno de los mejores cumplidos de mi vida: «Bueno —me dijeron—, tú te pareces más a nosotros».

Esto es la salud simplificada: cultivar una actitud que quita el énfasis de la enfermedad y lo pone en todo lo contrario, es decir, en la salud, extendiéndolo a la nutrición, la gimnasia, la fatiga o los estilos de vida negativos. Comprende la visualización, las afirmaciones positivas, la risa y una actitud sana hacia todo en la vida. Sin embargo, no se trata de nada nuevo. En la antigüedad ya se practicaba esta manera de ver la vida, pero por alguna razón en nuestro mundo contemporáneo esa tendencia se ha perdido. Todos los días se publica algo nuevo sobre el tema. Tú puedes tomar parte en este renacimiento, pero antes de que te integres en el movimiento, debes tomar conciencia de las maneras inadvertidas en que puedes estar desanimando la tendencia de tus hijos hacia la salud. En las dos secciones siguientes describo algunas de las posturas antisalud más comunes que tal vez hayas adoptado, y los dividendos que obtienes por actuar de esa manera. Una vez que los revises, podrás empezar a usar algunas de las estrategias que sugiero para trabajar con una actitud *holista* (es decir, global o totalizadora) en la educación de tus hijos.

ALGUNAS DE LAS ACCIONES «ANTISALUD» MÁS COMUNES
DE LOS PADRES

He aquí una lista de algunas de las actitudes típicas que solemos adoptar con los niños, que fomentan sus posturas enfermizas ante la vida.

— Esperar que las enfermedades de tus hijos empeoren y darles a entender eso con tus advertencias.

— Educar a los niños para que se sientan enfermos y sean demasiado cautelosos en la vida.

— Hacer ante los niños afirmaciones negativas como: «La vida es sufrimiento», «La enfermedad forma parte de la vida», «Hay algo en el ambiente y a ti se te pegará», «Tú eres débil, y por eso debes tener el doble de cuidado», «Todos llevan gérmenes contagiosos, así que apártate de la gente».

— Llevar a un chico al médico cada vez que se queje de algo y darle píldoras y medicamentos como si fuera lo más natural del mundo.

— Enseñar a los niños a aceptar un estilo de vida fláccido dándoles el ejemplo.

— No usar técnicas preventivas para asegurar la salud de tu hijo.

— No estar informado de los últimos avances sobre nutrición y estilos de vida positivos.

— Fumar y beber en exceso.

— Negarse a tratar ciertos temas (como el consumo de drogas, el aborto o el control de la natalidad) por el simple hecho de que en tu casa son temas tabú.

— Hacer de la vida un asunto muy serio e insistir en que los niños no olviden jamás el lugar que les corresponde. Creer que la vida es trabajo y no diversión.

— Mirar televisión y quedarse sentado como única actividad.

— Quejarse de la propia salud. Tener la costumbre de hablar de las dolencias y dolores de uno.

— Aceptar las enfermedades de tus hijos y brindarles reconocimientos y atenciones por estar enfermos.

— Tener la casa llena de «comida basura» y dársela a tus hijos con regularidad.

— Excusar a tus hijos y a ti mismo por no estar en forma. «Estamos demasiado ocupados. No tenemos tiempo de hacer ejercicio.»

— Poner demasiado énfasis en la comida y en la hora de comer.

— Colocarle a un niño el rótulo de enfermizo, gordito, débil, más pensativo que activo, Leo o Capricornio, como excusa para su salud deficiente.

— Animar a los chicos a que no vayan a la escuela por indisposiciones insignificantes y tratarlos como si fuesen bebés cada vez que se quejen.

— Decirle a un niño que no se esfuerce cada vez que tenga una molestia.

— No estar informado sobre las grasas, las proteínas, los hidratos de carbono, la sal, el azúcar, el colesterol, la fibra, la hipertensión arterial, la cafeína, las vitaminas, y todo lo que tenga que ver con la vida sana en general.

Éstas son algunas de las posturas antisalud más frecuentes en los padres. Cualquiera que sea la edad de tus hijos, siempre puedes invertir esa postura antisalud que quizá hayas adoptado inadvertidamente, llegando primero a la comprensión de por qué como padre te comportas de esa manera, y comprometiéndote luego sistemáticamente a emprender una nueva campaña en pro de la salud con tus hijos.

Aquí tienes los dividendos más comunes que tal vez recibas por no incluir la salud entre sus responsabilidades como padre. Aunque sea obvio que no te has propuesto deliberadamente evitar que tus hijos alcancen y mantengan la supersalud, recibes algunas gratificaciones por eludir una actitud saludable y de bienestar en la educación de tus hijos. Ten presente que si no recibieras algunos dividendos, no permitirías que tu estilo de vida fuese otra cosa que totalmente sano. Cuando eliminas el sistema de recompensa «neurótico», eliminas la necesidad de seguir siendo de una manera que es contraproducente para tus hijos y para ti mismo.

— *Reconozcámoslo: es más fácil quedarse sentado sin hacer nada, que levantarse y ser activo.* Éste es el dividendo principal que hay para mantener una actitud de no salud ante la vida. Sencillamente, es mucho más fácil. Es más fácil, en efecto, darles de comer cualquier cosa, que aprender algo sobre los beneficios de consumir alimentos más saludables. Es más fácil dormir una siesta que salir a hacer ejercicio con los chicos. Es más fácil encender un cigarrillo que tomar una postura en contra de envenenarse. Un enfoque enfermizo de la vida es un enfoque perezoso, y optar por el método más fácil evitar que tengas que hacer algo que requiera mayor esfuerzo. Simplemente, no sabes lo bueno que es estar totalmente sano, así que te comportas como un tonto contigo mismo al seguir ateniéndote al único método que has conocido hasta ahora.

— *Si fue lo bastante bueno para tus padres y para ti, también para tus hijos será bueno.* Es una magnífica excusa para mantenerte apartado del sendero de la salud. No importa que tus padres hayan tenido muchas más enfermedades de lo que era necesario, y tampoco importa que estés en baja forma ni que te sientas mal por eso; todavía puedes decir que no necesitas esas ideas de última moda, y que vas a optar por la tradición y no por cosas nuevas.

— *Es demasiado complicado ese asunto de la salud.* ¿A quién le interesa contar calorías, estar pendiente de la fibra y del colesterol, pensar en hacer ejercicio, ni saber nada sobre los glucógenos o la glucosa? A mí que me den una hamburguesa con queso y una Coca-Cola y me tendrán contento. Y pidan también otra para mi mujer; le encantan esos panecillos brillantes y grasientos que cubren las hamburguesas.

— *No quiero tener que estar pensando todo el tiempo en la salud: ya tengo demasiados quehaceres como para tener que ocuparme de mi cuerpo y de la supersalud de mis hijos.* Si como los alimentos equivocados, seguramente me moriré algunos años antes en vez de vivir preocupado por mi dieta el resto de mi vida. Además, todos esos expertos en salud también acaban muriéndose; así pues, ¿quién sabe qué es lo mejor?

— *Hay demasiada información contradictoria para tomar en serio todo este asunto de la salud.* Un día comes sólo algas, al día siguiente dicen que producen cáncer. Un día tienes que hacer gimnasia; al día siguiente resulta que te puede provocar un ataque cardíaco. Seré fiel a lo que a mí me gusta, y dejemos que el buen Dios decida mi destino.

— *Me gusta fumar y beber, e incluso estar un poquitín sobrado de peso.* Yo creo que todos esos expertos en salud parecen cadáveres vivientes. Yo me fumaré mi tabaco y me beberé mi copa y dejaré esas tonterías de la salud para otros que tienen aspecto de haber salido del cementerio. Si tuviera que renunciar a todo lo que me gusta, no valdría la pena vivir.

— *No puede uno evitar ponerse enfermo de vez en cuando.* Es algo natural. No hay necesidad de organizar ese escándalo por una pequeña enfermedad de vez en cuando.

— *Ya soy demasiado viejo para cambiar.* Si mis hijos quieren estar supersanos, que se dediquen a ello, pero yo seguiré con lo que he venido haciendo hasta ahora.

Ahí están. Las razones, dividendos, sistema de soporte psicológico, o *excusas*, como yo las llamo. Elegir una actitud enfermiza ante la vida tiene indudablemente sus gratificaciones, y si optas por ella, estoy seguro de que en este inventario de excusas has visto alguna de las afirmaciones que solías hacer tú.

Si realmente quieres cambiar tu actitud enfermiza, y que tus

hijos tengan un sano enfoque ante la vida, prueba algunas de las
estrategias y sugerencias que ofrezco en la siguiente lista.

ALGUNAS TÉCNICAS SALUDABLES EN LA EDUCACIÓN
DE TUS HIJOS

— *Enseña a los niños, a través de tu propio comportamiento
hacia ellos, a suponer que estarán bien, en vez de enfermos.*
Siempre que tengan «algo», ya sea un resfriado, fiebre, un dolor
o una quemadura, diles en voz alta: «Esto se te pasará en seguida» o «En realidad no estás enfermo; sencillamente has dejado que te pase eso durante algunas horas» o «Yo sé que tú
puedes deshacerte de esa pequeñez en muy poco tiempo si dejas
de pensar en ello». Usa palabras que expresen tu confianza en
la capacidad del niño para deshacerse de sus dolencias. Puedes
enseñar a los niños pequeños a que no esperen estar enfermos
por mucho tiempo, hablándoles siempre de lo fuertes y sanos
que son, y de todo el poder que tienen en el cuerpo. «Ahora
eres una niña muy mayor. Tú no te pones enferma como los
otros niños. Eso es porque tú eres fuerte y sana.» «Tú no quieres que ese resfriado te dure, y eres tan fantástica que probablemente para esta tarde ya se te habrá pasado.» A los chicos
mayores enséñales a esperar que sus dolencias físicas mejorarán
en vez de empeorar. Por ejemplo:

ACTITUDES ENFERMIZAS	ACTITUDES SANAS
He contraído un resfriado nasal, pero mañana lo tendré en la garganta.	Puedo hacer desaparecer este resfriado antes de que tenga tiempo de extenderse.
Sólo he dormido cuatro horas. Hoy estaré realmente cansado.	Dormiré más tarde. Ahora tengo trabajo que hacer, y no pensaré que estoy cansado.
Me parece que me va a dar algo. Es una sensación que tengo.	No me preocupa que todo el mundo esté enfermo; yo no me contagiaré.
Tendré que esperar a que esta fiebre siga su curso.	Espero que esto se me vaya en seguida. Descansaré para estar seguro de estar bien mañana. Me sentiré mejor en seguida.

Con este tobillo torcido tendré que andar con muletas al menos durante seis semanas.	Procuraré deshacerme de las muletas lo más pronto posible. Confío en que me curaré el tobillo muy rápidamente.
Hacen falta meses para recobrarse de este tipo de lesiones.	Me niego a estar durante meses aquí anclado con esto. Sé que puedo volver a la normalidad en muy poco tiempo. Voy a trabajar mucho en mi propia recuperación.

Éstas son las actitudes y las expectativas que quieres transmitirles a tus hijos, tengan la edad que tengan. Haz que piensen bien, pero, más importante aún, haz que *esperen* estar bien, en vez de enfermos.

— *No premies la enfermedad; en vez de eso, elogia la salud.* De la misma manera que he sugerido que esperes que los chicos hagan algo bien para elogiarlos, aplica idéntico criterio para la salud. Cuando estén bien elógiales mucho por ello. No hagas de la enfermedad algo digno de premio, a menos que quieras que tus hijos procuren estar enfermos. Si saben que van a recibir regalos cuando están enfermos y que se les mostrará afecto sólo entonces, puedes esperar que no quieran estar sanos. Después de todo, las recompensas son agradables. En vez de eso, adopta un nuevo enfoque y desanima la enfermedad en favor de incentivar la salud. Cuando estén enfermos, presta a la enfermedad la menor atención posible, excepto en lo que se refiere a la administración de medicamentos. Pero elogia la salud. «¡Eres la más sana de la ciudad!» «Eres el único que no está enfermo cuando todos los demás lo están y por eso aquí tienes un regalo que te he traído, por ser tan buen ejemplo para todos.» «¡No puedo creer lo magnífico que eres! Rara vez enfermas como los otros niños. Hoy iremos al parque a celebrar lo fuerte que eres haciendo un *pinic*.» «No te has quejado por el golpe que te has dado en la cabeza y los rasguños que te has hecho. Eres un chico formidable, ¿sabes?» En otras palabras, aprovecha la oportunidad de elogiarlos por estar fuertes y bien, y presta la mínima atención a la enfermedad.

— *Da a tus hijos elementos para que confíen en su capacidad para hacer cualquier cosa cuando estén sanos.* Habla con los niños de lo fuertes que están y de lo que su cuerpo puede hacer. Enséñales cómo su propio cuerpo cura una herida, y qué representa una cicatriz en el proceso de curación. Déjales que crezcan confiando en sí mismos y en su propia capacidad para curarse solos, en vez de pensar que el mundo es un lugar donde se ha de ser cauto, donde se puede contraer todo tipo de enfermedades. Insiste en que son fuertes, que su cuerpo es una creación magnífica y perfecta que tiene poderes formidables para alcanzar y mantener la salud, y que no necesitan estar enfermos. Transmíteles un conjunto de creencias sobre su propia salud y su cuerpo, que abarque las doctrinas de la salud y no el dogma de la enfermedad. «Puedo evitar la enfermedad», en vez de «la enfermedad es inevitable». «Mi cuerpo es un genio que sabe sanar solo», en vez de «Mis enfermedades siempre son muy rebeldes».

Ayúdales a que cultiven una actitud de bienestar y la sólida convicción de que su propio cuerpo es una máquina de curar perfecta. Enséñales a respetar las capacidades de su cuerpo y no a dudar de ellas. Cualquier recelo o temor que tengan sobre su propia salud o la fragilidad de su cuerpo irá en detrimento de su salud. Creer que la enfermedad es inevitable equivale a llevar una vida enfermiza. Por otra parte, creer que la salud es inevitable equivale a tener una vida sana. El sistema de creencias tiene mucho mayor influencia que lo que puedas haber imaginado. No dejes que tus hijos echen la culpa de sus problemas a la enfermedad; déjalos que confíen en su capacidad de no permitir que la enfermedad les inmovilice.

— *Enseña a tus hijos la importancia de las afirmaciones positivas en la vida.* Una afirmación no es más que la expresión del convencimientos de cómo son las cosas. Las afirmaciones negativas dan lugar a resultados negativos, mientras que las afirmaciones positivas tienden a ayudar a la gente a alcanzar resultados sanos y positivos. Enseña a los niños a decir:

«Soy fuerte y sano.»
«Tengo en el cuerpo un mecanismo de curación perfecto.»
«Creo en la salud, no en la enfermedad.»
«Sé que puedo seguir sano aunque quienes me rodeen estén enfermos.»

«Tengo mucho para ofrecer, y me niego a dejar que la enfermedad se interponga en el camino.»

«Estoy dispuesto a ser feliz y a estar sano.»

«El mundo es un lugar maravilloso.»

«Cada día estoy más sano.»

«No necesito estar enfermo para que me presten atención.»

«No tengo que complacer a nadie. Confío en mis propias capacidades.»

Todas estas son afirmaciones positivas ¡y funcionan! Al decirte esas cosas y enseñar a tus hijos a afianzar su salud, estás dando un paso para que todos alcancéis la *voluntad* de vivir una vida sana. La voluntad de vivir es de suma importancia para un paciente que tiene que afrontar una intervención quirúrgica; pregúnteselo a cualquier cirujano. Esa misma voluntad es de crucial importancia para ayudar a los niños a vivir bien de manera que puedan evitar la enfermedad y tal vez, incluso, una operación.

— *No dudes en recurrir a los beneficios de la medicina moderna cuando sea necesario.* Tomar un antibiótico a fin de detener el proceso de una infección rebelde, para mí es algo que tiene mucho sentido. No pongas demasiado énfasis en los medicamentos ni en las visitas al médico hasta el punto de que se conviertan en apoyos y hábitos innecesarios. Procura resistirte a usar medicamentos para los dolores y las molestias de cada día, que en realidad son más incomodidades que verdaderas enfermedades. Procura no recurrir al doctor por cada dolorcito o molestia que tengas. Cuantas más visitas al doctor hagas con tus hijos, más les enseñarás que «el doctor te cura». De hecho, es probable que les hayas dicho esas mismas palabras a tus hijos. Enséñales a asumir más responsabilidad por su propio bienestar, en vez de dejarles que crean que hay una píldora para cada queja, y que la visita al doctor forma parte de toda cura. Válete del sentido común para determinar si tu hijo realmente requiere atención médica, pero usa ese mismo sentido común para decidir cuándo tu hija o tu hijo no necesitan atención médica.

— *Si tu médico de cabecera no practica esta actitud salu-*

dable, háblale de ello. Si crees que estás participando en un enfoque enfermizo de la salud de tus hijos, díselo. Si el médico siempre les prescribe medicamentos, y cree que las enfermedades son inevitables, piensa seriamente en buscar otro que practique la medicina desde el punto de vista de la salud. Hay muchos médicos buenos, y también muchos dentistas, que han adoptado una aptitud saludable en su trato con los pacientes. En odontología, el énfasis se pone ahora en el tratamiento preventivo. Instruye a tus hijos para que eviten tener caries, practicando sanos hábitos de higiene bucodental. Explícales todo lo que tenga que ver con el comer, la placa, el fluoruro, cómo cepillarse los dientes, etc. El consultorio del dentista es actualmente un lugar al que se va sobre todo para prevenir las enfermedades dentales, y sólo de forma incidental para reparar una pieza que pudiera haberse dañado. Así, el consultorio de tu médico también ha de ser un sitio donde se dé orientación para conservar la salud, y se preste más atención a prevenir enfermedades que a la administración de medicamentos. Te recomiendo que busques un médico que comparta el enfoque sano de la vida. Y es que un médico puede ser la persona que más influya sobre tu hijo a fin de convencerlo de su propia capacidad para estar sano. Si tu médico tiene exceso de peso, fuma, no está dispuesto a hablar contigo, o hace cualquier cosa que viole tus preceptos de salud, sé escéptico y búscate otro que satisfaga tus expectativas sobre la salud. Cada vez más médicos están empezando a ejercer desde una perspectiva sana, y tú quieres uno que ponga énfasis en la idea de estar bien y que prevenga la enfermedad, rechazando al que trabaje desde la perspectiva opuesta.

— *En lo que toca a la salud, encarad juntos vuestras actividades.* Presenta a los niños el modelo de una persona que cuida su cuerpo y piensa en la salud, más bien que en la enfermedad. Muéstrales que eres sincero predicando con el ejemplo. Establece un horario para hacer ejercicio cada día, preferiblemente, si es posible, con tus hijos. ¡Practicad juntos la salud y el bienestar! Comprometeos a reducir cualquier exceso de peso que tengáis. Habla a tus hijos de tu propia salud y muéstrales todos los días que eres una persona que practica lo que predica. Tus hijos estarán sumamente orgullosos de tu disciplina y de tu compromiso con tu propia salud. Les gusta presumir ante sus amigos de lo fantástica que es cierta persona que ellos quieren, y de cómo se mantiene en forma. Así, cuando los invites a ser más sanos, no podrán decirte, mirándote fijamente: «¿Por qué tengo que hacerte caso? Tú no eres capaz de cuidarte a ti mismo». Si eres fumador, hazte el propósito de dejar el tabaco y da a tus hijos el ejemplo de alguien más fuerte que el hábito de la nicotina. Como en todo lo relacionado con los niños, en la medida en que puedas personificar el ejemplo más vivo y real posible, más auténtico serás a sus ojos. Además, estás dándoles un refuerzo para la salud, en vez de proporcionarles excusas. No importan tu edad ni tus responsabilidades diarias; un estilo de vida laxo es inexcusable. Todas tus razones para no estar en forma no son más que excusas que te has inventado. Estar gordo y fofo es un hábito, y también lo es mantenerse en forma y guardar la línea. Y los hábitos tienen su origen en las elecciones que uno hace todos los días y nada más.

— *Haz un esfuerzo para informarte mejor sobre la nutrición más adecuada.* Hay muchos libros y guías excelentes sobre nutrición que podrás encontrar en cualquier tienda de dietética o librería especializada. Infórmate sobre lo que os metéis en el cuerpo tú y tus hijos. Háblales de los efectos del azúcar, la sal, los minerales, las vitaminas, los carbohidratos y todo lo demás. Aprovecha la oportunidad para hacer un análisis de cómo la dieta afecta la personalidad, tanto la tuya como la de tus hijos. En cualquier centro especializado estarán muy contentos de proporcionarte la información que te haga falta. Destierra de tu casa la «comida basura». Y punto. Sencillamente, niégate a comprar alimentos que tú sabes que carecen de elementos nutritivos. A tus hijos les debes por lo menos eso. Aunque suspiren por la «comida basura», no la tengas en casa. Pronto se inclinarán por una manzana y no por una barra de caramelo. Elimina de casa las gaseosas y enseña a tus hijos a beber agua. El agua es una gran purificadora del cuerpo, y los niños a quienes se les dé agua desde que son muy pequeños, la beben luego con regularidad toda la vida. Incluso los adolescentes que comen «comida basura» y beben gaseosas cambiarán gradualmente si les das agua fresca y comidas sanas, y eliminas la «basura» del refrigerador. Aunque no sepas nada sobre nutrición, en este mismo momento puedes empezar a informarte. Te sorprenderás de lo fascinante que es la idea cuando empieces a aprender más sobre ella, y tus nuevos conocimientos den automáticamente como resultado una mejora en los hábitos nutritivos de todos. Una vez que te hayas informado, te preguntarás cómo dejaste alguna vez que esos malos hábitos se apoderasen de tu vida, y tus hijos te estarán eternamente agradecidos. Si no te dicen gracias en seguida, su cuerpo sano te lo agradecerá por ellos.

— *Ten reuniones con tus hijos para discutir cualquier tema que les interese, en determinados momentos del día.* Saca temas de su interés, y escucha sus puntos de vista sin prestar atención a lo disparatados que puedan parecer. Un niño que sepa que puede hablar de cualquier cosa contigo es alguien que estará mejor informado y que, además, tendrá confianza en ti. Cualquier tema por el que tu hijo tenga curiosidad puede ser un terreno fértil para charlas y discusiones. La sexualidad, el aborto, el control de la natalidad, las drogas o cualquier otra cosa pueden surgir inesperadamente como temas de conversación. Si no estás informado, buscad juntos las respuestas en los medios adecuados. El niño que sabe que puede recurrir directamente a alguien que no se escabullirá de ciertos temas, va formándose una actitud sana y sincera sobre todo lo que sea de interés para él. El bienestar y la salud implican estar informado y tener un cuerpo sano, además de la mente sana. Alguien que no esté informado no está del todo bien; de hecho, la falta de información es la base de los prejuicios. Fíjate en la palabra *prejuicio*. Significa prejuzgar. Cuando prejuzgas estás tomando una decisión sobre algo antes de tener suficientes datos sobre los que fundamentar tu conclusión. Tú no quieres que tus hijos prejuzguen a nadie ni ninguna cosa. Los prejuicios sobre temas delicados determinan que una congestión nasal o un dolor de cintura deriven hacia enfermedades distintas, alimentadas mentalmente.

Recuerda: la salud es del cuerpo y de la mente, y educar hijos saludables significa que les animes a que hablen contigo sobre cualquier cosa sin miedo a que los prejuzgues porque quieran saber cosas sobre las que te resulta incómodo hablar abiertamente. Si haces de tu casa el lugar adonde acudan a hablar sobre esos temas, entonces no tendrán que enterarse a hurtadillas de datos erróneos que les proporcionen sus compañeritos mal informados. Una mente sana es aquella que está abierta a todo. San Pablo nos recordaba: «Nada humano me es ajeno». Cuanto más hablen y más libres se sientan de expresarte sus opiniones, más estarás promoviendo una actitud mental sana, tan importante como la salud del cuerpo.

— *En tus relaciones con tus hijos, renuncia a la seriedad por lo menos un rato todos los días.* Da más importancia a pasarlo bien, a jugar, a estar juntos y a disfrutar de la vida, que a trabajar, trabajar y trabajar constantemente. Un niño a quien se le críe en la salud es alguien a quien se anima a reírse mucho, que es capaz de juguetear e incluir también a sus padres en la diversión. No te teme, sino que te respeta y se acerca a ti como a alguien con quien disfrutar de la vida, y también como alguien que responderá a sus preguntas. Cuanto más sientan tus hijos que tú eres capaz de entenderlos, que sabe por lo que ellos están pasando, alguien que puede reirse ante sus tonterías y no tomarlo todo en serio, más estarán creciendo en la salud.

Virtualmente, cualquier cosa en la vida se puede convertir en algo gracioso con la actitud adecuada. Pero un niño que cree que su lugar ha de ser quedarse quieto, dejar de hacer preguntas, y trabajar con denuedo en pos de un futuro en el que podrá finalmente asumir su verdadero lugar como una persona verdadera, es alguien que contigo será falso y que sólo te dará lo que sabe que esperas de él. Tendrá miedo de ser auténtico porque sabrá que está violando el lugar que tiene asignado a tus ojos, de modo que te dará lo que él cree que tú quieres. Si en su interior se siente asustado de pedirle una cita a una chica, pero sabe que tú no crees que deba jamás sentirse asustado, ante ti simulará ser muy valiente. Si tu hija está preocupada por el cariz que tomarán las cosas con su novio, pero sabe que tú desapruebas todo tipo de avances, simplemente evitará ese tema y contigo será artificial. Los chicos deben saber a todas las edades que tú puedes hablar de esos temas con ellos, que tú mismo has pasado antes por todo eso y sabes cómo se sienten, que no los vas a castigar ni a menospreciar sólo porque se expresen ante ti con sinceridad. La salud y el bienestar implican estar preparado para no juzgar jamás a tus hijos; requieren un ambiente abierto donde tus hijos confíen en que tú no les impedirás que sean genuinos. Dales un ambiente así, y tu gratificación no sólo será la salud y el bienestar, sino una relación más estrecha con tus hijos.

— *Haz un esfuerzo para reducir el tiempo que tus hijos se*

pasan sentados frente al televisor, pero sin adoptar reglas estrictamente autoritarias. Fíjate como objetivo personal usar la televisión como fuente de entretenimiento y educación, procurando que no sea una especie de droga para tus hijos. La televisión tiene muchos valores positivos; sin embargo, también refuerza continua y simultáneamente muchos valores negativos. Mirar sin tregua programas y anuncios refuerza el comportamiento pedante y pretendidamente inteligente (casi todas las situaciones de comedia recurren al sarcasmo y a la agudeza como base del hecho humorístico) y conduce a la idea de que tener la cabeza hueca y el cuerpo insinuante es el objetivo de toda mujer, que agradar a los demás y alcanzar cierto *status* es la más importante de las finalidades en la vida, y que la felicidad y el éxito son cualidades externas que se pueden comprar. Además, mirar a todas horas la televisión te impide comunicarte con tus hijos, que es la razón principal para apagarla con más frecuencia y estar con ellos de las maneras que recomiendo a lo largo de las páginas de este libro. Cuando apagues el televisor o, mejor incluso, cuando les des alternativas, y lo apaguen tus propios hijos, les brindarás la oportunidad de probar cosas nuevas, de ganar nuevos amigos, de hacerse cargo de su mundo y de formarse la mente y el cuerpo de la manera sana que recomiendo en este capítulo. Cuanto menos tiempo se pasen sentados, entretenidos por otro, más tiempo tendrán para asumir la responsabilidad de su propia salud y dicha personal. Es más fácil aflojarse y perder el interés por la vida frente a un televisor, así que procura limitar esa influencia lo más posible.

Deja de hablar de tus dolencias y achaques delante de tus hijos, y aprende a sufrir en silencio si has decidido sufrir. Sencillamente, niégate a decirles a los niños lo mal que te sientes, durante un día. Haz la prueba. Si empiezas a quejarte, cállate y guárdate la queja para ti. Muchas veces tus dolores están ahí porque deseas algo de qué quejarte, y cuando dejas de verbalizarlos, eliminas la razón de tales dolores. Pero lo más importante para tu hijos es que estarás mostrándoles que no usas los momentos presentes para sentirte mal, cosa que les propondría un modelo de cómo comportarse ellos mismos. Muchas veces, sentirse mal no es más que un hábito verbal. Cuando alguien te pregunta cómo te sientes, procura decirle: «¡Formidablemente bien; nunca me había sentido tan bien!». Aunque eso no sea del todo cierto, olvídate de decirles a los demás que no te sientes bien, y después de un tiempo, sentirse bien se habrá convertido en un hábito, que habrá reemplazado al de quejarse. Cuando los niños se quejan regularmente de cómo se sienten, es porque les has dado el ejemplo de alguien que hace lo mismo, o bien porque has estado dispuesto a escucharles y a compadecerte de ellos. Quita importancia a este tipo de interacciones y quejas, y estarás ayudándoles a que vivan con salud todos los días.

— *No aceptes excusas de los niños por estar en baja forma, tener exceso de peso, o cualquier otra cosa que sepas que pueden controlar con facilidad.* Niégate a pasar el rato con ellos cuando te digan que no tienen tiempo para hacer ejercicio. Replícales firme pero afectuosamente: «Tú has elegido tener exceso de peso, y yo no me trago esas excusas. Tal vez quieras engañarte, pero quiero que sepas que veo muy bien lo que hay tras esas excusas. No puedo forzarte a que te cuides la línea, pero me gustaría ayudarte si estuvieras dispuesto a dejar de inventarte excusas». Un niño será capaz de comprender este tipo de razonamiento, aun cuando pueda hacer una escena y quejarse de que tú no le entiendes. Quiere que le demuestres la clase de interés que implica tu afirmación. Quieren que les regañes y les ayudes a adoptar la autodisciplina de estar sanos. A lo mejor no lo admiten, pero cuando empiecen a recuperar la silueta, a sentirse en forma, a tener un aspecto magnífico y a notarse cada día mejor, te agradecerán un millón de veces el haberles sido tan útil. Si amas a tus hijos, no dejes que te cuenten ninguna historia que los mantenga alejados del ciclo de la salud en la vida.

— *Elimina la presión de las horas de comer y haz de ellas momentos más jubilosos.* Deja de irritarte por cada comida y de preocuparte por si el niño come lo bastante. Si no tienen ganas de comer, no los fuerces. Si quieren unos pocos bocados y luego ya se sienten llenos, no te preocupes por meterles más relleno en el cuerpo. El cuerpo humano es una creación sorprendentemente perfecta, que sabe cómo mantener la línea. Los niños pequeños saben instintivamente no comer cosas que no les gustan, no atiborrarse, y no comer simplemente porque alguien haya decidido que es la hora de almorzar. Dales muchos alimentos buenos en casa y déjales que decidan sus propias porciones.

Si a medida que van creciendo se vuelven remilgados, déjales que se hagan su propia comida y olvídate de tener que prepararársela a cada uno a una hora distinta. No tienes por qué ser la cocinera de cada uno de tus hijos. A medida que van creciendo puede volverse cada vez más difícil hacer que todos coman a la misma hora. Con las variaciones de horarios e índices de crecimiento individual, algunos sienten hambre todo el tiempo, mientras que otros a duras penas tienen apetito. Haz de las comidas una experiencia natural, y no una obligación sujeta a horario, caracterizada por discusiones sobre qué y cuándo se ha de comer. Cuanto más alivies la presión, más probable será que disfruten de las horas de comidas. También será menos la presión que tú sientas. Si eres partidario de que no haya postre si no se comen antes las verduras hervidas, simplemente dilo, respeta esa regla, y no te dejes enredar en discusiones sobre el tema. Sé afectuosamente firme, y la hora de la comida puede ser un momento magnífico para todos.

— *Enseña a los niños a ser duros por dentro y por fuera cuando estén enfermos.* Ir a la escuela con un resfriado terrible o una gripe evidente no es lo mejor para ninguno, incluidos los otros niños de la escuela, pero quedarse en casa cada vez que uno siente que está por «agarrar algo» es una manera de criar hijos enclenques. Mostrarse activo es una forma de deshacerse de la amenaza de una enfermedad. Olvidarse de ella, negarse a ceder ante la enfermedad, y mantenerse elástico, alegre y ocupado son muchas veces las maneras en que una persona joven puede desterrar la enfermedad antes de que haya tenido siquiera tiempo de alojarse en el cuerpo. Enseña a los niños a ser resistentes y a no ceder ante la menor dolencia. Anímales a que intenten ir a la escuela o al trabajo aunque no se sientan bien. Diles que probablemente se sentirán mejor una vez que se meten en la vida. La mera sugerencia de que se sentirán mejor les dará el coraje que necesitan para luchar contra sus enfermedades menores. Como padre, no seas su paño de lágrimas que se apena de sus «pobres hijitos que hoy no se sienten bien». Diles más bien: «Sabes que pronto te sentirás mejor. Haz la prueba, y si sientes de veras que no puedes seguir las clases, vuelve a casa a reposar». Si de todos modos optan por la enfermedad, no les permitas fiestas ni juegos durante todo el día, como recompensa por ceder ante su enfermedad. Si deben quedarse en casa, déjales que se queden en cama y descansen. pero no los recompenses por estar enfermos. Recompénsalos siempre por estar sanos, y con el tiempo verás niños que desean estar bien.

— *Di a tus hijos que se visualicen a sí mismos sanos cuando no se sientan bien.* Anima a tus hijos a que se vean a sí mismos activos, sanos, sintiéndose bien, y en vías de alcanzar la perfección que hay en su cuerpo. Cuando sean lo bastante mayores para entenderlo, háblales de la conexión entre la mente y el cuerpo, y sé claro y detallado al pedirles que se formen la imagen de un cuerpo y una mente sanos. En su obra *Creative Visualization* (Visualización creadora), Shakti Gawain nos ofrece una pizca de sabiduría en lo relativo a estar sano: «El cuerpo está continuamente cambiando, recargándose, reconstituyéndose en todo momento, y no tiene para eso ninguna otra pauta que seguir que regirse por la mente». Enseña a tu hija que la enfermedad que experimenta en cualquier momento dado es simplemente una señal poderosa y útil para investigar qué se le está haciendo al cuerpo para que funcione mal. Si los niños creen que pueden visualizar imágenes sanas y que su mente es capaz de curar, se hallarán en el camino de la curación, el bienestar y la salud. Si siempre pones énfasis en que la curación surge de dentro, tendrán una manera de eliminar las enfermedades antes de que éstas hayan tenido tiempo de declararse.

— *Trata de eliminar algunas de las admoniciones que siguen, y reemplázalas por una manera de ver la vida más alegre y divertida.* La risa y el buen humor son formas muy eficaces de curar, y la capacidad de encontrar la parte divertida de cada momento distingue a una persona Sin Límites. Al entristecer la vida y reprimir el buen humor a los niños, el adulto serio y aburrido les mata los instintos naturales de ser un poco caprichosos y disfrutar con las cosas divertidas. Por ejemplo:

Una manera de ver la vida sin sentido del humor (enfermedad)	Una manera más divertida de ver la vida (salud)
Nada de risas a la hora de comer.	Sois siempre tan divertidos. Es fantástico ver que todo el mundo lo pasa bien.

No hagas el tonto delante de los invitados.	¡Eres tan tontito! Pero si los invitados se divierten, ¿por qué no hemos de ayudarles a que se rían también?
¡Deja de hacer el payaso! Compórtate como un niño de tu edad.	Espero que sepas disfrutar de las candilejas, pero también cuándo debes apagarlas.
¡Un poco de respeto!	Sé que para ti esto es difícil de aceptar y que hacer bromas te facilita las cosas, pero éste no es el momento.
Si haces muecas, la cara se te quedará así.	Tienes un millón de caras. Me pregunto si puedes imitar a un vampiro.
No te rías. Así sólo le animarás.	¿No es un encanto la forma en que es capaz de hacer reír a todo el mundo?

— *Lleva a tus hijos de visita a un centro de nutrición.* Muéstrales lo que sucede en un centro de nutrición, y explícales que una nutrición adecuada puede hacerles sentir mucho mejor. Haz que se interesen desde pequeños en su propia salud hablándoles y dándoles ejemplos de cómo pueden vivir una vida larga y sana. Compra libros y casetes sobre la salud. Déjales que vean radiografías de pulmones humanos que han inhalado nicotina durante toda la vida o llévales a visitar a pacientes de enfisema al hospital. El campo de la salud se extiende todos los días con nuevos descubrimientos. Las revistas publican información científica relacionada con la curación, la nutrición, la prevención de enfermedades, las pruebas citotóxicas, las alergias a los alimentos, y la necesidad física de hacer ejercicio y llevar un estilo de vida más activo. Suscríbete a ese tipo de revistas y déjalas al alcance de tus hijos para que las lean. Cómprales material didáctico para que aprendan ellos mismos sobre su cuerpo y haz que crezcan bien informados sobre todo lo que les afecte la salud. Cuanta más información tengas en tu casa, y cuanto más combines eso con un enfoque integral de la salud mediante visitas a centros de salud y tiendas de alimentación sana, más automáticamente asimilarán tus hijos la información sobre la salud. Mantenlos informados e interesados en ese proceso y ellos asumirán un compromiso que les servirá durante toda la vida.

— *No impongas a tus hijos tu propia falta de información y experiencia en el terreno de la salud.* Revisa aquellas excusas tediosas que he detallado en la sección previa de este capítulo «Tu sistema de pretexto para no promover la salud». Examínalas con ojo imparcial y verás que estás negándote a dejar que tus hijos tengan la oportunidad de una salud y un bienestar total porque tú sabes muy poco de todo eso. Que ignorases todo lo relacionado con la salud cuando estabas creciendo no es razón para negarles a tus hijos esta información y esta oportunidad.

Si quieres seguir siendo como eres (tal vez tengas exceso de peso, o bebas demasiado o fumes) en detrimento de tu salud, es indiscutible que estás en tu derecho. Pero negar a los niños el derecho de ser tan sanos como les resulte posible, y educarlos en la ignorancia de los hechos sobre su propia capacidad para continuar sanos toda su vida, es ignorar tu responsabilidad como padre. Tú quieres para tus hijos lo mejor, y no informarles sobre la salud es, literalmente, negársela.

Lo que he expuesto en este capítulo es perfectamente coherente con mi postura a lo largo de todo el libro. Una persona Sin Límites se hace cargo de todos los aspectos de su vida. La gente Sin Límites controla la conexión entre su mente y su cuerpo, de la misma manera que controla la forma en que decide pensar acerca de sí misma, y de igual modo que se hace cargo de sus emociones y pensamientos sobre todo en la vida. Estar en un estado de salud y bienestar y valerse de todas las técnicas disponibles para mantenerse en el nivel de la supersalud es el objetivo por el que opta en la vida una persona Sin Límites. Los niños se merecen esta oportunidad. Una última cita del hermoso librito de Shakti Gawain, ya mencionado, resume este punto de vista:

> La consecuencia natural de este punto de vista es una actitud más constructiva con respecto de la enfermedad. En lugar de pensar en la enfermedad como en un desastre o una desgracia inevitables, pensemos en ella como en un mensaje útil y poderoso. Si estamos sufriendo físicamente de alguna manera, eso es señal de que tenemos algo que revisar en la conciencia, algo que reconocer, que admitir, y cambiar.

Si crees que tienes en tu interior el poder de evitar la enfermedad y mantener la salud y el bienestar como un modo de vida, esfuérzate todos los días en que tus hijos crezcan también con esta actitud. Es muy frecuente que descubramos algunas verdades fundamentales muy tarde en la vida, y que nuestros hijos no se vean beneficiados por este tipo de comprensiones. En el caso de una sana manera de pensar y de considerar la salud, sugiero que esta toma de conciencia de la propia capacidad para curarse y mantenerse sano mediante un empleo más eficaz de la mente es, sin lugar a dudas, un descubrimiento muy reciente. Si estás empezando a creer en esta idea, haz todo lo posible por dar a tus hijos una oportunidad que tú nunca tuviste cuando eras chico: que piensen de manera saludable, que se curen desde dentro de sí y, lo más importante, que hagan de cada uno de sus días un momento en que tengan control, y no reconozcan límite alguno impuesto por alguien o algo externo a ellos. Si uno se fija con atención en la palabra malestar, que evoca la enfermedad, se dará cuenta de que ésta es precisamente un mal-estar, o sea estar mal. Salud implica poner «bien» a la gente en su cuerpo perfecto a fin de eliminar para siempre ese prefijo funesto.

9

QUIERO QUE MIS HIJOS SEAN CREATIVOS

La persona Sin Límites no tiene sentido de la propiedad hacia otros con quienes está asociada; reconoce que la mejor manera de perder cualquier cosa es tratar de agarrarse demasiado estrechamente a ella; es virtualmente inmune a los celos; adopta una visión cooperativa para resolver cualquier problema; nunca se altera por los rótulos que la gente le ponga a ella o a otras personas; comprende la verdad de los opuestos aparentes; se alegra del éxito de los demás y rechaza de plano el juego de las comparaciones y la competición. No tiene héroes específicos y reconoce que por cada héroe famoso hay millones de héroes anónimos; ve al héroe que hay en todos, pero está demasiado ocupado haciendo sus propias contribuciones para vivir a través de las proezas de otra persona. Por su propio bien no da un valor positivo a la conformidad, y es capaz de sortear las normas y los hábitos caprichosos o insignificantes muy fácil y tranquilamente. Se dirige a los demás con sinceridad pura, infantil, y siempre deja que su propia imaginación creativa se dispare en cualquier situación, todo lo afronta en la vida desde un punto de vista creativo.

Si ves en cualquier situación dada sólo lo que ven todos los demás, se puede decir que eres tan representativo como víctima de tu cultura.

S. I. Hayakawa

La imaginación es el principio de la creación. Tú imaginas lo que deseas, pones voluntad en lo que imaginas, y por último creas lo que quieres.

GEORGE BERNARD SHAW

Se ha escrito mucho sobre la creatividad y los niños, poniendo particular énfasis en señalar que unos niños tienen la suerte de ser creativos y otros no. Yo, al contrario, tengo la firme convicción de que todos los niños son creativos, y que se les anima o se les desanima esa creatividad natural según el trato que se les da. La creatividad natural florecerá si se la estimula y se la fomenta. Criar a los niños para que sean creativos al máximo es importante, porque determinará una gran diferencia en la manera de afrontar virtualmente todo lo que hagan en la vida.

¿QUÉ ES LA CREATIVIDAD EN LOS NIÑOS?

La creatividad pone de relieve la calidad única de cada ser humano. Distingue a quienes abordan cualquier problema o situación en la vida desde su propia perspectiva. Significa atajar las tareas en la vida de una manera que hayas decidido tú como individuo. El significado literal de la creatividad es «llegar a ser algo nuevo». La creatividad no se limita a los intereses artísticos o musicales. Tú puedes ser excepcionalmente creativo y hacer cualquier cosa que te interese. Preparar una ensalada puede ser una empresa creativa. Arreglar una bicicleta puede ser una tarea creativa. Hacer una pirueta zambulléndote en la piscina desde el trampolín puede ser un ejercicio creativo. Los niños a quienes se les deja ser ellos mismos en sus experiencias en la vida sin compararlos, y que lo abordan todo desde su propia perspectiva única, se comportan de manera creativa.

Lo opuesto a la creatividad no es lo «mecánico» ni lo «torpe»; es el *conformismo*. A los niños se les desanima, para que no sean creativos, cuando se pretende que hagan las cosas sólo como se les ha enseñado. Cuando colorean los libros de pinturas según el modelo y no usan su propia imaginación, cuando emulan a los adultos en vez de inventarse sus propios métodos, cuando se «amoldan» y hacen lo que se les dice, sin aplicar sus propias características únicas en sus actividades en la vida. Todos los niños son únicos. Cada uno es un individuo especial, y nunca antes en la historia de nuestro planeta ha mirado nadie desde esos ojos ni ha visto el mundo precisamente de la misma manera que él o ella lo hace en este momento. La voluntad y la capacidad de valerse de ese ser incomparable en todas las empresas en la vida es una medida de la creatividad. Lamentablemente, confluyen muchas presiones para criar niños que, si bien claman porque se les estimule la creatividad, acaban haciendo todo lo contrario. Earl Nightingale, en su *Direct Line Cassette Program* (Programa en casetes Línea Directa), dice lo siguiente de la creatividad en tus hijos:

> Las acciones de un niño pueden estar basadas en falsas suposiciones ... La manera de criar a muchos chicos en el hogar y en la escuela consiste en darles una visión falseada de cómo ha de ser la vida en una sociedad libre. Se les enseña a vivir a salvo, a evitar los riesgos de hacerse daño, a conformarse, a amoldarse, a ser uno más en el grupo, una oveja más en el rebaño, a andar de puntillas por la vida en vez de bailar y correr por ella. En consecuencia, no saben lo que hay disponible para ellos.

Los niños criados para que se les despierte la creatividad natural son niños a quienes se anima a que sean ellos mismos, a que no se sientan obligados a amoldarse ni a vivir la vida como los demás. Se les educa para que comprendan que resulta imposible ser como la mayoría y tener, sin embargo, algo que ofrecer. Aprenden desde muy temprano que amoldarse y ajustarse a la vida no son objetivos valiosos, y que está muy bien enfrentarse a la autoridad establecida, preguntar por qué, y probar maneras nuevas de hacer las cosas. Difícilmente tu corazón de padre o de madre diría: «No quiero que mi hijo sea creativo». Sin embargo, casi todas las acciones de los padres tienden a apoyar esa aseveración. Puedes querer que tu hijo sea creativo, y sin embargo estar desanimando ese mismo atributo que deseas, al insistir en que el niño se mantenga dentro de ciertos límites y haga las cosas de la manera que todas las autoridades establecidas esperan de él.

Los componentes exactos de la creatividad son sencillamente indefinibles. Los expertos han hecho muchos esfuerzos por definir con precisión lo que es la creatividad, pero no hay un acuerdo universal sobre lo que queremos decir cuando decimos «creatividad». No obstante, usamos el término con frecuencia, y se admite ampliamente que un niño creativo es un niño admirado. Te expondré mi idea de lo que son los componentes de la creatividad, y no te parecerá nada que puedas haber leído en un libro sobre «Infancia y creatividad».

Mi propósito al escribir este capítulo consiste en ayudarte a fomentar la creatividad en los niños no apagándoles las chispas antes de que tengan tiempo de encender el fuego interior de la creatividad. Piensa y empéñate mucho en ayudar a los niños a aumentar al máximo sus impulsos creativos, en vez de estar decidido a no criar hijos inconformistas. A medida que vayas leyendo este capítulo, y en particular las tácticas que sugiero para ayudar a fomentar en la educación de los hijos los impulsos de creatividad instintiva, ten presente las palabras de uno de los escritores norteamericanos más creativos, Ralph Waldo Emerson:

> Hay un momento en la educación de cada hombre en que éste llega a la convicción de que la envidia es ignorancia, de que la imitación es suicidio ... El que sea un hombre, tendrá que ser inconformista.

Son palabras cargadas de fuerza, y están en el corazón mismo de lo que significa ser una persona creativa. La libertad de aplicar el yo único a todos los actos y pensamientos mientras eso no interfiera con el derecho de cualquier otra persona de hacer lo mismo es precisamente lo que yo llamo ser una persona creativa. Los niños pueden tener esta oportunidad maravillosa todos los días de su vida, o pueden hacer esfuerzos para amoldarse, imitar, y hacer todo lo que se les diga. La actitud ante la vida, creativa o imitativa, depende en gran parte de lo que se les incite o se les permita a los niños. Los siete ingredientes centrales de una actitud creativa para criar niños, según mi manera Sin Límites de considerar la creatividad, son los siguientes:

1. *Sentido de la independencia.* El proceso creativo implica aportar algo nuevo al ser, o abordar los problemas desde una perspectiva nueva. Para ser capaces de crear, los niños deben tener un fuerte sentido de su propia independencia personal. Deben saber que no es necesario complacerte a ti ni a nadie para hacer las cosas importantes. Si educas a los niños para que

dependan de ti, para que necesiten tu aprobación, te pidan permiso o respeten las normas y aprendan a vivir como tú crees que deberían, al mismo tiempo estás sofocando sus impulsos creativos. Incitar a la independencia no implica perdonar la irresponsabilidad. Significa, simplemente, considerar a los niños como únicos y especiales, y animarles a buscar, con tanta frecuencia com sea posible, sus propias maneras incomparables de abordar un problema o llevar a cabo alguna cosa. Para los más pequeñitos, fomentar la independencia significa dejarles que se inventen sus propios juegos sin intervenciones por tu parte. Dar independencia a los preadolescentes es dejarlos que escriban sus propias historias en la escuela y que elijan sus propios amigos. Para los adolescentes, significa dejarlos que expresen sus propias opiniones, que reverencien lo que elijan, que experimenten con recetas nuevas o con cocinas diferentes.

El ser humano creativo es alguien furiosamente independiente. No permitirá que nadie piense ni actúe por él. Si quieres que tus hijos crezcan tan creativos como sea posible, permíteles una independencia razonable y la libertad de pensar como ellos decidan, y anímales a que experimenten en la vida, a que prueben sus propios métodos, y a que se nieguen a aceptar la manera de hacer las cosas que tiene todo el mundo si no resulta adecuada para ellos. En el niño dependiente, hablando en términos generales, la necesidad de los padres de que dependiera de ellos ha sofocado su creatividad.

2. *Ausencia de rótulos.* El proceso creativo requiere estar abierto a experiencias nuevas, tener una mente abierta hacia todo y estar dispuesto a internarse en territorio virgen virtualmente en cada empresa en la vida. Esto significa que los padres deben negarse a poner rótulos a sus hijos, y deben en cambio reforzar su inclinación natural a ser cualquier cosa, según sus caprichos y los caprichos del universo. Esto significa deshacerte de rótulos como el mayor, el del medio, el más pequeño, o el más listo, la hija de papá, guapa, descoordinado, perezoso, duro de mollera, mala semilla, oveja negra, rebelde, pulcra, desaliñado, soldadito de mamá, tímida, artística, mandón, madrecita o cualquier otro apelativo que se te ocurra. En cualquier momento dado, el niño creativo puede ser todo lo que acabo de enumerar o ninguna de todas esas cosas. En el curso de un día un niño puede jugar a balonmano, armar un rompecabezas, sentirse pe-

rezoso, luego tener ganas de dibujar, y después jugar a los solda-
ditos. Puede estar aletargado en un momento, y pleno de energías en el momento siguiente. Esta diversidad parece ser muy
importante para quienes tienen marcas elevadas en la escala
de la creatividad, es decir, la oportunidad de experimentar con
todo en la vida, sin estar «compartimentalizado» en ningún
sentido.

Los padres rara vez dejan que más de un hijo ocupe ninguna
categoría ni rótulo que le pongan a sus hijos. Es frecuente que
estos rótulos se les queden a los niños a pesar de sus esfuerzos
por cambiarlos. Tan pronto como los niños aceptan los rótulos
que les has puesto, renuncian a sí mismos y se convierten en las
personas no creativas que auténticamente no quieren ser. Su
lógica interna les dice: «¿Por qué discutir, si de todos modos
siempre me perciben así?». En breve lapso llegan a ser los rótulos que les has puesto, y sus juicios creativos dejan pronto
de surgir en favor de que vivan según las etiquetas impuestas.
La creatividad exige que los niños se vean a sí mismos como
seres capaces de hacerlo todo en vez de verse restringidos a una
clasificación.

3. *Crecer con integridad personal*. La creatividad está inex-
tricablemente ligada a la honradez y la integridad personal. Para
ser capaz de aplicar su cualidad de único a cualquier tarea en
la vida, un niño debe poseer una confianza incondicional en sí
mismo como persona íntegra. Si es honrado consigo mismo, será
capaz de emplear esa honradez personal en la vida y en todas
sus empresas. El niño que se engaña a sí mismo, que miente
ante los demás, y que vive una vida paralela, atacará los problemas desde la perspectiva de su necesidad de ocultar y proteger
la treta que ha creado. En consecuencia, lo verás comportarse
de maneras estudiadas para ganarse la aprobación de los demás
y para mantener activa su mentira, en vez de ser honrado y
sincero. Los niños que tengan que mantenerse dentro de ciertas
expectativas internas propias, basadas en ser artificiales, se com-
portarán de manera artificial. Y la creatividad no se puede fomentar jamás en un niño que tenga un estilo de vida con
dobleces.

El niño creativo necesita sentirse en paz consigo mismo incluso cuando comete errores. Necesita saber que lo que es importante es que él aplique su cualidad de único al curso de su

vida, y que mantener una postura simulada no sólo es una tontería, sino que entorpece su propia creatividad. Ser sincero consigo mismo constituye un ingrediente vital en el proceso de la creatividad. Los niños deben aprender desde temprano la lección de ser sinceros consigo mismos. Con tus hijos, usa frases como éstas: «Tal vez tengas la tentación de engañarme a mí, o incluso a tu maestra, pero sé sincero contigo mismo» o «Sólo tú sabes si estás trabajando al máximo de tu capacidad y si estás satisfecho y auténticamente complacido con tus esfuerzos» o «En tus momentos de tranquilidad, cuando estés solo en tu cama, ten una charla contigo mismo y fíjate si eres realmente sincero contigo». Cuanto más ayudes a los niños a afrontarse a sí mismos con sinceridad, sin temor, y sin que les importe lo que pienses tú o alguien más, mejor estarás ayudándolos a que confíen en sí mismos. Cuanto más confíen en sí mismos, a medida que vayan creciendo, más dispuestos estarán a usar su propia y única manera de ver las cosas en todo lo que emprendan, y eso es precisamente lo que distingue a un niño creativo de un niño que no lo es. El proceso completo de enseñar la sinceridad con uno mismo empieza cuando los niños son muy pequeños, cuando los elogias por decir la verdad en lugar de castigarlos por ser sinceros, o cuando esperas que se rijan según la famosa sentencia de Shakespeare: «Esto sobre todo: contigo mismo sé sincero».

4. *No temer jamás la propia grandeza.* Los niños creativos no temen a su propia grandeza. Se les anima a que piensen en sí mismos de maneras que no los limiten nunca. No se les enseña a creer en héroes ni a dar a otras personas más importancia que a sí mismos. La creatividad y el riesgo van juntos. Los niños necesitan saber desde el principio que hay genio y grandeza residiendo en su interior, y que pueden tomar la decisión de permitir que esas cualidades se desarrollen. La manera en que un niño percibe a sus héroes es importante en el proceso creativo. Si cree que nunca podría ser tan grande como una figura del deporte o un músico —o que cualquier héroe es mayor, más fuerte y mejor que él—, el niño empezará a temer a la propia grandeza que lleva dentro de sí.

Haz que todos los héroes sean normales y sin embargo únicos para tu hijo. Para criar hijos creativos hay que ayudarles a que sueñen con su propia grandeza en vez de hacerlos vivir sustitutivamente a través de los logros de sus héroes. Esto significa conocer a políticos, hombres de negocios, artistas, autores, gente divertida, y a cualquiera que ellos admiren, pero sólo considerando a esta gente como ejemplos de lo que tus hijos pueden lograr si eligen realmente por ellos mismos. Deben ver la grandeza que hay en su interior y querer empeñosamente permitirle que emerja. Deben ver los ejemplos de los demás como luces que se han encendido para ellos, para que sigan sus propias iluminaciones interiores, en vez de suponer que los demás son mejores que ellos. Al niño que aprende sobre los grandes inventores debe pedírsele también que invente algo algún día. «¿Qué te gustaría inventar? ¿Qué te parece una máquina que nos haga viajar a otro planeta reordenándonos las moléculas? ¿Crees que sería posible? ¿Crees que algún día podrías inventar algo que fuese de gran ayuda para la gente? Apuesto a que puedes hacer cualquier cosa; eres muy listo y siempre tienes ideas especiales.» Hablarles así a los niños muy pequeños hace que ellos sientan que también pueden llegar a ser grandes hombres y mujeres, y que quienes vivieron antes que ellos no eran superhombres, sino gente como ellos, que no eran héroes, sino ejemplos que los pueden llevar a descubrir su propia grandeza en el campo que ellos elijan. La creatividad implica creer en tu propia grandeza, y tú puedes hacer mucho para ayudar a los niños a creer en su propia grandeza.

5. *Intensidad de la atención, capacidad de concentración.* La gente creativa tiene cierta intensidad que no comparte con quienes se convencen de que no son creativos. En *The Courage to Create* (El valor de crear), el psiquiatra Rollo May nos dice: «La concentración, la capacidad de estar absorto, completamente comprometido con lo que se está haciendo suelen usarse para describir el estado del artista o del científico cuando crean o incluso del niño que juega. Como quiera que se le llame, la auténtica creatividad se caracteriza por una intensidad de la atención, un aumento de la conciencia». Educar a los niños para que sean perseverantes, para que persistan en lo que encuentren interesante y lleno de atractivo, y para que sientan la intensidad que describe Rollo May equivale a criarlos para que sean creativos.

Cuando juegan, los niños se comprometen intensamente con los juegos y fantasías que se inventan. Apoya ese compromiso preguntándoles por sus historias y los personajes de su imaginación. Se los debe estimular para que monten comedias y exhibiciones de danza; a medida que vayan desarrollando sus propios juegos y chanzas han de encontrar en ti interés y elogios. La intensidad de esas creaciones surgirá con naturalidad en sus empresas futuras. Cuanto más les apoyes el interés, más los ayudarás a que construyan su capacidad creativa. Procura elevar el genuino interés y la intensidad en sus juegos, cualquiera que sea la edad que tengan.

Cuando tus hijos estén en la infancia, concéntrate con ellos cuando agarran un juguete o miran atentamente un objeto. Habla con ellos de lo que ven, elógialos cuando te sigan el dedo, o ríete con ellos. En los más pequeños, la naturaleza de su mente curiosa ha de ser intensa casi con todo. Cuanto más sea elogiada esa intensidad, más estarás ayudándoles a que piensen y actúen creativamente. La muñeca de pastel de fresa que se imaginan como una madre con sus hijitos se puede convertir en una aventura fantástica en sus mentes imaginativas. Las interminables horas de ordenar y reordenar una zona de juegos, o de examinar bichitos en el campo deben ser fomentadas por ti, aunque a veces te canses un poco. Cuanto más les permitas a tus hijos pequeños practicar esa intensidad sin interrumpirlos constantemente ni desanimarlos, más estarás fomentándoles un ingrediente esencial en el proceso creativo.

Los preadolescentes tienen en su vida un sentido de la imaginación y de la intensidad fenomenales. Pueden crear sus propios clubes y asignar papeles diversos a cada miembro. Pueden pasarse horas y horas escribiendo un guión cinematográfico o crear su propia versión de un «programa-concurso» de televisión para que tú te diviertas. Quieren realizarse, y su compromiso total y la atención a los detalles dan lugar al proceso creativo y les enseñan que es perfectamente aceptable y digno de elogio que sean tan desatadamente imaginativos como decidan ser. También los adolescentes llegan a una gran intensidad en sus esfuerzos creativos. En sus lecciones especiales en la escuela o en sus salidas al campo se pueden ver vitalmente envueltos en un proyecto de aprendizaje. Hablan sin parar con sus amigos con un grado de interés e intensidad que por lo general los adultos desconocen. Les encanta deleitarse con los chismes de quién sale con quién, y quién les gusta realmente. Se inventan cosas y discuten entre sí, y cuanta mayor intensidad muestren.

y más apoyes tú esas acciones, mejor estarás enseñándoles que son perfectamente maravillosos, y que se puede confiar en que dependerán de sí mismos para determinar sus propios intereses. Eso es creatividad en acción. Cuanto más refuerces esa intensidad y te niegues a criticarla, sin que importe lo ingenua o inmadura que pueda parecerte, más estarás poniendo a tus hijos en el camino que conduce a que piensen por sí mismos. Y ésa es la esencia de la creatividad: pensar por sí mismos con tanta intensidad como decidan.

6. *Fomentar la perseverancia.* Cuando la gente creativa se halla comprometida en un proyecto, lo aborda y persiste en él hasta que agota toda su energía en el tema. La cualidad de la perseverancia es un ingrediente tan importante de la creatividad como los que ya he mencionado. Una de mis citas favoritas describe la importancia que le doy a la perseverancia como medio de alcanzar cualquier cosa en la vida, y a mí se me aplica personalmente más que cualquier otra cualidad que me haya ayudado a alcanzar cualquier éxito. Sé que otros tienen más talento y mejor educación, pero todavía estoy por conocer a alguien que tenga la emperrada perseverancia que yo poseo cuando se trata de ir tras lo que quiero. He aquí la cita, una máxima anónima tomada del *Daily Planet Almanac.* Tenla presente cuando mires a tus hijos y pienses en guirlos en sus peculiares senderos creativos.

> Nada en el mundo puede ocupar
> el lugar de la perseverancia.
> El talento no; nada hay más
> común que hombres con talento
> y sin éxito.
> El genio tampoco; el genio sin
> recompensa es casi proverbial.
> La educación tampoco; el mundo
> está lleno de negligentes instruidos.
> Sólo la perseverancia y la determinación
> son omnipotentes.

Puedes ayudar a tus hijos a ser perseverantes, pero el deseo debe surgir de dentro de ellos. Ínstalos a que nunca renuncien a las cosas que sean de gran importancia para ellos. Ayúdales a no pensar nunca en términos de imposibilidad, y a que vean el valor que tiene mantenerse en una situación hasta que quede resuelta. Es frecuente que los niños pequeños necesiten que se les anime a perseverar con un problema, y si reciben tu aliento, estarán dando desde jóvenes esos pasos necesarios para alcanzar sus propios objetivos. Pedir a tus hijitos: «Toma ese rompecabezas y no pares hasta resolverlo, aunque ahora mismo te sientas trabado» es el tipo de aliento del que hablo. Ayúdales a buscar respuestas de maneras poco convencionales, en vez de probar una vez y dejarlo luego. «Sé que puedes encontrar la respuesta. Piensa en ello, y trata de imaginarte una solución de una manera nueva.» «Tú serás un gran jugador de fútbol; ya lo noto. Practiquemos controlar la pelota con el pie izquierdo durante otra media hora, y seguro que pronto serás un experto.» «Estás apuntada y comprometida a diez semanas de clases de *jazz*, y quiero que te apliques y lo hagas con ganas. Si luego quieres dejarlo, hazlo.» «Si te has apuntado a esas lecciones de tenis, insisto en que las sigas aunque se te haga aburrido. Brindarte al máximo durante el período de aprendizaje es tan importante como tener talento, cosa que tú tienes en cantidad.» Esas y otras formas verbales de animar la perseverancia y de impedir que se den por vencidos son importantes para desarrollar la creatividad en los niños. Cuando aprenden a ser leales a una empresa, a poner en ella todo de sí, y a negarse a renunciar a los proyectos que se forman, debes ayudarles a que perseveren incluso aunque se sientan tentados de tomar otro camino. En la medida en que desarrollen esta cualidad de la perseverancia, la aplicarán más adelante a sus empeños más importantes, y surgirá entonces el manantial creativo. He descubierto que si me empeño en mis escritos, aunque tenga ganas de dejarlo, el «empeñarme en ello» me ayuda a escribir más creativamente que en cualquier otro momento. Cuanto más sigo trabajando, mejor me siento con los resultados, y la creatividad surgirá con naturalidad de tus hijos cuando practiquen esa perseverancia. Anímeles a hacer, y la parte creativa vendrá entonces como por añadidura.

7. *Independencia de pensamiento.* Ser independiente consiste en algo más que en no estar demasiado estrechamente ligado a los padres. Las personas creativas piensan de formas peculiares que les permiten crear. Perciben el mundo según sus propias luces interiores, y piensan de formas que no les permi-

ten simplemente clasificar y compartimentar el mundo. Perciben los opuestos aparentes como parte de la totalidad. Saben que el mundo no está dividido en meras dicotomías, negro por un lado y blanco por el otro. Advierten lo complementario en los opuestos y ven más allá de donde impone el pensamiento convencional. Las personas creativas piensan de maneras no tradicionales. No se conforman con poner un rótulo a las cosas y nada más; quieren ver lo que hay bajo la superficie. Saben que el mundo es indivisible, pero que se le puede explorar por terrenos hasta ahora desconocidos. William James, que hizo grandes aportes a la psicología moderna, definía el genio como «la facultad de percibir de forma no habitual». Eso es lo que distingue a quienes son creativos de los demás: pensar de forma no habitual. No son criaturas del hábito. Quieren saber más. Preguntan por qué una y otra vez. Si la respuesta no les convence demasiado, o no se la das porque no tienes tiempo para esas preguntas, tal vez estés anulando cualquier interés futuro en preguntarte cosas. Es indudable que si no haces caso de sus preguntas con la suficiente frecuencia, los niños buscarán las respuestas en otras fuentes o perderán el entusiasmo por la adquisición de conocimientos.

Los adultos han de estimular el pensamiento creativo, el pensar de formas no habituales. Enseña a los niños a no adjudicar rótulos a los demás, hablando con ellos de que la gente está hecha de muchas cualidades contrastadas. Enséñales que explorar una pregunta y admitir abiertamente cuando uno no conoce la respuesta es mucho mejor que tratar de inventarle una falsa respuesta. Ayúdales a que usen su propia mente en vez de aceptar nada que les digan los llamados expertos. Anímales a que pregunten a todo el mundo, a que verifiquen cualquier cosa que les ofrezca dudas, y a que eviten la obediencia ciega en la vida. El pensamiento creativo implica interrogar todo el tiempo. Como padre o madre, estás en posición tanto de estimular como de desanimar el proceso. Aunque no conozcas las respuestas, podéis mirar las cosas juntos. Enseña a tus hijos a dudar de todo lo que les digan en términos absolutos. Investiga y comprueba las fuentes de los demás. Que aprendan a creer en la integridad de su propia mente es una gran lección para los niños, y es una de las piedras angulares de la forma creativa de ver la vida en una persona.

Los pequeñines te preguntarán «¿por qué?» a todas horas

del día. Anímalos. «Eres fantástico, siempre quieres saberlo todo. ¿Qué piensas *tú* de ello? ¿Por qué supones *tú* que el cielo es azul? ¿Dónde crees *tú* que está el cielo?» En otras palabras, foméntales la curiosidad y devuélveles los problemas para que los resuelvan ellos. Si para una pregunta no tienes una respuesta clara, admítelo y luego trata de averiguarlo juntos, para que puedan ir ejercitando sus ideas. En los años siguientes, pídeles que encuentren puntos de vista opuestos y que se resuelvan sus propias verdades. Apóyalos para que cuestionen las interpretaciones del maestro. Enséñales a poner en tela de juicio a los «expertos» y a pensar en un plan, una respuesta, una réplica acorde con sus propias teorías. Cuanto más inquisitivos aprendan a ser, más abiertos de mente, menos prejuicios abrigarán, y más aplicarán esa manera de pensar en la creación de sus propias verdades. Y de eso se trata la creatividad: de dar con las propias verdades sin pensar de formas habituales.

Éstos son los componentes principales de la creatividad. Cuanto más puedas ayudar a tus hijos a que crezcan en cada una de estas siete dimensiones, más probable será que puedas decir: «Mi hijo es realmente creativo». No será porque le guste el arte, la música, la literatura, ni inventar cosas, sino porque percibe su mundo de manera diferente de las habituales que mucha gente tiene de ver la vida. Los niños creativos son de veras muy distintos de quienes se describen como no creativos. Antes de adentrarnos en maneras concretas de ayudar a los niños a que crezcan con una generosa dieta de creatividad, presentaré mi breve retrato de cómo es un niño realmente creativo a medida que atraviesa los hechos cotidianos de su vida. Algunas de estas cualidades tal vez te sorprendan, y sin embargo parecen perfectamente coherentes con los niños criados con creatividad.

BREVE RETRATO DE UN NIÑO CREATIVO

La creatividad es una manera de ver la vida. Es una actitud que nos conduce a la realización personal porque nos permite aplicar nuestro propio ser especial en todas nuestras empresas en la vida. El niño creativo no es simplemente el que aprende a tocar el piano a los cuatro años ni muestra un desusado interés por la pintura o la música clásica. ¡La creatividad no implica precocidad! Todos los niños tienen un potencial de creatividad. La medida en que se les permita manifestar ese potencial será el factor que determinará si viven o no vidas creativas. No los genes, ni los cromosomas, ni los antecedentes familiares, ni tampoco la situación económica. La creatividad no pasa por ninguno de estos elementos. Son tus actitudes hacia los chicos y tu forma de relacionarte con la cualidad única y especial que hay en cada uno lo que constituye principalmente el factor determinado. Mientras que hay muchos niños que pueden crecer con talentos y habilidades especiales que trasciendan lo que hagan los padres, al niño creativo, por regla general, no sólo se le permite serlo, sino que se le anima a continuar así a lo largo de su vida junto a las personas importantes con quienes se relaciona diariamente. He aquí una rápida ojeada a la forma de ser de estos niños: cotidiana, regular, normal, pero, a la vez, altamente creativa.

A los niños creativos les gusta jugar e inventarse juegos nuevos. Parece que disfrutan muchísimo estipulando nuevas reglas e inventándose personajes para que todos representen. Les encanta hacer preguntas sobre cualquier cosa; su curiosidad parece no tener límites. Se interesan por todo lo que se encuentran, y quieren probar cosas nuevas, en vez de temer lo desconocido. Esos niños son muy felices cuando pueden ser espontáneos e inventar nuevas maneras de divertirse. Disfrutarán con cualquier cosa que les des para jugar. Una manguera en el jardín se convierte en un manantial; una lata vacía es la «pelota» de un nuevo juego que consiste en patear y arrojar la lata. Una vieja cubierta de coche puede llegar a ser fácilmente un columpio o una rueda para hacer girar por la calle con una muñeca dentro. Una casa en construcción es todo un mundo para explorar, las maderas, los ladrillos, el mortero, y todos los materiales interesantes que hay para conocer y con los que disfrutar por lo que son. La tapa del cubo de la basura puede convertirse en un escudo y dos tablillas clavadas en cruz hacen un sable, y en un instante tienes a los niños jugando al Rey Arturo o al Príncipe Valiente. Una bobina de hilo de coser, con un poco de pintura, puede llegar a ser una muñeca, y con un poco de papel de aluminio y vasos de papel los niños creativos pueden vivir momentos mágicos creándose decoraciones. No necesitan un ordenador, un radiotransmisor portátil ni un televisor para estar entretenidos. Pueden encontrar entretenimiento en una sábana vieja, en un palo, y unas piedras; en un rato habrán montado una tienda.

Los niños creativos preguntan «por qué» todo el tiempo, y se les estimula para que sigan haciéndolo. Confían en los buenos resultados que alcanzarán sin que importe lo que estén haciendo. Si le preguntas a un niño creativo si puede ir en bici a un pueblo a sesenta y cinco kilómetros de distancia, te dirá: «Claro: si me dejas hago la prueba». Los niños creativos saben que tienen dentro de sí un potencial ilimitado, y están dispuestos a correr los riesgos necesarios sin temer al fracaso. Confían en sí mismos, y esa confianza les surge de aplicarse de una manera única en todo lo que hacen. Harán la prueba de saltar desde el trampolín de los nueve metros, sabiendo que les irá todo perfecto. ¿Por qué? Porque en su interior saben que pueden hacerlo. Probarán a saltar desde el borde de la cama hacia la silla a los dieciocho meses, y seguirán intentándolo hasta que les salga bien, a menos que se les diga que eso es demasiado peligroso y que les dé miedo dar pasos de gigante. Trabajarán durante infinidad de horas en la carroza de la escuela secundaria para el desfile de un sábado, aportando al diseño sus características creativas únicas, y les encantará hacerlo. Se vestirán con ropa de adultos, se maquillarán, hablarán con sus muñecas en el lenguaje de ellas, y por lo general probarán cualquier cosa que se les ocurra.

Los niños creativos no saben guardarse sus ideas; en vez de eso las dan a conocer. No han aprendido a ser extremadamente cuidadosos; en cambio, están dispuestos a correr riesgos razonables. Están imbuidos de un espíritu interno siempre dispuesto a organizar un día en la playa, un *picnic*, un partido o una fiesta de cumpleaños. ¡Quieren ir! No quieren pasar por la vida como espectadores; de hecho, no pueden esperar a que llegue el momento. «¿Todavía no hemos llegado? ¿Cuánto falta para llegar?» Y mientras esperan, se inventan juegos y cosas entretenidas para pasar el rato. «Miremos las distintas matrículas de los coches según la provincia de donde sean.» «Inventemos canciones nuevas.» «Juguemos a hacer palmas y a ver quién se equivoca antes.» «Hagamos un pulso. ¿No? ¿Y sólo con un dedo?» Son hacedores, siempre tienen la mente activa, y quieren participar en la vida en vez de quedarse viendo cómo pasa.

Los niños creativos a menudo prefieren aprender o trabajar a solas. No quieren que se les interrumpa a cada rato. A menudo se los considera excéntricos, y se puede cometer el error de catalogarlos de «poco meritorios» si no se les anima y se les estimula. Muchas veces se les pone el rótulo de «alborotadores» porque hacen demasiadas preguntas o porque no se sientan dócilmente a hacer todo lo que hace todo el mundo. A un niño creativo se le puede llamar el payaso de la clase o incluso el solitario, pero esas etiquetas las pone casi siempre la gente que no es creativa. Los niños creativos prefieren una variedad de recursos y no un estrecho punto de interés. Les encantan los libros, y a los más pequeños les fascina mirar las ilustraciones de los cuentos. También les fascina la mayor parte de lo que ven por televisión (en especial los anuncios). La música de cualquier clase es un juguete para los niños creativos, y muchas veces bailarán y harán mímica incluso siendo muy pequeños. Todo lo encuentran interesante, sin prejuicios en cuanto a que sea bueno o malo. Fuera de casa se fijarán en todo. Los pájaros, los gusanos, gatos, flores, perros, la lluvia, la nieve, todo lo que hay fuera de casa es fascinante para un niño creativo, que nunca estará cansado de curiosear por la naturaleza, descubriendo e inventándose sus propias explicaciones de por qué las cosas le parecen así. Saben jugar con todo. Un palito puede ser una varita mágica, una pistola de láser, una batuta, o cualquier cosa que se les ocurra. Un azucarero se puede convertir instantáneamente en una nave espacial o en un sitio donde esconder a los duendes y asustar al hermano pequeño. Por lo general llevan las manos sucias y es difícil mantenerlos limpios y pulcros. Su naturaleza inquieta hace que sean así.

A los niños y niñas creativos les encantan los *puzzles*, los bloquecitos para armar, los laberintos y los juguetes que les estimulen continuamente su mente peculiar, única. Son muy hábiles para resolver cosas cuando se les deja explorarlas, y cuando no se les da un montón de reglas y normas sobre cómo han de jugar. Les encanta dibujar sus cuadros, inventarse sus historias, y jugar creativamente con papeles, engrudo, colores, y objetos que podrías considerar un montón de trastos. De hecho, un montón de trastos, para un niño creativo no es un montón de trastos. Es un millón de tesoros, el cuerno de la abundancia. Los niños creativos serán perseverantes con los proyectos que encuentren interesantes, irán a la biblioteca a buscar más información, hablarán con los expertos para aprender más sobre sus nuevos descubrimientos, y tal vez incluso se nieguen a hacer tareas de tipo rutinario, como contestar a las preguntas del final de cada capítulo. Cuando dan con algo que les interesa tienen energía ilimitada, pero no participarán en tareas mundanas en que todo el mundo tiene que hacer exactamente lo mismo; o, si ceden un poco, harán el trabajo con poco entusiasmo para cumplir con una tarea rutinaria. Les gustan las empresas difíciles, aprender cosas nuevas, pero también necesitan aplicar su propia creatividad en sus proyectos, y cuando se les trata como a cualquiera, sin atención, se irritan con mucha facilidad ante una ofensa manifiesta. Deja que tu hijo creativo experimente y ensaye sus propias soluciones y tendrás un hijo feliz, entusiasta. Dile al mismo niño que se siente bien recto, que conteste las preguntas, y haga simplemente lo que hacen todos, y antes de que te des cuenta, tendrás un problema entre manos.

Los jovencitos creativos dejan traslucir sus emociones. Si están enfadados por cómo los tratas, sin duda te enterarás de cómo se sienten. Tal vez no sepan mantener a raya esas emociones en los primeros años, así que gritarán, chillarán, y harán mucho escándalo. Pero tú no puedes hacer que se reformen sólo porque te gustaría que fuesen diferentes. Son sinceros, no están dispuestos a ser falsos en cuanto a lo que sienten. Son rápidos para mostrar que están enfadados, e igualmente rápidos para expresar su amor. Una criatura creativa te abrazará y te hará un millón de mimos una tarde, y te preguntarás qué has hecho para merecerte un hijo tan perfecto; luego, al momento siguiente, te dará un golpe, chillará alguna obscenidad, y correrá a llorar en su cuarto. ¡Son únicos! El hecho es que siempre has de tenerlos presente. Los niños creativos tienen un interior creativo. Piensan, sienten, y se comportan de manera única. Esos sentimientos o emociones son precisamente lo que los hace creativos. No pueden moderar sus reacciones emocionales ante las cosas sólo porque sería más agradable para ti y para él. Son interiormente sinceros, y si se sienten heridos, los verás llorar. Si sienten alegría, verás éxtasis en sus ojos, en sus manos, en sus saltos, en sus sonrisas, y en la mirada de «amo la vida» que desafía cualquier intento de descripción.

A los niños creativos muchas veces se les tiene por «raros». Les gusta mucho mirar mapas y soñar con lugares lejanos. Se estudian el diccionario y tratan de usar un vocabulario adulto mucho antes de madurar lo bastante para comprender el significado total de lo que dicen. Inventarán nuevas combinaciones de sabores, como espárragos con mantequilla de cacahuete, o un *sandwich* especial Montecristo, hecho con plátano, mayonesa y melón sobre pan integral. Les encanta contar historias después de que les hayas leído cuentos y su imaginación creativa puede desatarse si los animas a que se inventen argumentos intrincados e historias maravillosas. Sólo necesitan un pequeño estímulo para llegar a narrar complicadísimos y divertidos cuentos infantiles. Si les das libertad para que se muevan en la cocina, pasarán ratos fascinantes inventándose sus propias comidas originales. Ensayarán a poner *curry* y ajo juntos aunque tú nunca lo hayas combinado antes de esa manera. Pero eso lo harán sólo si de vez en cuando tienen la oportunidad.

A los niños creativos les gustan las situaciones nuevas, y nunca renuncian a experimentar, a menos que se les enseñe a ser renuentes. No sienten la tentación de pertenecer a una pandilla ni formar parte de una multitud. En vez de eso son capaces de llevarse bien con los muchos grupos y subgrupos del vecindario y de la escuela. En un grupo no se quedarán sólo con los niños ni sólo con las niñas, sino que optarán por jugar con todos. No conocen los prejuicios, y su natural deseo de experimentar los anima a conocer a todos y a no prejuzgar a nadie. Mostrarán una madurez notable en la adolescencia, ya que han tenido contacto con muchas ideas y personas, y porque ese mismo contacto les desanima los prejuicios. En consecuencia, se abren ante todos y ante todas las ideas. Viviendo, han aprendido que no hay nada que odiar en nadie, y poco que temer. Razonable, sí; temeroso, no. Saben que la mayoría de la gente le teme a lo que no conoce, pero ellos tienen la fortuna de la oportunidad de informarse gracias a su curiosidad y su personalidad desinhibida. Están bien dispuestos a descubrir cualquier cosa. Desde que son muy pequeños hasta la adolescencia, son amantes de la vida, con ánimo de aprender, sin miedo al fracaso.

A veces los niños creativos probarán cosas que quizá tú desapruebes, pero han de probarlas para convencerse de que no es lo que quieren en su vida. Sí, probablemente un niño creativo probará un cigarrillo, pero no será miembro de la pandilla de los gamberros. En cambio, querrá saber por sí mismo cómo son las cosas, de primera mano, y hasta que no las pruebe no estará satisfecho. Cuando las pruebe y las encuentre desagradables, inapropiadas, demasiado peligrosas o lo que sea, seguramente las dejará él solo. Pero los niños creativos experimentarán y harán sus propios juicios sobre lo que está bien y está mal para ellos basándose en la información y las pautas que tú les des y, más importante aún, en su propia necesidad de descubrirlo por sí mismos. Sí, acaso prueben las drogas en algún momento de su vida. Sí, harán algunas cosas que tú desapruebas, y a veces te decepcionarán, y también se decepcionarán a sí mismos. Pero deben tener la oportunidad de investigar la vida ellos mismos, y que tú no quieras que sean de otra manera no les impedirá hacerlo.

Los niños creativos aprenden muy rápidamente de sus errores. Sabrán que lo que les inhibe es su propio deseo creativo por sobresalir, y puedes estar seguro de que no serán adictos a las drogas, ni se comprometerán con criminales, ni harán nada que les perjudique, ya que tienen impulsos creativos muy fuertes para realizarse y estar completamente vivos. Comprenderán muy pronto la insensatez de dejar que les controle la vida una droga, o una persona convincente que no tenga buenas intenciones en el corazón. Sus propios impulsos creativos por sobrevivir y ser felices se impondrán, así como las lecciones éticas y morales que les hayas dado. Pero tú no puedes impedir que una persona creativa se meta en «la última onda». Tiene su propia mente única (eso es lo que la hace creativa en primer lugar), y ha de descubrirla por sí misma.

Un niño creativo hace sus elecciones basándose no en haber sido «educado» ni en «hacer lo que está bien» ni en que «Dios te observa» ni que en «tus notas son más importantes que tú», sino en su deseo de autoperfeccionamiento y en su afectuoso interés por los demás. A los niños creativos les fascinan las diferencias que existen en el mundo, en vez de hacer caso a las aseveraciones arbitrarias de lo que está absolutamente bien y lo que es malo sin la menor duda. Ellos no tienen miedo de ser diferentes; de hecho, están orgullosos de lo que les hace únicos y especiales. Les gusta ser ellos mismos, y por lo general les tiene sin cuidado lo que los demás piensen de ellos. Si bien son susceptibles o se ofenden cuando se habla de ellos, tienen un gran orgullo de ser quienes son y de no tener que ser como nadie más.

Los niños creativos parecen no conocer fronteras cuando se trata de algo que les interesa. Están dispuestos a probar virtualmente cualquier deporte; están ansiosos por aprender a montar en bicicleta tan pronto como sea posible. Hablarán con cualquiera que los escuche, y por lo general no les interesará usar las marcas y diseños exclusivos. Pueden ser desaliñados o pulcros, según la disposición de ánimo, pero no quedarán inmovilizados porque no tengan el accesorio «correcto», el peinado *in*, o la popular «etiqueta» en la ropa. Son curiosos y perseverantes en la vida, y muchas veces reclaman la atención de sus padres y maestros para obtener respuestas, porque nunca se conformarán con un «¡porque lo digo yo!». Eso tal vez los haga callar, pero no aplacará el enfado de haber sido tratados con una reacción tan autoritaria por personas que no tienen sobre ellos más ventaja que el tamaño o la edad.

Los niños creativos aprenderán con el fin de estar informados y por el placer de resolver problemas tanto o más que por la aprobación y las gratificaciones externas. Si un niño creativo queda fijado en un problema en particular, nada que puedas hacer o decir hará que lo abandone mientras no le haya encontrado solución. Los niños creativos tienen necesidades internas de descubrir que trascenderán cualquier recompensa externa que se les pueda ofrecer. No les hace falta ni les apetece ser «estrellas». De hecho, saben bien cómo están progresando, incluso en los primeros niveles, y muchas veces verán el trato de «estrella» como algo que necesitan hacer los maestros, y no como algo por lo que deban interesarse. Un niño creativo puede aprender de un conserje, de un guardia de tráfico, una secretaria, o de un camarero de cafetería tanto como de su maestra, y muchas veces lo encontrarás haciéndose amigo de gente así. Un niño creativo está todo el tiempo absorto en sus propios proyectos, y aunque tal vez siga el ritmo lento de enseñanza de su maestro, con frecuencia acudirá a investigar a la biblioteca, y progresará a su propio ritmo sin siquiera decírselo a nadie.

Un niño creativo tiene sentido del humor. Los niños así pueden hacerte reír y son buenos para hacer reír a todos. No recurren a payasadas forzadas para ocultar cualquier inseguridad que puedan tener sobre sí mismos, ni se valen del humor sarcástico ni eligen a otro como centro de sus bromas. Con frecuencia el niño creativo será la única persona en el grupo dispuesta a «defender al ausente», o a poner fin al chismorreo y al ridículo. No los detienen los fracasos, aunque a menudo los sorprenden. Aprenderán muy rápido qué es lo que hace daño, y pondrán mucho cuidado en no repetir el mismo error en el próximo intento. cosa que suelen lograr a la vez siguiente gracias a su férrea perseverancia para demostrar que pueden ser cualquier cosa que se propongan.

Los niños creativos rescatarán cachorros perdidos. Verán virtudes en todo en vez de buscar defectos. Les gusta la competición, pero dan más importancia a sus progresos que a tener que vencer a los demás. Les gusta la apariencia que tienen, y aunque buscan mejorar su aspecto a medida que maduran, no son demasiado críticos consigo mismos. No se ven como demasiado bajos, altos, morenos, blancos, gordos, feos ni flacuchos. Les gusta el estímulo y la tarea de la autosuperación, pero son lo bastante creativos interiormente para saber que el valor que tienen no surge de cómo aparezcan ante los demás, sino de la cualidad y el contenido de sus acciones y carácter. Encontrarás un niño creativo disfrutando con entretenimientos individuales como leer, hacer solitarios, salir a correr, o aprender a tocar un nuevo instrumento. Aunque sea sociable y gregario, esa llama creativa está siempre encendida en su interior. Le gusta la vida y todo lo que hay en ella. Está dispuesto a probarlo todo, con la condición de que se le permita aplicar su propio ser incomparable en sus empeños. Un niño creativo puede llegar a ser un rebelde ante tus ojos y ante los de las autoridades establecidas, pero independientemente de cómo lo veas, esa llama interior brilla para él, que siempre se guiará con esa luz. El niño creativo es un enigma. Puede causarte los peores dolores de cabeza, pero también te hará sentir muy orgulloso.

Si has visto a tus hijos en esta descripción de cómo viven los niños creativos, no me sorprende. Como ya he dicho al principio de este capítulo, todos los niños son creativos. Depende de ti cultivar y nutrir y educar y animar sus instintos creativos naturales. A medida que leas sobre las maneras típicas en que restringimos la creatividad en nuestros hijos, y consideres algunas de las estrategias que ofrezco para ayudarte a educarlos en la creatividad, ten presente lo que decía de los niños Norman Douglas, particularmente si quieres que sean lo más creativos que sea posible: «Si quieres ver qué pueden hacer los niños, deja de darles cosas».

ALGUNAS MANERAS TÍPICAS DE INTERFERIR CON LAS INCLINACIONES CREATIVAS NATURALES DE NUESTROS HIJOS

Evidentemente, tú no te propones interferir de manera deliberada en el crecimiento de la creatividad de tu hijo. Sin embargo, en algunas maneras de interactuar con ellos hacemos precisamente eso. He aquí algunos de los modelos de interacción más típicos que tal vez quieras examinar para ayudarte a frenar este tipo de interferencias.

— Inducir a los niños a depender demasiado de ti y no dejarles que apliquen sus propias soluciones únicas a sus problemas.

— Criar a los niños para que sean como todos los demás: para que se conformen, se amolden, y eviten ser diferentes. Criarlos para que piensen de formas habituales y que se comparen con todos o con cualquiera cuando se comportan inapropiadamente.

— Desanimar las preguntas ignorando los persistentes «por qué» o hacerlos callar diciéndoles que no te interesan sus preguntas.

— Enseñarles a estar siempre en el lado seguro y evitar los riesgos a toda costa.

— No tomarte tiempo para estar con tus hijos cada día: no leerles, ni conversar con ellos, ni contestarles sus preguntas.

— Enseñarles a «no pisar la raya» cuando colorean, escriben, cuentan un cuento, juegan, o hacen cualquier cosa.

— Castigarlos por decir la verdad.

— Dejar que los niños crean que son comunes o normales, y que no tienen grandeza y genio en su interior. Dejar que piensen que no tienen talento.

— Desanimar la exploración creativa criticando o quitando importancia a los esfuerzos creativos.

— No darles un modelo de persona que persigue sus propios intereses con entusiasmo y espontaneidad.

— Enseñar a los niños que no confías en sus opiniones porque son demasiado pequeños para haberse formado cualquier punto de vista válido.

— Vigilarles constantemente e interferir en sus juegos imponiéndoles consejos, reglas y restricciones.

— Tratar a los niños de manera condescendiente, como si fuesen inferiores, o emplear una manera demasiado infantil como forma habitual de comunicación.

— Darles una cantidad excesiva de juguetes y llenarles la vida de caprichos, televisión y demás cosas para mantenerlos ocupados.

— Asumir la completa responsabilidad de que no se aburran, inventando actividades regularmente para que pasen el tiempo.

— No darles la oportunidad de estar solos cada vez que lo decidan.

— Tomar la posición de que los niños están equivocados y los adultos tienen razón en cualquier discusión que se entable en su vida. O tomar siempre una posición en contra de ellos. No dejar que piensen ellos mismos y descubran soluciones.

— Mantenerlos dentro de casa y bien observados casi todo el tiempo.

— Forzarles a formar parte de equipos deportivos desde muy temprano y destacar que están aprendiendo para competir.

— Animar a los niños a ser siempre obedientes para complacerte, y no para que desarrollen códigos éticos internos que llevarán consigo durante toda la vida.

— Desanimarlos para que no exploren la vida porque los ensuciará o les causará problemas, o porque a ti no te convenga.

— No elogiarles sus inventos «insensatos» o sus soluciones únicas.

— Elogiarlos sólo por las recompensas que reciben, y no por las actividades. «Vaya, has ganado un premio.» «Fantástico, has ganado un trofeo.» «¡Sensacional! Has alcanzado las notas más altas de la clase.»

— Poner rótulos a los niños. «Tú eres mayor, así que tienes que ser duro.» «Las niñas no hacen ese tipo de cosas.»

Ten presente que recibes cierto tipo de dividendos virtualmente por todo lo que haces en relación con tus hijos. Procura mirar objetivamente todas las explicaciones que encontrarás a continuación para ver si tal vez tú entrarías en alguna de ellas. Una vez que entiendas qué obtienes al desanimar la creatividad en tus hijos, tal vez te sientas más inclinado a recurrir a alguna de las estrategias para ayudarlos a ser más creativos en todos los estratos de su crecimiento. Debes comprender el «*porqué*» de tu comportamiento hacia tus hijos antes de que puedas utilizar el *cómo* para brindarles cambios positivos. De la misma manera en que tus hijos preguntan «¿por qué?» y tratan de alcanzar un firme dominio en la manera de hacer las cosas, también tú debes preguntarte un «¿por qué?» bien grande. He aquí algunos de los dividendos que tal vez te den las respuestas.

— *Quizás hayas descubierto que en realidad es mucho más fácil educar a los hijos de manera que sus aspiraciones creativas queden reducidas al mínimo.* Un niño que haga las cosas a su manera única es mucho más difícil de controlar, y tal vez sea el control lo que tú persigues en tus hijos. Si los dejas que piensen por sí mismos, empezarás a cuestionar algunas de tus creencias arraigadas. Resulta más fácil hacer que hagan obedientemente lo que se les dice, que tener que ocuparte de que cada niño sea su propio ser único.

— *Responder preguntas todo el tiempo puede ser molesto, particularmente cuando tu niño de tres o cuatro años pregunta «¿por qué?» virtualmente ante todo lo que ve.* Al decirles que dejen de hacerse tantas preguntas puedes quitártelos de encima y no tener que admitir que no conoces las respuestas de muchas de sus preguntas.

— *Quizá sientas que educar críos creativos es demasiada carga física para ti.* Los niños creativos están llenos de energía, y quieren saberlo todo y probarlo todo. Tal vez encuentres cansado permitirles que persigan sus propios intereses, ya que no parecen cansarse nunca, así que en vez de dejarlos que persigan esos intereses sin ti, quizás estés simplemente desanimándoles de que sean tan bulliciosos contigo. Eso te evita tener que reunir energías que no pareces tener, y también los aquieta temporalmente. En vez de cambiar tú si no puedes seguirle el ritmo, simplemente los fuerzas a que frenen y dejen de ser tan inquisitivos. A lo mejor también te dices que no tienes el tiempo necesario para educarlos en la creatividad.

— *Tal vez te digas a ti mismo: «No quiero que mis hijos sean "raros"*. Pueden crecer como crecí yo y cualquier otro en el vecindario. Todo ese asunto de la creatividad está bien para los pequeños Mozart, pero mi pequeño va a trabajar en la fábrica, y no necesita confundirse metiéndose en tonterías. Puede aminorar esos impulsos y aprender a hacer una vida como el resto del mundo». Esta actitud hace que para ti sea fácil evitar que los niños sean diferentes y únicos en lo que hacen. Si pueden amoldarse y hacer lo que hace todo el mundo, serán mucho mejores. Esa es la lógica de «Lo que está bien para mí y para todos también es bueno para ellos». Deben ser como la mayoría.

— *Tal vez te hayas convencido a ti mismo de que criar hijos para que sean creativos equivale a ser demasiado permisivo, y que con el tiempo tendrán problemas si no se disciplinan para ajustarse al mundo.* Este tipo de lógica tal vez te sirva para evitar que tus hijos lleguen a ser demasiado creativos, pero contradice el hecho de que cualquiera que vaya a hacer alguna diferencia en el mundo, o vaya a hacer alguna contribución que lo mejore, no piensa ni actúa como todos. «Pero podrás decir— yo no quiero que mi hijo cambie el mundo. Sólo quiero que aprenda a ir pasando y no se convierta en un loco como esos llamados creativos.» Este razonamiento te dará el pretexto que necesitas para desanimar la creatividad.

— *A lo mejor quieres que tus hijos sigan dependiendo de ti.* Eso hace que te sientas deseado y necesario, y es un poderoso motivador para evitar que hagan las cosas según su propia manera. Cuanto más necesiten que pienses por ellos, que les des permiso, que hagas cosas por ellos, más importante te sientes y más te sientes como si estuvieras haciendo un buen trabajo como padre. Es muy probable que creas que si los dejas ejercitar demasiado su creatividad natural, será más probable que se metan en líos. Este tipo de razonamiento te da ímpetu para mantener la dependencia de ti tanto como sea posible.

— *Tal vez estés convencido de que los niños creativos son incapaces de ganarse la vida, que eso es consentirlos y malcriarlos, y que si los educas con métodos creativos acabarán en un asilo.* «Ya he visto ese tipo de artistas. Son todos *hippies* que acaban viviendo de la beneficencia. Yo quiero que mis hijos aprendas a ganarse la vida, y todavía son demasiado pequeños para ser capaces de descubrir eso por sí mismos. Yo les enseñaré desde el principio a ser prácticos y hábiles en una cosa, y así siempre podrán conseguir trabajo.»

— *Para ti es mucho menos arriesgado si consigues que tus hijos no sean demasiado creativos.* Si sabes lo que están haciendo, si los vigilas de cerca, si los espías detenidamente, conseguirás evitar que se metan en líos. Serás capaz de eliminar las preocupaciones al saber dónde y qué están haciendo. Estás «a salvo», así que tú puedes relajarte. Cuanto más educados estén en el conformismo y la obediencia, más fácil será tu trabajo como padre, y tú quieres hacer todo lo posible para que ese trabajo tremendo siga siendo tan simple como sea posible.

Éstos son algunos de los dividendos que a lo mejor codicias para mantener bajos los niveles de creatividad de tus hijos. Sin embargo, si es que te gustaría que tus hijos tuvieran grandes dosis de creatividad, si crees que cuanto más lleguen a ser lo que son capaces de llegar a ser, más probable será que disfruten de una vida de felicidad y realizaciones, lee entonces algunas estrategias y técnicas específicas que quizá quieras incluir en las relaciones con tus hijos, cualquiera que sea la edad que tengan *hoy.*

Algunas estrategias para criar a tus hijos suministrándoles una dosis regular de creatividad

Mientras lees estas estrategias que te ofrezco, ten presente que no estoy hablando de una supervisión demasiado permisiva en la que simplemente dejes que los chicos lleven a cabo cualquier cosa que se les ocurra. El niño creativo no es malcriado ni ignorado. La creatividad implica, en cambio, enseñar a los niños cierto tipo de autodisciplina, no para que se comporten como para complacerte, sino porque es la manera más eficaz de que conduzcan su propia vida. Cuando más ayudes a tus hijos a tener un tipo de vida creativa, más estarás equipándolos para que sean capaces de manejar cualquier cosa con que se encuentren. La creatividad no significa irresponsabilidad; significa aplicar los propios pensamientos e ideas de uno a cualquier problema o actividad en la vida sin preocuparse por lo que piense la gente.

Casi toda la gente cree que si haces un montón de dinero, serás una persona de éxito. Ésta es una lógica errónea. En la vida real es exactamente al revés. La gente de éxito es la que hace dinero y sabe cómo ganarse la vida en cualquier momento, sin que importen las condiciones económicas ni de ninguna otra clase. La gente de éxito aporta su actitud productiva y su peculiar manera de ser a cualquier proyecto en la vida, y si les quitas todo el dinero y los envías a una ciudad nueva o incluso a otro país, volverás a encontrarlos con un balance positivo. La gente de éxito es, sin excepción, gente creativa. Cuanto más aprende un niño a ocuparse de sí mismo, a confiar en sí mismo, más aportará su ser único al trabajo de su vida.

No te confundas al leer sobre la creatividad. No creas ni por un momento que una persona tiene que salir a hacer un montón de dinero para tener éxito. Es al revés. Busca el éxito interiormente como persona, y el resto irá surgiendo sin que importe cuáles sean tus empresas. Prueba algunas sugerencias si quieres ver cómo florece la creatividad en tus hijos.

— *Empéñate todos los días en fomentar la paciencia en tus hijos, para que puedan aprender desde su propia perspectiva en vez de depender de que tú como padre de ellos pienses y actúes en su lugar.* En esencia, la creatividad es que un niño piense según su estilo propio y único. Sugiero que cuentes en silencio hasta diez antes de interferir en lo que estén haciendo. Permítete un momento para darte cuenta de la necesidad de tus hijos de solucionar las cosas a su manera. Cuando ves a un niño de dos años armando un rompecabezas por el lado de atrás, cuenta en silencio hasta diez antes de corregirlo y fíjate en cuál es la solución personal del niño. Si le lleva un rato más, al menos tendrá la oportunidad de hacerlo él mismo. Cuando tu hija de cuatro años pruebe a montarse en la bici desde atrás en vez de por el costado, no la corrijas. A lo mejor inventa su propio método único para montar en bici, que a ella le va muy bien. Cuando un niño de diez años envuelve regalos para las fiestas, y los lazos están torcidos y los paquetes no están muy pulcros, no lo interrumpas: cuenta en silencio hasta diez y déjalo tener su momento de creatividad, y elógiale los esfuerzos. Cuando un joven de catorce esté escribiendo una redacción para la clase de literatura, no le corrijas las palabras que ha elegido; anímalo a que escriba según su propio estilo. Cuando un muchacho de diecisiete años cante desafinado, no le interrumpas, y recuerda que es mejor cantar que tener que guardar silencio por miedo a desafinar. Deja de ofrecerte a pensar y hacer cosas por tus hijos; intervén sólo si están tan frustrados que quedan atascados, o si te piden ayuda. Y cuando te pidan ayuda, respóndeles preguntándoles: «¿Qué crees tú?» «¿Cuál es tu opinión?» «¿Tú qué harías?». Déjales saber que valoras sus opiniones y soluciones y que pueden hacer las cosas a su manera aunque tú no las hicieras así.

— *Deja que los niños sean únicos sin que se vuelvan inconformistas por el inconformismo en sí.* Cualquiera que trate deliberadamente de ser diferente de los demás sigue estando controlado por lo que todo el mundo hace. La persona Sin Límites realmente creativa funciona de las maneras que son más efectivas para ella, sin importarle lo que puedan pensar ni hacer los demás. He aquí algunos ejemplos contrastados que te darán ideas específicas para animar la creatividad y para fomentar el conformismo.

FOMENTAN EL CONFORMISMO	ESTIMULAN LA CREATIVIDAD
¿Por qué no puedes ser como los demás y entregar tus deberes dentro del plazo?	En realidad estás perjudicándote con esa costumbre tuya de demorarte con tus trabajos escolares, y tú eres el único que sufre las consecuencias.
Tu hermana nunca me organiza un escándalo. ¿Por qué tú no puedes ser igual?	A ti sin duda te gusta discutir. Me pregunto qué es lo que ganas provocando siempre discusiones. ¿Puedes concebir alguna manera en que nos llevemos bien sin pelearnos?

Si mirases a tu alrededor, verías que formas parte de la minoría.	Entiendo que no quieras ser como todo el mundo, que quieras hacerlo todo a tu manera. Pero ¿esa manera funciona a tu favor o en tu contra?
Nadie más que tú se queja.	¿Qué es lo que no te gusta?
Siempre lo hemos hecho así en esta familia.	A lo mejor tú tienes una manera mejor de hacer esto. Cuéntame tu idea y tal vez la probemos.
¿No puedes hacer las cosas como todo el mundo?	Siempre me ha gustado la manera en que haces valer tu propio punto de vista.

Elimina los comentarios que induzcan a los niños a comportarse de la manera en que se comporta todo el mundo. Hay maneras de hacer que los niños se fijen en su comportamiento, examinen lo que está trabajando a favor o en contra de ellos, en vez de pedirles que simplemente se amolden a lo que esté haciendo toda la gente. Recuerda: «Si actúan como todos los demás, ¿qué tienen en realidad para ofrecer?».

— *Toma una postura sensata ante su persistencia cuando sean pequeños y te hagan siempre preguntas.* Toma todo el tiempo que puedas para darles respuestas que les demuestren que estás interesado en sus preguntas. Recuerda, la pregunta «¿por qué?» no requiere una respuesta detallada. Por lo general sólo buscan que los atiendas y saber que les importas lo bastante para responderles. Ten presente la vieja historia del niñito que le preguntaba a su madre de dónde venía él. La mujer empezó por una detallada descripción del acto sexual y los órganos de la reproducción y su embarazo, preocupada por si le estaba dando al niño la respuesta adecuada. La respuesta del niñito fue sorprendente: «Todo eso del sexo ya lo sé, mami. Es que Billy me dijo que venía de Cleveland, y yo quería saber de dónde venía yo». No necesitan tanto explicaciones detalladas como saber que preguntar es algo sensacional para hacer, y que nunca se ha de desanimar. Después del cuarto o el quinto «¿por qué?» yo siempre les he replicado con una pregunta: «¿Qué piensas *tú*? ¿Apuesto a que sabes ya la respuesta». Una interacción sana lleva a los niños a que sean curiosos. Sin embargo, cuando los ignoras, cuando te encoges de hombros, aprenden muy pronto a dejar de hacerte preguntas. Cuando dejan de hacerte preguntas, el proceso creativo se apaga. Sin una mente curiosa, no tratarás con un niño creativo durante mucho tiempo.

— *Recuerda que la creatividad y el correr riesgos van juntos.* Como ya he dicho antes en este libro, una cantidad razonable de riesgo es siempre adecuada, y obviamente has de hacer todo lo posible por asegurarte de que un niño no se ponga él mismo ni ponga a nadie en peligro. Sin embargo, y hago hincapié en este *sin embargo*, los niños no deben crecer siempre en el lado seguro de todo lo que hagan. Correr riesgos razonables es uno de los ingredientes de la creatividad. La persona que nunca sea capaz ni esté dispuesta a correr riesgos, no tendrá una manera creativa de ver la vida. Estar a salvo significa hacer lo que hacen todos. Afrontar riesgos significa plantar cara a la autoridad establecida siempre que parezca apropiado hacerlo. Correr riesgos significa probar algo nuevo, ser innovador, experimentar, ir contra la tradición establecida, y vagar de vez en cuando por lo desconocido. Un joven puede aprender a hacer sus deberes como lo hace todo el mundo, o se le puede animar a que hable con la maestra para probar un nuevo método para hacer un estudio sobre ciencias. Un adolescente puede conformarse con seguir todas las reglas, aunque no tengan sentido, o puede hacer el intento de cambiarlas.

Cuando yo estaba en la marina, destinado en Guam, me dijeron que uno nunca debe cuestionar las normas militares. Sin embargo, yo no encontraba razón para que a los ciudadanos de Guam que trabajaban para el gobierno de los Estados Unidos se los discriminase a causa de su nacionalidad. A los funcionarios civiles norteamericanos se les permitía comprar en los economatos militares, mientras que a los morenos nativos de Guam, que también eran ciudadanos norteamericanos, no se les permitían los mismos privilegios a la hora de comprar. Yo escribí una carta y di a conocer mi opinión sobre el tema. Por último, después de algunas amenazas de reprimendas y consejo de guerra, se cambió la normativa para eliminar esa discriminación evidente. Si mi madre no me hubiera animado para que hiciese valer mi opinión y hablase de lo que yo percibía como una injusticia, esa normativa habría seguido vigente.

Un niño ha de aprender desde temprano que sufrirá algunas

contrariedades y dificultades por mantener su punto de vista y luchar por él, y que siempre habrá riesgos que correr. A los niños se les debe inducir y elogiar ese tipo de comportamiento, en vez de decirles que se apoyen en la seguridad inactiva de la mayoría. Los niños mostrarán signos de querer probar cosas nuevas, de pensar a su manera, de desafiar reglas estúpidas, o de pensar en nuevas maneras de hacer las cosas. Ya tengan dos, doce o veinte años, o cualquier edad intermedia, procura animarlos y elogiarlos para que corran riesgos, y ayúdalos a ver las consecuencias de su comportamiento. Pero cueste lo que cueste, si quieres que tu hijo sea creativo, no trates de que sea una oveja más en el rebaño, balando en un tono que ha sido orquestado por otra persona.

— *Tómate todos los días unos minutos para estar con tus hijos y escucharles.* Si tienes más de un hijo, organízate para pasar unos minutos especiales con cada uno. Si son muy pequeños, muéstrales un libro ilustrado durante unos minutos todos los días y habla con ellos sobre lo que veis en las páginas. A los niños creativos, sin excepción, les gustan mucho los libros, y mostrarles libros contribuirá a que cultiven desde temprano su creatividad. Con los más pequeños, sal a caminar solo con ellos, tomándolos de la mano y conversando. A la hora de irse a la cama, siéntate un momento a su lado y habla con ellos del día que han tenido y del que les espera. Háblales de sus intereses, sus sentimientos, sus temores, sus ansiedades, sus amores. Es sólo un momento al día. Ya sé que estás muy ocupado, y que todo el mundo lo está, pero unos momentos cada día es un magnífico compromiso para tener con tus hijos. Con los preadolescentes y los niños de edad escolar, tómate un momento para pasarlo sólo con ellos y enterarte de cómo es su vida. He aquí algunas preguntas que puedes usar para empezar, sin entrometerte, y que te ayudarán a transmitirles que te ocupas de ellos, que son importantes, y que tú consideras que sus ideas creativas, especiales, únicas, son valiosas e interesantes. «¿Qué haces todo el día en la escuela?» «¿Qué tal te resulta cambiar de clase en mitad del día?» «¿Cómo es el autobús de la escuela?» «¿Quiénes son tus compañeros favoritos en la escuela?» «¿Por qué te gustan tanto?» «¿Estabas asustado cuando la maestra te preguntó la lección?» «¿Cómo se te da aprender a dividir números largos tan pronto?» «¿Te cuesta mucho?» «¿Crees que vas bien en la escuela?» «¿Te gustó jugar con Mary hoy?» «¿Cómo llegó a gustarte más tu muñeca "repollo" que las otras muñecas?» «¿Te columpiarás mañana como te has columpiado hoy?» «¿Qué es lo que más te gustaría hacer?» «Pareces inquieto hoy. ¿Está todo bien? ¿Estás preocupado porque la abuelita está en el hospital?»

La idea es que te conviertas en un aprendiz de su vida. Déjales compartir su vida única contigo. Déjales que se abran en cuanto a lo que tengan que decir, y demuéstrales que estás interesado en la única cosa en la que son expertos consumados, es decir, en sí mismos. Nada de espiarlos ni de exigirles, sino simplemente estar con ellos, abrazarlos o besarlos, y dejarles hablar de sus cosas y su vida importante. Esta técnica de «ser un aprendiz» te aparta de la figura autoritaria que da consejos de experto, y deja que el experto sea el niño. Les muestra que son importantes para ti, no como personas a las que mandar, alimentar, y de quienes ocuparse, sino como seres humanos únicos. Cuanto más sientan en su interior que son únicos y especiales, más probable será que apliquen ese ser único en el que confían, a todas las tareas en su vida.

— *Permite a tus hijos la libertad de que sean ellos mismos en tantos campos de su vida como sea posible.* Mientras sean muy pequeños, no des demasiada importancia a que se mantengan dentro de los límites del dibujo cuando se pongan a colorear ilustraciones. Déjalos que hagan garabatos y que sean tan artísticos como quieran. La creatividad no obliga a la pulcritud, el orden, ni la aprobación de los demás. Significa empezar por hacer garabatos, luego aprender la formación de los colores, y luego cualquier cosa que elijan. No tiene por qué haber grados en su joven carrera artística. Es muchísimo más importante que tengan oportunidades de expresarse simplemente de cualquier forma que deseen. El verdadero proceso de clasificar y criticar (que no es otra cosa que comparar su trabajo con las realizaciones de sus compañeros o con parámetros establecidos por terceros) impide el proceso de creación. Se ha de recordar que la creatividad implica que se les deje crear según sus propias perspectivas. Deben tener la libertad de probar a su propia manera. Sus primeros garabatos al empezar a colorear no son tanto indicador del futuro talento artístico como un determinante de si tomarán más adelante en la vida un lápiz o un pincel. Si el niño se siente forzado, clasificado, esa empresa cesará con el fin de complacer a Mamá o Papá haciendo las cosas a la manera de los padres.

La gente creativa nunca se mantiene dentro de los límites de la vida. Hace las cosas a su manera. Innova. Sobrepasa las líneas que confinan a la persona común, y crean por sí mismas sus propias imágenes Sin Límites. Los niños deben aprender desde pequeños, con montones de elogios por su propio estilo, que lo que prueban no sólo está muy bien para ti, sino que también es sensacional en sí mismo. Esto es válido para virtualmente todas las actividades. Procura no imponerles reglas cuando jueguen. Déjales inventarse sus propias reglas y no les hagas sombra. Aprender a alcanzar un acuerdo con sus amigos y hermanos forma parte del proceso creativo. Indúceles a que pongan sus propias ideas por escrito y a que no cedan ante la exigencia de escribir en el mismo estilo lo viejo y trillado en que escriben todos. Quizá sufran algunos contratiempos en el camino, como una aprobación externa reducida, o incluso bajas calificaciones, pero, a la larga, el escritor capaz de ser creativo con sus palabras logra que sus afirmaciones estén más vivas que las de otros, y él determinará una verdadera diferencia. Es necesario que aprendan las reglas del juego —para escribir, colorear, jugar, trabajar, y todo lo que hay en la vida—, pero jamás han de aprender que esas reglas sean para imponerles lo que pueden hacer o llegar a ser.

La persona creativa no puede estar restringida por las reglas que se aplican a todos los demás. Eso es lo que hace de ella o él personas tan especiales. Cuanto más dejes a tus hijos burlar las reglas, probar nuevos puntos de vista, o poner en práctica su propio estilo único, más estarás fomentándoles ese espíritu creativo sobre el que escribo en este capítulo. Hay algunas contrariedades que se cruzarán en su camino, pero cuanto más se les elogie y anime desde el principio, y cuanto más se les enseñe a los niños a tomarse con calma la desaprobación y a no considerarla más que como la opinión de una persona, y ciertamente, como nada por lo que quedar inmovilizado, más aprenderán a confiar en sí mismos y llegarán a ser tarde o temprano hacedores y no críticos en la vida. La gente creativa es hacedora, no crítica. Hay centenares de estatuas levantadas en honor de la gente creativa en todas las disciplinas. Todavía estoy por ver una estatua en honor de un crítico.

— *Los niños necesitan crecer con el eco de su propia grandeza resonándoles dentro.* La única barrera real a su vida Sin Límites se halla en su interior, y necesitan una gran dosis de confianza en sus propias capacidades para lograr cualquier cosa que se propongan. La manera de ayudarles a evitar que le teman a su propia grandeza consiste en educarlos de manera de elevar al máximo sus propios potenciales. Los niños son todos genios por derecho propio. Son individuos únicos, especiales, y son en potencia cualquier cosa que se propongan realmente. Asegúrate de que los dejas poner sus expectativas en lo que sea basándose en la creencia de que tienen grandeza dentro de sí. He aquí varios ejemplos de interacciones parentales que inducen a los niños a experimentar su propia grandeza, y sus opuestos, que les enseñan a temerle a esa misma grandeza.

TEMOR DE LA PROPIA GRANDEZA	CONFIANZA EN LA PROPIA GRANDEZA
No te has aplicado lo bastante como para entrar en la escuela de puericultura. Te sugiero que pienses en alguna otra cosa.	Si puedes concentrarte en ello, puedes hacer cualquier cosa. Quizá tengas que recorrer el camino más difícil, pero yo sé que podrás hacerlo si lo deseas.
Tus promedios son demasiado bajos como para que ingreses en la universidad.	Los promedios a mí no me dicen nada. Sé que puedes ser muy bueno en cualquier cosa. Preséntate al examen cuantas veces sea necesario; sé que conseguirás lo que quieras.
Eres muy pequeño como para correr diez kilómetros, pero tal vez cuando seas mayor puedas hacer la prueba.	Si crees que puedes correr diez kilómetros y estás dispuesto a entrenarte, haz la prueba. Nada que puedas hacer cuando te lo propones realmente podría sorprenderme.
Dudo que vayas a descubrir una cura para el cáncer.	Si alguien ha de descubrir una cura para el cáncer, apuesto a que serás tú. Eres muy listo y perseverante, y tengo plena confianza en ti.
No estás hecho para ser modelo, pero tal vez podrías trabajar en publicidad.	Eres tan espléndido que serías un modelo estupendo. No abandones la idea si es eso lo que quieres.

El oficio de los actores es muy duro; nunca conseguirías un trabajo porque hay ya millones de actrices sin trabajo.	Si te gusta actuar, adelante. Con tu talento y tu determinación serás una actriz sensacional.

— *Cada vez que te veas ante la disyuntiva de elegir entre el elogio y la crítica, opta por el elogio y adminístralo con frecuencia.* De la misma manera en que he hablado de la importancia del elogio en este libro, es importante que veas la conexión que tiene esto con la creatividad. Cuanto más los elogies, mejor, si quieres que tus hijos estén creativamente vivos. Tu hija pequeña ha de oír lo hermosa que es a toda hora. Levántala en brazos y háblale de lo bonita que es. Acostúmbrala desde muy temprano. Los estudios demuestran que los niños de sólo unos días de edad reaccionan ante el elogio y el amor, y que a medida que se desarrollen tendrán un sentimiento interior de ser valiosos que les animará la exploración creativa a lo largo de su vida. Cuando te muestren un dibujo o algún escrito, busca algo para elogiarlos antes que ser crítico en cuanto a nada. «Eres un fenómeno, Stephanie. Casi a ningún niño de tu edad se le ocurre siquiera escribir un párrafo, y tú has escrito toda una historia completa. Es fantástico. Tú te expresas muy bien en el papel; apuesto a que serás muy buena cuando te toque hacer clases de composición. ¿Quieres algunas sugerencias u otras ideas para que las incluyas?» Ofrécele primero el elogio, y luego pregúntale al niño si quiere que lo corrijas, en vez de decirle simplemente qué palabras ha escrito mal o cuáles son los errores gramaticales que ha cometido a sus ocho años.

Recuerda, el elogio sirve para impulsar a los niños hacia actividades más creativas, mientras que las críticas sólo sirven para desanimarlos de que hagan cualquier cosa. Evita las críticas tanto como puedas, y cuando les ofrezcas cualquier crítica por sus esfuerzos creativos, asegúrate de preguntarles primero si quieren escucharla. Tus grandes dosis de elogios se convertirán con el tiempo en su propio sistema de creencias sobre sus capacidades. Puedo recordar a mi profesor de música diciéndome en tercer grado: «Wayne, quiero que sólo hagas las muecas de las palabras durante nuestra presentación ante los padres. Tú no tienes capacidad para la música, y no quiero que arruines el concierto». Treinta años después todavía podía recordar esas palabras, y había literalmente dejado atrás todas las actividades e intereses musicales. Si bien mi maestro de música tal vez acertó en cuanto a mi capacidad musical en tercer grado, ¿quién era para decir lo que ocurriría más adelante en la vida de una persona? Edison era muy duro de oído cuando era chico, pero luego inventó el fonógrafo. Einstein a los cuatro años todavía no sabía hablar, pero cuando fue adulto tuvo mucho que decir, y todo el mundo lo escuchó.

El potencial creativo de un niño es virtualmente ilimitado, pero su deseo de alcanzar cualquier terreno dado puede quedar abandonado por causa de las críticas. Aunque un niño no parezca tener ningún talento en determinado aspecto, cualquier cosa que haga y que te pida que mires debe recibir muchos elogios si tú quieres que siga llevando a cabo actividades creativas durante toda su vida. Además, la creatividad no es algo que tú puedas calificar. Es una actitud, una forma de ver la vida, que tú quieres reforzar tantas veces como sea posible.

— *En todas las secciones de este libro sobre la vida Sin Límites te he recordado que debes dar a los niños un ejemplo viable de un ser humano que disfruta de sus propias actividades creativas.* Muéstrales que no siempre tienes que regirte por el libro de recetas. Demuéstrales que tienes tu propio toque creativo cuando prepares una comida o juegues con ellos en la calle. Deja de estar tan pendiente de las reglas que eso le haga olvidar tu propio toque de creatividad. Usa la ropa que te guste y no la que te impongan los expertos de la moda, y di a tus hijos que es más importante para ellos sentirse bien en cuanto a su forma de vestir que amoldarse para ser como todo el mundo. Haz que se comprometan en tus esfuerzos creativos y en el aprendizaje de cosas nuevas. Inicia un proyecto de pintura y pídeles sus opiniones. Hazlos intervenir en la decoración de la casa, usando una combinación de vuestras propensiones creativas. Deja que vean todos los días a una persona creativa. No cites reglas como razones por las que tienen que hacer las cosas. Deja que vean que una manera creativa de vivir conlleva tomar las propias decisiones en relación con casi todo lo que hagan, y que la opinión de los demás, aunque pueda ser agradable conocerla, no es un factor determinante de la manera en que ellos tengan que conducir su propia vida.

Constantemente dales el ejemplo de una persona que hace las cosas de una manera peculiar, que persigue intereses creativos con sagacidad, y ellos, sin lugar a dudas, adquirirán esa misma actitud creativa.

— *Si quieres que se formen un sano sentido de la creatividad, no hables a tus hijos como si fueran bebés.* Cuanto más les hables tratándoles como si fuesen inferiores o incapaces de comprender una conversación adulta, más estarás enseñándoles a dudar de sí mismos. Los niños que dudan de sí mismos no intentarás nada que exija algo del individuo, ya que no confían en que ese individuo pueda crear. Una niña de un año entiende perfectamente cuando se le dice: «Por favor, alcánzame esa manta, bonita mía», en vez de «Pod fabod, dale la mantita a mamita». De igual modo, si la niña habla haciendo un mal uso del lenguaje, no hay que repetirle constantemente esas pautas erróneas de lenguaje, por muy pequeña y bonita que sea. Si la niña dice: «Yo tene que id al banio», respóndele diciendo: «Te ayudaré a ir al baño», y no «Mami ha vito que la nena tene popó».

Háblales como a personas durante toda su vida. Pueden entenderlo todo si tú lo dices de manera normal, divertida, afectuosa, pero no hay necesidad de que escuchen estupideces como *pi-pi, tu-tu, guau-guau,* etcétera.

Además, evita hablarles a tus hijos mayores en tono condescendiente. Recuerdo una maestra en la escuela primaria que siempre nos hablaba dándose aires de importancia. Todo parecía estar en el tono de: «Niños, hoy nos sentimos mal porque no hemos tomado un buen desayuno». Todo ese lenguaje condescendiente no servía más que para hacernos sentir incómodos. Comentábamos su manera de hablarnos, y cuando estábamos en su presencia no nos sentíamos del todo completos. Cuanto más condescendiente sea el tono en que les hables a tus hijos, sin que importe la edad que tengan, más estarás desanimándolos para que se sientan competentes y adultos. Una adolescente a quien se le hable como si fuese una niñita indefensa se resentirá ante la ofensa implícita, y también aprenderá a desconfiar de sí misma. Esto es igualmente válido para niños de seis o de doce años. Quieren sentirse adultos, maduros, importantes, y creativos, y cuanto más les hables como si fuesen unos badulaques incapaces de comprender el lenguaje adulto, más estarás enseñándoles a inhibirte e inhibirse. Para hablar con tus hijos usa durante toda su existencia exactamente el mismo tono que el que emplearías para hablar con cualquier amigo, y evitarás interferir en el desarrollo de su creatividad.

— *Si quieres ayudar a los niños a que se desarrollen creativamente, dales una oportunidad de explorar el mundo sin tener la casa llena de juguetes.* Si para cada ocasión les proporcionas un juguete, ¿cómo podrán aprender a usar su imaginación creativa? Dales el tiempo y la posibilidad de que se inventen sus propios láseres, en vez de comprarles juguetes baratos de los que acabarán dependiendo. Déjales hacerse su propia cabaña, en lugar de comprarles una prefabricada de plástico barato. Déjales conocer la alegría de fabricarse sus propias espadas, en vez de comprarles juguetes con baterías que lancen luces electrónicas para destruir enemigos imaginarios. Déjales inventarse sus propios juegos, en vez de comprarles siempre juegos de los que acabarán cansándose pronto. En otras palabras, dale a tu hijo la oportunidad de usar su propio genio creativo, en vez de proporcionárselo todo hecho. Siempre que puedas, apaga el televisor durante varias horas y anima a tus hijos a que salgan a encontrarse con la vida. Si les atiborras todos sus momentos con juguetitos y entretenimientos programados, estarás embotándoles los sentidos y enseñándoles a que confíen en que algo o alguien haga que su vida sea divertida e interesante. Permíteles expresar sus necesidades creativas dejando que se vean libres de un extenso surtido de juguetes y aparatitos. Un niño que mira la televisión todo el día acaba pensando que la tele lo mantiene a salvo de aburrirse. En realidad eso es lo que le está aburriendo. Ese niño creativo necesita aprender a ocuparse de sus propias necesidades y no conocer jamás el aburrimiento. Ciertamente un poco de televisión no es dañino, pero si se tiene en cuenta que el niño promedio (en los Estados Unidos) se pasa mucho más tiempo mirando anuncios del que emplea en actividades creativas, a lo mejor uno quiere considerar la posibilidad de permitir a sus hijos que confíen en sí mismos con más frecuencia. Si bien los juguetes son maravillosos, no constituyen la fuente de la creatividad. La forma de usar los juguetes y la capacidad de inventárselos es lo que distingue realmente al niño creativo. Sé creativo a la hora de comprar juguetes. Regálales bloquecitos y piezas con las que puedan construirse sus propios castillos, tizas y pizarras para que hagan sus dibujos, o rompecabezas o libros que les estimulen sus necesidades creativas en vez de embotárselas. Nada más que con las cosas que decidas comprarle, ya estarás determinando una gran diferencia en la creatividad de un niño, motivo suficiente como para que emplees al máximo tu propia creatividad cuando les regales juguetes.

— *No tengas miedo de decir «no sé»*. Y, más importante todavía, enseña a tus hijos a decir las mismas palabras en el momento apropiado. «No lo sé, pero trataré de averiguarlo». Cuando los niños se sientan en la necesidad de contestar preguntas aun sin conocer la respuesta, pronto empezarán a dar respuestas falseadas y a engañarse a sí mismos. Enséñales el valor de esas tres palabras tan importantes: *No lo sé*. La gente creativa se siente motivada por esas palabras, pues quieren entonces recabar conocimientos. Las personas que no son creativas los falsearán, o se inventarán toda una historia para ocultar el hecho de que hay algo que no saben. Cuanto más te escuchen tus hijos decir esas palabras, y cuanto menos los presiones para que siempre den la respuesta correcta, más estarás contribuyendo a que tengan una manera creativa de vivir la vida.

— *Da a tus hijos amplias oportunidades de que resuelvan las cosas por sí mismos*. No es responsabilidad de los adultos mantener ocupados a los niños todo el tiempo. De hecho, tu responsabilidad consiste en ayudarles a que se las arreglen por sí mismos todo lo que sea posible. Tú no quieres ser una persona en quien ellos se apoyen, sino más bien alguien que les ayude a no tener que apoyarse en nadie. Si te dicen que están aburridos, no caigas en la trampa de asumir la responsabilidad de entretenerlos. Hazles saber de manera inequívoca que no estás obligado a llenarles los días con actividades interesantes. Si te niegas a tragar ese anzuelo, después de un tiempo se inventarán algo por su cuenta y desarrollarán sus propios poderes creativos. Haz que se acostumbren a usar su propia imaginación creativa para mantenerse ocupados.

Yo nunca me he sentido obligado a jugar con mis hijos. Aunque me gusta hacerlo, tiene que ser una elección que hagamos todos. Sentarme a jugar a las damas nunca ha sido algo que me gustara, aunque a mi mujer sí le guste. Por lo tanto, los niños juegan a las damas, al parchís o a hacer pastelitos de fresa y a otros juegos dentro de casa con mamá, y todos contentos. A mí me gustan los juegos bruscos con mis hijos, jugar a la pelota, leerles cuentos, salir juntos a caminar o a pasear en bicicleta, y hacer alguna merienda campestre. Ellos no sienten que yo tenga la obligación de jugar con ellos a cosas que no me gustan, así como jamás considerarían hacer por mí cosas que no les gustaran. Si algo no les gusta, dejan bien claro que eso no les interesa y siguen ocupándose de sus asuntos. Yo creo que como padre tengo exactamente el mismo derecho.

Las cosas que hagas junto con tus hijos han de ser mutuamente satisfactorias. Si tienes ganas de jugar con ellos, pero no te gusta nadar o caminar, sugiéreles alternativas de las que podáis disfrutar todos. Si ellos insisten en hacer lo que ellos quieren, entonces haz todo lo posible por animarles a que lo hagan, y no te conviertas en víctima haciendo algo que no te guste, de la misma manera que tú harías lo mismo con ellos. Cuando juguéis o trabajéis juntos, haz que sea recíprocamente satisfactorio. No sientas ninguna culpa por decirles que se inventen sus propias actividades creativas para ocuparse la vida con cosas que les eliminen el aburrimiento, y diles que no esperen que tú seas su fuente de entretenimiento en la vida.

— *Reconoce a tus hijos el derecho de tener un espacio propio para crear, pensar, quedarse sentados o hacer cualquier cosa que tengan ganas de hacer.* ¡Las personas creativas necesitan tener la posibilidad de estar solas! No estés siempre preguntándoles: «¿Hay algo que esté mal?» o «¿Por qué no lo compartes con todos nosotros?» o «Yo soy tu madre; a mí puedes decírmelo todo». La misma niña que acude corriendo a ti con una rodilla herida a los nueve años, para que la consueles, se encerrará en su habitación dando un portazo tres años después, indignada por que hayas querido hablarle o ayudarla con su rasguño. Tú eres el mismo padre, sólo han pasado tres años, pero para esa niña ha pasado un buen veinticinco por ciento de su vida. Ahora necesita estar sola, pensar ella sola en sus cosas, descubrir sus propias respuestas, sin las interferencias de un padre «entrometido» (que en realidad está motivado por el amor). Si ves que una escena así tiene lugar en tu casa, no te alteres porque los niños ya no recurran a ti ni creas que algo anda mal; en vez de eso, murmura para tus adentros, aliviado: «He hecho algo bien. Están aprendiendo a resolver sus problemas ellos solos, y en eso consiste el cometido de ser padre: en enseñarles a que piensen por sí mismos y a encontrar sus propias soluciones únicas». Si pretendes presionar a tus hijos e insistir en que te lo cuenten todo, o si los espías revisándoles sus cosas cuando están fuera de casa, estás violando un importante principio de todo padre creativo. Ellos necesitan poder estar solos, necesitan un lugar que sea de ellos, que no esté sujeto a inspecciones arbitrarias. En la medida en que trates de ayudarles a que cultiven un sentido de la creatividad personal, no interpretes sus deseos de estar solos como nada que tenga que ver con el rechazo. Es normal, saludable, y absolutamente necesario que quieran estar solos.

Como persona que se ha pasado la mayor parte de la vida entregado a actividades creativas, puedo dar fe de mi necesidad de pasar mucho tiempo solo. Necesito tiempo para pensar sin que haya nadie que me pregunte qué estoy haciendo ni si está todo bien. Necesito tiempo para estar solo, con el fin de concentrarme en mis actividades: pensar cosas sin interferencias ni distracciones, ser yo mismo con el fin de dedicar a mi trabajo todos mis juicios creativos. He tratado de hacerlo con otros a mi alrededor, y para mí es simplemente imposible. Si no puedo esfumarme para pensar, escribir, estudiar, estar frustrado, tirar mis notas a la basura, empezar de nuevo, sentarme desnudo y sin afeitar ante la máquina de escribir, sin ojos que me vigilen ni mentes perspicaces, entonces simplemente no puedo crear. Tus hijos actúan igual. Dales tiempo y espacio para que estén solos si eso es lo que quieren, y no presupongas que hay algo que no funciona bien por el solo hecho de que quieran estar solos. Eso es con frecuencia un signo de creciente madurez. Cuando te irrites por el tiempo que pasan solos, recuerda que «quien no es capaz de estar solo, por lo general no puede soportar a la persona que es cuando está sola». Si los chicos quieren la posibilidad de estar solos para ser creativos, tú sabes que deben tener una imagen de sí mismos sana y fuerte; si no fuese así, serían solitarios en vez de estar solos de vez en cuando.

— *Cuando elogies a tus hijos, procura poner tu orgullo en lo que tiene significado para ellos, en vez de enseñarles sólo a perseguir gratificaciones externas.* Enséñales el valor de alcanzar su propia excelencia, en vez de esforzarse por medallas al mérito, trofeos, estrellas y aprobación. Por ejemplo:

GRATIFICACIONES EXTERNAS	ELOGIOS CREATIVOS
Has obtenido la calificación más alta de la clase. Estoy muy orgulloso de ti.	Piensa en que puedes escribir cincuenta palabras más que la semana pasada.
Has llegado el primero. ¡Es fantástico!	¡Eres un atleta fabuloso! Todos tus entrenamientos están dando sus resultados.
Has sacado los mejores promedios de la escuela. Eso es una verdadera proeza.	Eres formidable en los exámenes. Siempre supe que eras un genio.
Has ganado un premio de asistencia a clase.	Apuesto a que estás orgulloso de no haber faltado un solo día a la escuela.

El énfasis ha de ponerse en lo que el logro signifique para el niño, en vez de dirigir la atención a los derrotados o a cómo se compara con todos los demás en la escuela. La gente creativa tiene pautas internas importantes sólo para ellos, y por lo general son inmunes a los logros de los demás. Así, cuanto más puedas mantener el énfasis en lo que cada actividad signifique personalmente para el niño, más estarás animando a ese niño a esforzarse por su propia perfección interna. Esto también es verdad en lo que se refiere a la competición excesiva. Recuerda que un niño que necesita vencer a otro para sentirse un ganador, o que siempre está mirando por encima del hombro para ver cómo deja atrás a sus competidores, en realidad está bajo el control de la actuación de los demás. Eso no es creatividad. El niño se juzga por su manera de ganar a los demás. Si sus competidores fracasan, eso lo convertirá en ganador. En realidad, esa es la mentalidad de un perdedor. Si tienes que ganar a todos todo el tiempo, o ser el número uno a toda costa, serás toda tu vida un perdedor. Nadie, nadie, repito, puede estar siempre en el podio del número uno. Esta pauta de perfección personal convierte a todos en perdedores.

Un enfoque distinto es buscar dentro de uno mismo las pautas personales. Sé competitivo y trabaja con tanta energía como te sea posible, en determinadas áreas de la vida, pero nunca consideres que has fracasado porque hayas perdido en una competición. Las personas creativas son las que no se comparan con nadie; en cambio, cooperan con los demás y emplean su propia mente creativa de manera satisfactoria para ellas. Puedes estimular esto en tus hijos quitando énfasis a la necesidad de vencer a los demás. Da a los niños la oportunidad de que practiquen sus propios deportes competitivos sin la interferencia de ningún adulto, de que tomen sus propias decisiones mientras juegan, y de que discutan sus desacuerdos en vez de tenerlo todo resuelto con el arbitrio de los adultos. Déjalos que empiecen todos los días un partido nuevo, en lugar de recordarles el resultado del día anterior. En otras palabras, deja que los chicos, y no tú ni ninguna otra figura autoritaria, creen su propio juego y deja los deportes demasiado competitivos para quienes vayan a tomar el atletismo como una carrera. Los niños necesitan tiempo para jugar, crecer y tomar decisiones. No necesitan que los adultos les organicen los uniformes, los horarios de juego, ni que releguen a los niños menos hábiles en los banquillos de espera mientras no se haya decidido el resultado del partido.

— *Ten presente que los niños creativos no son necesariamente pulcros y aseados.* Si insistes en mantenerlos inmaculados, tal vez también tengas que olvidarte de su desarrollo creativo. Ellos necesitan explorar, ensuciarse, revolcarse por el suelo. Se harán rasguños, cortes y quemaduras y, sobre todo, llevarán sucias las manos y la cara. Acéptalo, en vez de luchar contra ello. Es muy improbable que quieran mantener limpias e impecables sus habitaciones, y cuanto menos los presiones para que se organicen la vida según tus principios de adulto, más probable será que se formen hábitos creativos más saludables. La creatividad no tiene nada que ver con ponerlo todo en su lugar y tener la vida organizada como la de un contable. La creatividad conlleva sentirse relajado, libre de pensar y explorar, desaliñado de vez en cuando, y ciertamente no regimentado ni metódico. Quita importancia a mantenerles la vida pulcramente organizada, y permite la mayor espontaneidad posible. Decirles que limpien su habitación es contradictorio. Si realmente es el cuarto de los niños, deberías mantenerte al margen y dejar que los chicos decidieran cómo han de arreglárselo. Mientras no haya cucarachas que se escapen por debajo de la puerta, ni problemas de higiene, deja que la habitación de los niños sea precisamente eso: la habitación *de los niños*. El cuarto de los niños es su lugar creativo, y así como tú no querrías que nadie te dijera cómo organizarte y vivir en tu cuarto, ellos tienen el mismo derecho. Te ahorrarás un millón de peleas sólo con aprender a cerrar la puerta y no hacer caso del desbarajuste. Después de todo, si son individuos únicos, ¿por qué habrían de querer vivir en su cuarto como tú crees que deberían?

Ya tienes algunas ideas para ayudar a tus hijos a elevar al máximo su potencial creativo. Teniendo presente que la creatividad es una actitud hacia la vida, y que se trata de algo que desafía todo intento de definición, puedes hacer mucho por ayudar a tus hijos a lo largo del sendero Sin Límites. Cuanto más te mantengas en contacto con lo que es peculiar y único en cada uno de tus hijos, y cuanto más puedas hacer por elogiar y estimular esa individualidad, en vez de sofocarla a costa de que se amolden, más estarás criándolos en la creatividad. Ésta no se puede medir, graduar ni evaluar. Elimina los intentos externos de cuantificarla y valorarla. Aquí tienes una cita de Wolfgang Amadeus Mozart, quien sólo vivió treinta y cinco años, pero se le consideró uno de nuestros genios más creativos:

> Cuando soy ... yo mismo por completo, estoy a solas o durante la noche y no puedo dormir, es entonces cuando mis ideas fluyen mejor y con más abundancia. Cuándo y cómo me ocurra eso es algo que no sé si puedo forzar.

Ten presentes esas palabras: «Cuando soy yo mismo por completo», ya que esa es la esencia de todo lo que he escrito en este capítulo. Los niños a quienes se les permite y se les anima a ser ellos mismos por completo, brillarán creativamente como el sol del mediodía. Ya que, después de todo, la creatividad es eso y ninguna otra cosa: ser simplemente uno y dedicar ese ser único a estar vivo. Criar a tus hijos en la creatividad no requiere de ti más tiempo ni energía; sólo una actitud distinta, una actitud creativa, si tú estás dispuesto.

10

QUIERO QUE MIS HIJOS SATISFAGAN
SUS NECESIDADES MÁS ELEVADAS
Y LES ANIME UN SENTIDO DEL PROPÓSITO

La persona Sin Límites muestra un fuerte sentido del propósito u objetivo en todos o casi todos los aspectos de su vida. Esta visión holista le permite ver significado en todas partes. Está fundamentalmente motivada por las necesidades y valores humanos más altos. Su búsqueda de la verdad, la justicia, la belleza y la paz es algo que predomina siempre. Decide qué pauta de crecimiento es la que quiere adoptar para sí, y deja que los demás hagan lo mismo. Es completamente global en los valores y la autoidentificación, y es capaz de enorgullecerse de las realizaciones locales cuando éstas contribuyen al bien de la humanidad. Está interiormente motivada por su curiosidad natural y su instinto para buscar la verdad por sí misma en todas las situaciones posibles de la vida. Va tras sus propias luces interiores en todos los aspectos de la vida, y hace trabajos plenos de significado para ella, no los que le dan una gratificación monetaria externa. Nunca mide a nadie en función del dinero. Si se hace rica, será «un accidente» en la consecución de sus propósitos. Ve todo el universo como algo magnífico y maravilloso y por lo tanto no tiene límites para sus variedades de belleza. Ve a toda la gente como intrínsecamente hermosa incluso aunque sus actos o sus creaciones a veces no lo sean. Ve toda la vida como algo sagrado y todas las vidas humanas para ella tienen el mismo valor. Cree que la guerra, la violencia, el hambre y las plagas se pueden eliminar si la humanidad lo decide, y dedica su vida a mejorar la vida de los demás y a acabar con la injusticia.

El hombre es un ser en busca de significado.

PLATÓN

Nuestro objetivo primordial necesita centrarse en ayudar a los niños a que arraigue en ellos el sentido de satisfacción interna, para llevar una vida con un propósito determinado. Sin ese fuerte sentido del significado, el individuo se siente perdido, sin rumbo e inseguro de por qué está aquí. Aunque esto tal vez pueda parecer más una disquisición filosófica que el capítulo final de un libro sobre cómo criar a tus hijos para que lleguen a ser personas Sin Límites, te aseguro que es mucho lo que puedes hacer en el aspecto práctico para contribuir a que crezcan con un propósito y alimenten elevados valores en el corazón durante todos los momentos de su desarrollo.

Es muy importante que entiendas que si han de ser capaces de abrigar un arraigado sentido del propósito, los niños tienen que aprender a trascender sus deseos personales para llegar a comprometerse en el servicio a otras personas. Uno debe aprender a no darse tanta importancia, a dejar de concentrarse exclusivamente en sus propios deseos físicos, a eliminar el interés en lo que es bueno «para mí y sólo para mí» y «cómo me veré afectado», en favor de lo que es bueno para los demás. Los niños deben aprender gradualmente a dejar de pensar en sí mismos y en cómo se verán afectados por todo lo que hagan, y a poner el acento en sus actividades, y en cómo esas actividades ayudarán a mejorar la calidad de vida de los demás. Por lo general, uno siente mejor que tiene un propósito en la vida cuando ayuda a los demás de alguna manera, pero esto no tiene nada que ver con quitarse importancia, negarse a sí mismo o pensar que los otros son más importantes. Son cosas completamente distintas. Una persona que esté muy comprometida en su propio trabajo, que se mantenga absorta en lo que esté haciendo, no tiene tiempo para preocuparse por los efectos que eso tendrá sobre ella. No está pendiente de lo que pensarán los otros de ella, ni actúa como lo hace para obtener la atención ni el reconocimiento de quienes la rodean. Hace lo que es importante para ella porque se siente feliz y satisfecha de estar tan inmersa, y todas las gratificaciones externas y las opiniones de los demás no tienen ningún interés para ella. Llegar a este punto, en el que uno conduce su vida guiándose según sus propias luces interiores, en el que uno está interesado en sus actividades y completamente comprometido en sus acciones cotidianas, donde lo que está haciendo contribuye a que este mundo sea un lugar mejor por lo menos para otro ser humano, es en realidad lo que significa tener un sentido del propósito en la vida. Pero para llegar a este punto, tus hijos y tú tendréis que pasar por varias etapas.

Los niños deben tener todo el amor propio y el respeto de sí mismos que se les proporcione, y no cosas que estén esperando constantemente recibir de los demás. Tendrán que pasar por las etapas «egoístas» y llegar a estar en paz consigo mismos antes de poder hacer de lado todo eso para continuar con sus misiones en la vida. Tendrán que estar tan repletos de amor, y respeto por sí mismos que tendrán mucho para darle a los demás. Cada niño debe estar absolutamente seguro de su integridad como para tener bastante de ella acumulada en su interior y usarla en beneficio de los demás. Tendrán que llegar al punto de sentirse tan encantados de ver que sus amigos reciben regalos como lo estarían si los recibieran ellos. De hecho, en última instancia tendrán que aprender a sentirse mejor por las cosas buenas que reciban los demás, y a que no les importe recibir cosas ellos mismos.

El sentido de la finalidad se puede cultivar en el niño desde su más temprana edad, y también se puede empezar hoy sin que importe la edad actual de tu hijo. Fomentar un sentido del propósito o la finalidad no es más que ayudar a tu hijo a adoptar, hacia sí mismo y su trabajo (el trabajo de los niños consiste en jugar), actitudes que giren alrededor del tema de «salirse de sí mismos» para llegar a estar completamente absortos en todas las actividades de la vida. Puedes ayudar a tus hijos a llegar a ese punto glorioso en la vida en que saben por qué están allí, y se sienten entusiasmados por hacer exactamente lo que han elegido. Esa es la mayor felicidad que un ser humano puede experimentar, y tus hijos tienen todo el derecho de estar en esa posición toda su vida. Sentir que se tiene un propósito en la vida es lo que define a un padre Sin Límites. Si te propones ser un buen padre y ves el hecho de ser padre o madre no sólo cómo ayudar a tus hijos a que aprendan y experimenten su sentido de la finalidad y el propósito, sino como una parte real de tu propio propósito en la vida, empezarás a sentir una llama interna de satisfacción relacionada con tus íntimas razones para estar aquí. Al ayudar a tus hijos a cultivar su sentido de la finalidad, estarás satisfaciendo parcialmente el tuyo. En la medida en que estés al servicio de los demás, incluyendo a tus hijos, estarás contribuyendo a que el mundo sea diferente, y esa es la gran clave para sentir que uno tiene un propósito en la vida. Marcar una diferencia. Hacer que este lugar sea mejor para quienes dejamos atrás.

ASCENDER POR LA ESCALERA DE LAS NECESIDADES CULMINA EN EL SENTIDO DE LA FINALIDAD

Abraham Maslow, el famoso psicólogo que escribió por primera vez sobre los seres humanos de manera optimista y en función de su magnífico potencial, en vez de formular teorías que se basaran en la debilidad de la gente, nos proporcionó un maravilloso paradigma para que consideremos nuestro propio comportamiento como padres. A esta concepción la llamó jerarquía de necesidades del género humano, dando por sentado que todo ser humano debe empezar desde abajo a satisfacer sus necesidades básicas, para llegar hasta el nivel más alto, que él llamaba «autorrealización» y que yo llamo «vida Sin Límites». Para alcanzar este nivel de autorrealización, sobre el que he estado escribiendo en cada uno de los capítulos de este libro, una persona debe satisfacer primero una progresión de necesidades comparable a una escalera. Cuanto más alto llegue uno en esa escalera, más plenamente será capaz de funcionar en un nivel de existencia libre de neurosis, feliz, y con una finalidad.

Sin profundizar demasiado en cada uno de los niveles de necesidad de la jerarquía de Maslow, te pondré al tanto de los fundamentos de su teoría. He descubierto que el trabajo de Maslow es de gran importancia para mí; ciertamente, ha tenido un profundo efecto en mi propio desarrollo personal y profesional. Maslow partió de todos los investigadores que habían estudiado el comportamiento humano desde el punto de vista positivo del ilimitado potencial humano. Lo que hizo fue estudiar a los más grandes realizadores, en vez de examinar a aquellos que estaban cargados de neurosis y psicosis, para crear su teoría, que llamó «una psicología del ser». Fundamentó su teoría en el hecho de que el hombre puede estar motivado por el crecimiento, en vez de por su necesidad de reparar sus deficiencias. En consecuencia, dondequiera que se encuentre en cualquier momento dado, una persona puede aceptarse a sí misma como perfecta, completamente viva y en pleno funcionamiento. Con esta aceptación de sí misma, una persona es capaz de estar motivada por su deseo de crecer. ¡Sí! Perfecta en ese momento, y sin embargo al mismo tiempo, capaz de crecer. Así, uno no tiene que admitir ninguna deficiencia para aspirar a un objetivo. Éste era un punto de partida radical, pero fue la base de un enfoque enteramente nuevo para ayudar a que las personas llegaran a superar los Límites. Después de estudiar a centenares de individuos que parecían funcionar en los niveles más altos en todos los aspectos de la vida, Maslow formuló su teoría empleando la siguiente lógica: «Si algunos seres humanos son capaces de vivir en un elevado nivel, estudiémoslos y aprendamos todo lo que podamos de ellos. Veamos cómo piensan, qué hacen, de qué están hechos, y demos por sentado que los seres humanos pueden alcanzar esos elevados niveles si se les da un objetivo que perseguir». En otras palabras, estar motivado todo el tiempo por los seres más encumbrados, en vez de estudiar a las personas más enfermas, y tratar de ayudar a los demás haciendo que superen sus deficiencias.

Así se originó la jerarquía de necesidades de Maslow, jerarquía muy apropiada para ti como padre, porque puedes ver en ella hacia dónde conduces a tus hijos por este sendero. Puedes ver si van a atascarse en un estadio inferior durante largos períodos, o si vas a estimularles para que suban aún más alto. El sitio más alto de esta jerarquía es ese lugar llamado Sin Límites, del que has leído una breve descripción al principio de cada capítulo de este libro. He aquí esa escalera tal como yo la interpreto, y lo que te propone a medida que ayudas a tus hijos a subir los escalones más bajos y te empeñas en vivir en los niveles más altos. Sólo en los peldaños más altos encontrarás ese lugar difícil de definir que he descrito como sentido de la finalidad o del propósito. Solamente en los estadios más elevados de esta jerarquía verás que los niños desarrollan los valores más gloriosamente importantes y de autorrealización que los mantendrán apartados de cosas tales como un día depresivo, un ataque de ansiedad, o cualquiera de las neurosis «normales» que experimenta tanta gente porque se mantiene arraigada a los peldaños más próximos a la seguridad del suelo. Examina los escalones de esta escalera en función de cómo ayudar a tus hijos a subir constantemente, al mismo tiempo que también disfruten en el sitio donde se encuentren. Estar motivado por su deseo de crecer. Amar cada momento de su existencia, pero tener sueños e imaginación que les ayuden a ascender sin que estén disgustados con el sitio donde se hallan habitualmente.

Lo que Maslow ofrece es una psicología del logro (como he dicho en el capítulo 7) en oposición a una psicología del esfuerzo. He aquí los diversos niveles. Estúdiatelos si te has propuesto el objetivo de ayudar a tus hijos a alcanzar y permanecer en ese lugar mágico de la cima llamado vida Sin Límites. Recuerda que deben pasar por los niveles más bajos para alcanzar los peldaños más altos.

Necesidades físicas

Es obvio que antes que nada debemos aprender a atender a nuestras necesidades físicas básicas si hemos de sobrevivir aunque sólo fuera un día. Empezarás muy pronto a ayudar a tus hijos a que asuman la responsabilidad de ocuparse ellos mismos de ese aspecto vital. Las necesidades puramente biológicas a las que los niños tienen derecho absoluto en razón de su condición humana son la necesidad de aire, agua, alimentos, cobijo y sueño. Sin cualquiera de estas necesidades vitales, el niño moriría. Se les llama «necesidades» porque el organismo las requiere para su propia supervivencia. Cuando participas en traer un niño al mundo, tienes la responsabilidad absoluta de cubrir las necesidades de ese niño y, lo que es más importante, cubrir las necesidades físicas de supervivencia. Todos tenemos la responsabilidad de satisfacer esas necesidades vitales de los niños de todo el mundo, sin que importe en qué parte de nuestro planeta estén viviendo. A ningún niño debe negársele el aire, el agua, los alimentos, un techo, ni el sueño. Si cualquier niño en nuestro planeta está hambriento, entonces, en un sentido muy real, también todos nosotros estamos hambrientos. Primero has de atender a tus propias necesidades físicas, después a las de tus hijos, y luego a las de todos los otros niños del mundo.

Aunque esto pueda parecer una carga enorme, también es una gran porción de tu finalidad o propósito aquí, en este planeta. No tienes que alimentar a todos los niños de África y

Bangladesh, sino que puedes hacer tu propia contribución asegurándote de que estás enviando los mensajes apropiados de amor y ayuda al mundo. Si cada persona hiciera simplemente lo que es capaz de hacer, y se comportase de una manera responsable hacia el resto de nosotros, los problemas de no satisfacer las necesidades esenciales de todos los seres humanos ni siquiera existirían. Los niños tendrían sus necesidades cubiertas. Así, puedes hacer cuanto seas capaz, y aceptar esa responsabilidad todos los días, primero con tus propios hijos, y luego por todos los otros niños del mundo. Yo sé que no puedo darles techo y comida a todos, pero puedo escribir sobre ellos, hablar del problema, hacer mis donaciones y contribuir a que los demás piensen en sus contribuciones, y después de cierto tiempo, mi voz formará parte de una idea a la que le ha llegado su momento. Y, como dijo Victor Hugo, «una invasión de ejércitos se puede resistir, pero no una idea cuyo momento haya llegado». Sé que estoy desviándome hacia un tema mucho más global. Sin embargo, tengo la firme convicción de que cualquier persona que se ocupe de sus propios hijos o hijas, también ha de comprometerse con todos los niños. Esto es más urgente en el sector de las necesidades básicas.

Tú sabes que cada persona en el mundo necesita tener sus necesidades básicas de supervivencia cubiertas, y no hace falta que yo te diga cómo satisfacer las de tus hijos. Por regla general, si les proporcionas alimentos sanos tal como sugiero en el capítulo 8, y si les das los medios mínimos para que se cobijen y duerman, y abastecimiento de agua fresca, serán mucho más capaces de cuidarse solos cuando dejen atrás el estadio de desarrollo y de la infancia. Lo que probablemente no sabías es que más de la mitad de los niños de nuestro planeta no tienen cubiertas las necesidades físicas y biológicas mínimas. Más de la mitad de los niños están desnutridos. Muchos más aún no tienen lugar para dormir, ni agua fresca para beber. Un enorme porcentaje de los niños del mundo no tienen cobijo adecuado, y con el incremento de la contaminación, más de la mitad están condenados a respirar aire impuro. Así que ya ves, al no tomar un papel activo para contribuir a garantizar que todos los niños tengan la oportunidad de ver cubiertas sus necesidades físicas en un medio ambiente salubre, todos nos hallamos directamente afectados.

Seguramente tú haces todo lo que sea necesario para cubrir

las necesidades biológicas de tus hijos en un ambiente adecuado, pero ¿tienes conciencia de tu responsabilidad de garantizar que todos tengan exactamente la misma oportunidad? Esto ha de ser de tu interés y también del interés de tus hijos. Sobre la cuestión de las condiciones espantosas de vida de tantos niños en todos los rincones del mundo, tus opiniones son esencialmente triviales. Sí, has leído bien: he dicho que tus opiniones son triviales. Sólo tus compromisos determinarán alguna diferencia en el mundo. Lo que hagas será mucho más contundente que lo que digas. El compromiso de hacer algo por el más pequeño de los problemas es infinitamente superior a la sólida opinión en relación con el problema más grave. Encontrarás tu sentido de la finalidad cuando te acuerdes de la importancia de tus propios compromisos, y también mientras recuerdes que tener una opinión es básicamente irrelevante para hacer algo valioso. El principio kármico «el hombre es hijo de sus actos» reviste gran importancia. Cuanto más des para ayudar a satisfacer las necesidades básicas de todos los seres humanos donde estén, más gratificación recibirás de tus compromisos. En la medida en que lo único que hagas sea hablar de lo terrible de esa situación, sólo conseguirás experimentar una sensación de vacío e impotencia.

Hay un último asunto relacionado con las necesidades físicas básicas de tus hijos (y también de los hijos de todos los demás). Un niño que esté en el peldaño más bajo de la jerarquía de necesidades, a quien no se le proporcione suficiente agua, comida, abrigo y demás, no tardará en morir de desnutrición, de frío o de calor. Sin embargo, a medida que leas sobre los peldaños más elevados de esta escalera, ten presente que cuando a un individuo se le da la oportunidad de llegar hasta la propia cima de esta escalera, hasta el punto que yo llamo «Sin Límites», ese mismo individuo puede tomar la *decisión* de ayunar, y sobrevivir en un nivel elevado con cantidades de comida menores que las que harían falta para mantenerlo con vida en el peldaño más bajo. Ten muy presente esta idea cuando consideres tus esfuerzos para ayudar a un niño a que alcance los escalones más altos de esta escalera de la vida. Cuando una persona tiene una opción, puede hacer suceder literalmente cualquier cosa que se proponga, pero si se le impide alcanzar los primeros peldaños, se le habrá negado la posibilidad de elección y morirá. Eliminar la posibilidad de elección en los niños es literalmente matarlos antes de que puedan siquiera tomar la decisión de sobrevivir. Esa es la gran lección de la parábola clásica de Herman Hesse, *Siddhartha*. Aquí tienes un pequeño extracto, pero te recomiendo que leas ese libro que yo vuelvo a leer todos los años. Es uno de mis favoritos de siempre, porque me habla de mi propia finalidad, y cada vez que lo releo, aprendo algo nuevo. Escucha cómo Siddhartha, que ha renunciado temporalmente a todas las posesiones mundanas para experimentar la pobreza sin intermediarios, habla con un mercader.

— Así parecen ser las cosas. Todos toman, todos dan. La vida es así —dijo Siddhartha.

—Ah, pero si tú no tienes posesiones, ¿cómo puedes dar?

—Todos dan lo que tienen. El soldado da fuerza; el mercader, bienes; el maestro, instrucción; el labrador, arroz; el pescador, pescado.

—Muy bien, pero, ¿qué puedes dar tú? ¿Qué has aprendido a dar? —preguntó el mercader a Siddhartha.

—Yo puedo pensar, puedo esperar, puedo ayunar.

—¿Eso es todo?

—Me parece que eso es todo.

—¿Y qué utilidad tiene todo eso? Por ejemplo, ¿qué bien procura el ayuno?

—Uno de gran valor, señor. Si un hombre no tiene nada para comer, ayunar es lo más inteligente que puede hacer. Si, por ejemplo, Siddhartha no hubiera aprendido a ayunar, habría *tenido* que buscar algún tipo de trabajo hoy, ya sea pidiéndoselo a usted o en otro sitio, ya que el hambre lo habría llevado a eso. Pero, como están las cosas, Siddhartha puede esperar con calma. No está impaciente, no está necesitado, puede evitar el hambre y reírse de él. Por lo tanto, ayunar es útil, señor.

Si Siddhartha no hubiera alcanzado cierto grado de iluminación, la falta de comida lo habría matado. Todos debemos suministrar comida e iluminación a los niños del mundo para que no se vean privados de su posibilidad de elección.

Tú puedes dar lo que tienes. Y, lo que es más importante, puedes enseñar a tus hijos a hacer precisamente lo mismo. Puedes enseñarles la lección de dar, de compartir, y de hacer que el mundo sea diferente. Puedes ayudarles a interiorizar los valores que les permitirán tender la mano para ayudar a los demás a tener cubiertas sus propias necesidades físicas, y en el

proceso ayudarán a otros a hacer lo mismo. Esto puede contribuir a marcar una diferencia en el mundo, de forma parecida al
efecto de la bola de nieve, que crece y crece gracias al poder
de una idea a la que le ha llegado el momento. En un breve
lapso, si somos bastantes los que ayudamos a los demás a satisfacer sus necesidades, esa bola de nieve se convertirá en una
mole de afecto y dedicación que contrarrestará el egoísmo y la
avaricia que han dado lugar a las condiciones en que los niños
deben perecer porque se les han negado sus derechos esenciales
como seres humanos. Mediante este mismo cambio en la conciencia, el mundo se transformará, y no habrá nada capaz de
detener ese alud, cuando forme parte de tu finalidad y ayudes a
tus hijos a hacer lo mismo.

Necesidad de amor y de pertenencia

Las necesidades básicas de supervivencia de tus hijos deben
estar cubiertas en todo momento de su existencia. Sin embargo,
a medida que vas subiendo por la escalera, las necesidades res-
tantes de los niños son igualmente importantes para su supervivencia. Si bien los efectos de negarle a un niño amor y pertenencia a la comunidad quizá no se evidencien de manera tan
palpable, y los resultados se demoren un poco más en manifestarse, de todas maneras, los niños perecerán con tanta seguridad como si estuvieras privándoles de agua y comida.

Todos los seres humanos necesitan amor para tener un sentimiento de pertenencia. En estudios sobre chicos a quienes se
han negado todas las formas del amor humano, como en el caso
de estar encerrados en un armario, por ejemplo, se ha observado
que los niños no pueden recuperarse de suplicios semejantes, y
con el tiempo se mueren, si la privación de amor ha sido extre-
mada durante un período prolongado. El amor es un derecho
humano fundamental. Si traes una criatura al mundo, estás obligado por leyes morales superiores a cualquier ley que haya
escrito el hombre, a proporcionarle todo lo que comprenda sus
necesidades básicas, así como a asegurarte de que reciba todo
el amor que sea necesario. Este libro está lleno de sugerencias
estimulantes para aportar más y más amor a la vida de tus hijos.
Todas las técnicas sobre las que he escrito a lo largo de estas
páginas han sido ideadas para cubrir esas necesidades de amor.
Necesitan saber que tú te ocupas de ellos, que tienes el interés

propio de cada uno de ellos en el corazón, que los quieres, y que los aprecias. Necesitan sentir muy dentro de sí que los estás educando para que lleguen a ser todo lo que sean capaces de ser. Como ya he dicho antes, desde muy temprano debes darles enormes cantidades de contacto físico, tenerlos en brazos, besarlos, acariciarlos y masajearlos. Si sientes que esto va contra tu naturaleza, cambia esa naturaleza por el bien...; no: por la supervivencia de tus hijos. Si dices que no puedes cambiar tu naturaleza fundamental, cambia la frase «no puedo» por «no quiero», y examina entonces los motivos que tienes para elegir renunciar a tus responsabilidades. Tienes el libre albedrío de ser el tipo de persona que elijas, y la gente con libre albedrío no tiene un «no puedo» válido.

A medida que los niños pasan por la infancia, la necesidad de contacto físico y de que se les levante en brazos no disminuye. De hecho, esa necesidad nunca disminuye; sólo cambian las formas que toma a medida que los hijos van creciendo. Tus hijos todavía necesitan sentirse amados. Es importante que les des mucho amor genuino a lo largo de su existencia. Esto debes hacerlo tocándoles y hablándoles, y después por supuesto, la verdadera gratificación proviene de los actos que les muestras diariamente a tus hijos. Decirles «Te quiero», «Eres fantástica», «Creo que eres el niño más magnífico que hay», o «Te adoro» son el tipo de afirmaciones importantes para hacerles a los niños desde que nacen hasta que uno abandona este planeta. Estamos empezando a acumular pruebas de que decir este tipo de cosas a los niños pequeños de una manera cariñosa les da a entender un mensaje de solaz y pertenencia. Estamos aprendiendo que los niños a quienes se tiene en brazos, se toca, conforta, besa, y se les habla cariñosamente son accesibles incluso cuando están durmiendo, y que este tipo de estímulos les ayuda a formarse un sólido sentido del amor propio y sentimientos positivos hacia sí mismos durante toda su vida.

Cuanto más amor puedas proporcionarles a tus hijos, más les ayudarás a que lleguen a estar llenos de amor hacia sí mismos. Obviamente, cuanto más amor tengan dentro de sí, más capaces serán de amar. Y a la inversa, no podrán dar lo que no tengan. Si buscamos las causas de virtualmente todos los problemas más importantes que afrontan hoy los seres humanos, encontraríamos que las respuestas a estos problemas son tan patentemente obvias y sencillas que sorprende que no los resolvamos. Las soluciones a todos los problemas sociales que afrontamos como raza humana consisten en amar al prójimo tanto como podamos, desde el momento de la concepción, y en no desviarnos jamás de esa actitud.

Sí, el amor es la verdadera solución. Esto no es la expresión cursi de un idealista sensiblero; es la solución genuina. Primero, fíjate en la gente que se mete en dificultades, y acaba en correccionales, prisiones, o incluso muriendo en una trifulca. En la historia de las personas que se desvían demasiado de las pautas necesarias para que funcione la sociedad, siempre se puede encontrar una falta de amor, sentido o recibido. El recio jovencito que empieza robando coches y acaba convirtiéndose en drogadicto y haciéndose valer con un revólver en la mano, una vez fue una criatura encantadora, con una oportunidad de crecer para ser una persona Sin Límites y sentirse productiva y útil para el mundo. Lo que falla en alguna parte del camino es la ausencia de amor. Aunque no creo que el preso pueda quedarse sentado en su celda echando a los demás la culpa de sus circunstancias, pues asumir responsabilidad por la propia vida es la misma esencia de ser una persona de pleno funcionamiento, de todos modos, con sanas dosis de amor, de sentirse importante, y haber aprendido a dar amor en vez de odiar a los demás, habría poca necesidad de que existieran las prisiones. El juez que tuvo que sentenciar al jovencito que estaba robando coches no mostró por él amor ni respeto si se mostró tolerante. Desde los primeros momentos en que un niño empieza a actuar hacia los otros con desamor, sin que importe cuáles sean las causas, ese jovencito necesita más que nada comprender que actuar de esa manera le traerá consecuencias. Necesita aprender que comportarse de manera odiosa es del todo inaceptable, desde el momento en que le pega una bofetada a su hermana, insulta a su madre, o roba un caramelo o un coche. El mensaje debe ser: «Te queremos lo bastante como para hacerte saber que no puedes hacer esas cosas». El comportamiento odioso ante los demás tiene su origen en una ausencia interior de amor. De la misma manera, cuando apremias a una persona y rezuma odio, es porque en su interior tiene eso. Debemos trabajar todos juntos para ayudar a nuestros jovencitos a tener sólo amor dentro de sí. Así, cuando se les «apremie» o se les presione de cualquier manera, será amor lo que expresen.

Al pensar en los graves problemas que enfrenta nuestro

mundo —incluidas la guerra, el crimen, el hambre, las enfermedades y la injusticia— lo que tenemos es un problema de ausencia de amor. Las personas que crecen amando a la humanidad no le dispararán a otra persona en nombre de Dios, ni en nombre de nadie. La gente que se siente amada e importante no tiene necesidad de usar ni abusar de los demás con el fin de sentirse importante ni dominante. Cuando el hambre hace su aparición, la gente que tiene amor en su corazón se pone en movimiento inmediatamente para solucionar el problema. Con bastante gente movilizada por el amor, la hambruna se convierte en un inconveniente temporal y deja de ser una catástrofe. No estoy sugiriendo que los problemas desaparecerán con que simplemente ames a los demás, sino que si empiezas por dar amor a tus hijos propios, y extiendes ese amor a todas las personas con quienes estás en contacto, estarás contribuyendo a que el mundo sea diferente.

Los grandes problemas del mundo no son la guerra, el crimen, la pobreza, el hambre, la injusticia, ni nada de todo eso; son los problemas de la *gente*. Las personas que crecen con amor no desean cometer crímenes; quieren trabajar para hacer de este mundo un sitio mejor. Las personas que han recibido amor durante su crecimiento no dan la espalda a la gente que tiene hambre o que es pobre; quieren esforzarse por ayudar. Eso lo hacen quienes cometen injusticias contra otras personas, quienes disparan contra otras personas, y quienes construyen armas nucleares para matar a otras personas. Imagínate toda una generación de gente alimentada con una dieta de amor y también podrás imaginarte todo el mundo funcionando armónicamente.

Todo empieza a partir de ti. En vez de alentar la venganza y la ira, el odio y la codicia, puedes hacer votos para darles a todos tus hijos, sin que importe la edad que tengan, grandes dosis de amor, de cualquier manera que seas capaz, olvidándote de tus propios deseos personales negativos, y estarás dando un paso de gigante hacia ese amor universal sobre el que estoy escribiendo en estas páginas. El amor puede sin duda tener el significado de ser firme, y arrollar cuanto se le oponga. Dar amor puede conllevar ser honrado y tener integridad, pero siempre significa no usar a nadie para el propio progreso ni el interés propio. Siempre significa pensar en qué es bueno para tus hijos y en consecuencia para todo el resto de los hijos de Dios. Creo que es verdad que podemos cambiar el mundo si todos empezamos por nosotros mismos.

La escalera que conduce hacia la vida en los niveles más elevados se ha de subir de a un escalón por vez. Los peldaños más bajos contienen necesidades que deben estar completamente cubiertas para poder llegar y mantenerse en los niveles más altos. La necesidad de dar y de recibir amor es fundamental para todos los niños del mundo, de la misma manera que la necesidad de contar con suficiente suministro de oxígeno. Practica dar amor y eliminar el odio de tus relaciones con todos, todos los días, pero especialmente con tus hijos. Cada vez que tengas ira u odio dentro de ti, o cada vez que te comportes de forma desagradable con tus hijos, es momento de que empieces a trabajar en ti mismo. ¡En ese mismo instante! Estoy hablando de que trabajes en ti mismo, y no de que prestes atención a lo que esté mal o equivocado en tus hijos o en cualquier otra persona en el mundo, para el caso. En vez de decir: «Simplemente, no es un buen chico» o «No es más que una mocosa testaruda», trata de pensar de una manera nueva. Ese tipo de sentimientos, te guste o no admitirlo, son problemas *tuyos*, no de tus hijos. Esos sentimientos reflejan juicios y sensaciones que están localizados dentro de ti. Aunque sientas que son absolutamente ciertos y que tienes pruebas de ello, de todas maneras residen en ti, y por allí es por donde debes empezar como padre. Tú también eres como esa naranja, y cuando haces afirmaciones desagradables, o tienes pensamientos odiosos, es porque están dentro de ti. Dales amor a tus hijos cuando muestren comportamientos impertinentes o pendencieros —firmeza, sí; no tolerar tonterías, también, pero siempre con amor— y crecerán con el amor dentro de sí. Recuerda lo que dijo Gandhi, quizá su mayor contribución de hombre pío: «Ojo por ojo, y pronto todo el mundo estará ciego».

Piensa cuidadosamente en todo este asunto de dar amor. Tus hijos deben contar con él si han de seguir viviendo. Tus hijos deben tenerlo si van a crecer, a madurar, y a tener un sentido de pertenencia, primero hacia sí mismos, luego hacia su propia familia y su comunidad, y en última instancia hacia el mundo y el universo entero. Aquellos que van en contra de la humanidad, que abrigan ira y odios en vez de amor, simplemente no sienten que pertenezcan a ningún sitio, y en consecuencia sus malas acciones hacia los demás reflejan el desprecio que se tienen a sí mismos Cuanto más amor des para reemplazar ese odio, antes empezarán a sentir que ellos también pertenecen, forman parte de algo, y cuando eso ocurre, la necesidad de comportarse de forma odiosa no sólo desaparece, sino que se esfuma para siempre de su vida. Si esto te suena a flagrante tontería, habla con cualquiera que haya trabajado con criminales insensibles o incluso con aquellos que parecen haber estado irremediablemente catalogados de retrasados mentales o enfermos. Cuando el amor reemplaza al odio, cuando el amor y el respeto se emplean como una herramienta, y si se proporciona lo bastante de ambas cosas, incluso aquellos a quienes una vez se consideró irrecuperables, parecen entrar en razón.

Hay incluso pruebas de que a jóvenes a quienes se ha catalogado de esquizofrénicos, autistas, dementes, y otros calificativos crueles, se pueden recuperar con tratamientos de amor muy poderosos. Te sugiero que leas para empezar, *Son Rise* (Criar un hijo), de Barry Kaufman; también allí se habla de cómo llegar hasta las «estrellas» inalcanzables. Piensa en el amor como en un derecho básico de tus hijos. Piensa en dar amor en todas las interacciones con tus hijos. Piensa en el amor como manera de curarnos a nosotros y a nuestro planeta, y luego haz lo que te salga de forma espontánea. No necesitas un curso sobre cómo dar amor a tus hijos; simplemente necesitas superar tu resistencia a la idea de que el amor es la base de nuestra supervivencia como especie humana. Da amor, y volverá a ti multiplicado por mil. Da ira y odio, y te serán retribuidos en las mismas proporciones. Esto es cierto para ti y para tus hijos, y será válido para la manera en que tus hijos eduquen a tus nietos. Puedes romper realmente las cadenas que nos atan a las prácticas del pasado dando amor en ocasiones en que tal vez estarías tentado de desembolsar lo contrario. Tú solo puedes determinar una gran diferencia en la vida de tus hijos, y los millones de hijos que vendrán, dándoles todo el amor que seas capaz de reunir todas y cada una de las veces que te relaciones con tus hijos y con todos los demás.

Necesidad de autoestima y estima por los demás

El siguiente peldaño de la escalera hacia una vida Sin Límites es la autoestima. Obviamente, las primeras necesidades que hemos de cubrir son las que sustentan la vida. Luego debemos tener amor, que aunque no de manera tan evidente, es también necesario si los niños han de sobrevivir. Luego, cuando los niños estén llenos del amor que les des, empezarán a sentirse valiosos porque se les ama, y comenzarán a convertir tu amor en autoestima. Que para ser capaz de tener autoestima, uno debe recibir primero mucho amor de los demás es otra de esas ironías que parecen regirnos la vida. Cuando llegamos a estar llenos de ese amor, lo convertimos en autoestima, y a partir de allí, somos capaces de dar amor sin peligro de que disminuya jamás. Para ser personas afectuosas, los niños necesitan sentir amor hacia sí mismos, y para sentir eso, deben recibir amor de ti y de todos.

Al dar grandes cantidades de amor a tus hijos y al ayudarles a que se sientan deseados y a que tengan un sentimiento de pertenencia, desarrollan su propia imagen de sí mismos. Cuanto más positiva sea esa imagen de sí mismos y más sientan tus hijos que son unas personas magníficas, mejor desarrollarán ese tipo de sentimientos hacia toda la gente con la que estén en contacto. Si los chicos se desprecian a sí mismos, estarán llenos de sentimientos de desprecio, y eso es lo que darán a los demás. Si están llenos de autoestima, precisamente eso es lo que tendrán en su interior para los demás. La construcción de una sólida imagen de sí mismo basada en la autoestima es una necesidad absoluta de toda persona. Se le llama necesidad porque, sin ella, una persona se volvería contra sí misma y contra los demás de manera destructiva, y sería incapaz de funcionar tanto en el plano social como individualmente. Estoy tan intensamente convencido de la importancia de ayudar a los niños a que tengan poderosas imágenes de sí mismos que he dedicado todo el segundo capítulo de este libro a ofrecerte técnicas específicas para que ayudes a tus hijos a que tengan siempre imágenes vigorosamente positivas de sí mismos. Te sugiero que vuelvas a leer ese capítulo y te fijes con qué precisión calza en esta jerarquía de necesidades que los niños han de dominar si van a tener un sentido de la finalidad y de que tienen una misión a lo largo de toda su vida.

Necesidades del crecimiento (libertad, justicia, orden, individualidad, sentido del significado, autosuficiencia, simplicidad, carácter juguetón, vitalidad)

A medida que tus hijos vayan ganando los peldaños más altos de la escalera de las necesidades, están desarrollando una imagen positiva de sí, en la que se verán merecedores de amor, importantes y pertenecientes al lugar exacto donde están. El próximo peldaño comprende la necesidad de crecer y convertirse en seres humanos funcionales. Los niños se formarán un sentido de la finalidad movidos por su deseo de crecer, y no desde la perspectiva de tener que reparar sus deficiencias. Abraham Maslow describió así este fenómeno en su clásico libro *Toward a Psychology of Being* (Hacia una psicología del ser): «... Hay una verdadera diferencia clínica entre rechazar amenazas o ataques y el triunfo y el logro positivos, entre proteger, defender y preservarse uno mismo y alcanzar la realización, las cosas apasionantes, y el progreso». El niño motivado por sus deficiencias está siempre motivado por la necesidad de superar algunas imperfecciones básicas en su vida; así, se ve a sí mismo como a alguien sin valor y está motivado para volverse valioso. Los niños que crecen motivados por el crecimiento se aceptan a sí mismos como seres humanos valiosos, importantes, que valen porque existen, y están motivados para crecer y familiarizarse con otros aspectos de la vida. Estas «metanecesidades» son cruciales para la formación de un sólido sentido de la finalidad en tu hijo. Comprenden (sin orden de importancia en particular) la necesidad de justicia, de libertad, orden, individualidad, sentido del significado, autosuficiencia, simplicidad, carácter juguetón y vitalidad. Cada una de estas palabras simboliza una necesidad específica que los niños tienen a medida que va creciendo su autoestima, una vez que las necesidades básicas de seguridad y las necesidades puramente fisiológicas de aire, agua, comida, cobijo y sueño están cubiertas.

A medida que progresen por la escalera hacia su dominio personal, los niños deben tener oportunidades de sentirse libres de tomar decisiones, de saber que pueden tener justicia para sí mismos y que no serán injustamente perseguidos a causa de los caprichos de otros. Necesitan tener cierto sentido del orden en su vida y padres afectuosos en quienes poder confiar por sus consejos y los ejemplos de lo que pueden llegar a ser en la vida. Necesitan apreciar siempre su propia individualidad y evitar que se les compare con los demás. Necesitan aprender a cuidar de sí mismos, a sentirse realmente autosuficientes, y que se les elogie regular y auténticamente por sus logros y por su manera de ser personalmente peculiares. Necesitan sentirse juguetones y ver la vida como algo divertido, y que tú coincidas con ellos en esa manera de ver la vida. Y sobre todo, necesitan sentirse creativamente vivos, tener un intenso sentido del deseo y de la apreciación por todo en la vida. Para eludir el aburrimiento y la torpeza, para disfrutar del interés de todos los días. No es ningún ideal traído por los pelos. Puede ser realidad.

En todos los capítulos previos de este libro he aludido a estas necesidades del crecimiento, y he dado muchas técnicas y pautas que creo que te ayudarán a dar forma al pensamiento y a los mundos interiores de tus hijos, para que se concentren claramente en estar motivados, en todo lo que piensen y hagan, por sus deseos de crecer, y no por reparar sus defectos. Yo no creo que los niños tengan defectos. Creo que son siempre valiosos e importantes, pero que el crecimiento siempre es posible, y que pueden crecer y seguir disfrutando de estar donde se encuentren. Esta convicción está resumida en una oración que he usado muchas veces al escribir y al hablar: «No hace falta estar enfermo para mejorar».

Ten presente esta jerarquía. Cuando ayudes a tus hijos mediante tus interacciones cotidianas, ten presente que estas necesidades del crecimiento, aunque no sean tan cruciales en el momento presente como la comida y el cobijo, pueden ser tan importantes para su crecimiento interior como la comida lo es para su desarrollo físico. Más allá de las necesidades del crecimiento mencionadas en esta sección, están los escalones de lo que Maslow llamaba las «necesidades superiores».

Necesidades superiores (verdad, belleza, apreciación estética, bondad, despertar espiritual)

Los niños tienen necesidades que trascienden incluso aquellas necesidades del crecimiento que he descrito en la sección anterior. A medida que tus hijos suben a través de esas diversas fases, y cubren sus necesidades en cada estadio del desarrollo, acaban alcanzando el punto en que empezarán a sentir un fuerte sentido del propósito y la finalidad y el significado de la vida. En las necesidades superiores es donde muchos padres tiran la toalla, imaginándose que ya no hablamos de necesidades, sino de meros sistemas de creencias o elecciones de fe. Según los trabajos de Maslow y de muchos académicos, las necesidades superiores también constituyen una estructura necesaria, si el niño ha de alcanzar la parte más alta de la escalera y ha de vivir el tipo de vida libre de neurosis, con una finalidad, que he descrito en las páginas iniciales de este libro.

Ten presente que no estamos hablando de que los niños aprendan simplemente a hacerle frente a la vida, a llevarse bien con el medio ambiente. Estamos hablando de educar a los niños para que sean personas Sin Límites, que nunca tendrán «ataques de ansiedad» ni se sentirán perdidos ni deprimidos. Estamos hablando de niños que crecerán para llegar a ser expertos y dueños de su mundo, donde son para su propia vida como un gran artista para su obra maestra, sombreando y perfilando en la tela para crear precisamente lo que quieren. Tener conciencia de esas necesidades superiores, y de la necesidad todavía más elevada de autorrealización que describo en la próxima sección, representa la verdadera diferencia entre simplemente llevarse bien con la vida, y crearse su propia vida. Las necesidades superiores que es crucial que los niños internalicen en su mundo interior incluyen la verdad, la bondad, la belleza, la apreciación estética y el despertar espiritual.

Una vez más es importante comprender que los niños deben operar en el nivel de la destreza en los peldaños de necesidad más bajos, para ser capaces de llegar a este estadio. Cuando empiecen a tener cubiertas sus necesidades estéticas y espirituales, conocerán a fondo el sentido de finalidad que le falta a casi todo el mundo. En esta categoría superior de necesidades es donde se resuelven los verdaderos dilemas que enfrenta la mayoría de la gente. Cada vez que alguien me dice que no sabe cuál es su finalidad, o por qué está aquí, o que todavía sigue buscando una finalidad, me doy cuenta de que sigue buscando porque se encuentra en las categorías de necesidades más básicas, descritas en las secciones anteriores. Una vez que una persona así sea capaz de olvidarse de sí misma para empezar a ver la necesidad de verdad, espiritualidad, bondad y apreciación de la belleza, cada cosa que vea o haga se convertirá en parte de esa misión. Cuando uno quiere hacer del mundo un sitio mejor y más hermoso para todos, no se inquieta por sus necesidades más bajas; están cubiertas automáticamente. Uno se convierte en un ejemplo de esa belleza, y en vez de buscar cómo hacerla, literalmente la vive. Cuando uno conoce la importancia de la verdad, no trata de difundirla ni de encontrarla; *es esa verdad*. Sí, una persona puede dejar de buscarlo todo, para *serlo* todo.

Éste es uno de los aspectos sobre los que resulta más difícil escribir, y sin embargo es de crucial importancia que comprendas lo que estoy diciendo en las oraciones que estás leyendo ahora mismo. Un sentido de la finalidad no es algo que encuentres; es algo que tú eres. La verdad no es algo que tú descubras; es algo que tú vives. Tus hijos necesitan la verdad para sobrevivir, de la misma manera que necesitan agua y oxígeno. Imagínate teniendo que vivir en una atmósfera en la que nadie dijese jamás la verdad, donde todo fuesen mentiras. ¿Cómo podrías creerle a nadie, cómo podrías funcionar, si nadie dijese la verdad? Uno pronto se volvería loco tratando de desentrañar qué era verdad y qué mentira, y entonces, cuando finalmente lo hubiera resuelto, alguien le diría: «Te estaba mintiendo; eso no tiene nada de cierto». En muchos medios, donde las mentiras son habituales, la gente se forma un sentimiento de desconfianza tan fuerte, que vivir cuerdamente se vuelve imposible. Sí, la verdad es una necesidad, pero debe ser algo que los niños deben llegar a ser, en vez de buscarla y encontrarla en alguien o en algo. Esto se aplica también a cada una de las otras necesidades. La necesidad de apreciación de la belleza se puede percibir cuando se expone durante largos períodos a la gente a medios feos, sucios, deteriorantes. La supervivencia se torna imposible cuando no hay oportunidad de tener un poco de apreciación de la belleza en el medio ambiente donde uno esté. Lo esencial para cubrir la necesidad superior de la belleza no está en ser capaz de apreciar un gran cuadro, ni de disfrutar de un concierto de música clásica; está en *ser* apreciativo interiormente. Está en tener la capacidad de apreciarlo todo por su belleza peculiar, y en las actitudes internas que permiten ver la belleza que hay en todos y en todo. Uno lleva esta apreciación dentro de sí, en lugar de tratar de encontrarla en cualquier cosa. Uno la tiene y la vive, en vez de tratar de descubrirla. Este tipo de postura hacia la apreciación de la belleza concuerda con la psicología del ser, y no con la psicología del esfuerzo por alcanzar lugares cada vez más elevados.

A medida que examines cada una de estas necesidades superiores, descubrirás que el mismo enfoque se aplica a todas ellas. La bondad no es una cualidad que uno descubra en algo fuera de uno mismo; es una cualidad que uno debe vivir. Así, como padres, podéis ayudar a vuestros hijos a que se sientan bien consigo mismos, a que aprecien la bondad de este mundo, y a que busquen siempre lo bueno. Entonces *serán* la bondad y la verán por todas partes, y su misión será más clara. Sabrán que difundir esos sentimientos de bondad es mucho más importante que tratar de llegar a ser una persona «buena», que sólo trata de sentirse más positiva a sus propios ojos complaciendo a todo el mundo. *Serán* lo que elijan, y la bondad es algo que aportarán a la vida, en vez de tratar de obtenerla de la vida.

Finalmente, la necesidad superior del despertar espiritual se adecuará a la vida de tus hijos de la misma manera. Una vez más, se trata de una manera de *ser* espiritual, y no de intentar alcanzar el despertar espiritual mediante cierta orientación religiosa, pertenencia a alguna Iglesia en particular, ni práctica de creencias religiosas impuestas por alguna otra persona. Alcanzar el despertar espiritual significa estar dispuesto a ser espiritual, en vez de pedir que a uno lo guíen desde arriba. Significa llevar consigo el espiritualismo y todo lo que implica a cualquier lugar adonde uno vaya, y aportarlo a la misión de la vida de cada uno, en vez de tratar de encontrarlo en una fuente externa. El despertar espiritual, igual que las otras necesidades superiores, es un concepto interior. La gente que lo tiene como parte de su condición humana no hace proselitismo para ninguna organización, sino que está llena de respeto y admiración por todo el universo. Estas personas dan amor, respetan todas las formas de vida y aceptan que todo ocurre por una razón y que el universo es un lugar perfecto, sin errores.

Ser espiritual es muy distinto de pretender ser una persona religiosa, o un buen protestante, católico, judío, budista o a colocarse cualquier otro rótulo de organización. Significa ser como Cristo, y no ser un cristiano. Significa ser Buda, en vez de catalogarse a sí mismo como budista. Ser espiritual significa que uno no mata, difama, corrompe, ni actúa de manera inmoral, independientemente de quién le diga a uno que se conduzca de esa forma. Ser espiritual es una forma de vivir, no es ser miembro de ninguna organización. Es parte de ti y de tus hijos, y no hay reglas, leyes, deberes patrióticos, ni ninguna otra cosa que pueda trascender las creencias espirituales básicas de uno sobre la santidad de la vida, la necesidad de dar amor, y la necesidad de todas las criaturas de vivir en armonía. No se puede matar en el nombre de Dios, y seguir proclamándose espiritual. No se pueden mantener peleas y odio en nombre de la religión. Hay solamente acciones, y según está escrito en el Nuevo Testamento, «nuestro amor no ha de ser sólo palabras ni mera conversación, sino algo activo y real; de ese modo sabemos que estamos en la verdad». Fíjate que dice «en la verdad». Eso significa *ser* la verdad, la belleza, la espiritualidad y la bondad, no simplemente nombrarlas, ni apuntarte en una organización y creer que el hecho de ser miembro de ella te hace espiritual. Formar parte es lo esencial de las necesidades y valores superiores, y aunque así lo he escrito en este libro al tratar de cómo alcanzar la vida Sin Límites, esta parte sobre el ser constituye la lección más importante que puedes enseñar a tus hijos. Cuando hayan cubierto esas necesidades superiores, nunca más volverán a preguntar por su finalidad, ni se volverán a preguntar por qué están aquí. Será tan parte suya como la cara, los pulmones, los pies, y todo lo demás que forma parte de la esencia de un individuo.

Subir por esta escalera no acaba en las necesidades superiores, como verás en la última sección de este capítulo, que versa sobre técnicas para ayudar a los niños a subir esta escalera hasta el final. El lugar más alto en la jerarquía de Maslow es lo que él llamaba autorrealización, y lo que yo llamo *vida Sin Límites*. En este sitio los niños viven libres de neurosis, en un espacio completamente vivo en cada momento de su vida. Es un lugar especial, que atraerá algunas críticas, pero que los dejará llenos de respeto y admiración por todo el universo incluidos ellos.

La parte más alta de la escalera, la vida Sin Límites: resumen

Aparte mis palabras de introducción, al principio de cada capítulo he incluido una breve descripción (tomada directamente de *El cielo es el límite*) de la persona Sin Límites como un objetivo para que tengas en cuenta por tus hijos. A continuación te ofrezco una recapitulación de cada una de esas descripciones. Ésta es la cima de la escalera; es el lugar de la finalidad, la realización, las misiones, las cosas apasionantes, y el agradecimiento por ser parte del universo.

La persona Sin Límites es autosuficiente; tiene un gran entusiasmo por sí misma, sin remordimientos ni reservas. No tiene tiempo ni necesidad de ser vanidosa. Reconoce que el amor y el respeto acuden a la persona que los cultiva; recibe el amor y el respeto de todos los que pueden retribuirle su franqueza original hacia ellos; no le preocupa que los demás la rechacen.

La persona Sin Límites va en busca de lo desconocido y le encantan los misterios. Recibe los cambios de buen grado y lo experimenta casi todo en la vida. Ve el fracaso como parte del proceso de su aprendizaje. El éxito surge con naturalidad en la realización de los proyectos de la vida y la práctica de las cosas por las que se interesa profundamente.

La persona Sin Límites alcanza su propio destino individual guiándose según sus propios criterios interiores. Siente cada momento de su vida como una elección personal y libre. Nunca pierde el tiempo culpando a nadie de sus propias faltas ni de las catástrofes del mundo. No depende de nadie en lo que se refiere a su identidad o su autovaloración.

La persona Sin Límites sabe que preocuparse sólo inhibe su capacidad de acción, y no ve en la vida nada de qué quejarse. Nunca manipula a los demás con la culpa ni deja que la manipulen. Ha aprendido a evitar los pensamientos angustiosos. Es feliz tanto estando sola como acompañada. Le gusta estar sola. Cultiva el arte de la relajación y la recreación. Es experta en alcanzar la relajación total a voluntad.

En vez de inmovilizarla, el enfado más bien moviliza a la persona Sin Límites. Se mantiene calma mientras lucha por encontrar una solución creativa, constructiva. Trabajar con ella y estar con ella es un placer. Va a favor de la corriente en vez de luchar contra la vida. Piensa, siente y se comporta según sus propios cánones.

La persona Sin Límites ve el pasado en función de lo que se le enseñó sobre cómo vivir ahora, y el futuro como momentos presentes que serán vividos cuando lleguen. Vive total y exclusivamente en el momento presente. Es capaz de alcanzar experiencias cumbre en casi todas las actividades. Prefiere, si es posible, no tener «un plan», para que haya cabida para la espontaneidad.

La persona Sin Límites se esfuerza continuamente por alcanzar la «supersalud» física recurriendo lo menos posible a los médicos y a las píldoras, con la convicción de que está dentro de su poder preservarla y fortalecerla por sí misma. Le gusta su naturaleza fundamentalmente animal, y está maravillada ante la perfección con que funciona su cuerpo. Hace gimnasia por el puro placer físico, y aprecia el proceso de maduración como el medio universal de la vida y el crecimiento. Reconoce que el sentido del humor es vital en todos los aspectos de la vida.

La persona Sin Límites no tiene un sentido de la propiedad hacia otros con quienes esté asociada; reconoce que la mejor manera de perder cualquier cosa es tratar de agarrarse demasiado estrechamente a ella; es virtualmente inmune a los celos; adopta una visión cooperativa para resolver cualquier problema; nunca se altera por los rótulos que la gente le ponga a ella o a otras personas; comprende la verdad de los opuestos aparentes; se alegra del éxito de los demás y rechaza de plano el juego de las comparaciones y la competición. No tiene héroes específicos y reconoce que por cada héroe famoso hay millones de héroes anónimos; ve al héroe que hay en todos, pero está demasiado ocupado haciendo sus propias contribuciones para vivir a través de las proezas de otra persona. Por su propio bien no le da un valor positivo al conformismo, y es capaz de sortear las normas y los hábitos caprichosos o insignificantes muy fácil y tranquilamente. Se dirige a los demás con sinceridad pura, infantil, y siempre deja que su propia imaginación creativa se dispare en cualquier situación, todo lo afronta en la vida desde un punto de vista creativo.

La persona Sin Límites muestra un fuerte sentido del propósito en todos o casi todos los aspectos de la vida. Esta visión holista le permite ver significado en todas partes. Está fundamentalmente motivada por las necesidades y valores humanos más altos. Su búsqueda de la verdad, la justicia, la belleza y la paz es algo que está siempre en primer plano. Decide qué pauta de crecimiento es la que quiere adoptar para sí, y deja que los demás hagan lo mismo. Es completamente global en los valores y la autoidentificación, y es capaz de enorgullecerse de las realizaciones locales cuando éstas contribuyen al bien de la humanidad. Está interiormente motivada por su curiosidad natural y su instinto para buscar la verdad por sí misma en todas las situaciones posibles de la vida. Va tras sus propias luces interiores en todos los aspectos de la vida, y hace trabajos plenos de significado para ella, no los que le dan una gratificación monetaria externa. Nunca mide a nadie en función del dinero. Si se hace rica, será «un accidente» en la consecución de sus propósitos. Ve todo el universo como algo magnífico y maravilloso y por lo tanto no tiene límites para sus variedades de belleza. Ve a toda la gente como intrínsecamente hermosa aunque sus actos o sus creaciones a veces no lo sean. Ve toda la vida como algo sagrado, y todas las vidas humanas tienen para ella el mismo valor. Cree que la guerra, la violencia, el hambre y las plagas se pueden eliminar si la humanidad lo decide, y dedica su vida a mejorar la vida de los demás y a acabar con la injusticia.

ALGUNAS TÉCNICAS ESPECÍFICAS PARA AYUDAR A LOS NIÑOS A ALCANZAR LA CIMA DE LA ESCALERA Y A QUE SIENTAN QUE TIENEN UN OBJETIVO EN LA VIDA

Los polemistas quizá no estén de acuerdo en si la finalidad en la vida se puede encontrar a través del trabajo o del ocio, pero pocos discutirán la necesidad de tener un sentido de la finalidad para que la vida tenga sentido. Desde muy temprano se ha de formar la sensación de tener un objetivo en la vida, y se ha de reforzar a lo largo de toda la edad adulta.

La niñez la considera la mayoría de los adultos un período alegre e idílico. Pero el autismo, la esquizofrenia, el consumo de drogas y el suicidio dan pruebas de que algunos niños son incapaces de encontrar caminos interiores para superar las dificultades, y necesitan intervenciones hábiles y específicas para encontrar significado a la vida. Otros jovencitos, perjudicados con menos gravedad por la falta de autoestima, todavía se harán la pregunta: «¿Por qué nací?». Existen algunas respuestas neuróticas.

— Para llevar el apellido de la familia.
— Para entretener a mi madre aburrida.
— Para que mi padre viviese por mí a través de mis aventuras.
— Para demostrarme que soy valioso, ya que yo fui un accidente indeseado.
— Para cuidar a mis hermanos o a mis padres.
— Para desempeñar un papel en particular (el comediante, el guapo, el listo).
— Para ser el «hijo» porque ya tenían una «hija».
— Para que la familia tenga una oveja negra.

Una base para el sentido de seguridad, mientras se busca un propósito en la vida, es la sensación de buena acogida que una persona recibe del mundo. Si bien los adultos quizá se sientan lo bastante fuertes para vérselas con el rechazo porque su autovaloración permanece intacta, independientemente de los juicios externos, los bebés *necesitan* que se les quiera. Son sensibles a la manera en que se les tiene en brazos, se les da de comer, se les habla y se les cuida. Se han llevado a cabo estudios que indican que un niño que aún no ha nacido percibe luces, sonidos y movimientos, y la química con que se relaciona con su madre. La actitud de esta última hacia su embarazo influye en el medio físico que afecta al hijo durante los nueve meses.

La genética y el medio ambiente tienen influencia en el niño que ya está ocupado enfocando y evaluando el mundo. Cuantos más datos positivos para su crecimiento pueda reunir el niño, más firme y segura será su convicción de que el mundo real es un buen lugar para vivir. Un niño se expande y crece más capaz tanto de dar como de recibir. Algunos niños se aproximarán con temor y escepticismo a este mundo que se ensancha, y rara vez tomarán contacto con él. Algunos vacilarán y serán lo bastante curiososo para sentirse tentados por las pruebas inquietantes de que están ocurriendo cosas interesantes. Los niños Sin Límites ya han descubierto que son maestros de ceremonias en un circo de tres pistas en el que el espectáculo empieza cuando abren los ojos, y sólo el sueño hace caer el telón. La vida es absolutamente festiva, y la finalidad principal consiste en experimentar todo lo que sea posible.

En el medio ambiente favorable de casi todos los bebés, este aprendizaje de las actividades placenteras tiene lugar con mucha facilidad. Sin embargo, cuando ya son «dos niños terribles» o «tres críos molestos», empieza la época en que los padres les dan los suficientes «noes» como para que el niño autócrata que cree que el espectáculo debe continuar sólo porque a él le gusta, deje de pensar así. Esta batalla de voluntades es universal. Es razonable que los niños pequeños comprendan los límites que se les imponen por cuestiones de salud, seguridad y armonía social. La dificultad reside en que algunos padres se atascan en la modalidad autoritaria y dicen que «no» según sus conveniencias personales. «Porque lo digo yo» también está universalmente reconocido por lo poco que tiene de racional entre las eternas disputas entre un niño de dos años y sus padres.

Mucha gente tiene dificultades para definir su finalidad en

la vida, algo que tiende a ser no tanto lo que una persona hace (como en una ocupación) como la forma en que aprende a vivir (actitudes). Si la finalidad de la vida consiste en ser feliz, la comprensión se extiende más allá de la autosatisfacción hacia el darse cuenta de que el comportamiento personal no puede tropezar con la búsqueda de la felicidad ajena. La ética y los valores de una persona Sin Límites no son egoístas, sino generosos. Dado que permitir o garantizar la felicidad proporciona satisfacción interior y una atmósfera externa que conduce a compartir en el futuro, la gente Sin Límites disfruta plenamente con la felicidad de otras personas y la considera también muy enriquecedora para ella misma.

Muchas personas se concentran en las cosas materiales en un intento de encontrar un significado a la vida. Acumular un montón de posesiones define su nivel de éxito. Aunque los objetivos sean elevadísimos (por ejemplo, hacer de este mundo un sitio mejor), si la orientación es externa, las pruebas del progreso habrán de ser físicamente mensurables. Las personas Sin Límites están convencidas de que el mundo ya es un lugar perfectamente maravilloso. La manera de pensar de la gente y, en última instancia, el estropear nuestro mundo perfectamente maravilloso, pueden darnos el sentido de la finalidad que a casi todos se les escapa. Tienes la oportunidad de formar en tus hijos un respeto por la libertad y la independencia en la medida en que les modeles el comportamiento basándote en tus propios objetivos internos hacia tu propia finalidad en la vida. Servir de modelo es la forma más eficaz de moldear los valores en los niños y ayudarles a comprender su misión y a vivir según los valores expresados en los peldaños superiores de la escalera que conduce a la autorrealización o la vida Sin Límites. El comportamiento ético enseña muchísimo más que los sermones.

Teniendo en cuenta esas ideas, te ofrezco las siguientes sugerencias para ayudar a tus hijos, independientemente de la edad y posición que tengan en la vida, para que adopten valores más elevados, cubran sus necesidades superiores y tengan la sensación de proponerse un objetivo en la vida. A medida que adopten algunos de estos «comportamientos superiores» verás que tus hijos maduran para convertirse en seres humanos que saben a dónde van, que nunca cuestionan su valor, y que se dedicarán a ayudar a los demás a que usen el abundante don que es la existencia, y la magnificencia de nuestro planeta, para erradicar el sufrimiento y fomentar la realización en todos los que nos sucedan. Con este espíritu, te ofrezco estas técnicas y sugerencias.

— *Para ayudar a tus hijos más pequeños a que cubran sus propias necesidades básicas de supervivencia, permíteles tanta libertad como te sea posible para que tomen decisiones por sí mismos, dentro de las limitaciones que impone su propia seguridad.* Déjalos decidir cuándo comerán o mamarán, ya que son genios naturales cuando se trata de sus propios instintos. Saben lo que les gusta, cuándo lo quieren y cuándo no. Un bebé sabe cuándo beber agua y cuándo rechazarla. Los bebés saben instintivamente cuándo dormir y cuándo despertarse. Te harán saber lo que necesiten; recuerda que son creaciones absolutamente perfectas, con abundante inteligencia para sobrevivir si tú les prestas atención. A medida que vayan creciendo, permíteles tener tanto control sobre su funcionamiento físico fundamental como te sea posible y aun te resulte cómodo. Evita obligarlos a que coman, exigirles que duerman de acuerdo con tus horarios, y decirles cuándo tienen calor o frío, hambre o sed, sueño o cualquier otra cosa. Si bien no tienes por qué ser esclavo de sus caprichos, sin duda puedes permitirles que se hagan cargo de sus necesidades físicas y aprendan a ser independientes. A medida que vayan llegando a la pubertad, déjalos que se preparen sus propias comidas, que decidan a qué hora se irán a dormir (dentro de límites razonables), que vigilen sus propios hábitos de nutrición, etcétera. Te sorprenderá la eficacia con que los niños cubren sus propias necesidades físicas y biológicas cuando se les anima a hacerlo con naturalidad, y si no hay discusiones ni peleas en esos aspectos. Cuando dejes de ejercer tu poder sobre tus hijos y simplemente les permitas hacerse cargo de su vida en una medida razonable y sana, sus propios sistemas perfectos de advertencia interna les ayudarán a elegir una dieta equilibrada, unas pautas de sueño adecuadas, un programa de ejercicios naturalmente sano, y todo ese tipo de cosas. Si crees que no son capaces de semejante control sobre su vida, pregúntate si es porque siempre has sido tú quien se ha hecho cargo de ellos o has usado esos aspectos típicos de la necesidad como un pretexto para lograr que se porten bien y para dar órdenes. Si les permites controlarse a sí mismos lo más pronto posible, estarás enseñándoles a que trepen por la escalera con rapidez e inteligencia.

— *Pon tanto énfasis como puedas en la* calidad *de la vida de tus hijos, en vez de enseñarles a apoderarse de todo lo que puedan y a acumular cuanto les sea posible.* Pasa el tiempo con ellos en la naturaleza, y déjalos que la experimenten directamente, de primera mano. Elógiales los esfuerzos por disfrutar de algo, en vez de elogiarlos por vencer a los demás o acumular más cosas. Estimúlalos para que aprecien todo lo que sucede; primero, sé tú una persona que se halla en una elevada calidad de vida, y luego niégate a dejarte trastornar cuando quienes te rodeen no parezcan tan comprensivos como tú esperas. Señálales la belleza de una puesta de sol aunque tus hijos se burlen de ti las primeras veces. Comentarios como: «¡Ah, nunca me cansaré de mirar estas montañas!» o «Me gusta mucho mirar cómo vuelan los pájaros en formación; jamás se me ocurriría pensar que es algo aburrido», les enseñarán inconscientemente a apreciar más la calidad de lo que les ofrece la vida. Muchas veces te dirán: «Uf, eso es tan aburrido... Yo preferiría jugar a algún videojuego», y estará muy bien que lo digan. «Sé que te gustan los videojuegos, y esta puesta de sol para mí es muy interesante.» En otras palabras, no trates de convencerlos de que están equivocados; simplemente admite que tienen derecho a que les guste lo que les gusta, y que tú estás señalando la capacidad de encontrar calidad en la vida, aunque ellos no tengan monedas para la máquina electrónica. Señala la calidad en su vida, y enséñales a encontrar diversión en todas las cosas que se topen. Con el tiempo, serán capaces de disfrutar de todo lo que se les cruce en el camino, y eso es una gran parte de lo que significa sentir que uno tiene una finalidad en la vida.

— *Enséñales a tus hijos la importancia de esta afirmación si quieres que sientan una finalidad durante toda su vida:* Nadie sabe lo bastante para ser pesimista. Sé optimista incluso cuando estén viéndolo todo negro. Nada de sermones, ni de explicaciones demasiado largas; simplemente, actitudes optimistas. «Creo que las cosas siempre ocurren por una razón; a lo mejor aprendes algo de veras importante de este accidente.» «Siempre creo que las cosas van a funcionar bien, aunque ahora mismo no lo parezca.» Una y otra vez puedes ser el modelo que ayude a tus hijos a que empiecen a buscar algo bueno, a que empiecen a ver el vaso medio lleno en vez de medio vacío. Los pesimistas del mundo aprenden sus actitudes de quienes los rodean. Quienes ven el mundo como un lugar horrendo generalmente han sido instruidos para sacar esa consecuencia de sus propias circunstancias. Como siempre, enseña a tus hijos primero y principalmente con tu ejemplo personal, y sé luego un recordatorio constante de alguien agradecido de estar vivo, que espera que las cosas mejoren, que cree en hacerse cargo del propio destino en vez de quedarse sentado esperando que las cosas sucedan. En esencia, esto es una actitud que ciertamente se les puede enseñar a los niños de una manera benévola y eficaz. De toda la gente que he conocido, que parece tener un sólido sentido de la finalidad en su vida, todavía estoy por ver a alguien que sea un pesimista que espere que las cosas vayan peor. Aquél que tiene una finalidad en la vida confía en que las cosas mejorarán, y ese mismo sistema de creencias le ayuda a que así suceda. Cuando esperas que las cosas se deterioren, estás dando lugar a que ocurra de esa manera. Por lo tanto, la finalidad, el optimismo y las expectativas positivas funcionan en conjunto.

— *Aquí se impone un recordatorio de algo que ya he dicho antes, y es tener en cuenta esta consigna: «Defender al ausente»*. Esto es sumamente importante si tus hijos van a adoptar esos valores superiores y cubrir esas necesidades superiores que he descrito en este mismo capítulo. Enséñales a no hablar mal de nadie que esté ausente, y adopta esto como un código de conducta también para ti. Si quieres que tus hijos sean expertos en la justicia, la verdad, la bondad y el significado de la vida, recuérdales que no sean chismosos ni caigan en la trampa de hablar mal de alguien que no está allí para defenderse. Recuérdales que al que al cielo escupe… en la cara le cae. Emitir pensamientos desagradables o decir cosas despectivas sobre los demás se volverá contra ellos, pero si defienden al ausente, sin que importe lo que estén diciendo los otros, recibirán la misma defensa cuando ellos estén ausentes y sus amigos los critiquen. Pueden aprender esto desde muy pequeños, y una vez más no hacen falta sermones extensos de tu parte. Sólo recordarles esto: «Realmente no quiero escuchar nada malo sobre tus amigos. No creo que esté bien hablar a espaldas de nadie» o «A nadie nos gusta que se hable mal de nosotros cuando no estamos presentes para defendernos. Me gustaría que pensaras en ello» o «Sé que estás furiosa con Sally, pero creo que es una persona magnífica. Todos tenemos algunos rasgos que a veces irritan a nuestros amigos, pero yo no diría nada malo de Sally sin darle la oportunidad de que se defienda». El hecho es que a los niños pequeños les encanta hacer este tipo de cosas, y también necesitan recordatorios regulares de que hablar despreciativamente de los demás es un tipo de comportamiento sumamente mezquino que sólo les reducirá su propia integridad. El chismorreo puede ser una experiencia dolorosa para tus hijos pequeños, y enseñarles a no participar en él les ayudará a ver con claridad el valor de la justicia, la bondad, la verdad y el significado de la vida.

— *Emplea el elogio con tus hijos por los sucesos regulares de todos los días.* No des por sentado que el sentido de la finalidad es algo que alcanzarán algún día; recuerda tú y recuérdales a tus hijos que cada día de su vida es igualmente importante, y que ahora mismo tienen un propósito. «Aprender a sumar y restar es un trabajo muy importante para ti. Estoy contento de que ya lo entiendas.» «Regalarle esas galletitas a los vecinos ha sido un hermoso gesto de tu parte. Si todos fuesen tan considerados como tú, todo el mundo se beneficiaría.» «Es fantástico que hayas arreglado ese aparato de radio. Estoy seguro de que podrías meterte en el negocio de reparar radios ahora mismo si quisieras. No sólo podrías ganar dinero tú mismo; simplemente piensa a cuánta gente podrías ayudar.» Todo lo que haga tu hijo es importante *ahora*. Los chicos sentirán que tienen un objetivo más adelante si se les enseña a hacer eso a lo largo de su vida. Y tú puedes reforzarles precisamente en ese sentido, si te tomas el tiempo de señalarles lo mucho que valoras sus esfuerzos de juego y trabajo, y lo bien que hacen que se sienta otra gente cuando hacen cosas por ella. El niño que da galletitas y leche a una persona mayor enferma es alguien que más adelante querrá ayudar a erradicar el sufrimiento, y conviene elogiar y animar positivamente desde los primeros años hasta la edad adulta este tipo de finalidad o propósito en el comportamiento.

— *Desarrolla en los niños la capacidad de comprender qué significa creer que todas las personas han sido creadas iguales.* Desde un principio, tienes la oportunidad de ayudar a tus hijos a que comprendan que nadie es mejor que otra persona en el mundo. Puedes recordarles firmemente que prejuzgar a los demás no es algo que haga la gente de valía. Puedes corregirlos cuando se inclinen a usar epítetos que hagan parecer inferiores a los demás. Puedes animarlos a que piensen siempre de manera positiva hacia todos, y recordarles que nadie pide nacer en lugares del mundo donde hay poca comida y no hay casi oportunidades. Puedes hacer que tus hijos se comprometan desde pequeños en proyectos pensados para guiarlos a que ayuden a los demás, en vez de quedarse sentados criticando, o ser personas ociosas. Muéstrales cómo asumir compromisos desde temprano, y mantén eso en primer lugar en tu actividad de padre o madre. La gente que tiene un objetivo en la vida quiere ayudar a los demás a que encuentren sus propios objetivos; no es capaz de prejuzgar ni difamar al otro. Muchos jovencitos han aprendido a humillar a los demás, a juzgarles por sus diferencias raciales o religiosas. Continuarán haciéndolo si tú les pasas eso por alto o se lo estimulas. Si tu misión consiste en asegurarte de que no aprendan a odiar, estás *obligado* a asegurarte de que tus hijos no piensen de manera «superior». Enséñales que el hecho de que estén donde están es sólo un accidente de nacimiento, y que también podrían ser una de esas personas que vagan por el desierto en busca de raíces para comer, si no hubieran tenido tanta suerte en la jugada de dados que marcó su destino. Enséñales a estar agradecidos por lo que tienen y ayudar a los otros, en vez de ser personas que buscan la aprobación de su grupo de amigos riéndose y burlándose de los menos afortunados. Déjales definirse como individuos que defienden a los demás y no que los golpean, y cuando se den cuenta de que los animas en ese sentido, asumirán eso como misión durante toda su vida. De ti necesitan lecciones de moral, no en forma de sermones, sino en las mismas acciones que los incites a defender cuando son jóvenes. Parte de tu misión como padre consiste en ayudarlos a acabar con la división entre los que tienen y los que no tienen. La única manera de conseguirlo es ser un ejemplo de persona moral y honrada, y animar a tus hijos a que defiendan esos principios, elogiándolos por ello aunque los demás se aparten y al principio se rían de ellos.

— *Desde el principio de su vida has de estar en guardia para ayudar a tus hijos a controlar su temperamento y para desanimar cualquier demostración de odio e ira, o cualquier pelea.* Puedes dar pasos muy positivos para asegurarte de que tus hijos no lleguen a estar condicionados por la violencia. Puedes controlar cuidadosamente lo que vean por televisión, y negarte tajantemente a permitirles presenciar asesinatos, puñaladas, violaciones o cualquier tipo de violencia. A su corta edad, se muestran muy impresionables. Cuando veas que los niños les pegan a los más pequeños o les espetan obscenidades, tomarás rápida y firmemente cartas en el asunto: «Puedes enojarte todo lo que quieras contigo mismo, o incluso con tu hermana, pero nunca te permitiré que le pegues a ella ni a nadie. Eso no lo admitiré de ninguna manera. Ahora irás a tu habitación para recordar que nunca debes pegarle a nadie cuando estás enfadado». Esto ha de hacerse cada vez que el niño observe ese comportamiento, hasta que haya captado el mensaje. Luego podrás amarlo, abrazarlo y recordarle que no es malo porque se haya comportado de esa manera. Sencillamente, debes recordarle que ser pacífico es la única manera de que nos llevemos bien en la familia, y también en el mundo. Una firme reprimenda es de rigor; un recordatorio de que la gente mayor no pega a los más pequeños, de la misma manera que los padres no les pegan a sus hijos por el solo hecho de ser más corpulentos. Nunca pondré bastante énfasis en la importancia de estimular la paz en vez de la ira y el odio en las relaciones entre los niños. No es necesariamente cierto que todos ellos, y menos aún entre hermanos, tengan que estar constantemente peleándose, golpeándose y gritándose. Los chicos pueden vivir en paz, cooperando entre sí y queriéndose, y pueden aprender a canalizar sus frustraciones y sus explosiones de ira en los objetos, o en ellos mismos. Una rabieta temperamental no tiene nada de malo, y ciertamente te apoyaré para que tu hijo y tú expreséis la frustración que se genera inevitablemente en toda convivencia. Pero no ha de ir dirigida hacia otras personas. Esta es una ley universal, muy importante para la supervivencia de toda la gente, así como para ayudarles a que asciendan la escalera hacia aquellos valores superiores. Mantente siempre alerta ante los signos de violencia, siempre dispuesto a intervenir cuando los veas asomar. Esto no quiere decir que tengas que vigilar y arbitrar cada desacuerdo. Sólo cuando veas violencia, ataques de temperamento, golpes, afirmaciones rencorosas u odio dirigido hacia otro miembro de la familia. No son más que frustraciones expresadas de manera inaceptable, y cuanto antes aprendan los niños que ese comportamiento no lo tolerarás, más pronto dejarán de lado esas reacciones y aprenderán a controlar su temperamento. También es importante que evites dejarte caer en la trampa de una de sus peleas, como ya te recomendé en las técnicas que sugiero en el capítulo 6.

— *Lee a tus hijos pasajes de libros que les hagan pensar en sus necesidades superiores, para que cultiven un sano gusto por la belleza y el amor en su vida.* Siéntate con ellos a leerles *El Principito, Juan Salvador Gaviota, Alicia en el país de las maravillas, Los viajes de Gulliver, Los regalos de Eykis* y otras parábolas que contengan mensajes importantes para ellos. En diversas edades de su vida, elige pasajes para comentarlos. Recuerdo que le leía *Siddhartha* a mi hija cuando ella tenía sólo ocho años. Aunque no comprendiese todos los párrafos, de todos modos interiorizó mucho más de lo que yo jamás la hubiera creído capaz a esa edad tan temprana. Deja que los niños se estiren hacia arriba en vez de inclinarte tú hacia ellos. Déjalos escuchar poesía y conciertos, y ver cine y teatro que tenga algún mensaje para ellos, además de que jueguen con los videojuegos y vayan a los parques de atracciones. Pueden aprender muchísimo de todas las experiencias, particularmente si pueden comentarlas luego contigo. Cuantos más juegos, rompecabezas, libros y actividades «de crecimiento» les des, que los estimulen y los induzcan a hacerte preguntas y a conocer los valores superiores, más temprano habrán cubierto esas necesidades superiores en su vida. No tengas miedo de asociarte con ellos para aprender tú mismo este tipo de cosas. Forma una biblioteca de temas sobre las «necesidades superiores» para que tus hijos la aprovechen en los diversos estadios de su vida. También puedes llevarlos al cine a ver películas que den importancia a los valores superiores, comprar casetes sobre autosuperación y motivación personal, y comprometerte para proporcionarles información sobre las necesidades superiores a todas las edades. Llévalos a ver películas como *Gandhi, Karate Kid, Alguien voló sobre el nido del cuco, Rocky, Amadeus,* o cualquier otra película que les sirva de inspiración, y coméntalas con ellos. Haz de esto una parte habitual de tu vida con tus hijos, y participa con ellos tanto en ver la película como en los comentarios a que la misma dé origen.

— *Acostúmbrate a ayudar regularmente a los más necesita-*

dos, y compromete a tus hijos en esos esfuerzos. Durante las vacaciones de invierno compra algunos pavos de más, jamones, regalos, comida en lata, o cualquier cosa que te puedas permitir, y llévalo todo a la iglesia o a otra organización en tu comunidad, que distribuya bienes entre los más necesitados. Deja que tus hijos hagan las compras y las donaciones junto contigo, y háblales de la importancia de dar y de ser generoso. Muéstrales que sólo sus actos cuentan; que sentirse mal o tener opiniones es una manera trivial de afrontar un problema. Recuérdales, como te he recordado yo una y otra vez, que las opiniones no hacen desaparecer los problemas, pero los compromisos sí. Haz que se comprometan a ayudar a los demás. Compromételos en programas de ayuda a otros países donde la gente vive en condiciones espantosas, y haz que asuman sus propios compromisos para dar un pequeño porcentaje de lo que reciben para aquellos que más lo necesitan. Con la suficiente cantidad de niños que adoptaran esas actitudes a lo largo de los años de su infancia, haríamos una mella importante en los graves problemas sociales que nos abruman. Todo empieza por tus hijos y tú, y es una manera valiosa de instruirlos sobre los valores más elevados de esa escalera del crecimiento de uno mismo.

— *No olvides que, de hecho, los pensamientos positivos dan origen, en el torrente sanguíneo, a endorfinas diferentes de las que generan los pensamientos negativos.* La química de los pensamientos positivos es ineludible, y si enseñas a tus hijos a pensar de modo feliz y productivo, estarán realmente haciendo algo importante por la conservación y la salud de su cuerpo. Recuérdales que están más sanos cuando piensan de maneras divertidas, alegres y edificantes, y que los pensamientos negativos en realidad incrementan la propensión a la enfermedad. Enséñales a ver el lado positivo en todo, dándoles el ejemplo de una persona que se niega a deprimirse, y elogiándoles también sus actividades positivas. Háblales de la química del pensamiento y ayúdales a entender que el enfado es un poderoso generador de estrés y, en última instancia, algo que mata. Válete de pequeños juegos para recordarles que no enfermen con sus propios pensamientos. Muéstrales cuánto mejor se sienten cuando prestan atención al lado bueno de las cosas, y que eso es porque mediante la acción del cerebro, están liberando productos químicos positivos en la sangre. Cuanto mejor sepan controlar sus pensamientos y su destino, menos probable será que liberen esas endorfinas negativas en su organismo.

— *Ten siempre conciencia de la necesidad de cada niño de respetar su propia individualidad.* La esencia de todo este libro está en ayudarte a ti y a tus hijos a ser únicos, a que creáis en vuestras propias luces interiores, a que seáis individuos, y no simplemente parte de la manada. Ponles una señal bien clara en la cabeza, que diga: «Si eres como todos los demás, ¿qué tienes para ofrecer?». Elógialos cuando prueben las cosas a su manera, aunque se equivoquen flagrantemente. Anímales para que se aparten del derrotero que sigue todo el mundo, y apoya sus esfuerzos por ser creativos e innovar. La persona que sustenta valores elevados y respeta sus propias necesidades superiores es alguien que no trata de amoldarse para ser otro borrego que bale como todos los demás. Puedes recordar a tus hijos a lo largo de su vida la importancia de ser único. Me doy cuenta de que esto lo he dicho muchas veces en los capítulos de este libro, pero es que realmente justifica la insistencia. El camino hacia los lugares más elevados es tal que lo transitan mejor quienes están dispuestos a correr riesgos, a ensayar sus propias fórmulas. Si respetas y animas a tus hijos para que sean únicos a todas las edades, sin que importen los resultados ni los inconvenientes tanto para ti como para ellos, estarán en un sendero superior y disfrutarán de los frutos que obtienen quienes sienten que tienen un objetivo en la vida. Recuerda: no puedes sentir que tienes una finalidad si estás emulando a los demás.

— *No toleres ningún maltrato de tus hijos.* Hay muchas ocasiones en que criar hijos es absolutamente exasperante. Aparte lo bien que los eduques y todo lo que les enseñes sobre los principios de la vida Sin Límites, muchas veces actuarán abiertamente como mocosos desagradables y desconsiderados. Es necesario que sepas que tienes derecho a una pausa para descansar, que no estás condenado a tener que ser víctima de ellos porque opten por un comportamiento detestable. No tienes por qué aguantar ningún maltrato de tus hijos, y debes contar con un plan para casos así. Puedes meterte en tu habitación para estar un rato tranquilo. Puedes explotar y liberar tu tensión, mientras recuerdes que no debes dirigirla hacia ningún otro ser humano. Debes estar dispuesto a hacer saber a tus hijos, de manera bien explícita, que estás trabajando en tus propias necesidades superiores, y que tomarte un descanso de ellos para ti es tan importante como para ellos apartarse un poco de ti. Apártate, tómate tu tiempo. Anuncia con firmeza que vas a descansar y que no te sientes avergonzado ni culpable por querer defender de tus hijos tus propios intereses. Cuanto más programes, como una parte normal de tu vida, descansos regulares para apartarte de ellos, más aprecio habrá entre tus hijos y tú, y menos tendréis que pelearos por vuestro espacio para ser creativos y trabajar en vuestras necesidades superiores.

— *Ten siempre en cuenta que las personas son más importantes que las cosas.* Que las ideas son más importantes que las acumulaciones, y que la paz vale virtualmente cualquier precio. Cuando entrevistaron a Harmon Killebrew, el gran jugador del equipo Minnesota Twins, con motivo de su presentación en el Hall of Fame (Salón de la Fama), contó la historia de cómo una vez su madre le chilló a él, a su padre y a su hermano porque los tres estaban estropeando el césped mientras jugaban al fútbol en el jardín de atrás de la casa. Harmon siempre recordaba lo que su padre le había respondido a su madre, y lo usaba como un principio para aplicarlo a su propia familia: «Estamos criando niños, no césped». Nunca olvides este principio. Las personas son importantes; las cosas son reemplazables. Condúcete así con tus hijos y estarás ayudándoles a satisfacer sus propias necesidades superiores de estar vivos, ser juguetones, encontrar significado a la vida y ser autosuficientes. Cuando te preocupes por las cosas, recuerda que estás educando a tus hijos, y que su bienestar, felicidad, éxito y realización son los verdaderos propósitos de todo padre. En todas tus interacciones con tus hijos, y con todos los niños del mundo, recuerda siempre que las personas son más importantes que las cosas.

— *Deja que tu hijo cree su propio orden especial en su universo peculiar sin interrumpirle ni interferir constantemente con esa necesidad de orden.* La necesidad de un orden no significa que tú tengas que proporcionárselo a tu hijo. Desde los primeros momentos de su vida, a través de sus años de adulto, y también en la vejez, los seres humanos necesitamos tener la sensación de un control sobre nuestro medio, y un sentido del orden que controlemos nosotros mismos. La habitación de un niño debe ser realmente su habitación, y le ayudarás manteniéndote aparte, a menos que su salud esté amenazada. Los niños necesitan pasar por épocas «cochinas» para descubrir si quieren que las cosas se mantengan de determinada manera. A veces necesitan tener ropa sucia desparramada para sentir que tienen control sobre su mundo hasta cierto punto. De la misma manera, si no pueden poner su ropa en el canasto de la ropa sucia cuando ya esté para lavar, permíteles el privilegio de lavarse también su propia ropa. Ten presente que cada uno de nosotros, sin que importe la edad que tengamos, quiere tener una gran parte de influencia sobre lo que ocurre en nuestro mundo. Cuanto más permitas eso, y te mantengas apartado de los asuntos de tus hijos a menos que tu interferencia sea absolutamente necesaria para su seguridad, más les inculcarás que la autodeterminación no sólo está muy bien, sino que tú, la persona más importante de su vida, la apruebas.

— *Contribuye a simplificar la vida de tus hijos reduciendo al mínimo el número de normas en tu casa, e imponiendo sólo aquellas que tengan sentido para todos los interesados.* Todos suspiramos por la simplicidad como necesidad superior. Tus hijos no son la excepción. Puedes permitirles hacer las cosas a su manera, a su propio ritmo, de cualquier modo que se les ocurra, mientras los resultados sean básicamente razonables. Por ejemplo: si tu hijo pinta las rejas de la ventana y tú piensas que debería hacerlo de arriba abajo, y él prefiere hacerlo al revés, déjalo que descubra él mismo cuál es la mejor manera. Dile por qué tú pintas como pintas, pero sólo como una sugerencia. Manteniéndote apartado, mordiéndote la lengua, le simplificarás la vida y lo dejarás aprender de sus propios errores. No puedes poner tu cabeza de adulto sobre sus hombros de adolescente. Todo lo que tú sabes, lo has aprendido de la experiencia, y lo mismo les sucederá a tus hijos. Haz que la vida sea tan sencilla y con tan pocas complicaciones como te sea posible. Deja que tus hijos experimenten con sus propias actividades, y ten en cuenta que ellos desean la simplicidad tan genuinamente como tú. Procura evitar explicarles demasiado las cosas; deja, en cambio, que se esfuercen y aprendan por el camino más difícil. Permite a tu hija aprender a montar en bicicleta sin estar encima de ella diciéndole cómo hacerlo. No te metas a hacerles los deberes a menos que te pidan específicamente que los ayudes, y comprométete entonces lo menos posible en sus tareas escolares. Dichas tareas son precisamente eso: las tareas escolares *de ellos*. Puedes ofrecerles ayuda, pero si te haces cargo y tomas el control, estarás enseñándoles a que confíen en que harás el trabajo por ellos, y serás vulnerable a sus críticas cada vez que no hagas las cosas como ellos o su maestra piensen que se han de hacer.

— *Un recordatorio muy importante: haz de la verdad la piedra angular de tu relación con tus hijos*. Si un niño rompe algo en la casa y teme decírtelo por si lo castigas, se debe a que has establecido reglas tácitas de conducta que desalientan la verdad. Deja que tus hijos sepan que valoras la verdad más que nada en la vida, y llegarán a apreciar la importancia de tener un padre a quien nunca hace falta decirle una mentira. Un medio completamente veraz es el sitio más sano y más seguro para criar un hijo. Recuerda las ocasiones en que te hayas visto forzado a decir mentiras, por las razones que fueren. Piensa en la ansiedad que acompaña semejante condición de vida. La vieja máxima «la verdad os hará libres», no es una frase vacía. Elogia a los niños por decir la verdad. Habla con ellos de sus mentiras cada vez que las digan, y no pienses que estás haciéndoles un favor al no darte por enterado si te mienten. Sé lo bastante abierto con ellos para que acudan a ti cada vez que realmente necesiten ayuda, en vez de eludirlos por temor a reaccionar mal ante la verdad. Tú quieres que recurran a tu consejo cada vez que tengan problemas, y para eso ellos deben saber que pueden contártelo todo. Si descubres que tus hijos te están mintiendo, en vez de ver esto como un problema, primero pregúntate: «¿Qué me pasa, que he creado un medio en el que mi hijo tiene miedo de decirme la verdad?». Entonces ponte a trabajar sobre eso. Habla de la necesidad de decir la verdad para que la relación funcione bien. Habla a tu hijo del valor de la integridad, explícale que afrontar los propios fracasos o errores, admitir con sinceridad que uno ha «metido la pata», es mucho más avanzado y admirable que tratar de convencer a los demás de que eres algo que no eres. La autenticidad es crucial para vivir Sin Límites. El imperativo más elevado de la escalera del crecimiento personal es la verdad. Sé un padre que no tenga miedo a ninguna verdad, y di a tus hijos con toda llaneza: «Te prometo que no te castigaré por decir la verdad, y si alguna vez te metes en problemas graves, sin que importe cómo ocurra, quiero que sepas que puedes acudir a mí para que te ayude. Yo tal vez no apruebe lo que hayas hecho, pero siempre te respetaré por decir la verdad. No debe haber mentiras entre nosotros; te prometo que yo tampoco te mentiré jamás».

— *Educa a tus hijos para que sean respetuosos de toda forma de vida.* Instrúyelos desde los primeros años sobre el carácter sagrado de todas las cosas vivientes. Si lo ves matando hormigas por placer, recuérdale amablemente que una hormiga tiene derecho a vivir sin que nadie la mate por placer. Cuando veas que tu hijo quiere matar una polilla que se ha metido en tu casa, enséñale que tienes respeto por la vida y deja que la polilla se vaya volando. Si bien no creo necesariamente que uno tenga que llevar esta posición hasta sus últimas consecuencias, considero esencial que tus hijos aprendan a tener un respeto sano y sólido por todas las criaturas de Dios. En el estudio de Maslow sobre las personas que «funcionan» de manera superior, encontramos que, sin excepción, tienen un tremendo respeto por el carácter sagrado de la vida toda. Enseña a tus hijos a respetar todo cuanto esté vivo, y a tener por otras vidas la misma reverencia que por la propia. Si ven a cualquier criatura en apuros, haz que se tomen un momento para ayudarla. Acabo de acordarme de algo que me sucedió en la playa hace varios años. Un pez tropical se había quedado varado y, obviamente, estaba a punto de morir. Lo levanté y lo arrojé al agua, pero las olas eran tan fuertes que él no pudo nadar, y lo arrojaron otra vez sobre la playa. Esta vez sujeté al pez con ambas manos sobre las olas y lo llevé mar adentro para que se recuperase. Después de diez minutos, el pez pareció recuperar su fuerza y terminó nadando mar adentro con decisión. Aunque tal vez parezca una tontería, algo insignificante, te juro que sentí que salvar la vida a ese pez era algo que formaba parte de mi destino. Nunca olvidaré la sensación de triunfo y satisfacción interna que obtuve por quedarme junto a ese pez hasta que lo (¿o la?) ayudé a sortear la valla de la muerte. El respeto por la vida se puede extender a todos los seres. Estamos todos aquí, juntos, y cuando ayudamos al otro a que sea más independiente y se mantenga más saludable, creo que estamos satisfaciendo uno de los objetivos más importantes que justifican nuestra presencia en el mundo. Cuando nuestros hijos adopten la actitud de que toda vida es sagrada, esperimentarán con más intensidad que tienen un objetivo en la vida, y en consecuencia se sentirán más felices y más contentos como seres humanos. Si los ves cometiendo actos crueles, pregúntales con suavidad: «¿No crees que ese escarabajo tiene derecho a seguir viviendo?» o bien «Esa arañita ¿ha de morir sólo porque tú disfrutes matándola?». Destaca el hecho de que cualquier cosa que tenga vida forma parte de la finalidad de todo este universo, y que matar por gusto es cometer una violación de la vida que nos ha sido dada temporalmente, mientras estemos aquí, en este planeta maravilloso.

Éstas son algunas de las técnicas que te recomendaría emplees con tus hijos, cualquiera que sea su edad. Las necesidades superiores sobre las que he escrito en este capítulo, y el cultivo de la sensación de que uno tiene un objetivo en la vida giran en torno a la formación de una actitud especial en tus hijos. Tú quieres estar en guardia todos los días para mostrarles la belleza que contiene virtualmente cada objeto que vean, la bondad de todos los seres humanos, y la importancia de pensar de manera positiva, apasionante y respetuosa. Esta actitud sobre la que he estado escribiendo es fundamentalmente la de crecer convencido de que el mundo es esencialmente bueno, de que la gente es maravillosa, y de que todo en la vida constituye un milagro. La lección de ver la vida como un milagro y de vivirlo todos los días, en vez de estar buscándolo, es la sustancia de la que está hecha la finalidad de la vida. Cuando *seas* esas ideas con un propósito determinado, y tus hijos empiecen a cubrir sus necesidades más elevadas, su sentido de la finalidad empezará a poseerlos. En vez de tratar de obedecer los Diez Mandamientos, *serán* ellos los Diez Mandamientos, y les resultará imposible violarlos, porque estarán viviendo *de la verdad*, en vez de buscarla.

APÉNDICE

Quiero que algún día mis hijos sean capaces de escribir esta carta

Imagínate una época en el futuro en que los niños ya sean adultos, y cada uno de ellos se siente a escribir una carta para la gente que ha tenido una influencia importante en su vida. No importa que seas el padre, el abuelo, una maestra, un sacerdote, un amigo especial o una persona que se haya ocupado de ellos. Si en tu destino estaba recibir una copia de la siguiente carta, es gracias a que tus esfuerzos por ayudar a los niños a que sean personas Sin Límites han valido la pena. A medida que asimilas todas las ideas y sugerencias ofrecidas en este libro, y reflexionas en todo lo que estás haciendo para que la vida de tus hijos sea más completa, los guías hacia su propia grandeza y les infundes una actitud apreciativa hacia su vida y la vida de los demás, piensa en el contenido de la siguiente carta. Está escrita para ti, con la licencia literaria de atisbar en el futuro, sabiendo que estas palabras un día pueden ser realidad, aunque en este momento tus hijos no sean capaces de expresar estos pensamientos. Sería magnífico que los escuchases mientras influyes en tus hijos y los educas, pero eso es imposible. Escribo esta carta imaginaria para ti, para que tengas una noción de la misión que estás llevando a cabo.

Querida(s) Persona(s) Especial(es)

Ha llegado el momento de escribirte para darte las gracias. Te debo un agradecimiento que lo abarca todo, por todo lo que he sido capaz de llegar a ser en mi propia vida. Rememoro toda mi existencia con un profundo sentimiento de apreciación y respeto por todo cuanto has sido para mí. Cuando a mi vez tuve hijos, empecé a darme cuenta de la persona fantástica que has sido para mí. Comprendo ahora lo estupenda que es esta empresa de ser padre o madre. A medida que intento educar a mis hijos para que sean personas Sin Límites y los ayudo a que se den cuenta de su potencial asombroso, me siento agradecido por haber tenido un modelo tan perfecto. Tengo la voluntad, y espero tener la energía, el nervio, el entusiasmo y la determinación para hacerlo tan magníficamente como lo has hecho tú. Quiero ser claro y preciso para decirte con exactitud qué es lo que aprecio ahora, como padre (o madre) y como el niño al que le ha gustado crecer junto a ti.

Quiero que sepas cómo te agradezco que me hayas enseñado a ser capaz de disfrutar de la vida. Siempre has sido una persona muy positiva, incluso en los momentos más difíciles, y me ayudaste a ver siempre el lado positivo de las cosas. Gracias por no haberme malcriado y por no haberme dado siempre lo que yo te pidiese. Ahora aprecio el hecho de ser capaz de alcanzar las cosas por mí mismo, sin «esperar» que siempre me las den servidas. Muchos amigos y conocidos míos sufren una enfermedad llamada «más». No saben qué hacer cuando les falta algo, en gran medida porque han tenido padres que se lo daban todo hecho, en vez de dejar que se formaran su propio estilo en la vida, y que escucharan de vez en cuando la palabra «no». Recuerdo unas Navidades en que nos dijiste con toda franqueza: «Este año no recibiréis un montón de regalos simplemente porque no podemos permitírnoslo. De todos modos, tendremos unas fiestas estupendas, y quizá el año que viene dispondremos de más dinero para compraros las cosas que os gustarían». Nadie hizo ningún escándalo, nadie se quejó. Ahora sé el valor que tiene escuchar la palabra «no», y me pregunto si mis hijos la escuchan lo bastante. Por quererlos tanto, encuentro difícil negarles cosas y dejar que se las ganen ellos mismos. Te agradezco que hayas hecho eso por mí, que me hayas animado a esforzarme por lo que recibía, y que me hayas enseñado a no mirar los bolsillos de los demás con envidia, sino a llenar los míos mediante mi propio esfuerzo.

Me acuerdo de muchas cosas positivas que has hecho. Nunca me pedías una explicación por mis errores ni por mi comportamiento inadecuado. Siempre parecías saber que yo ni siquiera sabía por qué hacía algunas de las cosas que hacía, y no me exigías explicaciones ni me obligabas a mentirte pretendiendo demasiado de mi sinceridad. Hacías que ser sincero fuese fácil, y nunca me diste la oportunidad de tener que mentirte. Sabías cuándo me portaba mal, me lo hacías ver, pero nunca te complaciste en tratar de hacerme caer en ninguna trampa. Desde muy pequeño supe que mentirte era simplemente innecesario. Me aceptabas por lo que era y me ayudabas a corregir esas deficiencias, en lugar de atraparme en mis propios errores y aprovecharte de mí porque era pequeño. Hoy tengo un fuerte sentido de mi propia integridad. Eso es porque fuiste capaz de hacer lo mismo por mí durante todos esos años. Hoy, en mi trabajo y con mi familia, nunca trato de agarrar a los demás haciendo las cosas mal. Me relaciono con los que me rodean basándome en la convicción de que la gente es buena. Vivo en mi familia con el mismo tipo de creencias, y eso hace que todos tengamos experiencias placenteras en vez de exasperantes.

Nunca hiciste por mí cosas que pudiese hacer yo mismo. Siempre me animabas a intentar lo nuevo, a que «hiciera la prueba», a que no me preocupase por el fracaso y a que me concentrase en lo que estuviese haciendo, sin quejarme. Fuiste tú quien más me alentaba en el mundo, y hasta el día de hoy sigo alentando a casi todo el mundo que conozco. Ayer, sin ir más lejos, le dije a mi hija que no se preocupara por las caídas y que siguiese tratando de subirse al árbol del jardín de atrás. Me acordé de ti, animándome a trepar en vez de quejarme, y todavía te veo allí, pinchándome para que hiciera el esfuerzo, en vez de esperar lo peor. Me enseñaste el valor de confiar en mí mismo, y ahora sé lo difícil que debe haberte resultado dejarme correr todos esos riesgos. A todos esos riesgos les atribuyo mi éxito y la manera de sentirme en la vida. Tú siempre me decías: «Olvídate de lo que piensen los demás. ¿Qué piensas *tú*?». Te estaré eternamente agradecido por haberme repetido tantas veces lo mismo, aunque entonces yo me preguntase por qué tú no eras como los padres de todos los demás, que se esforzaban para que sus hijos fuesen como todo el mundo. Tú me diste la oportunidad de tener mis propias ideas, y ahora yo ayudo a mis hijos y a mis empleados a hacer exactamente lo mismo. No siempre me entienden ni están de acuerdo conmigo, pero yo sé que algún día me agradecerán el don más grande de todos: tener ideas propias.

Eras siempre un «fanático» en cuanto a no dejar que mis malos hábitos te llamaran la atención. Sabías instintivamente que eso sólo me animaría a seguir comportándome de ese modo. A menudo te desentendías de mí cuando yo me ponía insoportable, me amedrentaba o simplemente me portaba mal. Tú esperabas hasta que yo hiciese una sola cosa bien, y entonces me elogiabas. No tardé mucho en aprender a dejar de portarme mal y hacer algo que te llamaría la atención. Sólo me prestabas atención cuando dejaba de lado las tonterías. En aquella época eso no me gustaba, porque yo quería que te fijases en mí, pero cuanto más tonto me ponía, menos caso me hacías tú. Fue una manera fantástica de conseguir que dejase de hacer el tonto, y hoy te agradezco desde el fondo de mi corazón por haberme hecho caso sólo cuando hacía las cosas bien. Parecías saber que yo quería y necesitaba esa atención, pero que tú también podías esperar para dármela por tener buenos hábitos en lugar de malos.

Eras muy firme conmigo, y también quiero agradecerte eso. Siempre supe dónde estaba parado, y lo prefería, aunque tal vez no te dieras cuenta por la forma en que yo solía actuar. Tenías la estabilidad de una roca cuando se trataba de ayudarme a convertirme en una persona más poderosa. Recuerdo que nunca aceptaste mis excusas, aunque tampoco me corregías ni tratabas de demostrarme lo superior que eras. Nunca me regañabas, y quiero que sepas cuánto apreciaba eso. Muchos de mis amiguitos se portaban como si ni siquiera escuchasen a sus padres, en gran medida porque siempre les seguían, les vigilaban, no les creían, les regañaban y les molestaban. Tú me trataste como a un ser humano completo desde el principio. Sin que importase mi edad, tú siempre me diste el mismo respeto y la misma atención que prestabas a las personas adultas en tu vida, y también a los chicos mayores. Sé que crees que los niños están completos y enteros tal como son, en cualquier momento de su vida, pero eso no lo sabía entonces. Tú escuchabas mis problemas en vez de tratar de resolverlos por mí, y me animabas a *mí* para que buscase soluciones. Parecías saber que yo necesitaba sentirme tan importante como la gente mayor, porque eso nunca era un esfuerzo para ti. Siempre pensé que disfrutabas mucho de mi compañía y que estabas contento de tenerme en tu vida. Nunca tuve que pedirte que me quisieras; tu amor estaba siempre disponible. Nunca me sentí como una persona pequeña, y hasta el día de hoy jamás me he sentido pequeño ni me he comparado con nadie. Tengo que darte las gracias por ese don maravilloso, que procuraré que hereden mis hijos.

También quiero que sepas cómo aprecio que nunca hayas tratado de darme ningún sermón. Parecías confiar en que yo conocía la diferencia entre lo bueno y lo malo, y en vez de sermonearme, me pedías que fuese sincero conmigo mismo y que no tratase de engañarme. Recuerdo cómo una vez me dijiste que probablemente yo podría engañar a mucha gente, tú incluido, pero que nunca debía tratar de engañarme a mí mismo. Tú mismo eras un ejemplo de sinceridad, y me has servido de modelo toda la vida. Aprecio el modelo, y hoy sé lo inmensamente valioso que es ser sincero en todo lo que uno haga. Caminabas a mi lado, y no tras de mí, y siempre pusiste énfasis en la honradez con uno mismo. Hoy siento que nunca te agradeceré lo bastante el haberme enseñado que mientras haya cualquier tipo de insinceridad en mi vida, no tendré paz.

Nunca usaste la fuerza conmigo. Nunca me pegaste, aunque podías haberlo hecho si hubieses querido. Eras siempre una persona apacible, con valores muy claros, que no estabas dispuesto a burlar. Admiro cómo me disciplinaste, aunque tengo que admitir que a veces me frustraba mucho no sentirme capaz de provocarte lo bastante para que me dieses una bofetada. Estoy seguro que me habría muerto del susto si me hubieses puesto una mano encima. En vez de eso, siempre me hacías saber que mi enfado era problema mío, y que tú no estabas interesado en hacerte cargo de este tipo de cosas. Cuando abandonabas la habitación o me enviabas a la mía, yo sabía que era inútil continuar con mis rabietas y mi comportamiento irracional. No te dejarías agarrar, y eso me lo enseñaste desde muy temprano. Me mostrabas después de un rato que el problema estaba en el respeto por mí mismo, y que mientras yo no me respetase, los demás tampoco lo harían. Pero tú me respetabas siempre, incluso cuando aparentemente yo no lo merecía. Parecía como si me respetases por el solo hecho de existir y como si estuvieses tratando de que yo hiciese lo mismo. Hoy, veo a muchos padres que les pegan a sus hijos, y cuando hablo con ellos, parece que sus padres los hubiesen tratado de la misma manera. Tú nunca necesitaste pegarme, sino sólo hacer que me disciplinase yo solo, y me mostrabas que tenías demasiado respeto por ti mismo como para permitirte cualquier falta de respeto hacia mí. Yo siempre te he respetado, y sé que tú siempre me has respetado a mí, pero lo más importante, y que constituye el motivo por el que quiero comunicarte mi agradecimiento, es que yo también me respeto a mí mismo, y les enseño a hacer lo mismo a quienes me rodean. Ahora veo que si hubiera bastantes adultos que tratasen a sus hijos como me trataste tú, las vejaciones, los enfados, la hostilidad y la disciplina forzada desaparecerían por completo de nuestro mundo.

Quiero agradecerte una vez más por mantener siempre tus promesas. Nunca me desilusionaste sin consultarme primero y explicarme por qué había que modificar algo que habíamos planeado. Siempre consideraste tus promesas conmigo como contratos, y me enseñaste a respetar mi propia palabra y a no prometer lo que no me propusiese cumplir. Recuerdo cómo insististe en que no abandonase el reparto de periódicos al que me había comprometido para sustituir a un amigo, mientras él pasaba tres semanas de veraneo. Tú sabías que a mí no me gustaba levantarme a las cinco y media de la mañana, pero insistías en que mantuviese mi palabra. «Una promesa es una promesa, y si no mantienes tus promesas, ¿qué valor tiene cualquier cosa que digas? Si no puedes mantener tu palabra, no vales nada.» Yo aborrecía ese reparto tan temprano, pero tú insistías en que no faltase a mi palabra, y también me recordabas que madrugar para hacer el reparto era asunto mío. Hoy estoy ligado a mi palabra, y tú me has servido de modelo.

En realidad, no necesité tratar de engañarte, ya que siempre fuiste muy coherente con tus valores y convicciones. En el fondo del corazón sabía que tú no creías en la verdad, sino que eras la verdad. También sabía que no te limitabas a hablar de tus valores elevados, sino que realmente los vivías. No tardé mucho en darme cuenta de que no te comprometías cuando se trataba de tus propios valores. *Siempre* hablabas bien de los demás. *Nunca* partías del prejuicio ni de la hostilidad, y vivías íntegramente, en vez de hablar de la integridad. Para mí estaba muy claro que no tenía necesidad de acercarme a ti con mis jugarretas infantiles, porque tú vivías en la tolerancia y la comprensión, en vez de hablar de esas ideas. Siempre supe que podía exponerte cualquier problema o dificultad, pues tú me dirías sin ambages si yo estaba equivocado o era responsable. Muchas veces me sorprendía escuchar a los otros chicos cuando me contaban que mentían a sus padres o les escamoteaban cosas, porque contigo eso nunca fue necesario. Si yo cometía torpezas, tú me lo decías y me pedías que me corrigiera, en vez de castigarme por decirte la verdad. Cuando necesitaba estar solo, nunca te sentías amenazado. Estabas siempre tan ocupado con tus propios proyectos vitales, que no parecías tener que colgarte de mí ni enfadarte conmigo cuando no estábamos de acuerdo en una cosa u otra. Siempre supe que tú tenías un alto aprecio por ti mismo, y que mis problemas no iban a destruirte emocionalmente.

Siempre respeté el hecho de que estuvieras tan orgulloso de ti mismo, de que tuvieras muchos intereses externos, quisieras contribuir a que el mundo fuese diferente, y que estuvieras siempre pensando en maneras de ayudar a otras personas. Aprecio que no hubiera temas tabús en nuestra familia, y que tú estuvieras dispuesto a mostrarte abierto y a escuchar nuevos puntos de vista, aunque obviamente no estuvieras de acuerdo con algunos. Que fueses tan abierto hacía que vivir contigo resultara muy agradable, y que estuvieses dispuesto a escuchar todos los puntos de vista hacía que no tener prejuicios fuese para mí la manera de crecer. Parece que cuando me respeto, y cuando espero que los demás hagan lo mismo, siempre recibo el respeto que busco. He aprendido de tus ejemplos que nunca tolerarías que te faltase al respeto, sin que importase lo molesto o afligido que pudiera estar en ese momento. Recuerdo haberte oído decir más de una vez: «No importa lo irritado que estés, ni la razón que creas tener; no tienes ningún derecho a ser irrespetuoso con los demás». Todas las horas que me he pasado solo, pensando en tus palabras, me ayudaron inmensamente a amansar mi propio mal genio instintivo, y a no dirigir mi enfado hacia otras personas. A veces, cuando yo decía «te odio», o algo igualmente rencoroso, tú parecías saber que eso no era cierto, y que en realidad sólo estaba tratando de que me prestaras atención. Parecías saber que yo te decía eso porque confiaba lo bastante en tu amor como para dejar escapar delante de ti lo peor. No te sentías amenazado ni intimidado, y me recordabas con sencillez, pero con firmeza, que esperabas no oírme hablar de ese tipo de sentimientos y que podía pensar en ellos yo solo, sin decir nada de eso delante de quienes esperaban de mí que me comportase de una manera civilizada ante los demás. Cuando yo finalmente recapacitaba, tú siempre estabas allí dispuesto a abrazarme, a perdonarme y a olvidarte del asunto. Nunca me echabas en cara lo tonto que había sido. Hoy puedo darme cuenta de lo valioso que era tenerte cerca cuando yo me comportaba de manera tan inaceptable.

Tú nunca me hacías sentir mal, como muchos de los padres de mis amigos, corrigiéndome delante de otras personas. Todavía aprecio tu manera de llamarme aparte para hablar en privado, en vez de agobiarme delante de mis amigos o de otros miembros de la familia. Tu sensibilidad en este aspecto tuvo un gran impacto en mí, y hoy uso la misma estrategia con mis hijos. Para ti, sin embargo, no era una estrategia; era tu manera natural de respetar la dignidad de un niño pequeño. Sabías instintivamente que es incómodo que a uno lo corrijan en público, y sólo tuviste que recordármelo una vez en mi vida, cuando tuve un desliz y te corregí en una comida, en un restaurante. Todavía recuerdo cómo me pediste que saliera contigo. Me llevaste al coche, con algún pretexto, y me dijiste: «Yo nunca te he corregido delante de tus amigos, y espero que tú tengas las mismas atenciones conmigo. Tenlo siempre presente, por favor». Y luego hiciste algo que siempre hacías después de haberte puesto firme; me abrazaste y me dijiste que me querías, y que todos teníamos un desliz de vez en cuando. Yo sólo tenía siete años, y todavía me acuerdo de ello como si hubiese pasado ayer. Gracias por esa gran lección. Tú me enseñaste que los errores no son pecados, que son sólo errores, y que debemos aprender a cometerlos sin sentir por ello que somos malos. Siempre supe que cometer un error no era algo muy grave, y que tú siempre me querrías, aunque yo pareciese hacer las peores cosas. No tardé mucho en darme cuenta de que tú eras una persona especial. La mayoría de los padres de mis amigos estaban furiosos con sus hijos durante semanas enteras. Les guardaban rencor, les decían frases llenas de odio, y hacían cosas que yo no he experimentado jamás. Tal vez por eso nuestra casa era el lugar donde todos mis amigos querían quedarse. Sabían que tú eras una persona amistosa, que todos te gustábamos, y que estabas contento de que estuviésemos en casa. Recuerdo cómo los padres de mis amigos les chillaban por no sacar la basura a la calle, y que mis amigos estaban dispuestos a hacer cualquier cosa que tú les pidieses sin pensar siquiera en quejarse. Mis compañeros te querían tanto como yo, y nunca podían hacer bastante para complacerte. Una vez fregaron el suelo de la cocina y limpiaron toda la casa cuando tú estabas en el trabajo, simplemente porque querían retribuirte un poco del aprecio que tú les tenías siempre. Supongo que tenías razón cuando me decías que recibimos del mundo exactamente lo que ponemos en él.

Recuerdo muy bien cómo solías estimularme para que experimentara y probara cosas nuevas en la vida. En el sótano siempre había varios proyectos en marcha, los animales siempre eran bien venidos, había una cesta de baloncesto hecha con una canasta vieja en el patio, una pista de hockey en invierno, una fiesta casi todos los meses, y siempre parecías estar más feliz cuando yo probaba cosas nuevas. Parecías saber que yo aprendía experimentando, y que aunque muchas veces era una incomodidad para ti, para mí era importante probar cosas nuevas, curiosear un poco por lo desconocido. Para las vacaciones, siempre hacías que todo fuese divertido incluyendo niños amigos en los planes, y probando aventuras nuevas. Parecías más ocupado en permitirnos disfrutar de la vida, que en hacernos aprender normas y obedecer lo que nos dijeran. No puedes hacerte una idea de todo lo que eso aportó a mi vida, y cómo me gusta hacer prácticamente cualquier cosa nueva, experimentar, convertir la vida en algo divertido, en vez de memorizar un montón de reglas y prohibiciones, como muchos de mis colegas.

Nunca esperabas que yo me enfermase, ¿verdad? Era como si me hubieras enseñado a programarme para estar siempre bien. Siempre me decías que si quería podía tomar una aspirina, pero que en realidad eso no me iba a quitar el dolor. Me enseñaste a pensar siempre en términos de salud, y nunca me prestaste atención por las pequeñas dolencias. Aunque no me ignorabas, siempre me decías: «Puedes mejorar mucho antes teniendo pensamientos sanos. Olvídate de tus magulladuras; desaparecerán con más rapidez si no les haces caso». A veces me parecía que no me prestabas atención, pero me di cuenta de que contigo siempre hacías lo mismo. Una vez me dijiste que no tenías tiempo para estar enfermo. En realidad entonces no lo entendí, pero lo entiendo ahora. Simplemente no tenías pensamientos enfermizos, y difícilmente te resfriabas o contraías la gripe, como la demás gente de nuestro barrio. Hoy atribuyo mi sólido programa de ejercicio y el hecho de no enfermar a lo que me enseñaste hace tantos años. Una vez más, debo darte las gracias. Me he ahorrado muchos días de enfermedad en la cama gracias a esas primeras enseñanzas.

Una cosa más: cuando te presentaba las notas reaccionabas de manera realmente especial. Recuerdo cuántos de los otros niños tenían miedo de llevar a casa el boletín de calificaciones por temor a lo que pudieran decir sus padres. Conocía a un niño que llegó a falsificar sus notas. Para mí el día que las daban era el momento en que me preguntabas si estaba satisfecho con mis propios progresos. Tú usabas el boletín de las calificaciones para ayudarme a que me propusiera algunos objetivos realistas e incluso me ayudabas a que me mantuviese concentrado en lo que estuviera haciendo en la escuela. Nunca me organizaste un escándalo cuando yo trabajaba por debajo de mi capacidad; no solías enfadarte por mi falta de motivación. En lugar de eso, conmigo eras calmo y sincero, y me insistías para que pusiese más empeño cuando hacía falta. No estabas preocupado siempre por mi rendimiento en la escuela, mis actividades atléticas, mi manera de compararme con los demás en la escuela, o cualquier tipo de cosas así. Me hacías saber que eso era asunto mío y que no tenía sentido que vigilases todas mis actividades y me llenases la vida de ansiedad y tensiones. No concurrías a mis torneos atléticos, por lo general porque tenías tus propias actividades, y jamás me sentí excluido. De hecho, me habría sentido incómodo si hubieras presenciado mis partidos de fútbol. Recuerdo que me desanimabas para que no formase parte de los equipos organizados, y me decías que saliera a pasarlo bien, y que si de todos modos lo deseaba, podía apuntarme en los equipos de entrenamiento, los desfiles, los grupos uniformados, etc. Aprendí desde temprano que no me gustaba formar parte de las ligas organizadas, y que juntarnos y formar equipos de manera espontánea era mucho más importante.

También quiero que sepas cuánto aprecio que me hayas enseñado a defender mis posturas, aunque tuviera que oponerme a reglas inquebrantables y normas arcaicas. Recuerdo muy bien que hube de quedarme tres días sentado en la oficina del director porque me había opuesto a una regla que decía que no podíamos cogernos de la mano al ir camino de la escuela. Tú pensabas que era una atrocidad que existiese semejante norma, y no me pediste que simplemente sonriese y me aguantase. Recuerdo tus palabras con exactitud: «Cuestiona las reglas si crees que están equivocadas, pero no esperes que yo ni nadie acuda a pelear en las batallas por ti. Tendrás que afrontar las consecuencias, pero probablemente con el tiempo conseguirás que las normas cambien». Tenías razón. Me quedé allí sentado durante tres días y finalmente, cuando te hicieron ir a la escuela para que yo reanudase las clases, me defendiste ante el director. Le dijiste que él no tenía derecho a decir a los niños lo que podían o no podían hacer en su camino a la escuela, que tú no veías nada malo en que nos tomáramos de la mano, y que nunca insistirías en que yo pidiese perdón por algo que estaba convencido que no era nada malo.

Quiero que sepas cuánto valoro que me escucharas cada vez que yo quería hablar de algo contigo. Eso hacía que me sintiese importante, y ahora sé que todavía me siento importante gracias a ti. Escuchar es una herramienta maravillosa. Siempre parecías estar aprendiendo de mí, en vez de tratar de enseñarme algo, y no sabes cuánto me complacía saber que te ocupabas lo bastante de mí como para escucharme. Entonces no me daba cuenta porque había llegado a esperar siempre eso de ti, pero ahora siento que debías estar dedicándome todo el tiempo tu maravillosa sagacidad, fruto de una mente abierta. Respeto tu benevolencia y amabilidad hacia mí, que se manifestaba en tantas pequeñas cosas: los almuerzos que nos preparabas, la ropa limpia, tu preocupación de que tuviéramos una nutrición adecuada, que no te fueras a la cama hasta que no estuvieras seguro de que habíamos llegado bien a casa, la alegría de ir juntos a jugar a los bolos, y todas las pequeñas cosas que yo entonces daba por sentadas.

Respeto el hecho de que nunca me interrumpieras ni me contradijeras, y sólo últimamente he llegado a darme cuenta de lo maravillosa que es esa cualidad. Me maravillo por la cortesía y la paciencia que demostrabas todo el tiempo conmigo. Nunca me gritabas ni me tratabas con rudeza, aunque yo a veces me desviase hacia ese tipo de comportamiento. No iba con tu carácter tratar a otro ser humano de ese modo. Recuerdo que los padres de los demás se burlaban de sus hijos delante de otra gente, y siempre he estado muy agradecido de que tú nunca recurrieses a ese tipo de tácticas. Hoy sé que mi propio respeto por mí mismo se fue formando con esas actitudes respetuosas que siempre me mostraste, no para quedar bien ante los demás, sino incluso en los momentos más íntimos de nuestra convivencia. Sencillamente, no había mezquindad ni mal genio en ti, y eras tan tolerante conmigo que cualquier arranque de bajeza que apareciese en mí se disipaba en seguida. Para mí no era necesario portarme mal a fin de que me prestases atención, y hoy tengo esa positiva consideración hacia todo el mundo. De hecho, respeto todas las formas de vida, creo que porque tú me enseñaste con tu propio ejemplo a tener ese respeto. Cuando veo que otras personas son crueles entre sí o con los animales, sé que no han gozado del beneficio de tus maravillosas lecciones sobre respetar la vida en vez de destruirla. Siempre te recordaré como un tesoro por haberme ayudado a aprender esa lección de valor incalculable. Parecía que cuando perdías los estribos con alguien siempre te ibas un momento a estar solo para recuperar el control sobre ti mismo. Nunca lo perdiste con tus hijos, ni nos regañabas por causa de tus propias frustraciones. Me preguntaba qué hacías cuando desaparecías, especialmente cuando sabía que estabas enfadado. Ahora sé que recuperabas la calma y te hablabas a ti mismo, para no tomarla con otras personas. Ésa es la estrategia de los santos, y siempre celebraré tu santidad en este aspecto. Me enseñó, con ese ejemplo magnífico, a mirar en mi interior y a tranquilizarme, en vez de atacar enfurecido, con palabras o con armas. Gracias por una estrategia tan útil.

Parecías estar siempre atento a la necesidad de elogiarme y estimularme. Tú nunca me agarrabas en mis defectos o negligencias, aunque otros lo hicieran con regularidad. Creo que tú eras ciego ante mis descuidos, y que sabías que con unas palabras de elogio y de estímulo podías hacerme superar esas imperfecciones pasajeras. Tenías razón. Yo sólo necesitaba oírte decir «Sé que puedes mejorar; estoy seguro de que puedes hacerlo mejor» o «Si has sacado un bien en el examen, es que sabes. Ahora sólo tienes que practicar». Siempre buscabas ese pequeño detalle que elogiar, y al hacer eso, me ayudabas a que me sintiese convencido de mis propias capacidades. Hasta el día de hoy sigo buscándole el lado bueno a todo lo que veo, sin hacer caso de lo malo, y aliento a los demás para que confíen en sus capacidades. Ha sido fenomenal que me elogiases tanto. Funciona, es algo que funciona.

Siempre parecías saber que yo era un niño, y nunca esperabas de mí más de lo que yo era capaz de dar. En los restaurantes, cuando yo tenía cuatro años, tú sabías que me iba a comportar como un niño de cuatro años. Cuando fui adolescente, tú sabías que yo no tenía el mismo discernimiento que un adulto. Siempre me ayudaste a que me estirase hacia un criterio, un juicio más amplio, pero nunca me castigaste por ser un niño que se comportase como tal. Tenías esa capacidad increíble para ayudarme a querer crecer, sin que me avergonzara de ser un niño. Siempre me ayudó mucho que no me insultaras, como hacían tantos otros padres, por cometer los errores típicos de la edad. En vez de eso, siempre me pedías que asumiese la responsabilidad por todos los errores que cometiese. Cuando rompí el cristal de la ventana de los vecinos, tú no me gritaste ni perdiste el control. No me castigaste. Simplemente me dijiste «Cuando no tengas cuidado jugando a la pelota y rompas un vidrio, debes asumir la responsabilidad por lo que has hecho. Quiero que te ocupes de cambiar tú mismo el cristal. Y después me gustaría que fueses un poco más cuidadoso cuando juegues a la pelota». Y eso fue todo. Mis amigos se quedaron asombrados. Pensaban que me castigarías durante una semana. Tú simplemente me enseñabas a buscar soluciones, no problemas, y a asumir la responsabilidad por mis errores. Ésa es una lección maravillosamente importante en la vida, y debo decir que la empleo todos los días de mi vida. Tu estilo consistía simplemente en no escamotearme la oportunidad de aprender de mis errores. No me rescatabas; siempre convertías los errores en aventuras de aprendizaje, y eso hizo que contigo yo viviese con gran placer mi vida de niño.

Cada día me acuerdo de las lecciones maravillosas que me ofrecías con tu ejemplo. Cada vez que escucho la sirena de un barco recuerdo cómo te parabas a apreciar los barcos de carga que pasaban por el río, cómo quedabas siempre fascinado contemplándolos, aunque los hubieras visto centenares de veces. Cada vez que veo un hermoso amanecer, recuerdo cómo exclamabas siempre ante la belleza que Dios nos proporciona. Nunca parecías cansarte de la belleza que te rodeaba, y contribuiste a hacer de mí una persona que se detuviese a contemplar la belleza que hay en todo y en todos quienes me rodean. No tenías palabras desagradables para nadie, y yo tampoco las tengo hoy. No tenías malicia en tu corazón hacia nadie, y yo tampoco la tengo hoy. Disfrutabas genuinamente de tus mañanas, de tus tardes, de tus noches, de cada una de ellas, según recuerdo. Igual que yo en el día de hoy Cuando hablábamos de Dios, de religión o de los misterios de la vida, me decías las palabras más importantes que haya escuchado jamás: «Si no tienes un templo en el corazón, jamás encontrarás tu corazón en un templo». Hoy tengo un templo en el corazón, y te agradezco que lo hayas puesto allí.

Podría seguir y seguir escribiendo esta carta para ti, pero creo que ahora ya sabes con precisión cómo me siento. Tú fuiste la luz brillante que me dio la oportunidad de que yo, a mi vez, resplandeciese. Siempre me diste un ejemplo en vez de sermonearme. Sabías qué era lo que más querías de tus hijos, y viviste eso cada día, para que yo lo viese también constantemente. Te debo tantas cosas...; y, sin embargo, siento que no te debo nada. No hiciste todo esto para ganar recompensa alguna; lo hiciste porque en el fondo de tu corazón sabías *qué deseabas realmente para tus hijos*. Gracias. Te quiero.

BEST SELLER

Los pilares de la Tierra, Ken Follett
Alto riesgo, Ken Follett
La casa de los espíritus, Isabel Allende
Baudolino, Umberto Eco
Armonía rota, Barbara Wood
Sushi para principiantes, Marian Keyes
Yo, puta, Isabel Pisano
El Salón de Ámbar, Matilde Asensi
Iacobus, Matilde Asensi
Como agua para chocolate, Laura Esquivel
Tan veloz como el deseo, Laura Esquivel
El amante diabólico, Victoria Holt
Hielo ardiente, Clive Cussler
A tiro, Philip Kerr
**Las chicas buenas van al cielo y
    las malas a todas partes,** Ute Herhardt
Claire se queda sola, Marian Keyes
La soñadora, Gustavo Martín Garzo
Fuerzas irresistibles, Danielle Steel
Casa negra, Stephen King y Peter Straub
El resplandor, Stephen King
Corazones en la Atlántida, Stephen King
IT, Stephen King
Dioses menores, Terry Pratchett
Brujerías, Terry Pratchett
Picasso, mi abuelo, Marina Picasso
Saltamontes, Barbara Vine
Chocolat, Joanne Harris
Muerte en Cape Cod, Mary Higgins Clark

⊞ DEBOLS!LLO

CONTEMPORÁNEA

Cien años de soledad, Gabriel García Márquez

El otoño del patriarca, Gabriel García Márquez

Crónica de una muerte anunciada, Gabriel García Márquez

El amor en los tiempos del cólera, Gabriel García Márquez

El coronel no tiene quien le escriba, Gabriel García Márquez

Los funerales de la Mamá Grande, Gabriel García Márquez

El general en su laberinto, Gabriel García Márquez

Increíble y triste historia de la cándida Eréndira y de su abuela desalmada, Gabriel García Márquez

La mala hora, Gabriel García Márquez

Ojos de perro azul, Gabriel García Márquez

Cuentos de Eva Luna, Isabel Allende

Diario de Ana Frank, Ana Frank

La isla del día de antes, Umberto Eco

India, V.S. Naipaul

Una casa para el señor Biswas, V.S. Naipaul

El inmoralista, André Gide

El maestro y Margarita, Mijaíl Bulgákov

Por la parte de Swann, Marcel Proust

Encerrados con un solo juguete, Juan Marsé

Esperando a los bárbaros, J. M. Coetzee

Caballería Roja/Diario de 1920, Isaak Bábel

DeBOLS!LLO

ENSAYO

La Galaxia Internet, Manuel Castells

Fast Food, Eric Schlosser

Articulos y opiniones, Günter Grass

Anatomía de la agresividad humana, Adolf Tobeña

Vivan los animales, Jesús Mosterín

Cuaderno amarillo, Salvador Pániker

Fuera de lugar, Edward Said

Las batallas legendarias y el oficio de la guerra,
   Margarita Torres

Pequeña filosofía para no filósofos, Albert Jacquard

Tras las claves de Melquíades, Eligio García Márquez

Pájaro que ensucia su propio nido, Juan Goytisolo

El mundo en un click, Andrew Shapiro

Felipe V y los españoles, Ricardo García Cárcel

¿Tenían ombligo Adán y Eva?, Martin Gardner

Comprender el arte moderno, Victoria Combalía

El mito de la educación, Judith Rich Harris

La conquista de la felicidad, Bertrand Russell

[!] DeBOLS!LLO